Découvrez des Jeux Gratuits en Ligne

Disponible Ici :

BestActivityBooks.com/FREEGAMES

5 ASTUCES POUR DÉMARRER !

1) COMMENT RÉSOUDRE LES MOTS MÊLÉS

Les puzzles sont dans un format classique :

- Les mots sont cachés sans espaces, tirets, ...
- Orientation : Les mots peuvent être écrits en avant, en arrière, vers le haut, vers le bas ou en diagonale (ils peuvent être inversés).
- Les mots peuvent se chevaucher ou se croiser.

2) DONNEZ PLUS DE PIMENT AU JEU !

Un espace est prévu à côté de chaque mot pour noter de nouveaux termes, des traductions ou des observations.
Cette édition vous offre un **CARNET DE NOTES** très pratique à la fin du livre.

3) MARQUEZ CERTAINS MOTS

Vous pouvez inventer votre propre système de marquage. Peut-être en utilisez-vous déjà un ? Sinon, vous pourriez, par exemple, marquer les mots qui ont été difficiles à trouver d'une croix, ceux que vous avez aimés d'une étoile, les mots nouveaux d'un triangle, les mots rares d'un diamant, etc...

4) FACILE À DÉCOUPER !

Les jeux sont imprimés avec une marge extra large permettant de découper facilement la page du livre. Certaines personnes peuvent trouver plus pratique de les résoudre de cette façon.

5) VOUS AVEZ FINI TOUTES LES GRILLES ?

Allez à la section bonus **CHALLENGE FINAL** pour trouver un jeu gratuit à la fin de cette édition !

Simple et Rapide ! Découvrez notre collection de livres d'activités pour votre prochain moment **de détente** et de plaisir, **à juste un clic de distance !**

Trouvez votre prochain défi sur :

BestActivityBooks.com/MonProchainLivre

À vos marques, prêts... Partez !

Saviez-vous qu'il existe environ 7 000 langues différentes dans le monde ? Les mots sont précieux.

Nous aimons les langues et avons travaillé dur pour créer les livres de la plus haute qualité pour vous. Nos ingrédients ?

Une sélection unique de caractères faciles à lire, trois belles parts de divertissement, puis nous ajoutons une cuillère de mots difficiles et une pincée de mots rares. Nous les servons avec soin et un maximum de plaisir pour vous permettre de résoudre les meilleurs jeux de mots mêlés qui soient !

Votre avis est essentiel. Vous pouvez participer activement au succès de ce livre en nous laissant un commentaire. Nous aimerions vraiment savoir ce que vous avez préféré dans cette édition !

Voici un lien rapide qui vous mènera à la page d'évaluation de vos commandes sur Amazon.fr

BestBooksActivity.com/Avis50

Merci pour votre fidélité et amusez-vous bien !

De la part de toute l'équipe

Puzzle 1

П	С	А	Р	И	Т	Е	Т	Р	И	Т	Е	Т	Ф	О	М	Н
Р	Т	П	А	О	А	Р	И	П	А	У	Е	С	Р	Е	А	С
И	А	Д	Я	У	И	Т	П	О	Н	В	У	И	У	Е	Л	О
С	А	В	О	Р	О	К	П	О	Д	Х	О	Д	К	П	Е	А
У	И	О	К	С	Р	Й	Ы	Н	Ь	Л	Е	Д	Т	О	Т	У
Т	З	Т	Б	Т	У	Ч	И	Т	Е	Л	Ь	Ы	Н	Л	Е
С	А	С	Е	Т	Й	И	Н	С	Е	С	Р	Е	Т	Б	А	Б
Т	В	У	Ч	И	Ы	У	Ч	М	И	Т	Е	Р	С	П	Н	Ц
В	О	Т	Р	И	Н	Т	Е	Ь	Л	Е	С	Е	В	Я	И	И
О	Д	С	Е	С	Н	Е	Р	И	Т	Ф	У	М	Т	Т	Р	П
В	Е	Т	Р	Т	И	К	Ж	Р	Е	Д	Д	О	П	Ь	О	Е
А	И	В	Л	П	Л	Т	Т	Р	О	И	И	У	М	У	А	Т
Т	И	И	У	Е	Д	И	А	С	Н	С	У	М	С	С	И	У
Ь	Т	Е	Т	Ю	А	В	И	Ч	И	Н	А	Р	Г	О	П	Х
П	Р	О	С	Т	И	Т	Ь	И	Л	С	С	И	Е	И	И	М

ДОСТИЧЬ
РОСА
ОТДЕЛЬНЫЙ
КОРОВА
ПРОСТИТЬ
ПОДХОД
БЛОКИ
ДЛИННЫЙ
ОТСУТСТВИЕ
СТУЛ
ЗАВОД
ЧЕТКО
ВЕСЕЛЬЕ
ФРУКТЫ
ПЯТЬ
ПЕТУХ
ПРИСУТСТВОВАТЬ
ОГРАНИЧИВАЮТ
УЧИТЕЛЬ
ПОДДЕРЖКИ

Puzzle 2

СТРАДАТЬ
НЕЗАВИСИМЫЕ
НЕБОЛЬШОЙ
БАР
ЖИТЕЛЬ
ДЕРЖАТЬ
КРАБ
СТАЛКИВАТЬСЯ
МОТЫГА
ОНИ
ИСХОД
КОЛЕНО
ВОЗМОЖНОСТЬ
ШУМ
ВОДА
ОСТАЮТСЯ
ЭТУ
ДОЛЖЕН
РЕШЕНИЕ
ПОСТАВКИ

О	Е	У	У	И	Л	Д	У	Е	Р	А	Е	Т	О	И	Н	А
Д	М	Б	У	У	Э	С	А	Ь	И	И	Р	В	Б	П	В	У
И	Е	А	Г	Ы	Т	О	М	О	Л	Т	Я	О	А	Т	И	Т
Я	Ы	Р	Т	Р	У	И	О	О	У	Е	С	Н	Р	Е	С	Т
С	М	К	Ж	К	О	Л	Е	Н	О	Д	Т	И	С	Е	С	П
Ь	И	К	В	А	Т	С	О	П	У	Ю	Ю	И	С	Х	О	Д
Т	С	О	Т	С	И	С	Р	Е	Л	А	Н	Ж	Н	Н	Н
А	И	Е	Н	Е	А	Ь	И	Т	Н	Ж	Т	У	М	И	С	Е
В	В	Д	Т	М	И	Т	Т	Н	Е	Е	С	О	Е	Р	Н	Б
И	А	Т	С	Е	И	Р	И	А	М	Н	О	Т	Ш	Е	Л	О
К	З	Д	О	П	О	Р	И	И	Р	Д	Р	Т	У	Ш	И	Л
Л	Е	В	О	З	М	О	Ж	Н	О	С	Т	Ь	М	Е	Е	Ь
А	Н	Т	Н	В	У	О	Е	А	О	О	И	М	М	Н	О	Ш
Т	И	А	М	И	Е	Е	И	Р	М	С	Р	У	Р	И	С	О
С	Т	Р	А	Д	А	Т	Ь	О	Ц	Д	Р	У	И	Е	Р	Й

Puzzle 3

М	О	С	Ц	В	И	Е	Н	И	Е	П	И	У	Е	С	И	П
С	Б	К	В	М	Е	Ц	М	О	А	К	Р	Т	И	Л	М	Я
А	Н	О	Е	М	В	Р	О	П	С	Р	И	И	В	И	К	Т
Р	О	Р	Т	Н	Л	Н	Н	Т	Т	У	И	И	Н	А	Р	Н
П	В	О	Е	Н	Т	Т	Р	Ы	Е	Ж	Я	Ь	М	Е	С	И
О	Л	С	В	М	И	Р	И	М	Й	К	О	М	О	У	С	С
Я	Е	Т	Т	Р	Е	У	Н	О	С	А	О	Е	П	И	Е	Т
В	Н	Ь	О	А	Н	Г	Е	Л	С	М	И	Ц	И	М	Ф	Ы
Л	И	В	И	Р	П	Р	О	В	О	Д	И	Т	Ь	Е	Б	Й
Я	Е	С	М	О	И	У	М	Г	А	У	Т	С	М	Е	Е	Т
Ю	М	Т	С	К	С	Е	Н	М	И	О	Р	О	Т	И	Е	У
Т	О	И	Р	Е	Л	И	Г	И	О	З	Н	Ы	Е	Н	И	И
С	И	Р	М	И	С	Е	И	М	И	Л	Б	Т	Е	А	Т	П
Я	А	К	Ч	О	Т	Е	Д	П	Ц	Н	Ы	В	Н	И	З	У
Л	У	А	К	Й	Е	Р	А	Н	А	К	И	Б	И	Р	И	Т

ПЯТНИСТЫЙ
ВНИЗУ
КАНАРЕЙКА
КИВИ
ОБНОВЛЕНИЕ
РЕЛИГИОЗНЫЕ
ОТВЕТ
КОРА
БЫЛО
ТОЧКА
ПОЯВЛЯЮТСЯ
ПРИНЕС
СТИРКА
ЦВЕТ
СКОРОСТЬ
ПРОВОДИТЬ
СЕМЬЯ
КРУЖКА
АНГЕЛ
ВЕРНЫЙ

Puzzle 4

МОЛОТОК
НАКОНЕЦ
ПУШИСТЫЕ
ХОТЯ
ФРЕЗИЯ
СНИЖЕНИЕ
ЗУБ
КУРС
ПОКАЗАТЬ
ВЕРБЛЮДА
УХО
ТЕЛЕФОН
ПЛАНЕТ
ВОКРУГ
ЗНАЛИ
ЛОСЯ
ПОВСЮДУ
ЧАСТНОЕ
СТИЛЬ
НОРМУ

Ц	У	З	У	Б	Р	О	Ч	Е	Е	Т	Е	И	Р	Т	Т	К
И	Е	Д	Л	Е	О	Н	С	А	Т	Е	Л	Е	Ф	О	Н	У
С	Х	Ф	Ю	Т	И	Е	Ы	Т	С	И	Ш	У	П	У	Е	Р
Н	О	У	Т	С	Р	Т	Д	Е	Н	Т	Е	Н	А	Л	П	С
И	Т	И	Я	С	В	П	П	Т	М	О	Н	Е	П	Д	У	Е
Ж	Я	П	Н	А	К	О	Н	Е	Ц	У	Р	О	О	М	С	М
Е	О	П	А	Д	М	Е	П	П	И	Х	С	М	Е	О	Т	Р
Н	П	У	П	Ю	В	Г	С	Т	О	О	И	Н	У	Л	И	П
И	Е	Е	Р	Л	О	У	У	Н	В	Н	М	Я	С	О	Л	О
Е	А	Е	Е	Б	Ф	Р	Е	З	И	Я	З	М	У	Т	Ь	К
О	У	У	Т	Р	И	К	Я	Е	И	Л	Н	Т	С	О	И	А
С	Е	У	Т	Е	Л	О	Д	В	Л	М	А	П	О	К	Т	З
С	Р	М	Н	В	Т	В	И	Т	Н	Т	Л	В	С	В	Е	А
И	Р	О	И	И	А	У	Ф	С	Н	Е	И	Е	Б	О	Р	Т
Р	С	Н	И	С	М	М	Ц	О	О	Т	Л	Т	Р	Е	Е	Ь

Puzzle 5

```
Б О Л Ь Ш О Й И И М К Ч Р П В У О
П Р А Ч Е Ч Н А Я О О У А Р П С Р
Р Р Ц Е Е О П С Л Р В В В И О П С
Ь Л О Т И Е Л Т Т И О С Н Т В Е О
Т А Е Н Б В С П Е И Л Т И М Ц Ш Р
С Т О М А Т О Л О Г Е В Н У Т Н О
У Р Ц И С Р У Т Ь Т В О Ы И О Ы К
П Р Е В Р А Т И Т Ь С У Ж Е Ч Й А
С Н З Ф Н А И Р Е Т К Т М О Н Ц С
Р У Т А О П Л Е Р И И Т У Е Ы М С
В Е Щ И Х Н Т У Т В Й Т М Е Й А Г
А П Л Н Н О Д И О О Е И Н Е Д А П
Л Н С О Т О Т И М L Б У Т Р Р Л С
Е Т Е Н А М Е Е С Е П М М Ц Т И У
У П П Н И С Р М Л Р А И О У Е О Р
```

ПУСТЬ
ЧУВСТВО
ЗАХОТЕЛ
РАВНИНЫ
КОРОЛЕВСКИЙ
БЕЙ
БОЛЬШОЙ
ПАДЕНИЕ
ПРЕВРАТИТЬ
УЖЕ
СТОП
ВЕЩИ
УСПЕШНЫЙ
СОРОКА
ТОЧНЫЙ
ЛОВИТЬ
ПРАЧЕЧНАЯ
ФОНД
СТОМАТОЛОГ
СМОТРЕТЬ

Puzzle 6

СИРЕНЕВЫЙ
СОСУЛЬКИ
ГОРЫ
ОЖИДАЕМЫЙ
ПРИНЯТЬ
ПРИНЯТО
ПОСМОТРИТЕ
УПРАВЛЕНИЕ
ВЗВОЛНОВАННЫЙ
ПИТЬ
КУПИЛ
КАТАЕТСЯ
МОРОЗ
СОСТОЯНИЕ
ВСТРЕТИТЬ
ПУГАЛО
ПУТЬ
ЧИСТАЯ
РОДИТЕЛЬ
АРКТИКА

```
П П Ф И А П Д И Л А Т Ф Л М О А У
Л И Л Г Л З О Р О М А О Я У Ж Р Е
П И Т Т О И Я С Т Е А Т А К И К У
Р М Т Ь Р Р С У М Л О Я Т С Д Т Е
И Т С Т О Д Ы Л Л О У Н С М А И С
Н Е Е У Д А Л Н Е М Т И И Л Е К О
Я Р С П И О Р Т У О И Р Ч М М А С
Т И Е И Т Я А О А И Р П И М Ы Д У
Ь Й Ы В Е Н Е Р И С С Е У Т Й П Л
В И М И Л И П У К И Н И А И Е У Ь
П С П Р Ь Т И Т Е Р Т С В А О Г К
Е Н П С О С Т О Я Н И Е О П М А И
И И Е А Т У П Р А В Л Е Н И Е Л О
В З В О Л Н О В А Н Н Ы Й У Т О С
И М Ц У Е Д Е Т У Н С П И Е Н У И
```

Puzzle 7

Е	Т	Н	У	И	О	У	Р	Е	Р	С	О	З	У	П	Т	Т
М	Ь	Т	А	Р	И	Б	О	С	П	Р	И	А	Я	Щ	И	К
М	Т	А	Р	Е	Н	Д	А	Т	Т	Е	О	П	Н	Р	Т	Т
У	И	У	У	Р	У	Ч	Н	О	Г	О	У	О	П	С	У	И
Е	Ш	У	Ч	Е	Н	И	Е	И	В	С	Л	В	С	Е	И	А
Б	Е	З	О	П	А	С	Н	О	Е	М	Й	Е	Л	К	М	Л
М	Р	У	О	Т	П	О	У	А	Н	И	Ы	Д	Т	Т	Д	Е
З	Е	Б	Р	А	Е	А	Л	Е	М	Е	В	Н	П	И	Н	В
М	Р	Н	Р	Е	И	М	У	Ч	И	У	Р	И	Е	Е	Р	С
Р	Ц	А	И	Т	Е	Л	Т	К	А	Д	Е	К	У	Ж	И	Н
Е	М	З	П	А	Р	Е	Н	Ь	А	Й	П	И	М	А	У	Т
О	Д	А	Л	О	Р	И	П	Е	Л	С	Н	И	О	О	А	Н
Е	У	Д	У	У	О	И	П	В	Л	Е	Т	И	М	Ж	А	Н
В	Ы	Ж	И	Т	Ь	Т	А	Н	З	И	Р	П	К	И	И	Л
У	Н	П	Ц	Т	Т	С	П	Н	Е	Т	У	О	У	Е	И	О

ЯЩИК
ЗАПОВЕДНИКИ
УЧЕНИЕ
КЛЕЙ
ЧАЙНИК
РУЧНОГО
АРЕНДА
ПАРЕНЬ
РЕШИТЬ
НАЗАД
ВЫЖИТЬ
ПРИЗНАТЬ
ПАУКА
СОБИРАТЬ
БЕЗОПАСНО
НАЖМИТЕ
ЗЕБРА
НУЖЕН
ЛЕВ
ПЕРВЫЙ

Puzzle 8

ВАГОН
КУПИТЬ
КОЖА
МАСТЕР
ЛОЖКУ
РАБОТАТЬ
РВАТЬ
СТОЯЛА
СЪЕДОБНЫЕ
ЗАЯВЛЕНИЕ
ГРОМАДНЫЕ
ЖЕ
ИНВЕСТИЦИИ
ОБЫЧНЫЙ
УВЕРЬТЕ
ПЛОЩАДЬ
ТРЕТИЙ
ВЕРСИЯ
ТЕОРИЮ
ОЧЕНЬ

Г	Р	Р	И	Ф	З	Р	П	Ф	Н	Б	С	А	Е	Т	В	М
Р	Е	В	У	Н	Е	А	Г	У	Ж	Е	И	Л	Л	Е	П	М
О	Т	Ф	А	Ь	О	Я	Я	Р	Е	Л	А	Е	И	О	М	Р
М	С	С	Т	Р	И	Е	В	Ц	У	А	Т	С	Р	У	С	
А	А	Н	Н	Ь	С	О	Е	Л	Т	Т	А	Л	И	Р	А	
Д	М	Е	С	П	Н	Р	Ъ	Я	У	Е	Е	Т	Р	Ю	Е	Е
Н	Е	С	П	У	Е	Е	И	Е	Р	У	Н	О	Г	А	В	И
Ы	Т	И	М	К	Ч	В	Н	А	Д	С	Е	И	У	У	Т	О
Е	М	У	Е	Е	О	Р	К	И	И	О	И	С	Е	О	Р	Б
У	В	Е	Р	Ь	Т	Е	О	Ф	Р	И	Б	Т	О	У	Е	Ы
С	Т	О	Я	Л	А	И	Ж	И	О	О	Д	Н	С	Ц	Т	Ч
Е	О	М	И	Т	П	Е	А	Е	Р	Л	О	Р	Ы	Л	И	Н
Е	А	Р	О	Р	Е	Р	А	Б	О	Т	А	Т	Ь	Е	Й	Ы
Л	О	Ж	К	У	Н	У	У	У	Ф	И	О	Н	П	Р	Е	Е
П	Л	О	Щ	А	Д	Ь	И	Н	В	Е	С	Т	И	Ц	И	И

Puzzle 9

```
Н Е И Т Е Л И Т Я С Е Д П И Р Т П
Ш О К О Л А Д Н А Я Е У Т П О А Р
И Р О С С С М Я А В И Р К А Н З О
Р Р Л И С У А Т О Л М Е Е Т Т О Ф
Д О Л Е У Е Б О Л Ь Н О Й Б Т А Е
С О Т О Н Н Е Ж А Р Д З А Р Р Т С
А И К И Т С Е Н Т О О С Ф Е У О С
О Л Е Т М Ч О К И Е О С И А Р О О
Б Н В Т О О Е У В А М Н Д Е Т П Р
У И О Р Р Р Ь Т И Ч У З И И О Е Т
Ч С Л Д Н Е Т С М Р Т В Н Е С Т И
Е Л Е Е Ы В И Л Е П Р Е Т Е Н О М
Н С Ч С И П Ч А Ф А З А Н С Р Т Е
И Л О Е Л И У Г С Н Т Л С Н Т А У
Е П Е Л У Р Т Т Н Р И Н П Р О У Г
```

БОЛЬНОЙ
ВНЕСТИ
ПРОФЕССОР
СЕРЕБРО
ШОКОЛАДНАЯ
ГАЛСТУК
УЧИТЬ
ОБУЧЕНИЕ
ЧЕЛОВЕК
НЕТЕРПЕЛИВЫЕ
РАЗДРАЖЕННО
СООТНЕСТИ
ИЗУЧИТЬ
ФАЗАН
КРИВАЯ
ДОКТОР
ЗНАК
ДЕСЯТИЛЕТИЕ
СТЕНД
ОТЧЕТ

Puzzle 10

ЯБЛОКО
КАПИТАЛ
ДОМАШНИЕ
БЫВШЕГО
ЧАШКА
ПАЛЬТО
ПРИНИМАЯ
ФРЕСКА
РАЗБУДИТЬ
АВТОМАТИЧЕСКИЙ
ОРИЕНТИРУЙСЯ
ДЕЙСТВИЕ
БОБ
ТЕСТ
ПРОЕКТ
БАССЕЙН
СТАТЬЯ
ЗНАЧОК
ПОИСК
СОЛО

```
П А Л Ь Т О Е С Н О З П О И С К Н
Т И Е Р О О О Т С Н Н Й Е С С А Б
Ч А Ш К А Ф И Е Е Ф А И Е Н Т М Е
Р П У С У Р Е У И О Ч Н Е Е О Н Н
А К Р Е Я Б Л О К О О Д И М Ц У Е
З А М И С Т Р Л Т В К Ф Т И У С И
Б П М В Н Р У О П У Т Т К Е О Р П
У И П Т А И Ф С Д Р Е С Ф Е Р Т П
Д Т А С Т Е М Р И О Г Е Ш В Ы Б С
И А У Й А Е Е А Е О М Т Ц А Е А Т
Т Л О Е Н О И П Я С М А О С О А А
Ь И Т Д Я Р С А Ф Т К А Ш У Н Н Т
Е П И М И Н М М И Б О Б А А Н М Е Ь
О Р И Е Н Т И Р У Й С Я У С И Е Я
А В Т О М А Т И Ч Е С К И Й Р Е У
```

Puzzle 11

П	М	Е	Д	В	Е	Д	Ь	Н	А	П	Р	Т	И	Е	И	Р
П	И	Н	Е	М	Г	С	К	Р	А	Р	Ы	С	Ф	А	И	Т
О	П	С	И	О	У	Е	О	О	Ф	О	С	Т	М	Г	А	Р
Л	Р	Р	А	О	Л	П	Л	О	О	Г	Ь	Л	С	И	Е	П
И	И	И	Р	Т	И	Р	Е	Н	О	У	Д	У	М	А	Ю	О
Ц	Г	Е	Е	У	Е	Р	С	И	Ф	Л	П	Т	Т	О	Е	З
Е	Л	С	М	Р	Т	Л	А	А	О	К	Е	Л	Ь	И	А	Д
Й	А	П	Е	К	У	И	Ь	М	П	А	Я	С	Т	Т	Я	Р
С	Ш	И	У	Л	А	С	П	С	Т	Р	А	Т	И	Т	Ь	А
К	А	С	А	Ф	Н	Т	П	Е	А	М	Н	Д	О	Ю	Т	В
И	Е	О	Т	Р	И	З	М	Е	Н	И	Т	Ь	Р	А	У	Л
Й	М	К	Е	Е	Ч	О	Ш	И	Б	К	А	У	Т	Ж	Б	Я
Е	И	Р	Н	У	И	Т	М	Е	А	Л	Р	Т	С	И	О	Ю
И	Ц	Н	А	Р	Р	Ц	С	У	У	Е	Б	Р	О	Б	Т	О
А	О	С	Ф	У	П	И	М	Е	О	М	О	Д	П	О	Р	Е

ОБИЖАЮТ
ДУМАЮ
ПРОГУЛКА
РЫСЬ
СПИСОК
КРУТО
ОБРАТНАЯ
ИЗМЕНИТЬ
ПОЛИЦЕЙСКИЙ
ПИСАТЕЛЬ
НИ
ТРАТИТЬ
КОЛЕСА
ПРИЧИНА
ПРИГЛАШАЕМ
ОШИБКА
МЕЛКИ
ПОСТРОИТЬ
МЕДВЕДЬ
ПОЗДРАВЛЯЮ

Puzzle 12

МИГРИРОВАТЬ
ЗАЧАТЬ
АВАРИИ
ДАВАЛИ
МАГАЗИН
ГНЕЗДО
ВЫБОР
СВОБОДНАЯ
ОЛЕНЬ
ЛЕС
ЛУГ
ВИДИМОГО
СЛУЖИТЬ
ДЕДУШКА
РАСШИРИТЬ
ЛЕДИ
ЛЕТО
ОСОБЕННО
УКАЗАТЬ
СЪЕСТЬ

С	С	В	О	Б	О	Д	Н	А	Я	Р	Т	Л	О	Е	О	М
Е	Ъ	Т	Ф	Д	А	В	А	Л	И	Д	Е	Л	В	И	С	И
А	И	Е	М	Т	Б	О	Д	З	Е	Н	Г	Ц	И	Н	О	Г
Г	Е	У	С	Ц	У	Л	Е	Е	Б	П	У	У	Д	И	Б	Р
Г	И	А	У	Т	И	Е	Л	Е	Т	О	О	Е	И	О	Е	И
С	И	С	И	И	Ь	Н	А	Е	Л	Л	С	И	М	И	Н	Р
Ь	У	И	У	Е	Е	Ь	И	Е	Е	У	Т	Р	О	Р	Н	О
М	Т	В	Ы	Б	О	Р	Т	З	С	Г	И	И	Г	А	О	В
У	К	А	З	А	Т	Ь	Д	Т	А	С	Д	Т	О	С	С	А
С	Т	К	Ч	Т	С	Т	Л	Т	Г	Р	С	Т	Ш	А	Т	
П	В	Ш	А	А	С	И	А	Т	Е	Р	А	О	Е	И	В	Ь
Т	С	У	Е	Л	З	Ж	Т	О	И	А	И	М	Т	Р	А	Р
М	Р	Д	Л	Л	О	У	Н	С	Д	И	У	Д	О	И	Р	И
Е	Т	Е	Л	Т	А	Л	С	И	П	Р	У	Н	Е	Т	И	И
И	Е	Д	И	Р	Е	С	О	Е	Р	Р	Т	У	У	Ь	И	Т

Puzzle 13

```
О У И И М У П С С П Е И Н Ф А З У
У Р Е Е У О Н Р И А Ы М И Т К А В
М И Е Ф Т Г Т У О З Е Л Е Ж К Щ Е
П Р Т У Н Р Т С М Б Д В Ь О У И Л
И У И Г И А К Е В Е Н А А Т Р Щ И
С И И Е И Ж А Р А С Т Ы Т Т А А Ч
К Е У Т О Д А Т С П Е Л Й Н Т Т Е
А О М М О Е П О Н И М А Л А Н Ь Н
М Н Т Ь Л Н Д У Ш А Н Ч Е С А И И
П Л Л А И И С Н Е К Т А Р М Я М Е
А О Е П А Е Ф Р М Р П Н Е Т Е И Р
Н П А Б Б Р Е В И А Т У Р А Ф М Р
И Г Р Т У Ф У А А С Е И Р С С Е Д
Й Е С Р У У Х Ы Т А Г О Б Р А Л Г
Ц И Р Ц О У Т С Н М О А И У И С Н
```

НЕКТАР
ПРОБНЫЙ
ПОЛНОЕ
ДУШ
РЕСУРС
ЗАЩИЩАТЬ
САМ
ВЕКА
ОГРАЖДЕНИЕ
СТАДО
КАМПАНИЙ
АККУРАТНАЯ
НАЧАЛ
ЖЕЛЕЗО
СЕМЬИ
ПЫЛЬ
ПОНИМАЛА
БОГАТЫХ
АББРЕВИАТУРА
УВЕЛИЧЕНИЕ

Puzzle 14

ЗУБЫ
РУКОЯТКА
МЕНЬШИНСТВО
СТРАТЕГИЯ
ПРОСТРАНСТВО
УПРАЖНЕНИЯ
ПРЫГНУЛ
ГРАД
СПАСИБО
БЫВАЕТ
ПЛЕЕР
ХОККЕЙ
ЛИСТЬЯ
ИНТЕРВЬЮ
ОПИСАТЬ
БАСКЕТБОЛ
ВЫБРАТЬ
ЗАПРЕЩАЮТ
РАССТРОЙСТВО
ИССЛЕДОВАНИЕ

```
У Б И Л В Р У П И А У Д А Р Г М И
О Ы О У И Ы У У О М Л М И А И Е Е
Л В У Н М С Б К М О С Т М С Л Н Р
Х А О Г Р М Т Р О Ц Т Р Н С О Ь И
О Е В Ы Б У З Ь А Я Е И О Т П Ш П
К Т Т Р И И Н В Я Т Т С С Р И И Л
К Т С П О Т Е Я С И Ь К Ф О С Н Е
Е И Н А В О Д Е Л С С И А Й А С Е
Й У А З А П Р Е Щ А Ю Т Т С Т Т Р
Д Н Р У П Р А Ж Н Е Н И Я Т Ь В А
Е У Т С Т Р А Т Е Г И Я В В Л О У
О Т С Б А С К Е Т Б О Л У О Т И А
П Е О Б И С А П С И Н Т Е Р В Ь Ю
Е О Р Л С Т И О Е Т Н Б Т И Г Ф Т
Д О П И Ц И Е Т А Н Ф О И И Р В Р
```

Puzzle 15

```
С А Р С Н Ф Н И Л Д С С Т П У И У
А У М А О Е М И У А О Е Ю Р В О С
А Г Е Х П Л С Р Ч Л Л С У Е С Т И
Ф У Ц А А О Н Т Ш Ь Г И В Д О П Л
С М Н Р Т В Э Л Е Н И Т Т Л М М И
В Е Е Н У Т Р Т Е И У Е С О Ь Н Е
Е М Т Ы Х О Ч У О Й С Д Е Ж С Н Р
Р Р О Й И Ш Р Т У М Е М Щ Е И И Р
Т Е Л Н А Е М Т И И У У У Н П Т Н
О Б О В С Я Е У С Г С М С И У И П
Л Е П О Т Т С А Л А Т О М Е И М К
Е Н О Ф Н Ц Р О А О С Ф О И Н И У
Т О Р Т Й Ы Н Й А Ч У Л С Т А Л Ь
В К М Т Т У С И С Н Ф И Л Ц И Н Т
О С Д И А П А З О Н Е Л Н О У И Е
```

УСИЛИЕ
САЛАТОМ
ДИАПАЗОН
СУЩЕСТВУЮТ
СЛУЧАЙНЫЙ
ХОЧУ
ПИК
СТАЛЬ
ПОЭТОМУ
ВЕРТОЛЕТ
РЕБЕНОК
ЛУЧШЕЕ
ШЕЯ
ПОДВИГ
ДАЛЬНИЙ
САХАРНЫЙ
ПИСЬМО
МОНСТР
ПОЛОТЕНЦЕ
ПРЕДЛОЖЕНИЕ

Puzzle 16

БАЗА
СКРОМНЫЙ
СЧЕТА
ДОСТУПА
ПАСТЕРНАК
УГОЛ
КЛИПЫ
КЛУБ
БУХАТЬ
ИМЕЛ
САММИТ
ПЛАТЬЕ
СВЕТЛЯЧОК
ПУСТОТА
ДРУГ
АМБИЦИИ
ТРАДИЦИОННЫЕ
СПОРТ
ДРУЗЬЯ
ФЛАГ

```
С О Р С У Т У О Р М Л С О Б Д И К
К М П Ч Д Р У Г Е Е И П У У Р М Л
Р Т Т Е Ь Т А Л П У С О Л Х У Е И
О И Е Т Т У Д Б А З А Р И А З Л П
М Е Г А Л Ф И О У И Ф Т И Т Ь И Ы
Н Л К А Н Р Е Т С А П И Ц Ь Я М Л
Ы Т Т Ц И П Л И И Т С А И Ц Р Ц В
Й И Л Е М Е А М Р О У И Б П Ф М У
Ф И Т Т И У П М И Т Н П М Е П И У
У С Е Т О М И А Р С Т К А Т Р И Т
Е Н Н Е Т О Е С У У Л И Л О Г У С
С В Е Т Л Я Ч О К П М У У У Т П И
Л А Т Р А Д И Ц И О Н Н Ы Е Б Т Ф
У Л Г П И Д Е Е Н Л С Е О Р Е А О
М С У У И У А Е Е И Р М О Н И И П
```

Puzzle 17

П	О	И	Е	И	Р	О	Я	Д	Р	У	Е	Н	Н	У	П	У
Р	Б	Е	Е	С	О	У	Ь	Т	О	Н	С	Ф	А	А	И	Р
В	Я	Р	Р	А	С	В	О	С	В	С	Е	У	П	Т	О	
Ц	З	П	К	А	Д	Г	О	Н	И	Н	О	Я	К	С	О	Б
У	А	Ю	У	К	Б	О	Р	Ф	С	У	И	Л	А	Э	С	М
А	Т	Т	С	У	Л	А	О	А	О	Л	Ф	Д	Ь	Р	Т	А
П	Е	Л	Р	Ж	А	Р	Д	Ы	В	Е	С	Д	С	Н	Р	Н
Р	Л	И	А	Т	Г	Н	З	О	В	В	А	Н	А	Т	О	Ы
О	Ь	Р	Б	Б	О	Е	А	Е	Р	О	Т	О	Л	И	П	В
Д	С	И	Е	И	Р	П	Е	Т	А	Й	Е	М	И	А	Н	А
А	Т	М	Н	А	О	И	И	Н	Т	С	И	С	Л	К	Л	Ю
Т	В	И	И	Ц	Д	Й	Е	Р	Е	Д	Ь	Л	Е	С	Ч	Т
Ь	А	А	Я	А	Н	Т	И	К	С	О	М	М	С	Д	И	О
Р	У	И	Е	Е	Ы	Н	Ч	Ы	Б	О	Н	Е	О	О	Т	Н
Е	С	О	О	И	Й	Р	Р	Л	М	Р	П	Н	П	И	Ф	Т

ИНОГДА
ДОВОЛЬНО
ОБМАНЫВАЮТ
НУЛЕВОЙ
ОЧКИ
ВЫДРА
ПРОДАТЬ
ДЛЯ
НАУКА
ЗДОРОВЬЯ
СЕЛЬДЕРЕЙ
БАРСУК
СЭР
ПОСЕЛИЛАСЬ
ОБЫЧНЫЕ
ОБЯЗАТЕЛЬСТВА
БЛАГОРОДНЫЙ
ЖУК
МОСКИТНАЯ
РОБКУЮ

Puzzle 18

ХОЛОДНО
МЕРУ
ПРИМЕНИТЬ
ВЗАИМОДЕЙСТВИЕ
ПРИВИЛЕГИЯ
ОБЩИЙ
ГОТОВИТЬ
КЛУБНИЧНУЮ
ПЕРЕЧЕНЬ
ВЕЩЬ
УЛИТКА
ВИНА
СНОВА
ЗАБЫЛ
БЕЗОПАСНОСТЬ
БОРОТЬСЯ
СЛАЙД
КОНФЛИКТ
СУЩЕСТВО
ОВЦЫ

Р	Б	О	Р	О	Т	Ь	С	Я	К	И	Е	С	М	Ц	Т	Х
О	В	Т	С	Е	Щ	У	С	А	Т	О	Т	М	Е	А	И	О
П	Б	П	Р	И	М	Е	Н	И	Т	Ь	Н	Е	Р	А	О	Л
Е	У	Щ	О	В	Ц	Ы	П	У	Е	Р	А	Ф	У	И	И	О
Р	П	Е	И	У	Ц	Р	С	Р	И	М	И	У	Л	У	А	Д
Е	И	Е	Д	Й	А	Л	С	Т	И	Р	И	У	Д	И	А	Н
Ч	Р	О	З	А	Б	Ы	Л	Н	С	В	Т	Е	Р	С	К	О
Е	Л	Ф	Ф	В	В	И	Н	А	Е	А	И	Л	И	С	Т	Т
Н	И	И	Л	О	Я	Т	М	С	И	И	Н	Л	Т	Н	И	В
Ь	И	Ю	У	Н	Ч	И	Н	Б	У	Л	К	Т	Е	Б	Л	Е
Е	И	В	Т	С	Й	Е	Д	О	М	И	А	З	В	Г	У	Щ
С	М	Т	Л	А	С	Я	Г	О	Т	О	В	И	Т	Ь	Ь	Ь
Н	О	Т	У	Т	Е	С	А	И	Т	И	С	Е	О	И	А	Я
С	Р	Л	У	Р	Т	Т	И	И	О	И	А	Е	У	А	С	О
О	О	Е	М	Б	Е	З	О	П	А	С	Н	О	С	Т	Ь	У

Puzzle 19

Н	П	Т	М	С	Н	О	А	Б	С	У	А	Р	Л	О	Г	З
Е	О	Л	Й	Ы	Н	Ь	Л	А	Н	О	И	Ц	А	Н	У	О
Р	З	Е	А	Н	М	И	К	С	И	О	Д	Т	Н	Е	Б	Л
Е	А	Д	В	Т	В	Е	О	С	Ф	И	Е	Т	Г	Ц	К	О
Г	Б	И	Ы	Т	И	И	Ф	Т	В	И	У	М	И	О	А	Т
У	О	В	Р	Е	У	Т	Е	А	Ф	О	Д	А	С	И	Р	О
Л	Ч	Ы	Е	Л	В	М	Ь	Р	И	М	Е	Е	Е	Е	И	С
Я	Е	Р	З	И	И	А	Н	Ы	Е	Р	А	Н	Я	Д	И	Т
Р	Н	Е	А	С	Д	Е	З	Й	Л	Т	Е	О	Н	Р	О	О
Н	Н	Р	Т	М	Е	И	И	Р	О	С	Т	А	А	Ы	П	Н
Ы	О	Е	Ь	Т	Н	Т	Ж	П	О	Ш	Е	Л	Р	Д	Й	Р
Й	С	П	У	У	Н	У	И	О	Н	П	М	Т	Е	Н	С	Т
Е	Т	У	Т	Р	О	Р	Р	Е	Т	И	Р	Т	О	П	Е	Е
Д	Ь	В	Е	Р	Е	Е	Е	С	Л	О	Е	О	П	Н	Е	О
Д	Д	С	С	Е	М	И	Е	Л	Е	С	У	И	Ц	У	Е	И

ЗОЛОТО
УВИДЕННОЕ
ПОШЕЛ
НАЦИОНАЛЬНЫЙ
РОСТА
ИДЕЯ
НЕРЕГУЛЯРНЫЙ
КОФЕ
ПЛАТИТЬ
ЖИЗНЬ
ВОЕННЫЙ
СЫН
ВЫРЕЗАТЬ
ОЗАБОЧЕННОСТЬ
СИГНАЛ
ТЕРРОР
СТАРЫЙ
ГУБКА
ВИДЕЛ
ПЕРЕРЫВ

Puzzle 20

ПОГИБНЕТ
НАСТРОИТЬ
ИСЧЕЗАЮТ
ДЕД
КАРТОФЕЛЬ
СЕМЬ
НЕБЕСА
ЛЕЖАЛ
СОГЛАШЕНИЕ
ЩЕНОК
ПРОДУКТ
ТРЕУГОЛЬНИК
НУ
ПЛЯЖ
ТИШИНА
УСТРАИВАЕТ
НЕЖНО
ДОКАЗАТЬ
ПЕРЕЦ
КУКУРУЗА

Н	Е	А	Р	Г	Ж	Я	Л	П	Е	М	Е	И	А	С	И	О
К	А	С	Е	Б	Е	Н	К	О	Н	Е	Щ	Р	Р	И	И	
Т	У	С	Н	Е	Т	С	Т	Г	Д	О	К	А	З	А	Т	Ь
И	Н	К	Т	С	Е	М	Ь	И	Т	П	Е	Р	Е	Ц	Е	Л
Т	М	У	У	Р	О	С	Е	Б	К	И	Р	Т	У	М	А	Е
Е	С	П	Т	Р	О	Ф	О	Н	У	О	Ш	И	С	И	В	Ф
У	М	В	И	Т	У	И	Д	Е	Д	И	М	И	О	И	И	О
А	А	С	Т	Л	И	З	Т	Т	О	В	И	У	Н	Л	А	Т
Н	Р	Т	М	А	Т	Д	А	Ь	Р	О	Б	У	Ж	А	Р	Р
Е	Н	Л	П	О	И	А	У	С	П	Н	Д	И	Е	Ж	Т	А
Т	Р	Е	У	Г	О	Л	Ь	Н	И	К	О	У	Н	Е	С	К
С	О	Г	Л	А	Ш	Е	Н	И	Е	Н	П	Е	Я	Л	У	И
И	С	Ч	Е	З	А	Ю	Т	Т	Е	Е	П	Р	И	М	О	М
И	Е	Р	И	Т	С	И	У	Е	Н	У	Т	И	У	И	О	А
А	И	Т	Р	У	Р	О	Л	У	А	Б	Д	О	Н	С	С	Л

Puzzle 21

```
Е Ы Н Ь Л Е Т И Ч А Н З Е Н Р С Л
Т О У С К А Ж И Т У О Л Д И С Л Я
В И Ш Н Я С И Т О Е С Е И О Н М Г
О Т П О И С А И Т Е О Н Д Н Е М У
Н Д О Л Р Т У И Р П К И Е С Б Д Ш
М Н И Г Й Ы Н Ч И Т Н А П Л Е И К
И С П Н Д Е П У Д Ц Е Л А П С У А
У В М М Н А И Р Ц У Д Т И И Е Р В
Е И Д Е Л А Т Н А С Ю Р П Р И З Е
М Е Б Е Л Ь Д О Т Н А Б Л Ю Д А Ю
П Л О О О И Н Ц Ь Т Ы Р К С А Р Р
О Ц В Е С Р Н С А О Е У И О У Р Е
П Р О Ц Е Д У Р А Т У А Т Т Е Д С
Т Н В Т И Е П И И М Ь Т Т Т О Е Л
Л Н Е О С Т О Р О Ж Н О Е Л О П Е
```

НЕОСТОРОЖНОЕ
АНТИЧНЫЙ
ОДИННАДЦАТЬ
ВИШНЯ
СКАЖИ
ТОГДА
МЕБЕЛЬ
СЕБЕ
ПРОЦЕДУРА
ЛЯГУШКА
РАСКРЫТЬ
ЛИ
ДНЕМ
ПОЛЕ
ТРИДЦАТЬ
СЮРПРИЗ
ПАЛЕЦ
НАБЛЮДАЮ
НЕЗНАЧИТЕЛЬНЫЕ
НОСОК

Puzzle 22

ВСТРЕТИЛИСЬ
ТЩАТЕЛЬНО
ПРЕКРАТИТЬ
ДОМ
РОЖДЕНИЕ
ВАЛЕНТИНА
ДЕСЯТАЯ
ВЧЕРА
ШКАФ
ПРУД
СОКРОВИЩЕ
ДРАМАТИЧЕСКИЙ
МЕТОД
СВЕДЕНИЯ
ЗНАЮТ
БУДУЩЕЕ
ГОРОХ
ГОЛОСОВАТЬ
СОЗДАТЬ
БУДЕТ

```
И И Н О П Р Н Т В С Р И А М Й М О
И Р Т С Р М Т С Р А Л Р М Е И А Б
М Р С О У Е П Ш С Е Л С Л Т К Л С
С Е Н З Д И И К С И У Е М О С А А
О У С Д Т О П А А И Я М Н Д Е Т А
К У Р А Л Е М Ф Т Я И Е Д Т Ч Д Т
Р И Р Т Е Д У Б Ф З Н А Ю Т И Н А
О Х Д Ь Т И Т А Р К Е Р П Б Т Н Я
В Р О Ж Д Е Н И Е И Д Е Е У А Е А
И Н И Р П С У Е У А Е Ч Т Д М О Т
Щ О Е И О Л И Р О У В В Р У А О Я
Е С У М Ц Г У Р Д Е С М Р Щ Р Е С
Т Щ А Т Е Л Ь Н О О Г П М Е Д И Е
Г О Л О С О В А Т Ь М И Р Е С Е Д
Е В С Т Р Е Т И Л И С Ь О Е С Е С
```

Puzzle 23

В	К	Р	Р	Н	А	И	Н	Е	Б	И	С	Л	У	И	П	Н
Ы	А	Е	С	Л	Е	С	О	У	О	Е	В	М	Т	И	И	В
Д	Т	У	Н	Ф	Е	Т	Ж	А	Л	К	И	Ц	О	Т	О	М
А	А	Т	М	У	Р	О	Н	К	Ь	Т	И	Ж	О	Л	Т	О
Ю	Н	Ж	Р	М	П	Ч	И	С	Ш	С	В	В	Н	Е	Е	И
Щ	И	Т	Е	С	С	Н	Ц	А	Е	К	Ы	Т	Е	И	Л	Т
И	Е	У	Е	Н	И	И	Ы	М	М	О	Й	О	Ч	Л	Я	Т
Й	О	А	М	А	И	К	Е	Р	Р	Л	Т	Р	А	И	О	М
С	Л	Р	Т	Н	Т	Т	И	Р	Ь	И	О	Р	А	Е	М	
Я	Е	У	Б	И	И	Р	Ь	П	Л	Ц	Е	Е	Т	Е	Е	М
П	О	Л	У	Ч	И	Т	Е	С	Л	О	И	С	О	И	Е	Л
П	О	Л	О	В	И	Н	А	У	Я	Е	Р	С	П	М	У	И
У	М	Е	Е	Т	И	О	Р	В	Т	Р	Ч	С	И	С	М	Д
Т	Н	Т	Ф	Т	М	С	У	М	Я	И	Р	О	Т	С	И	Е
У	У	С	В	Ц	О	Н	Ц	И	У	У	У	Е	О	У	Д	И	Р

НОЖНИЦЫ
ИСТОРИЯ
ОСЕЛ
КОЛЬЦО
ВЫДАЮЩИЙСЯ
МОТОЦИКЛА
ПЛЕЧО
ИСТОЧНИК
ВТОРОЕ
ПОЛОВИНА
ПОЛУЧИТЕ
МАСКА
ОТЛОЖИТЬ
ЛИДЕР
КАТАНИЕ
ВЫЙТИ
ЖЕНИТЬСЯ
ТЕАТР
ПОТРАЧЕНО
БОЛЬШЕ

Puzzle 24

СЕНСОРНЫЙ
ДОСТИЖЕНИЕ
БОЛЬ
ДВАДЦАТЬ
СЕГОДНЯ
ТОЧНО
СНЕГ
ИХ
МИССИЯ
ИНТЕРЕС
ЧАЙ
ПЛАСТИКОВЫЕ
МОТЕЛЬ
НАЛИТЫЕ
ВПЕРЕД
ОФИЦЕР
ОДЕЖДУ
ЗВЕЗДЫ
ПРАКТИКА
ГРУБО

И	А	Ф	У	Т	М	Н	Н	Р	Р	А	О	З	Ч	Р	Л	У
О	Ф	И	Ц	Е	Р	В	П	М	И	У	Б	В	И	А	П	С
Д	П	И	М	И	И	П	Е	Е	С	А	О	Е	У	Х	Й	Г
В	Л	Н	А	Н	Г	Е	Н	С	А	Н	Л	З	Т	О	И	Р
А	А	Т	А	Е	П	Р	И	Е	Е	Т	Ь	Д	Р	А	И	У
Д	С	Е	Т	Ж	Е	Е	У	М	Л	Т	Е	Ы	Я	Т	М	Б
Ц	Т	Р	О	И	Р	Д	С	Е	Н	С	О	Р	Н	Ы	Й	О
А	И	Е	Ч	Т	П	Р	А	К	Т	И	К	А	Д	М	Д	У
Т	К	С	Н	С	Р	Д	Т	П	Т	С	Р	В	О	И	С	Е
Ь	О	О	О	О	Р	С	Е	М	Н	Е	Н	Р	Г	С	А	Д
Л	В	В	Д	Д	П	Т	Т	М	М	И	А	Н	Е	С	П	У
Е	Ы	Т	Н	Е	Л	Я	Т	Л	П	С	Т	М	С	И	С	А
Т	Е	С	Р	А	Ж	У	Т	И	С	И	И	В	Л	Я	В	Р
О	С	П	Р	А	Е	Д	Т	Н	И	Р	М	У	Е	У	М	Н
М	А	Е	Р	Т	Н	Н	У	А	Н	А	Л	И	Т	Ы	Е	Д

Puzzle 25

```
У Л Е П П О В Е С И Т Ь Т Е У П У
У У Р Е З И Н О В Ы Й Е Е Н Р И Р
П П А Ц И Е Н Т И А Т С Т Ь Р Щ А
С О Т У П О В Е Р Х Н О С Т Ь Е Г
У К С Р П М Е М К Х О О М А П В А
В У А Л У Т М Т А Л М Н Р В М О Н
О Л С З Е Р Е У Б О И Ж Ы О М Й Н
Л Т О М А Д Н С И П Л О С Р В У Б
И У Е С А Т Н И Н О Т Р Т И Б П Е
Т Н И Д Е Т Ь Я К П О И Р Л А А
Ь Л Н М И У Е Н Я У Т Т С О Т Р Е
Т Т М И Р И Е Л Р О Р С Р Н Р Т Е
Е В М Я И Ц Р О П Л Д О Р Г О Н М
Ф Р В С И Т Е Ж А Р И Л И И Т Е У
Е М П Е Я О У Ь Г С С О Д Т В Р А
```

ПИЩЕВОЙ
ПОВЕСИТЬ
ПОСЛЕДНЯЯ
РЕЗИНОВЫЙ
УРАГАН
ИГНОРИРОВАТЬ
ПОВЕРХНОСТЬ
УВОЛИТЬ
ПАЦИЕНТ
КАБИНА
ОСТОРОЖНО
СЫР
ПАРТНЕР
НО
СКАЗАТЬ
ЛОЖЬ
ПОРЦИЯ
ВОРОНА
ЛИМОН
ХЛОПОК

Puzzle 26

СБИТЬ
ОДНОРАЗОВЫЙ
МОТИВАЦИЯ
ИГРЫ
ЖЕНЩИНЫ
ПРИВЛЕКАТЬ
ИМ
ВАРИАНТ
МНЕНИЯ
ХОЗЯИНА
ШТОРЫ
ЗАДАЧА
ЛЮБОВЬ
МЕДНЫЙ
СИДЕНИЕ
РАКОВИНА
МАКСИМУМ
РАЗДРАЖАТЬ
ЗАРЯД
ОПАСНЫЙ

```
Е И Е С М Д Е М Ы Р О Т Ш Р М И П
У Г Т М У М И С К А М С Т А Н О Р
Р Р И И Т А Т Т И З Л У С К Е Н И
Й Ы Н Д Е М С А П Д Я У Е О Н Е В
О Д З Е У М Ф Е О Р И М Н В И В Л
Д С Н А О Й Ы Н С А П О И И Я О Е
Н Я И О Д Л Г Р Л Ж Т Т Н Т М К
О И Т Д Т А Ю И И А И И С А Е И А
Р Л Е Я Е А Ч Б Я Т А В И Н О М Т
А Н О Р И Н С А О Ь П А Е А Т Л Ь
З Б И А С И И М Ц В А Ц Т О Т А М
О М Е З А Я С Е В М Ь И С Б И Т Ь
В Л Е И И З И Д Т У И Я И У А Ц О
Ы Н А Н И С О В А Р И А Н Т О С Е А
Й О М Е А Х Ж Е Н Щ И Н Ы У Л Т А
```

Puzzle 27

Е	Т	П	М	И	Р	Е	Н	Т	У	М	Р	И	С	О	Г	С
Ь	Т	Е	П	Р	Е	Т	Д	К	И	Ч	Ь	Л	А	М	Р	О
И	С	Р	М	П	Р	У	У	Ф	О	И	Р	Е	И	С	У	Д
М	И	С	В	О	Д	И	И	П	Н	Й	Й	Т	Н	И	З	Е
А	М	О	Н	О	О	Р	А	И	И	Ы	Ы	И	И	К	О	Р
О	Е	Н	П	Р	Е	З	И	Д	Е	Н	Т	Д	З	Н	В	Ж
Г	Р	А	С	Р	Е	Д	А	Ч	Б	Ж	С	О	А	О	И	А
Р	О	Л	Ц	В	Е	Т	Ы	А	И	О	И	Р	Ф	Л	К	Т
У	О	В	В	М	Н	Л	Д	С	З	Р	В	Л	С	О	Е	Ь
Е	С	И	О	Р	Л	С	О	Т	О	О	О	П	И	К	У	Е
Т	С	И	Т	Р	Н	И	Х	О	Н	Т	К	Н	У	С	Л	У
М	У	Р	Л	Е	И	Е	Т	И	О	С	Л	Н	С	Е	О	О
И	А	И	У	Е	Р	Т	О	Р	Р	О	Е	И	П	Е	У	У
Ф	Е	О	Е	Ф	Т	Р	Ь	А	О	Л	Ш	П	Р	Т	Е	И
К	О	М	П	А	Н	Ь	О	Н	В	Т	У	В	Р	Т	А	Т

ШЕЛКОВИСТЫЙ
ОТХОДЫ
ГОВОРИТЬ
СОДЕРЖАТЬ
ТЕРПЕТЬ
КОМПАНЬОН
КОЗИЙ
ЧАСТО
ОСТОРОЖНЫЙ
МАЛЬЧИК
ПЕРСОНАЛ
ДАЛЕЕ
ЦВЕТЫ
РОДИТЕЛИ
СРЕДА
КОЛОНКИ
БИЗОН
ПРЕЗИДЕНТ
ГРУЗОВИК
ВОРОН

Puzzle 28

БЛЕСК
ЗЕМЛИ
УМЕНИЕ
ВИД
ССЫЛАТЬСЯ
ПОСЕДЕЛИ
ОТКРЫВАЛКА
МЕЖДУ
РЕДИСКА
КИТ
ГЛОБУС
РОК
БИБЛИОТЕКА
ПРИСЛАТЬ
ПЕРЕВОД
ПРОИЗВОДИТЬ
ЗООПАРК
АССОРТИМЕНТ
ШЕРСТЬ
ТОЖЕ

У	С	Е	Е	Ь	Т	И	Р	Н	И	У	Т	У	Р	О	И	Т
И	Н	С	У	Т	Т	Т	Р	У	И	Ц	О	И	Е	Т	Р	М
С	У	А	Ы	А	У	Е	И	У	Е	Т	Ж	И	Д	К	О	Р
М	У	К	И	Л	Е	Д	Е	С	О	П	Е	И	И	Р	У	А
П	Д	Е	И	С	А	С	С	Р	Б	Л	Е	Т	С	Ы	Л	С
О	Р	Т	Р	И	Д	Т	И	Р	У	Л	Р	Р	К	В	М	С
М	Г	О	Е	Р	О	Н	Ь	Т	С	Р	Е	Ш	А	А	Е	О
О	Л	И	И	П	И	С	И	С	М	О	И	С	П	Л	Ж	Р
Н	О	Л	О	З	В	Е	Н	О	Я	А	Н	М	К	К	Д	Т
П	Б	Б	Д	О	В	Е	Р	Е	П	И	Е	М	Р	А	У	И
Т	У	И	И	Т	С	О	И	Е	О	И	М	Л	А	Т	С	М
А	С	Б	В	П	М	А	Д	Л	Р	И	У	А	П	О	А	Е
И	Л	М	А	Т	А	Р	И	И	Л	М	Е	З	О	И	И	Н
С	Т	Е	М	И	Н	И	Т	У	Т	П	И	М	О	М	П	Т
М	Н	Т	К	И	Т	Л	Р	Т	С	Ь	С	О	З	Т	О	У

Puzzle 29

В	О	Р	О	В	А	Т	Ь	П	Т	И	П	А	С	Д	Е	Х
А	О	П	И	Т	Ь	Т	С	О	М	И	О	Т	С	В	М	О
Р	Т	Л	Р	Р	М	Я	А	Н	Н	А	Р	Т	С	Е	У	Л
Т	Т	М	Е	О	У	Р	З	И	А	И	П	В	Г	Н	Р	О
О	С	И	С	О	С	М	Н	А	И	Е	Р	О	О	А	С	Д
Т	Г	С	Н	Ь	Е	Т	Т	О	У	Т	И	Е	В	Д	И	И
Р	А	Ч	Ь	Т	Ы	Л	О	Л	Л	Я	Е	Е	О	Ц	Е	Л
Т	А	А	Т	У	Н	И	М	А	М	Б	Х	И	Р	А	М	Ь
Т	Г	С	И	Н	С	Д	Р	М	Е	А	А	С	И	Т	Е	Н
Н	О	Т	Л	Х	Е	П	О	Е	У	А	Т	Ш	Т	Ь	М	И
П	Е	Л	Е	Ы	Р	О	Д	Р	Т	Л	Ь	И	М	Н	А	К
О	Д	И	Д	П	Е	П	У	Ц	О	О	П	Т	Е	И	Ц	И
И	А	В	Ы	С	Т	Р	П	Е	А	Г	С	Б	О	Р	К	А
Л	Р	А	В	В	Н	Р	У	В	Р	С	И	М	М	Е	Р	Р
Я	Д	Я	Д	Р	И	И	Е	Е	И	А	А	Е	У	С	Т	О

МАЛО
ДОРОГИЕ
СЧАСТЛИВАЯ
ГОВОРИТ
ВСПЫХНУТЬ
МИНУТА
ИНТЕРЕСНЫЕ
СБОРКА
ПРИЕХАТЬ
ХОЛОДИЛЬНИК
СТРАННАЯ
ЗА
ШАБЛОН
ПОНИ
ПРОСТО
ДЯДЯ
ВОРОВАТЬ
ДВЕНАДЦАТЬ
СТОИМОСТЬ
ВЫДЕЛИТЬ

Puzzle 30

НЕЖНЫЙ
ВЫБЕРИТЕ
МОЛОДОЙ
ЛЕНТА
КРАСОЧНЫЕ
БУРЕВЕСТНИК
НИЗКАЯ
ЭЛЛИПТИЧЕСКИЙ
ВСТРЕЧА
БЫЛИ
КОПЫТО
КОЛЫБЕЛЬ
СТАТЬ
МУЖЧИНЫ
ВЕСЕЛАЯ
КРУПНЕЙШЕЕ
ЗАВТРАШНИЙ
ПЕРЕДАВАТЬ
СТРАНУ
ТАКСИ

Е	В	С	К	З	Л	Л	У	Т	О	А	К	В	К	У	О	К
Е	Е	Т	Р	А	Ч	Е	Р	Т	С	В	О	Ы	И	Р	Е	Р
М	С	И	А	В	У	В	Л	У	Г	У	Л	Б	Н	Р	У	У
М	Е	У	С	Т	М	Е	Б	Л	Н	И	Ы	Е	Т	Л	Е	П
М	Л	Е	О	Р	Н	И	П	Ы	Е	И	Б	Р	С	Е	И	Н
М	А	Т	Ч	А	Б	Т	Е	И	Л	Л	Е	И	Е	Н	Р	Е
М	Я	У	Н	Ш	Л	Е	Р	Р	И	И	Л	Т	В	Т	Т	Й
С	О	О	Ы	Н	И	П	Е	С	О	И	Ь	Е	Е	А	А	Ш
Т	Т	Л	Е	И	И	Р	Д	У	О	Д	Я	И	Р	А	К	Е
А	Ф	А	О	Й	И	Р	А	С	Т	Р	А	Н	У	Л	С	Е
М	И	С	Т	Д	И	Т	В	Т	Ы	И	К	С	Б	Т	И	Т
Е	М	И	У	Ь	О	Б	А	О	П	П	З	О	Т	Е	М	Т
Н	Е	Ж	Н	Ы	Й	Й	Т	А	О	Е	И	М	С	С	Е	П
М	У	Ж	Ч	И	Н	Ы	Ь	Я	К	Н	Н	И	Р	И	Л	О
Э	Л	Л	И	П	Т	И	Ч	Е	С	К	И	Й	А	Т	Н	Е

Puzzle 31

```
Н С Е Л А Н В З Р С М М Е С У Ф А
Т Н Р Е Т Р Н А Е Т Т Е Т Р О М И
П Е В З Р Ы В Б Ф Е Ф Р О Е И У И
Е З Ч А С Т Ь Ы О Р И А Е П Т П В
Я А Н Б О Д У Т Р Г З С Д К С М Т
Е В У Н В Е Т Ь М Б И А Л И О Т Е
Й И К Б И Г Е Д У Л Ч П Ф Е Н З Е
Т С П О Л И Т И К И Е С Л Л Б И А
Т И Й Ы В И Ч Н Е Т С А З А О О К
О М Ф О Н Ф И С Е А К И Н С С О С
С О Р О З О В Ы Й С И А П С О Х У
И С Ц М Ф Т И У П И Е Т А О П О П
У Т П О С Т А В И Т Ь М Н Н С Т А
О Ь И З О Л И Р О В А Н Н Ы Е А З
Р Е К О М Е Н Д У Ю У Т М О Б М О
```

ЛАССО
ИЗОЛИРОВАННЫЕ
ЗАСТЕНЧИВЫЙ
УДОБНАЯ
ОХОТА
ЗАПУСКА
СТРЕКОЗА
ЧАСТЬ
НЕЗАВИСИМОСТЬ
РОЗОВЫЙ
ГИБКИЙ
РЕКОМЕНДУЮ
ВЗРЫВ
РЕФОРМУ
ЗАБЫТЬ
ПОЛИТИКИ
СПОСОБНОСТИ
ПОСТАВИТЬ
ФИЗИЧЕСКИЕ
ПАН

Puzzle 32

ЧАСЫ
МАТЬ
УТВЕРЖДАЮТ
НИЧЬЯ
ПОЕЗДКА
ПЕРЕГОВОРЫ
ИНЦИДЕНТ
МЕДИЦИНУ
ПШЕНИЦЫ
ПОЖАЛУЙСТА
СИЛЫ
МИР
ЗАБРОНИРОВАТЬ
ДЕЙСТВИТЕЛЬНО
ПОТЕРЯТЬ
ФОРМУЛУ
НАПИСАТЬ
АВТОРИТЕТ
ТРОПИЧЕСКИМ
ЩЕТКУ

```
Д Е Й С Т В И Т Е Л Ь Н О Т Н З П
У Т Н С И Л Ы С А Ч М Н Н Р А А О
Т Т О Т Е Т О Ь Т Я Р Е Т О П Б Ж
П Е В С У Р А Е А П И Е Р П И Р А
Т Ш Н Е Н Т С Т С М Я Р И С О Л
Н М Е Ы Р О В О Г Е Р Е П Ч А Н У
И Е М Н Т Ж Ф О Р М У Л У Е Т И Й
Ч Д Н Т И Е Д Д П О К Т Д С Ь Р С
Ь И Т Т Ц П А У Г Т У С К М О Т
Я Ц У Л И Т Ы О Ю М Е В В И У В А
Е И И А У М С Т Е Т Щ И П М П А М
И Н Р С Е Н Е П У З И Е Л Т Е Т М
Р У И Н Ц И Д Е Н Т Д В У Н С Ь М
А В Т О Р И Т Е Т Я У К Е Ц Ф В У
М А Т Ь О С У П А Т Е Р А У А О Л
```

Puzzle 33

```
Ц С У Д Т С Л И М К Ц Ф Н С Е К М
У О С У О У Р Ц Р Т А Т И Й У А П
Н О Н И А М Е Т С И С Н У А С Ч О
У Б Е Е К Р И И И Р П И Д В И Е С
О Щ Г С О Т И Н И И Е А О И Д Л Л
О Е О Ь Р Е В Д И У Р Е Я А Д И Е
Л Н В И И П О С Т Р Е Д Я Р Р А Е
И И И Е Ц И У П Т Л У Л М Т О И Т
Т Е К У А Т У П П Н Е Ю С С Д О А
И Л Е У У М Н С Е И Е Л Щ У У В Д
Х П О Н Я Т Н О Т С П Т У У Е Т Л
И Т С Е В О Р П Я Т Ы Р К Ю И О
Й О Е И Н А В И Ш У Л С О Р П Т С
С И М Л И Е Н П А Т Е Ы М Е И А И
Т И Р А М Н Е М Ь Л Т Н Е Ж Д М И
```

ПОНЯТНО
УСТАЛЫЕ
КОРИЦА
СОЛДАТ
КАЧЕЛИ
ДВЕРЬ
СНЕГОВИК
ТАМ
ПОСТ
ПРОВЕСТИ
СООБЩЕНИЕ
ТИХИЙ
ПРОСЛУШИВАНИЕ
СИСТЕМА
ПОСЛЕ
ДЖЕНТЛЬМЕН
КАНДИДАТ
ДОМИНИРУЮЩУЮ
УСТРАИВАЙ
КРЫТАЯ

Puzzle 34

ЯРКИЕ
ЭФФЕКТ
ДОБРОВОЛЬНЫЙ
РАССВЕТ
ЧЕТЫРЕ
КУЛЬТУРНЫЕ
ПРИЕМ
ТИП
МЕЖДУНАРОДНЫЙ
ВОЛНА
ДОЛЯ
МУДРОСТЬ
ВОЛК
КАРТИНКА
ТИГР
ДАЛЕКО
ПИСТОЛЕТ
СРАВНИТЕ
НАЧАТЬ
РАЗВЛЕКАТЬ

```
У Т С О Т О Д Р Н И Е И Р Р У С Д
Н У И Н И Т Е О А М И А О А Р А О
П Р И Е М У Е У Л С У Р О Н Т И Б
П П С У В О Л К А Я С О С Н Я Е Р
Т У П А Т Э Ф Ф Е К Т В Т О М Е О
Р Т И Г Р Н О Д Р О Н М Е М О С В
Т М Т С Р И Ь С Ы К Н И Р Т И Н О
В О Л Н А Е Т Т Т Е Л О Т С И П Л
А Т У О Ь Т А К Е Л В З А Р Р И Ь
С И И Р Е И Ч А Ч А У П Т Л А С Н
М Е Ж Д У Н А Р О Д Н Ы Й М И К Ы
Н И Ф С С В Н П Е Я Р К И Е Е У Й
Т Ц Е О Л А К У Л Ь Т У Р Н Ы Е О
Н Р И Ц И Р Е Е Т Р Р А Е Т У Ф Р
Н Е Д Ь Т С О Р Д У М И П У О А Л
```

Puzzle 35

```
Р О Н С П О О Т С И У М Я В К Ц Д
О И П Н Р У Н А Н Н У С П Е А Т Л
Д А И О О С Л Е Е С Ф А С Л Т С И
Н С Е Т В У О Х О Л П Т Л О А М Н
О О Р Й О А Р С Т А Ж Е Ш С Я А
Й Т Е И Д Е Р С Т Н Т О П А Т А В
С Н Т К А И И П Т Р Ю И И Д Р Н Т
Р И Т С Е В Ы В М И А Х Н Ь О Н С
Т Е Г О Е Т У И У Ш Т Д А С Ф Е М
С О Ь Л Е Д О М К В Н У А Т А М О
М Т В П У И О У А Е Н Д У Н Ь Е К
И А Л Е О Н Е В И Д Н Р Д И И Р А
С П У С К А Ю Т С Я А У М М П Е Н
Н Ц В Е Е Ц О Т Р О С П Ф А И П З
Е У И О И У Л Т Т Е А С Е К И Е О
```

СОСТРАДАНИЕ
КАТАСТРОФА
НЮХАТЬ
МОДЕЛЬ
КАМИН
ПЛОСКИЙ
ВЫВЕСТИ
ДЛИНА
МУКА
ШВЕД
ПРОВОДА
ЗНАКОМСТВА
РОДНОЙ
ПЕРЕМЕННАЯ
ПРАВО
СПУСКАЮТСЯ
ПЛОХО
СРЕДИ
ЛОШАДЬ
ТАКЖЕ

Puzzle 36

ПОДАРОК
ИССЛЕДУЙТЕ
СМОРОДИНЫ
ДИКИЙ
МЕНЕДЖЕР
ОБЛОЖКА
ДОВЕРИЕ
ОТ
МЕЧТА
РЕАЛЬНЫЕ
ОСТРОВ
САМОЛЕТ
УЛИЧНЫЕ
ВОДИТЕЛЬ
ОТЕЛЬ
ПАЛКА
ЯЙЦО
СОЛНЕЧНЫЕ
СТОИТ
ПЧЕЛА

```
И А Е С С О А Е У Т Т Д Г И П О С
И Ь Л Е Т И Д О В Е О О И У О Р О
У Л С Е О Е М Ф У И Т В У Н Д Е Л
П Т С С И И Е Г И Р А Е Р Т А Т Н
И Т Е П Т Н И Р Ц А У Р У Е Р Й Е
П М И А Р О Н С М Т Т И О Н О У Ч
Я Е Т Л Е Ы Н Ч И Л У Е Р Т К Д Н
А Е Р К А С М О Р О Д И Н Ы Е Е Ы
И Р Д А Л Е О С А М О Л Е Т А Л Е
А С Т Т Ь С Б Д И К И Й А П М С Ь
Н Р П Ч Н Л Л Я П Ч Е Л А М С С А
А В С Е Ы О О С Й Е О О С О У И Д
М М Т М Е Р Ж Е И Ц Т О С Т Р О В
Л С Л Т С Е К И О С О Е И Т И У Т
Е М И О Т П А М Е Н Е Д Ж Е Р И О
```

Puzzle 37

```
К А Р М А Н Н Ы Й И У Ф А Ц С Р И
Д Н Е Е С И А Е Р Г О Р О С О Н Н
Р Е А Л Ь Н О С Т Ь С Л А М М З Д
Е И И Р В С Е Р А Е Н И С Т Д Л И
О Н У А А Т Л С Т Р О Е И А А О В
Н А Г О Р Ш О К Л Е В О М С М Й И
Ь С О М У Я И М У М Н Е Р М А У Д
Л И Е И П П У Г О Т Ы Г Л У Т В У
И П О Д С О Л Н У Х Е О Е Н Р С А
В С Л И У М И Ж О Л О П Д Е Р П Л
А А Т Т К П Т И Т С С И Н И И Н Ь
Р Р И С У И В Р Т Т И У И О И М Н
П О Ч Т А Л Ь О Н Р Т П Е Я П Е Ы
Е Д Е Ш Е В Ы Е П А У А С В Л И Й
Н А П О М Н И Т Ь Х Е У П О Р Е И
```

ДЕШЕВЫЕ
ИНДИВИДУАЛЬНЫЙ
ЕГО
УКУС
МАСЛО
НАПОМНИТЬ
УСЛУГИ
НЕПРАВИЛЬНОЕ
НОСОРОГ
РАСПИСАНИЕ
ПРЕДПОЛОЖИМ
ПОДСОЛНУХ
РЕАЛЬНОСТЬ
КАРМАННЫЙ
ОСНОВНЫЕ
СТРАХ
ПОЧТАЛЬОН
МУМИЯ
ЗЛОЙ
ГОРШОК

Puzzle 38

ЛАПКИ
СМЕСЬ
СОЧЕТАНИЕ
УЖИН
ФРАГМЕНТ
ХОЛМ
ПОЛИЦИЯ
ЛЕД
ТОРГУЙ
НАЙТИ
НОС
КОГДА
СКОРО
ПОЛУЧАТЬ
СТОЛ
СОКРАТИТЕ
УНИЧТОЖИТЬ
ПРОБКА
ЖИДКОСТИ
СОСИСКИ

```
Е П С Е Т О У И Р Т С Т А П И В Е
У Н Е И Т Е Е П И Р О О Р О К С М
О Т Е Л М Р Е Р Е М Л Р М Л О Х Т
С О Ч Е Т А Н И Е Ф Л Г И У Л Е Д
Ф Р А Г М Е Н Т Е П Е У Н Ч С П Ф
У Н И Ч Т О Ж И Т Ь О Й С А М Р Р
Н О Т К М У У К И И А Л А Т Е О У
Р А Й Р О П Р П Т М А М И Ь С Б О
У Е А Т С Г А А А А И А У Ц Ь К С
У Ж Н Т Т П Д Л Р У М С Е С И А И
П И И С О Е И А К И Т И Д Н С Я В
О Е У Н Л Р И У О И И Н Я Р Р Р Т
И Л С М В Д Р М С О Н О Е Т С Л А
П А П У Е О С О А Е Е И В И П М Р
С О С И С К И Ж И Д К О С Т И М Е
```

Puzzle 39

```
П П П С Е Р Т Ф Ч И У С А Б С Р У
О Р Р Т Т О И Т А Ф С К А Е А М
Л О Е Б О Г А Т Ы Й С О Т У У Н У
Н Г К П Е С Е С Т Р А Т Т И Т О М
О Р Р О У Е О Ж И М П Ф И Т Р Е М
С А А К И А Н И Е М У Л Д Ц Й И Р
Т М С А М П Н Р О Л С Н Р У Ы Н М
Ь М Н З И Е Я Р К Е А И Е О Б Е И
Ю У Ы А Е Е О У О И В Н Д Т А Ч Д
И У Й Л И С Т А С Л А Р И У Л Ю Н
Н Е Д Е Л Я С П Ы У Л М О Е С Л И
С Е П И Т И О Е В Е Г О О Е И К А
Л Е Д У Л Р П Е Е О Т Д И В М Д Е
Г У С Ь Е М П И Т Т Е О М С П О У
О Т К Л О Н И Т Ь И И У Н И А П П
```

СЛАБЫЙ
ГЛАВА
НЕДЕЛЯ
ЖЕЛАНИЕ
ГУСЬ
СКУТЕР
ОТКЛОНИТЬ
ПРОГРАММУ
ИЗ
СУПА
ПОКАЗАЛ
СЕСТРА
ПОСТОЯННОЕ
ПРЕКРАСНЫЙ
ПОЛНОСТЬЮ
ЧАСТИЦЫ
РАНО
БОГАТЫЙ
ПОДКЛЮЧЕНИЕ
ВЫСОКОЕ

Puzzle 40

ПОДГОТОВИТЬ
СКУЧНО
ИЗНОШЕННЫЙ
ДИРЕКТОР
КОМУ
ПРОДОЛЖАЙТЕ
ПРИКРЕПИТЬ
УМНЕЕ
БИЗНЕС
ВАННА
СПАТЬ
АКТИВНЫЙ
ИМПОРТ
ПРЕДСТАВИТЬ
СЛИВЫ
ОБИЛЬНОЕ
ЛЕСТНИЦУ
ЛИЧНО
СПЕШИТЬ
ПАЛАТКА

```
А К Т А Л А П Н Ц С Б Д Е Р В П О
К С Ь Е Ь Т И П Е Р К И Р П М П Б
Т Ь Т И В О Т О Г Д О П З Л И Р И
И Т И М З Л Е С Т Н И Ц У Н С М Л
В И Ш Е Ц Н И Н Н А Н П Н Е Е Е Ь
Н В Е И Ь Н О К О М У Е А Т Е С Н
Ы А П Ы Т Н Т Ш С Р А И Е Т Н Т О
Й Т С В А Н Н А Е К И И Е Т М М Е
Б С И И П И А Н А Н У Н Н Р У П Н
Р Д И Л С И Т Е И О Н Ч И Л У Е А
П Е Д С М М М Р П Р И Ы Н Е У Ф П
Н Р О Т К Е Р И Д П Е Н Й О Е Н Т
Т П П Р О Д О Л Ж А Й Т Е Р С С Т
О О Е Р С М Р У О И И М И Е Р Т С
И М П О Р Т П И Т И Н М А А П Т А
```

Puzzle 41

```
И О Р А С С Л Е Д О В А Н И Е К З
С Е У У Е С У Ф Ф А Т С Л П А Р А
И Е Е Р Е Е П Т Е К Н У А Н Л А Х
Р Т А М О Т Р Д У Н О Т Т М Р С В
О Т А И Т Ь У И Л А С А У К Т Н А
Т И У С Н С О К Д Л Н Б С А А Ы Т
Ю Р Г О И П Т Е Б М Л Т Р Т Й И
Р А Б О Т А Г У Д А Р Е Л У Р М Т
Т Б Ц Е Л И П Т У С О Т Т Д Н Е Е
О Ь О Н Ч Е Н О К А А К А У Л Н Л
М Д А И И О Ц Й Е К С И Р Р О С О
С А Е А П В С О Б Ы Т И Е Р А И А
Е В Ф И А Л С К Е А Е Т Р Н Е В У
Е С Т Р Е Д О Ж Д Л И В Ы Й М Ч Е
Т И Д Е У С У Р П О Ж А Р Н Ы Й Ь
```

СВИНЦА
ДУРАК
СОБЫТИЕ
КОНЕЧНО
РАБОТА
КАСАБЛАНКА
СМОТРЮ
СЕТЬ
КОЙОТ
СВАДЬБА
ПОЖАРНЫЙ
УТКА
СОК
ТАБЛЕТКИ
ДОЖДЛИВЫЙ
РЕЧЬ
РАДУГА
КРАСНЫЙ
РАССЛЕДОВАНИЕ
ЗАХВАТИТЕ

Puzzle 42

ЧАСТЫЕ
ЛАМПА
ВОСЕМЬДЕСЯТ
КАЖДЫЙ
ОБЩАЯ
ЧАСТНОСТИ
КОГДА-НИБУДЬ
ВЫМЕРЛИ
КОЛИЧЕСТВО
ДЕТАЛЬ
НОВОСТИ
ЧЕТВЕРТЫЙ
САД
БЕССМЫСЛЕННЫЙ
ФАЗА
РОДИЛСЯ
ТОЧИЛКА
СТАДИЯ
ДОСТИГ
ЛЮДИ

```
К И Е Р Л Ь Д У Б И Н А Д Г О К Л
Ч О Т Д Ю Е Е Л В О Р Р М В Т Й А
Ч Е Л И Д И Т С О В О Н М Ы И Ы М
С А Т И И М А К Л И Ч О Т М М Н П
Т З С В Ч Т Л С Т Е Р А М Е К Н А
А А М Т Е Е Ь М Р Г Т С О Р А Е М
Д Ф Т Д Н Р С Е А И Ц С С Л Ж Л О
И П С Е О О Т Т Л Т Е П В И Д С Т
Я Р С М Е И С Ы В С Н Ф Г И Ы Ы О
П С О Е С Е Е Т Й О И У Р Е Й М Д
И Е Е Т Н У Д У И Д Р О Д И Л С Я
В О С Е М Ь Д Е С Я Т О Е Л Р С А
Ч А С Т Ы Е С М Р Р П У Е О М Е Щ
И М Е Н О И Н У Н Р П Е С И М Б Б
Т И У Е Н С А Д П Е Е Е Н И Р О О
```

Puzzle 43

```
В М У М И М О О Р П Е Р Е И Т Р У
Е К М Е О У Р Н Е С Ф И Л О И А С
А Е Л П А Р Е Ь Р А К Л У Я И С В
С Ф С Ю И И К К У Р И Т Ь С Т П О
Н У У И Ч М О О И С А Н Р Т М Л З
М Е Н Ц Т А Е О В Б Л А С Е Г А М
С Т И Е Ф С Ю А И Ь К П З А Л В О
Т Е Н Т Ж Т Н Т А Е Р Р А Т И И Ж
И Р Р О А Н С Е Л Р О Я О Ы М Т Н
О У Н Е О Л А Р С О Л Ж Н П М Ь О
М Ы Л Ь Н О Й Я Л Н И Е У Л С Е И
К О М П А К Т Н Ы Й К Н С А И И Л
Н А С М Е Ш К А У О Ф И М Н Р А А
Ц Д М И Л Ы Й М Т Ц Ц Е Н О К Т П
С К Р О М Н А Я С Н М Л Г У Е Е И
```

НЕЖНАЯ
ПЫТАЕТСЯ
МИРУ
СКРОМНАЯ
ОТЕЦ
КАРЬЕРА
НАСМЕШКА
НАПРЯЖЕНИЕ
КОНЕЦ
МЫЛЬНОЙ
ЗАЛ
МОРКОВЬ
РАСПЛАВИТЬ
ПЛАН
ВОЗМОЖНО
ВКЛЮЧАЮТ
КОМПАКТНЫЙ
КУРИТЬ
МИЛЫЙ
КРОЛИК

Puzzle 44

КНИЖНЫЙ
СВЕРНУТОГО
КТО-НИБУДЬ
КРОЛИЧЬИ
ТЕЛЕСКОП
ВЕС
ОДНАКО
ПОМИДОР
ОТНОШЕНИЯ
КУХОННЫЙ
ОРФОГРАФИЯ
ВОПРОС
НОГТЕЙ
СОХРАНИТЬ
ЛИЦО
ПЛОТНАЯ
МОЖЕТ
ЭКОНОМИКА
ВЗЯТЬ
УЧАСТИЕ

```
У И Е М П Е К П Л И С П М П О И П
Э М С Е Е С И У Е И И И О М М Н О
К К И И А Ф Ф Й Х П Ц У Ж С У Л М
Н С О Н М Т Т Е У О Е О Е У А Е И
И С К Н О Т А Т Н У Н Ь Т Я З В Д
Ж Е А Ц О И Л Г А А Т Н Е И Н Т О
Н О Н А М М В О П Р О С Ы И У Е Р
Ы Т Д О Ь Т И Н А Р Х О С Й У Л И
Й Н О В Е С И К У Ч А С Т И Е Е Н
И О Н М В Я И Ф А Р Г О Ф Р О С У
И Ш К Т О Н И Б У Д Ь Т И О Т К Р
М Е С В Е Р Н У Т О Г О И С Е О И
С Н Д М В П Н Р О Р Т У О П С П Т
И И И Р Е С Р А К Р О Л И Ч Ь И И
С Я А Н Т О Л П Д Е Е С Д Р П П Л
```

Puzzle 45

```
Д М Ь С Е Т П И Е Ц Б Е И Л П А П
А В С Ф П У П А Л О М А О Р З О Р
А М И А М Д Ь С А Л А Т У П А З О
Б О П Г С О Р Т У И Е Е У И М С И
Е О А С А Р Е У А Е Т Я П И О В З
Д И З И Д Т М М Т Р Е Е Т М К С Н
А Е Н Е Н И Е В Н И Ц Ж Ю Р И М О
К А Е Д А М Я Л Й Ы Н М О Р Г О Ш
Ш И А Е М А Р И Ь Т Л Н А Т Л К Е
Ы Ф Л А О Е С А Т Р О Д А А Я О Н
Р Д Е Р К Н С Л И М С П П Я Л Н И
К П Н У Ф Й Ы Н Д О Б О В С У И Е
С У Х А Я У М Д З М М С Е М А Д Е
С Р С М Е Ш Н О Е И Ж У Р О Е О И
И С С Л Е Д О В А Н И Я У Т Н И У
```

БЕДА
ПРОИЗНОШЕНИЕ
РУТИННАЯ
ДВИГАТЕЛЬ
СУХАЯ
СМЕШНО
СВОБОДНЫЙ
ОРУЖИЕ
СОЛНЦЕ
ЗАПУТАЛАСЬ
ОДИНОКО
ЕЗДИТЬ
ЗАПИСЬ
КОМАНДА
УПАЛО
ЖЮРИ
КРЫШКА
ИССЛЕДОВАНИЯ
ЗАМОК
ОГРОМНЫЙ

Puzzle 46

КОММЕРЧЕСКИЕ
ПОЛОЧНОГО
ПОДАРКИ
АНАНАС
КОПЕЙКИ
КАКАО
ОТДЕЛ
АВАНТЮРНЫЙ
ГОД
ПРОСТАЯ
ЧИСЛИТЕЛЬ
ЗАМОРОЗИТЬ
ЛЕГКО
КРИТИЧЕСКИЙ
РОВ
ЧЕЛОВЕКА
БУТЫЛКИ
СТАКАН
ЛЕНИВЫЙ
ЦВЕТОК

```
Б З А М О Р О З И Т Ь Е Ф Л И Н Т
У У Е Е А И У О К К У С С Е И У Е
С Е Т Е О Е Т О Р О Й А Е Г А П У
А Е Л Ы О И В И А Т И Е И К М Р К
Н В О Р Л И С М Д Е К Г П О Е О А
А Ч А И И К О Р О В С О Р О М С К
Н И Т Н Р О И П П Ц Е Д У Н К Т А
А С Е Е Т О Т Д Е Л Ч Е И С Т А О
Ц Л М О Т Ю О Й Ы В И Н Е Л Т Я Н
М И Н Н В Е Р О Л Т Т А У Т А Ц Р
Т Т И О И А О Н И Н И К И М Т И А
В Е О Е О И С Т Ы Е Р А Е А Е Т У
С Л С Е П М Е П Т Й К Т Т П М М У
М Ь Д К О М М Е Р Ч Е С К И Е Т Р
Ч Е Л О В Е К А П О Л О Ч Н О Г О
```

Puzzle 47

```
О И С А Е Л Е О Н С Я А О Н Н Э А
Н И Д Е М П Д И Р И Т С О Н Е Л О
Л П Н Т Е А М Я Я И С С Е Р П Е Д
О Т Д Ю У И Е Н Р Н М П Н У Р К А
Е Е Ж У М Т У У Р У В У Ц Ч А Т Я
О И П Т Д И Я А К С Т Е Д И В Р Т
М О Р А Л Ь Н Ы Й М Н Е Н Т И И Е
И Н О В М А Е Н У Е Е Р О Ы Л Ч Р
Б С Л О Д С И И Ц Я Г О Т В Ь Е М
Ю А Т Н А А М Ш У Т У Р У А Н С М
Л П С И А Й В А Н Ь Н Т А Я А К Е
И О И В Е Т Е М Р С А Р Е Ф Я И Т
М Л Т Д К О В Е Р Я У С Г Ч И Й Н
К Р Е М Е Т И Ч У З И Е М И К К И
А П Д Е Ы Т О Л О М У И У Е Т А П
```

МОЛОТЫЕ
ГРАФИК
УЧИТЫВАЯ
ДЕТСКАЯ
МАШИНЫ
ИДЕТ
САЙТ
КРЕМ
ЛЮБИМОЕ
ЭЛЕКТРИЧЕСКИЙ
МУЖ
ВИНОВАТУЮ
КОВЕР
НЕПРАВИЛЬНАЯ
МОРАЛЬНЫЙ
ДЕПРЕССИЯ
ИЗУЧИТЕ
СМЕЯТЬСЯ
УТЕЧКА
ОПАСНО

Puzzle 48

МАТЧ
МАЙОР
ВНУТРЕННЯЯ
КАРТЕ
ЮРИСТ
ДИКАЯ
ТЕХНИКУ
АМУР
ПОВТОРЯЮТ
ШАТКИЙ
ВАМ
ПОКУПКА
ПОБЕГ
ЧЕМ
БЕЛКА
ПОТОК
ПРИХОДИТ
ГЕОГРАФИЯ
ТИПИЧНЫЕ
ДЕЛЬФИН

```
П Е Н М П Ч Н П И Т Й Ц С Н Г П Т
Н Р Е А А И Е Ы Н Ч И П И Т Е О Е
Ц В Е В У Т Т М Б Р К В Р Ю О К Х
П О Т О К О Ч Е Е Р Т Н Д Я Г У Н
Е Л Е С Т Е Л С Л Л А У Е Р Р П И
С И Т Е У И Е Е К М Ш Т Н О А К К
Р С В А И О М Е А Р С Р О Т Ф А У
Т Е Т С О У С И С Д С Е Т В И Е Р
И А М Д Е Л Ь Ф И Н О Н Е О Я Д Е
М Н У О Т Т И Н Д И Е Н С П Б Р Т
Ф Ю Л Н Р О Й А М И И Я И Т С И Т
М Р У М А А У У М Г К Я У Е Т С О
Л И Л И К П Р Т Е С И А А А Ф В Т
С С П Р И Х О Д И Т А Р Я А С О М
Т Т Н Е С П М Е Л Р Е П О Б Е Г Е
```

Puzzle 49

```
Р А Б Л И О С Р Л Л Б П Н П В А О
Е А Т О А У П Р Ь И О Е А Р Н Е Ж
Ш Р П У К Е У А Т Т Л Г П И И Д И
Л Е Д И С О И Д И Т Е Р Р З С А Д
А Н С Е А С С У Р Т З У А Н А У А
А Н П Т Л Т М У Е С Н С В А И Ф Т
О О М И Ь Р И О В Е И Т Л Т Н А Ь
Е В О Н Т О С Е О И А Н Е Ь Т Б Ф
И Ф М П Е Г Е Е Р И Е О Н С У М Е
Ж Е Л Е Т О С В П А Е О И Я Я И И
А Н С О Ц Р О Л О А К И Е Н Р Т У
В Е Л О С И П Е Д З А М Е Н И Т Ь
С О В Р Е М Е Н Н А Я Н У А Р Е М
З А П А Д Н Ы Й Е Л И Л И С Е А Н
С Т Е Е И М Е Е Т Г Р Т Д Е П Т М
```

ГЛАЗА
СМИ
ЛАСКА
СИДЕЛ
ОСТРОГО
ВЕЛОСИПЕД
ЗАМЕНИТЬ
УДАР
НАПРАВЛЕНИЕ
ЖЕЛЕ
СУМКА
СОВРЕМЕННАЯ
ШЕСТЬ
ГРУСТНО
БОЛЕЗНИ
ОЖИДАТЬ
ПРИЗНАТЬСЯ
ЗАПАДНЫЙ
ПРОВЕРИТЬ
ТРУС

Puzzle 50

СУДЬЯ
ШУТИТ
ПРЕДОТВРАТИТЬ
РУБАШКА
ПРАВДА
БЕГЕМОТ
ГДЕ
КОНЦЕНТРАТ
НЕСЧАСТНАЯ
ОГУРЕЦ
КОЛЛЕКЦИЯ
АВТОМОБИЛЬНЫЕ
ОБЕСПОКОЕННЫЙ
ФОЛЬКЛОР
ВЫЗОВ
КОНФЕТЫ
ЛЕЧЕНИЕ
ДОСКУ
БРОСАТЬ
НАСЕЛЕНИЕ

```
У Т Р А Н Т С У С И О М К К О Т П
М У С В У Е И У В С Г Ш О О Б Е Р
М У Т Т Р Д С У Н И У У Н Л Е Ф Е
Н С А О С Г С Ч М В Р Т Ф Л С О Д
А Е Р М Б М И У А Н Е И Е Е П Л О
С Л Т О И Е С Л Д С Ц Т Т К О Ь Т
Е Н Н Б П Р Г Р Е Ь Т У Ы Ц К К В
Л Р Е И Н Е Ч Е Л Д Я Н Е И О Л Р
Е С Ц Л А Т Д С М В Д Д А Я Е О А
Н Л Н Ь Л Т Л С Р О Р О К Я Н Р Т
И У О Н Т Л И И У З Т С Ш Т Н У И
Е И К Ы А М Р У Л Ы С К А У Ы М Т
С С Е Е О Е Н П Е В И У Б Е Й Р Ь
П Р А В Д А Г У И Л С И У И Н Н Т
Б Р О С А Т Ь Л М Е Т И Р О О У Т
```

Puzzle 51

Н	О	О	Е	Т	А	П	П	И	У	Е	И	И	У	С	О	Т
Т	Ь	Т	И	С	О	Н	А	И	С	П	Р	С	С	О	Г	У
М	А	М	Ж	Г	Ф	Е	У	И	Ф	Е	У	У	Т	Р	Р	Р
Л	С	Р	О	У	Р	У	Е	Т	Н	У	И	К	А	Т	О	О
П	И	С	Х	И	Е	Я	В	А	У	Н	Е	У	Н	И	М	А
С	Л	П	О	Р	Ы	В	З	Ы	С	Е	Е	Б	О	Р	Н	Р
А	Р	А	П	А	П	О	А	Н	Т	Р	О	Т	В	О	О	Б
Д	Е	Т	В	Н	И	Ц	В	А	Ы	Е	У	У	И	В	Е	У
М	Ф	Ь	Т	А	В	Р	Е	Р	П	Е	С	О	Т	А	Е	З
Г	И	Ф	К	О	Н	Е	Л	П	Ы	Ц	Н	Н	Ь	Т	С	Н
В	С	С	У	Е	Е	И	Е	У	У	Л	А	Н	Я	Ь	Н	А
Е	О	Е	У	Р	С	Й	Е	Р	О	П	К	У	Л	Т	О	Я
С	Н	Д	И	С	К	У	С	С	И	И	Е	И	О	П	Ь	В
Ф	И	О	Л	Е	Т	О	В	Ы	Й	Ы	Р	Б	А	Р	Х	П
Р	С	И	О	С	С	К	А	Л	Ь	К	У	Л	Я	Т	О	Р

ГРЯЗНЫЕ
ХРАБРЫЙ
СОРТИРОВАТЬ
НОСИТЬ
ПРЕРВАТЬ
ЛУК-ПОРЕЙ
ФИОЛЕТОВЫЙ
ПАПА
КАЛЬКУЛЯТОР
ВЫТЕСНЯТЬ
НОУТБУК
ДИСКУССИИ
ПОРЫВ
УСТАНОВИТЬ
ЦЫПЛЕНОК
ПЛАВАНИЕ
ТОРТ
АРБУЗНАЯ
ОГРОМНОЕ
ПОХОЖИЕ

Puzzle 52

ХОРОШО
ВЕДЕТ
ЛИШИТЬ
СЕБЯ
ВНЕШНЯЯ
ПАРУ
ПОГЛОЩАТЬ
РАЗНОРОДНЫХ
НЕТ
РАССЧИТАТЬ
СОБИРАЕТСЯ
ФУНТЫ
НАЗВАНИЕ
ЧУВСТВУЮТ
ЯЙЦА
КОРОТКИЙ
МЯГКИЙ
ЛЫЖИ
ВЕЛОСПОРТ
ПОДДЕРЖКА

Н	Т	С	Е	М	Р	Ь	Т	А	Щ	О	Л	Г	О	П	Е	И
А	И	Т	И	И	Я	Я	Н	Ш	Е	Н	В	Ц	Ш	О	С	Р
З	Е	Т	Р	Я	С	Г	Р	Т	Т	Л	Е	А	О	Д	Л	А
В	А	Ф	И	Е	О	М	К	Н	В	Р	С	Л	Р	Д	Р	С
А	Е	С	С	И	Б	Ф	Н	И	Ж	Ы	Л	И	О	Е	А	С
Н	О	Ф	О	М	И	С	У	П	Й	Р	Т	Т	Х	Р	З	Ч
И	И	Е	А	В	Р	О	У	Н	Е	О	С	Т	Е	Ж	Н	И
Е	П	Т	И	Й	А	Ц	Й	Я	Т	Е	Д	Е	В	К	О	Т
Р	Н	П	И	И	Е	У	Е	П	Н	Ы	П	Н	Б	А	Р	А
Ь	Р	Н	И	К	Т	Р	О	П	С	О	Л	Е	В	Я	О	Т
Т	Ю	У	В	Т	С	В	У	Ч	С	У	О	Т	П	Н	Д	Ь
И	И	Р	Р	О	Я	И	С	Н	Т	О	Т	О	Б	У	Н	Л
Ш	О	А	Е	Р	А	С	М	Е	Е	Г	Е	Р	Т	Е	Ы	И
И	И	П	И	О	И	Г	М	Т	Е	Л	С	О	П	И	Х	И
Л	Е	А	Е	К	Е	С	А	Л	Т	Р	С	В	М	Т	Р	Е

Puzzle 53

```
О С Е М Т У Л Р Д А Ж Е Д А П В Н
У Т Р Е П С К Э М Э Н И А А П Н Р
Т И Р С Л Е В А Е К А А Т И Г У Е
У И У А Е И Н О С О Ф У Ь О Н У Е
С П Р Р Ж С Р Н Н Н О Н Д Л Л Е О
Б М Т К И А Ф М А О Ю Т И Ц Е И И
Р Н Т О В Х Т А К М И С К А Т Ь П
И О М Р Е А К Ь А И Г У У Е П Т П
С Г Н З Т П Е И З Ч О Р И Т Т А Е
К О И И О Е Ъ Т А Е Л С Л Т Р В С
Л Т Щ Н Р Б Л Т С О П П Т С И Т
И С Е А Л Е О Л Ь К И Р О Е Я В Л
А И Т У И Ч Т Е Е И Б С Т С П З Р
П Т А Н Р П Л Е Н Й А Б М О К А У
М О Щ Н О С Т Ь Н Е Ы Ц И Н А Р Г
```

МНОГО
ПИЛОТ
ЭКСПЕРТ
КОРЗИНА
НИЩЕТА
НАКАЗАТЬ
ЧЕРЕПАХА
ДАТЬ
ДАЖЕ
БИОЛОГИЮ
ИСКАТЬ
ОТРАЖАТЬ
ОБЪЕКТ
СЛЕВА
РАЗВИВАТЬ
ЭКОНОМИЧЕСКИЙ
МОЩНОСТЬ
ГРАНИЦЫ
КОМБАЙН
РИСК

Puzzle 54

ГЛУПОЕ
ВСЛУХ
ИЗВИНЕНИЯ
ИЗМЕРИТЕЛЬНЫЙ
СУММА
ОПРЕДЕЛИТЬ
ШАРФ
СМЕХ
ХОББИ
ПРОИЗОЙТИ
СЛАДОСТИ
ШТОРМ
ЛОСЬ
ЦВЕТА
ПУСТЫНЯ
ПРИХОЖАЯ
ГЛАГОЛ
ПЕЩЕРА
ХОДЬБА
ЛИНИЯ

```
Р Л И З В И Н Е Н И Я Р И С Е И И
П С Л А Д О С Т И Я Л Л Д С И Т З
Х У У Д Т О А Т О М А Г У Д Е И М
О И С И П Е П Ф Р О У Л М У Т Т Е
Б Л С Т О П М Р О Т Ш А С М Е Х Р
Б С У И Ы О А А Е О Ф Г П Ц И А И
И П М П И Н Р Ш О Д У О Т В Ф И Т
Е Р М А Н Е Я Е П С Е Л И Е А И Е
И О А Н П М А Л У М Е Л Е Т Ф В Л
С И С М П М Ж Е Л Т О Е И А А С Ь
Н З Т О Т Т О Е Г Л Ц Е О Т Б Л Н
Т О Р Л И Е Х Т Т С И Р И У Ь У Ы
Н Й Л О С Ь И У Т Н Н Н М Т Д Х Й
Н Т Д Т М А Р Е Щ Е П С И Б О А И
Т И А Е П Е П П С Е А И Е Я Х Ф У
```

Puzzle 55

Ц	Е	Т	Б	П	Т	О	И	М	Й	П	Р	А	Т	Л	У	И
В	И	Н	Д	Е	Й	К	А	Е	Ы	О	Д	Е	Т	И	Ч	У
Е	Д	С	П	Н	П	Е	Н	У	Л	Ш	Я	О	Е	И	И	Е
Т	Е	О	А	Н	Е	Й	П	У	Е	Ц	Ь	Б	Ч	А	Л	Л
Е	Г	И	Р	О	Н	Ы	А	И	Р	Е	П	Е	О	О	З	Н
Н	И	Е	Н	О	М	Н	И	И	З	Т	П	Д	Х	У	А	П
И	И	Е	Е	П	Г	П	Н	Т	Т	Я	Н	У	Т	Ь	П	У
Е	И	С	Т	Н	Е	А	М	И	З	Е	А	А	Т	Р	У	У
М	И	Г	Н	И	А	З	К	О	Л	У	Ч	О	Н	А	О	С
П	М	Е	Б	А	Б	Е	Ц	Ш	О	Л	И	И	П	А	С	И
Е	Д	У	Р	М	Н	Н	Т	Е	У	Т	И	И	У	Н	Т	М
М	Т	Т	Т	Н	У	В	Н	Ц	В	Б	О	Т	С	Т	Е	О
П	Р	О	З	Р	А	Ч	Н	А	Я	Я	А	К	Т	С	Е	Ж
А	Н	И	С	С	Т	Т	А	Д	Т	О	Е	Б	О	Р	А	И
Е	Н	Р	Е	Н	И	И	И	Е	Н	М	М	А	Й	А	Е	Н

РОБ
ДОРОГА
ЗАПРОС
МЫШЬ
ВНЕЗАПНЫЙ
ИНДЕЙКА
ДЕТИ
УЧИЛ
ЦВЕТЕНИЕ
ЗРЕЛЫЙ
ПО
БАБУШКА
ЖЕСТКАЯ
ХОЧЕТ
ТЯНУТЬ
ЗИМА
ЧУЛОК
ОБЕД
ПРОЗРАЧНАЯ
ПУСТОЙ

Puzzle 56

НАСИЛИЕ
АДМИНИСТРАЦИЯ
БЕССМЫСЛЕННО
ДЕРЕВО
ЛАСТИК
ОППОНЕНТ
ТЕЛЕФОННЫЕ
ПРЕДЫДУЩЕЕ
МЕЧ
РОТ
СМЕЛЫЙ
ПОКА
ФАКТ
ЛАГЕРЬ
РАСПРЕДЕЛИТЬ
ОБУВИ
ОБЩЕСТВЕННЫЕ
СТЕНА
ОДИН
КОММЕНТАРИЙ

П	Р	Е	Д	Ы	Д	У	Щ	Е	Е	И	Е	Е	С	Р	Р	И
О	Ь	П	И	Н	Ф	Л	И	В	Е	Т	У	Ы	Т	Я	А	М
Ч	Р	Е	У	И	С	Д	Л	Е	Н	А	Е	Н	Е	И	С	Л
Б	Е	С	С	М	Ы	С	Л	Е	Н	Н	О	Н	Н	Ц	П	А
К	Г	М	И	Е	У	Т	С	Л	И	Р	Т	Е	А	А	Р	В
О	А	Д	Е	Р	Е	В	О	В	Т	Л	Е	В	Е	Р	Е	Е
М	Л	Н	У	О	С	А	Т	Б	В	И	И	Т	Е	Т	Д	С
М	С	И	И	И	А	И	Т	И	Т	О	С	У	С	Е	Л	Л
Е	П	Т	Е	Л	Е	Ф	О	Н	Н	Ы	Е	Е	А	И	Л	И
Н	М	О	Ф	А	К	Т	Т	Е	Ц	И	М	Щ	О	Н	И	С
Т	Н	Р	К	И	М	П	Н	И	В	У	Б	О	И	Т	М	
А	Е	С	Н	А	Т	Е	У	О	Т	П	Е	О	Е	М	Ь	Е
Р	Р	М	У	Н	С	С	Н	П	О	Д	И	Н	О	Д	Ц	Л
И	Т	М	А	И	А	И	Г	П	Н	У	Т	М	Л	А	И	Ы
Й	И	Ф	Л	Т	Л	Н	О	О	О	О	У	Т	Т	Л	М	Й

Puzzle 57

```
В Е А Ф О Р Т Е П И А Н О Е Е Я У
Ы У Ф Б Ф Е Н Р У П А Д С Л И М
С Т Д У Ф И Л Е И П У Р И Ц И Н Е
О Н С Е Р Е Т Н И Ы Р А М Ь Л А К
К М И А В О К О Р С Е Е Т Н П Н У
И Е У М В Р И Т И С Р Ш П А Р З У
Й Ы Л Е Б Т Т Е Т Т М Ы О А Р М У
Ж Е Н А Т Е З А Г Т Р В Н О Р Н М
Т Л У С С А С Е Р Д Ц Е И Е У А О
О И И П Ц О Й Т М Н У Е М И А А Т
М Р В У Л И О Н Д У Р Т Н А С Л О
Е И И Р Р Д А С Ы Б Л Ю Б Е Л Л П
Р А С П Р О С Т Р А Н И Т Ь О Р С
З Н А Ч И Т Е Л Ь Н Ы Е Л И И О И
С У И Н А С Л А Ж Д А Й Т Е С Ь И
```

ПОТОМУ
БЛЮБЕЛЛ
ЗНАНИЯ
ПРЕПАРАТ
КАЛЬМАРЫ
СЕРДЦЕ
ЖЕНА
РАСПРОСТРАНИТЬ
ЗНАЧИТЕЛЬНЫЕ
АФФЕКТ
ИНТЕРЕСНО
ФОРТЕПИАНО
ГАЗЕТА
БЕЛЫЙ
ВЫШЕ
ВЫСОКИЙ
СРОКОВ
НАСЛАЖДАЙТЕСЬ
ТРУДНО
ТАЙНЫ

Puzzle 58

ВЫПЕЧКИ
ЮРИДИЧЕСКОЕ
ИСПУГАННЫЙ
ШИРИНУ
ШАМПУНЬ
БИТ
ЭКСПРЕСС
МАЛОЛИТРАЖКА
НЕДАВНО
РАЗЛОЖЕНИЕ
ВО
ПРОИЗВОДСТВО
УШЕЛ
ДОЧЬ
ЧЕРЕЗ
ЧЕРВЬ
ЮБИЛЕЙ
ОПРЕДЕЛЕНИЕ
ГОРОД
ДВИЖЕНИЕ

```
Н Р У Д А У Ю И Р М И А П Е Н М Р
Р Е О С О И О Б Е Л Ь Ч О Д Т А А
С Т Д М Т Р М Т И Б С Н П Е Ц Л З
Е Р Н А Ф А Н А С Л С А Р С Ц О Л
Р Ю У В В Г О Р О Д Е В Е Т Т Л О
О Р Е П Е Н Т И Ь С Р Й Д О А И Ж
О И Д У М П О С Н А П О Е М Л Т Е
И Д Й Ы Н Н А Г У П С И Л Е Е Р Н
К И О Ч Е Р Е З П О К У Е Н А А И
Ч Ч Р У Ш Е Л Н М Т Э С Н Е Ь Ж Е
Е Е Е Л Л Р Д Д А Е И Т И И В К А
П С М О С О Е А Ш М С Е Е Е Р А У
Ы К Д В И Ж Е Н И Е О О В С Е И Т
В О В Т С Д О В З И О Р П У Ч Н Ш
О Е С О И Т Р О Я И У Л И С Ф Н Ц
```

Puzzle 59

Б	Р	Е	У	У	О	О	П	Е	Т	И	С	А	В	Т	Т	О
М	А	Т	Ю	А	Ш	У	Р	А	Н	А	О	Ф	Е	Т	П	А
Ч	М	Б	И	М	А	Л	И	К	Е	Г	Е	Д	Ч	Ш	М	О
Р	А	У	О	М	В	Т	С	К	Н	Н	Е	Е	Е	П	С	М
Е	С	М	У	Ч	В	Ь	О	У	Е	Т	С	И	Р	И	И	У
З	О	С	И	И	К	Р	Е	Р	П	Е	Р	Т	И	Н	Ф	Е
В	М	А	С	Р	Д	А	Д	А	Т	О	И	Ф	Н	А	Н	Т
Ы	Б	У	Г	Е	А	Ц	И	Т	П	О	П	М	К	Т	И	П
Ч	Е	М	Н	И	Р	Ы	Н	Н	О	С	У	Е	И	Р	П	Д
А	В	О	С	Т	Г	Р	Я	Ы	Т	Я	Е	Л	Р	Т	Р	П
Й	О	К	А	Т	О	И	Й	Й	А	У	О	И	И	Е	Л	У
Н	О	Т	И	Е	Н	У	Т	Е	Р	М	О	С	Н	Б	К	А
Ы	А	С	Е	Е	И	М	Е	В	Н	Е	П	У	Т	С	О	Д
Х	О	И	Н	Н	В	С	С	Т	И	Г	С	А	О	И	И	Р
Р	С	И	У	М	И	Е	Ь	Т	А	Р	Г	И	С	У	И	А

ИГРАТЬ
СОТНИ
ШПИНАТ
БАБОЧКА
ГУБЫ
ВЕЧЕРИНКИ
ВАШ
САМА
ВИНОГРАД
РЫЦАРЬ
ДОСТУПЕН
СОВА
ПОПЕРЕК
ЧРЕЗВЫЧАЙНЫХ
ПРИСОЕДИНЯЙТЕСЬ
ПТИЦА
АККУРАТНЫЙ
ЛИБО
НАРУШАЮТ
ТАКОЙ

Puzzle 60

ШЕВЕЛИТЬ
ФОТОГРАФИЯ
ОТВЛЕКАЕТ
ВЫЗЫВАЮТ
ПОДСНЕЖНИКИ
УСТАЛИ
СИДЕТЬ
РИС
КАМЕННАЯ
УМ
НЕСЛА
МОНИТОР
ВОЙНА
КОШКА
РАЗРЕШЕНИЯ
ВОСЕМЬ
СКЛАДКУ
ВЕЩЕСТВО
ВЕЧЕРОМ
ЗВУЧАТЬ

У	З	Т	П	Е	Е	В	О	А	У	М	У	М	Е	М	Р	Ф
А	В	У	С	Е	Ц	О	Е	И	Н	О	М	Р	И	М	Е	О
Н	У	Р	М	О	У	В	Е	О	У	Р	Е	У	А	Б	И	Т
Р	Ч	У	И	Р	Т	Т	Е	А	К	Е	Л	В	Т	О	Е	О
А	А	Т	У	С	И	С	О	У	Ш	Ч	Е	П	М	Н	Ц	Г
З	Т	А	С	Ь	М	Е	С	О	В	Е	И	М	У	Т	В	Р
Р	Ь	У	Т	А	Т	Щ	И	Л	Т	В	В	Е	Ц	С	О	А
Е	И	С	К	А	М	Е	Н	Н	А	Я	И	Е	М	Р	Й	Ф
Ш	Е	К	Ф	И	С	В	Д	И	Ф	И	Р	П	Л	Ф	Н	И
Е	Н	Л	П	Е	С	Д	М	И	Л	А	Т	С	У	И	А	Я
Н	К	А	С	У	И	Н	М	Т	С	И	Л	Н	Т	У	Т	Р
И	О	Д	В	Ы	З	Ы	В	А	Ю	Т	М	У	О	А	О	Ь
Я	Ш	К	П	О	Д	С	Н	Е	Ж	Н	И	К	И	В	И	Л
С	К	У	М	О	Е	И	Т	Н	У	Е	О	И	Т	Е	Н	Ц
М	А	Л	С	Е	Н	А	Ф	М	О	Н	И	Т	О	Р	Т	У

Puzzle 61

```
Е А В Е Л О Р О К О Т П И Г Н Е Г
П Д Б С Т У А С П С Р А И Р Е Р И
Е С И С И Н Н Е Т С Д И В А Б И П
Р Т О Н О Н Н Е Л В И Д У Н О А Л
Е Р П У У Л Ф О О А И Н Е Д И А Н
Х А К Б Ю Ю Ю И Ц К Н У Ф Н Т Л Р
В Н А М У М О Т В С Е В Ц М О Р И
А И У У Ц Н Я И Н Е Ж А Р Б О З И
Т Ц М Т А Н И Е А А Е У О Ц У Р И
С Ы У Н Д И У Т Е И Я Н Р У И И У
Ь Т Е Д И В У К Р И Т И К А Ф Е Р
А Т А В Е Ж Л И В Ы Е М О Р К С С
М Р О Т С Т А Н Д А Р Т Н А Я С М
А С Я С Ь Т А Щ Б О И Л Е О Е О Р
Р О В О Г И Р П И А Е Е И Е Е Р Е
```

КРИТИКА
КОРОЛЕВА
ЮБКА
УВИДЕТЬ
СТРАНИЦЫ
ТЕННИС
КРОМЕ
СТАНДАРТНАЯ
ПЕРЕХВАТ
ОБЩАТЬСЯ
НЕБО
ПРИГОВОР
ВЕЖЛИВЫЕ
ИЗОБРАЖЕНИЯ
АБСОЛЮТНАЯ
ГРАНД
ФУНКЦИЮ
СТАТЬИ
ЕДИНУЮ
УДИВЛЕННО

Puzzle 62

ДОРОГОЙ
ПУНКТ
ПРОБЛЕМА
ВЕДЬМА
ФОРМАЛЬНО
КОМПАНИЮ
КРУГЛЫЙ
ВСЕ
УГРОЗА
СОЛЬ
ОБЕСПЕЧИТЬ
РАЗМЕР
ПТИЦЫ
РЕЗУЛЬТАТ
ВЗГЛЯД
ПАРУС
МЫШЛЕНИЕ
ОПЕРАЦИЯ
ПРЕИМУЩЕСТВО
УТЕНОК

```
Р Л Е Л Т Т Н Л Л М М В В У С Т Р
Н А О П Е Р А Ц И Я Р И З Г С Д С
А Ф З Т С Е М Ф П И С Л Г Р А О Т
А И Р М В Е Е О И У С А Л О У Р М
М Й Е М Е О Л Р С Д Н С Я З И О М
М Ы Н М О Р Б М С Р Р К Д А А Г А
Л Л Ш Р Л У О А А Н Р О Т М О О Т
Е Г О Л И Л Р Л Р И Л Н Е Ь Р Й И
С У Е Л Е Т П Ь А Н В Е Е Д Е Е Е
Р Р Е И С Н С Н Р В О Т П Е У П Е
У К С О Л Ь И О О У Р У Е В С А Е
И У Е О В Т С Е Щ У М И Е Р П Р Н
А А И О Б Е С П Е Ч И Т Ь Е И У И
Р Е З У Л Ь Т А Т П Т И Ц Ы А С Л
К О М П А Н И Ю Т Р У Ф Ц О Т У У
```

Puzzle 63

```
Л М М С И О М С И Н П С П Р С О К
Е С Б У П Р Е Т М У У Е Е И С М Л
И Р Ы И Т С Е Р Е И Г У Р Д И С Ю
С Р С М Е Ц Л А Я З В Е З Д У У Ч
Л А Т М В Н А Н Т О Л С Т О Е М Е
Е Е Р М А А Л Н О С Р Ф Е П А М И
С Ы А Е С З М О Й А Р И Т Т С И М
С В Я С Ф Я У Е Е А А Н И В И Р Б
С О П Р О В О Ж Д А Т Ь М И Л О И
П Д У Р О И В С Р И К Р О З У В Р
И У И И Т Р В Р Т Т У У К И И А Ь
И Р Д Л П П Е И У Р П У Я Т Е Т Р
Р Т У У Е С С И А Е Е А А И Ь С
И О Е Й Н Т А К С У М Т И Ф Е М
У Е О Я М И И А Л Р Р С Л Е Л У М
```

БЫСТРАЯ
ВВЕСТИ
МУСКАТНЫЙ
КЛЮЧ
КОМИТЕТ
ИМЕЯ
КУПЕ
СИЛУ
ТРУДОВЫЕ
СТРАННОЕ
ТОЛСТОЕ
СУММИРОВАТЬ
СОПРОВОЖДАТЬ
ПРИВЯЗАН
ТЕТЯ
ВИЗИТ
ЗВЕЗДУ
ДРУГИЕ
ИМБИРЬ
ТАЙНА

Puzzle 64

ПРИСУТСТВУЕТ
НАПОМИНАЕТ
ОБЪЕМ
БРАК
РЕГУЛИРОВАНИЕ
ПРОГНОЗИРОВАТЬ
ЖАБА
ЧЕТВЕРТЬ
СИНИЙ
УРОК
ТЫСЯЧА
ДЕЛАЕТ
ХОП
НИЖЕ
ИНДЕКС
СКЕЛЕТ
ЦЕНТРАЛЬНЫЙ
ЯСТРЕБ
ПРАВИЛЬНО
БАГАЖНИК

```
П Р И С У Т С Т В У Е Т Ж Т О Е Т
И Н Д Е К С В Т И Е М А Ь А У И Р
И Е Н Ж П Ц О Е У Е С М Т П Б Н Ч
С И А И Т Е А Н И М О П А Н Н А Е
Д Т Е Н Е Н О Б Ъ Е М Р В О Д В Т
О О Н А А Т У Е Б У Е П О П Т О В
И У И Я Л Р Р А Н Р Р Р Т Л Р Е
Б М Е Н Е А О Т У А И А И Д Х И Р
Д Р О Л Д Л К С М Л Ф В З У О Л Т
А О А И О Ь Н Я У А О И О Н П У Ь
Р М Ч К И Н Ж А Г А Б Л Н Н С Г М
А И Я П О Ы А Р М Р Р Ь Г У Е Е Р
С И С Б Р Й И Н И С Р Н О Т Р Р Л
И Е Ы С К Е Л Е Т О Е О Е О Р С О Е Р
И П Т О И Е Т И Ф Н Е Е П Т М Л Т
```

Puzzle 65

```
О Х Е И Т С А Л Б О П О Н И М А Ю
Р А Г И И А И Е Т Е С Я У Г Е У Е
А Р Р А Е У Л Н О В Ы Й Е О О Н С
Н А Р И З В Е А И О И У Т Н С Р Т
Ж К Р А У О Й Ы Н Т К А Т Н О К Е
Е Т Ф Р Е А Н С Е Т Е Е Р О М Т С
В Е В И Р Т У А Л Ь Н У Ю Е Р Е Т
Ы Р З Е М Л Е Р О Й К А Н Н П П В
Й И О Т Н О Ш Е Н И Е У Е Е Н У Е
Я С Т И О Б П У Б Л И К А Ц И Ю Н
Ь Т А В О З И Н А Г Р О Т У Е М Н
Е И Е Н Т Д Т Ю Л Ь П А Н А Р У Ы
Ф К Р А З О Ч А Р О В А Н Н Ы Й Й
М А А И О Ц Т Ю Л Е Н Ь Т М У Т И
И М Е А Р М Р Е Ф У Н Т И Е М Г Е
```

ВИРТУАЛЬНУЮ
ХАРАКТЕРИСТИКА
ОБЛАСТИ
ОТНОШЕНИЕ
ТЮЛЬПАН
ГАЗОН
ЕСТЕСТВЕННЫЙ
БОИТСЯ
КОНТАКТНЫЙ
ОРГАНИЗОВАТЬ
ПОНИМАЮ
ТЮЛЕНЬ
НОГИ
НОВЫЙ
РАЗОЧАРОВАННЫЙ
ЗЕМЛЕРОЙКА
ТАЛАНТ
ОРАНЖЕВЫЙ
РЕПУ
ПУБЛИКАЦИЮ

Puzzle 66

ВМЕСТЕ
АНАЛИЗ
ВОЛОСЫ
РЕКРЕАЦИОННЫЙ
ОСЕНЬ
ТЮРЬМЫ
ХОМЯК
НАРОД
ФОКУС
ВЕСЬ
ПЛАКАЛ
ШОК
БУТЫЛКА
ВНИЗ
ПОМНИТЕ
ПЕРСИК
ТРЕВОГА
ЯГНЕНОК
КРИЗИС
ЛОЖНАЯ

```
Ц И Е Е Х У С Ц У У П З А Т И У Р
Л М И У Е О Ы П Е Р С И К Р Е Е Е
С А В М У И М М П Т Д Л Л Е О О К
Н Е В Е Е Ф Ь Я Т А И А Ы В В И Р
Л О Ж Н А Я Р А К М П Н Т О Е Т Е
А В И И Р Т Ю И О О Н А У Г Ц Ф А
К Е Л И Т Т С О Т Ш Т Б А А У Ц
А С И П М Н Н Е С С Т Н И И Р Н И
Л Ь Е М И В Н И З Е Т С Е М В А О
П Н В О Л О С Ы А И А У И Е Е Р Н
Ф Е Н Р М Е С Л С О Т К Н З О О Н
А С А У С Н Р О У Е У О П Е И Д Ы
Е О Е П О М Н И Т Е И Ф М С Р Р Й
У Т Ф Т Ф М М Т Е Я Я Г Н Е Н О К
Р М У Н Т А И П П Р Е М С Т О А Т
```

Puzzle 67

У	А	А	Н	С	П	Е	Е	Л	У	И	Т	Т	И	М	Д	Н
И	Т	Т	А	Н	Л	М	Н	Н	Ю	Е	У	Д	Е	Е	С	Е
В	Т	Т	С	А	Е	О	Л	С	О	Б	Ю	Г	Т	И	У	Т
С	З	О	А	Ш	Н	М	Т	Я	Ф	О	Е	А	М	Е	С	
Е	П	Е	С	И	И	Ж	Е	А	А	И	Р	П	Л	О	О	А
Г	Р	А	Р	И	Р	Л	М	М	Н	Н	Ц	И	Ы	И	О	Е
Д	И	Д	Ц	К	П	О	Ц	И	Т	Н	Е	Г	А	Т	С	О
А	Х	Р	Е	Ш	А	Д	Т	Л	Р	Я	Ы	А	М	А	Н	Т
Л	О	Е	А	И	С	Л	Р	К	О	П	Н	Й	Р	М	Н	О
С	Д	С	У	Ф	Л	Р	О	М	П	Д	Д	А	Е	Р	Н	И
Е	Я	Р	Е	Б	Е	Н	К	А	С	Ф	У	С	Ф	О	И	У
С	Т	П	Л	А	Ч	Е	Т	Е	Н	И	К	И	Е	Ф	М	И
Р	Е	Р	И	М	С	В	Р	Т	А	Н	С	И	Е	С	Н	Т
Р	А	З	Н	Ы	Е	Т	Р	Е	Р	Е	Ф	О	Н	Е	М	О
Т	А	О	С	А	Е	О	У	У	Т	Р	П	О	А	Т	Т	Т

СКУДНЫЕ
КЛИМАТ
АДРЕС
ФОРМАТ
ПРИШЕЛ
АГЕНТ
ПЛАЧЕТ
ФЕРМА
ЛЮБОПЫТНО
ЗЕРКАЛО
ШАНС
РАЗНЫЕ
ЮГ
РЕБЕНКА
СЛОМАННЫЙ
ДОЛЖНО
ВСЕГДА
ТРАНСПОРТНАЯ
ПРИХОДЯТ
ФИШКИ

Puzzle 68

НАБОР
ЦИТАТА
КАПУСТА
КОРОЛЬ
БЕЗ
ГЛОССАРИЙ
ПРИМЕР
СОЦИАЛЬНЫЕ
ДРАКОН
РЕБЯТА
ЛИХОРАДКУ
ЗВОНИТЕ
ПОПУГАЙ
СПОКОЙСТВИЕ
ВЫИГРАЛ
ЛИСЫ
СПОСОБНЫЙ
БЛУЗКА
ПЕРЕПЕЛ
ПЕСНЯ

С	А	В	Т	И	Е	Р	Е	М	И	Р	П	К	С	Л	Л	С
Я	О	У	А	С	Л	Е	П	Е	Р	Е	П	А	П	К	И	П
И	И	Ц	Т	П	А	Б	О	Е	У	Е	З	П	О	О	Х	О
П	Н	Ц	И	И	Л	Я	Н	С	Е	П	В	У	К	Р	О	С
А	Е	С	Н	А	В	Т	М	С	М	О	О	С	О	О	Р	О
Н	С	С	Р	К	Л	А	А	У	Р	Н	Н	Т	Й	Л	А	Б
М	И	Л	И	З	Т	Ь	И	Е	У	Н	И	А	С	Ь	Д	Н
Ц	И	Т	Е	У	Л	Е	Н	Н	М	О	Т	Е	Т	Т	К	Ы
Е	И	С	И	Л	Б	Т	О	Ы	П	Р	Е	Л	В	Н	У	Й
С	М	Т	О	Б	С	Е	Р	Н	Е	С	Н	И	И	А	А	П
С	У	Ф	А	И	Ц	Д	З	Л	И	С	Ы	А	Е	Н	О	О
Л	Р	С	И	Т	Н	А	Б	О	Р	Д	Р	А	К	О	Н	Н
Т	О	Р	Т	Й	А	Г	У	П	О	П	В	П	И	М	Е	У
В	Ы	И	Г	Р	А	Л	Г	Л	О	С	С	А	Р	И	Й	И
М	О	М	Б	П	Н	П	В	Ц	Р	Р	Л	И	М	И	Ф	М

Puzzle 69

О	Е	Р	Л	Я	Т	Л	А	Т	Г	М	Н	О	Г	И	Е	О
Р	К	О	С	Т	А	Н	О	В	И	Л	И	С	Ь	У	С	Н
А	Л	А	К	Д	О	Л	О	Н	У	С	П	А	Л	Ь	Н	Я
С	Е	Т	З	О	Е	С	В	И	Л	К	А	Р	О	Е	А	Д
С	О	Е	О	Ы	Д	А	Й	Д	Ж	Е	С	Т	У	А	У	В
М	П	К	Е	Е	В	И	С	А	Р	К	Е	Р	А	У	Р	А
О	А	А	О	Л	Р	А	Е	Т	А	О	О	Т	Е	Р	Ф	Ж
Т	Р	Р	С	Т	Н	О	Т	Р	Е	С	Т	О	Р	А	Н	Д
Р	Д	Д	Т	Е	С	И	У	Ь	О	Р	О	Е	М	И	У	Ы
И	М	Д	А	Р	Т	А	Р	О	Н	Р	М	И	И	Н	Р	Т
М	О	Е	Т	Т	Е	С	Ф	А	Д	М	А	Л	И	Н	О	Й
И	А	М	О	Р	Е	С	У	Б	О	Т	В	А	С	Е	В	Ц
А	А	С	К	О	С	Л	Т	П	Л	Е	И	И	Р	Т	Т	А
И	М	Е	Е	П	А	И	О	П	О	С	И	Р	Е	П	Е	А
А	Р	Е	И	А	П	П	С	И	Г	А	Е	Р	А	И	Т	С

ДАЙДЖЕСТ
АВТОБУС
РАССМОТРИМ
ЛЕОПАРД
РЕСТОРАН
РАКЕТА
ЛОДКА
ПАСЕ
ОСТАТОК
ГОЛОДНОЕ
ПОРТРЕТ
ОСТАНОВИЛИСЬ
КРАСИВЕЕ
МНОГИЕ
МАЛИНОЙ
СПАЛЬНЯ
ВИЛКА
ТЕЛО
ДВАЖДЫ
ОКАЗЫВАТЬ

Puzzle 70

МАКЕТ
ПРЕДПОЧИТАЮ
ВДОЛЬ
ЖИВОПИСЬ
ПОЧВА
МОРЕ
НОМЕР
КРАСИВЫЙ
ОТДЕЛКА
ПРАВИЛЬНОЕ
НЕКОТОРЫЕ
ИЗБЕЖАТЬ
СМЕЯЛАСЬ
ВХОД
ПОКОЛЕНИЯ
ОБЪЯСНИТЬ
ЭЛЕМЕНТАРНО
ПРЕДКА
ИЗВЕСТНЫЙ
ФОНТАН

У	У	У	Р	У	С	Ф	М	В	М	И	И	Т	И	П	И	И
А	О	Л	Н	Б	И	Н	А	Д	О	Х	В	Р	Е	О	З	З
К	Н	А	Т	Н	О	Ф	К	О	М	О	О	Е	В	К	В	Б
Л	Р	Д	В	Р	Е	Р	Е	Л	О	Г	М	И	Ю	О	Е	Е
Е	А	А	У	И	С	Т	Т	Ь	У	Т	П	У	А	Л	С	Ж
Д	Т	Ь	С	И	П	О	В	И	Ж	Е	Р	О	Т	Е	Т	А
Т	Н	Ь	Т	И	Н	С	Я	Ъ	Б	О	Е	Е	И	Н	Н	Т
О	Е	С	Р	А	В	У	Е	Н	Е	Н	Д	Р	Ч	И	Ы	Ь
Е	М	А	Е	Е	Т	Ы	П	А	Ц	Ь	К	Т	О	Я	Й	А
И	Е	Л	П	Д	И	Н	Й	А	О	Л	А	Д	П	М	Е	Н
Л	Л	Я	П	О	Ч	В	А	О	И	И	Ц	Е	Д	А	И	О
А	Э	Э	Ф	Т	О	С	С	У	И	В	И	Н	Е	И	С	М
Е	Л	М	О	И	Е	М	О	Е	С	А	М	Р	Р	И	Ц	Е
А	Н	С	О	Б	М	И	И	У	И	Р	У	И	П	Р	М	Р
Н	Е	К	О	Т	О	Р	Ы	Е	Е	П	Б	М	И	А	С	Б

Puzzle 71

```
Ф О Р М П Ш Л Я П А А Х Е Р О Н М
И И М Е О Н Р Е В А Н У Т И З А Г
Н О А У С Р О В Л Е У Д Й О П З Р
Р И Я О В С Ы Е Я У У О У Г Е Н П
П О А Е Я Н Р Б Е И Р Ж Д Р Р А П
К О Н Е Т О К Ц А Н С Н Е А Е Ч Е
А Т В А И А Е П У Л О И Л Н М И Т
Р С А С Т Р В Е Т У К К С И О Т С
Т В Л С Ь В О Р К Я Е А А Ч Т Ь С
В У Г У П И Т С И О Ж Ц Т У К Е У
А Е О В Т С С У К С И Е С С А Н Л
З И Р Т Р Р Р Л Ф Е М И Л Ь Р Т И
А Т У Л М Н О Н Т Я И Р П О У П С
О А Н Ф Ц М И М Е Е И Н Е Ч Е В С
И И О И Ц Е Л С Е Е И Е А Н С Л Е
```

ПОСВЯТИТЬ
ОГРАНИЧУСЬ
НАЗНАЧИТЬ
УТРОМ
ОРЕХ
ПЕРЕМОТКА
ИСКУССТВО
ЗАВТРАК
ТЯЖЕЛОЕ
ГАЗ
ПРИЯТНО
КРОВЬ
РЫБАЛКА
СВЕЧЕНИЕ
КОТЕНОК
ХУДОЖНИК
ШЛЯПА
НАВЕРНОЕ
ГЛАВНАЯ
СЛЕДУЙТЕ

Puzzle 72

ЧАША
СНЕЖИНКА
ЗАНЯТА
ОВОЩНОЙ
ПРАВКА
РАСПРОСТРАНЕНИЕ
АТОМНОЙ
ЖИТЬ
СПРОСИЛ
БАНАН
ПРИЗРАЧНЫЕ
НА
ВЫБОРЫ
НАЗЫВАЕТСЯ
ОБОРОНЫ
КАТЕГОРИЯ
КОРАБЛЬ
ГЛЯНЦЕВЫЙ
ПОЦЕЛУЙ
КОЛОКОЛ

```
У Б П Р А В К А Г А И Е Н А Н А Б
А Т О М Н О Й Л Л С У И А П У И Е
В Ы Б О Р Ы Р О Я П О Н З Р Е П И
Ч И И Л Р А И Ц Н Р И Е Ы И У Р О
Р А Т Я Н А З У Ц О Н Н В З Д О И
Л Н Ш Р Л Ф Е Р Е С Н А А Р О А Е
Н А А А У Т И Т В И Б Р Е А В К П
С Н Е Ж И Н К А Ы Л Т Т Т Ч О О М
К У Р Т Ь Т У И Й П П С С Н Щ Р О
Р О К А Т Е Г О Р И Я О Я Ы Н А М
С М Л Н И У Т М Т Д Н Р Ц Е О Б Д
Т М И О Ж Н Л П Т Н Н П С Е Й Л Н
Н Т С Р К Е М Л Е Я М С Н С Л Ь У
Ц О М Ы Н О Р О Б О Н А О А Р У У Т
М О Ф Р А Т Л Н Т Т М Р Р А Е И Й
```

Puzzle 73

```
Р П Э У О И Т Ц Р Ш Е Р Т Л И Е У
Р И О В У Т С Е Я К П И М И С Т Ф
М Р У Р А Е Е Н Д О П Е М И П А С
П О М С Т К П Т О Л Е Н Ь Л О Г У
Р В М С Й А У Р М У Т П О Т Л И О
Е О Ж Е Ы Е Т И С Е В Г Т Р Ь У Л
Д Г Д Р Н У С И Р К У К Л А З И О
С Н А П Е Т О Т В О Е И Т Й О Р П
Т Я Т У Ч И Р С У Н В А М Е В Л О
А П Ь И У Е Н О О Е Ы А С Н А О С
В Г Р Е Б Е Н Ь К А М Й Т Р Н У О
Ь А Л Ь Т Е Р Н А Т И В А Ь И Ф М
Т У А Н Н О Е Т Л С Е М И Т Я О У
Е И Р О Е Р О Е Б О У Р Я Н У Е Е
Т Р Н Е И И Т С О Р П И А Т Р М И
```

ПОРТАТИВНЫЙ
АЛЬТЕРНАТИВА
РОСТ
УЧЕНЫЙ
ЦЕНТР
ПРЕДСТАВЬТЕ
ЖДАТЬ
ГОВОРИ
УГОЛЬ
ОБЛАКО
МОМЕНТ
ПРЕСС
КУКЛА
ВЕСИТ
РЯДОМ
ИСПОЛЬЗОВАНИЯ
ЭВАКУИРОВАТЬ
ПРОЙТИ
ГРЕБЕНЬ
ШКОЛУ

Puzzle 74

ВЛАГА
ЯЩЕРИЦА
ЛИНЕЙКУ
ТЕКСТ
ТОЛКНУЛ
МГНОВЕННОГО
ДЕНЬ
ФУТБОЛ
МЯСО
ПРОЦЕСС
АГРЕССИВНЫЙ
СДЕЛАНО
СОСТОЯНИИ
СЕВЕРНЫЙ
ОЖОГОМ
ЖЕЛУДОК
НОЧЬ
СЮДА
ЧИСТЫЕ
ДОСТАТОЧНОЕ

```
С М Я С О В Ч Е И И В Н Р Р Е А Е
В Е С С Ц Е И Р У Н Л О Б Т У Ф Д
Е С В С М Т С К Е Т А Ц И Р Е Щ Я
Д Т У Е И С Т И С А Г У О С Д М Е
Е И О Ц Р Е Ы М У Т А Е Н Ю О Т С
С О Г О Н Н Е В О Н Г М О Д С С Е
Е Д И Р Р О Ы Я О Р Д О Ч А Т О А
У Ф Е П В У Б Й У Г О Г Ь М А С С
К Ц С Л И И Е С М Л С О Н Ц Т Т М
Й О И Р А И У И О А М Ж Е И О О П
Е И Д И Е Н М Р Н О А О Д С Ч Я С
Н Т Р У И И О Т О Л К Н У Л Н Н М
И Т Н О Л О О Н И И О Н Р У О И Н
Л П А Г Р Е С С И В Н Ы Й Д Е И В
Н Л Т М П П Ж Д И Д С Е У У Е Е О
```

Puzzle 75

Г	Т	О	У	Ц	М	А	Л	С	И	П	Б	П	Т	С	П	К
Р	Б	С	Ж	Е	И	Н	А	С	И	П	О	В	А	Р	П	Р
А	С	Л	О	Л	Ш	Й	Ы	Н	Н	Е	Л	Д	Е	М	Т	Ы
Ж	Л	А	У	Е	С	Ь	П	У	Е	С	Ь	Е	Е	Н	Е	Ж
Д	Ф	Д	П	Д	О	Ь	Л	Е	Й	Ы	Н	Ь	Л	И	С	О
А	Т	К	И	А	Р	Т	Е	А	У	Т	О	Л	Ы	М	К	В
Н	Т	И	А	Л	О	И	К	А	Д	А	О	М	Р	Ы	У	Н
И	Л	Й	И	В	П	Т	У	Р	С	О	Л	М	Т	В	Р	И
Н	Е	Р	И	М	С	И	Е	И	Ы	С	П	У	Ф	И	И	К
О	С	О	Б	А	Я	Щ	С	С	Н	Т	О	Е	Г	Л	Ц	И
Р	Н	Е	Т	Р	Е	А	Л	Е	С	О	И	С	Т	Ч	А	Р
И	Р	С	М	М	М	З	Н	З	И	Д	Ж	Е	С	А	Р	Е
М	М	Т	С	Е	М	Л	А	Д	И	А	Р	Т	О	Д	Е	О
Р	Т	А	Т	М	Т	М	С	А	Ч	Й	Е	С	М	У	У	Н
П	О	Л	О	Ж	Е	Н	И	Е	Е	Е	С	Е	Л	У	Н	Р	П

СЛАДКИЙ
ПОДАЛЬШЕ
СЕЙЧАС
ВЛАДЕЛЕЦ
ЗАЩИТИТЬ
МЫЛО
МЕДЛЕННЫЙ
КРЫЖОВНИК
НОЖ
ОТКРЫТИЕ
ОСОБАЯ
ЕЖ
УДАЧЛИВЫМИ
СИЛЬНЫЙ
ГРАЖДАНИН
ПОЛОЖЕНИЕ
КУРИЦА
ЕЗДА
БОЛЬНО
ПРАВОПИСАНИЕ

Puzzle 76

ОБНЯЛА
ГОДОВОЙ
ИСПОЛНИТЕЛЬНЫЙ
КЕКС
ПОПРОБОВАТЬ
ДЕВУШКА
ПОЛОЖИТЕЛЬНЫЕ
АРМИЮ
КУЛЬТУРА
ЖЕНАТУЮ
СОБЛЮДАЯ
КОКТЕЙЛЬ
МИЛЛИОН
КАЛИТКИ
СТОРОНЫ
ЖЕЛАЮ
КЛАСС
КАЧЕСТВО
ЗНАМЕНАТЕЛЯ
ЗЕЛЕНЫЙ

К	К	А	Д	Б	Н	М	И	П	Ю	И	М	Р	А	П	Д	О
М	У	А	Р	Ы	Н	О	Р	О	Т	С	М	Ж	Л	О	Е	А
С	И	Л	Л	М	Е	Т	Ф	П	Н	П	И	Е	Я	Л	В	С
Л	О	У	Ь	И	А	Р	Р	Р	У	О	Л	Н	Н	О	У	О
З	Ф	С	П	Т	Т	О	Е	О	Е	Л	Л	А	Б	Ж	Ш	Б
У	Н	Л	Р	У	У	К	И	Б	У	Н	И	Т	О	И	К	Л
Д	В	А	П	Е	О	Р	И	О	П	И	О	У	У	Т	А	Ю
Т	Р	С	М	Л	У	У	А	В	И	Т	Н	Ю	М	Е	И	Д
Ц	С	С	К	Е	К	Е	Е	А	Т	Е	М	О	Ф	Л	О	А
К	Л	А	С	С	Н	О	С	Т	Л	Л	М	М	С	Ь	И	Я
Ж	Е	Л	А	Ю	А	А	С	Ь	И	Ь	И	А	Л	Н	Ц	М
З	Е	Л	Е	Н	Ы	Й	Т	П	М	Н	Л	Ф	У	Ы	Р	Р
К	А	Ч	Е	С	Т	В	О	Е	С	Ы	Т	Н	Т	Е	Т	М
К	О	К	Т	Е	Й	Л	Ь	С	Л	Й	С	Е	И	Ф	Р	Н
Р	И	С	Г	О	Д	О	В	О	Й	Я	С	Л	И	Р	Н	Я

Puzzle 77

Н	Е	С	Т	А	Б	И	Л	Ь	Н	А	Я	У	М	В	Е	М
М	В	О	И	Е	С	А	С	Р	Е	Д	Н	Е	Е	Ы	М	Е
Е	И	К	М	Р	О	Й	Е	А	М	У	Е	Р	Ц	У	Т	Н
С	П	О	Р	П	И	Ы	О	Ф	У	П	Т	Л	Ь	Е	И	Т
Т	У	М	Е	У	Т	Н	Е	М	И	Р	Е	П	С	К	Э	А
О	И	Н	С	У	И	Ь	О	И	С	О	И	Л	Ю	И	М	Л
Е	Т	А	Е	С	Р	Л	У	И	Р	С	Л	З	А	Ф	С	Ь
З	А	Т	С	Е	И	А	Л	В	И	Т	Р	А	Р	Н	Е	Н
Ф	Н	У	У	З	О	К	Н	М	К	О	О	П	И	Р	С	Ы
О	М	А	И	О	Т	Ы	Е	В	О	Й	О	О	Б	О	Л	Й
О	К	С	Ч	Н	Т	З	С	М	Н	Т	Р	Л	О	О	В	У
Л	О	Е	Й	Е	З	У	М	Е	К	Е	Т	Н	С	У	Т	Р
А	Р	Р	А	Т	Н	М	Т	С	У	Л	Ф	И	У	Е	У	И
Е	С	О	Ф	Н	Л	И	У	Т	Р	Н	В	Т	И	У	М	Ф
С	Е	Д	Ь	М	О	Й	Е	О	С	Т	Ц	Ь	С	Р	И	С

ВМЕСТО
СОБИРАЮСЬ
ЗАПОЛНИТЬ
НЕСТАБИЛЬНАЯ
ПРОСТОЙ
КОНКУРС
КОМНАТУ
МЕНТАЛЬНЫЙ
ЭКСПЕРИМЕНТ
ЗНАЧЕНИЕ
СРОК
ВЫ
МУЗЫКАЛЬНЫЙ
СРЕДНЕЕ
МЕСТО
СЕДЬМОЙ
СЕЗОН
ИРИС
ОКЕАН
МУЗЕЙ

Puzzle 78

БИТЬ
ГРИБ
УЗКАЯ
УЧЕНИК
КРОВОТЕЧЕНИЯ
РЕАКЦИЯ
ОБВИНЯТЬ
КТО
ПИЦЦА
БОЛЬШАЯ
ЗАЛИТЬ
ДЕСЯТЬ
РАЗРАБОТКИ
СЛОМАЛ
ВЕТВЬ
ВВЕДИТЕ
ОТКРЫТЬ
ОБУВЬ
ВСТРЯХИВАНИЕ
ДЕЛАЯ

О	О	И	М	Л	Т	А	С	А	О	Б	О	М	О	Ф	О	Л
Б	П	Я	И	Н	Е	Ч	Е	Т	О	В	О	Р	К	О	Б	Д
В	И	Е	И	А	Е	О	С	Е	Д	У	Р	Л	У	Е	У	Е
И	С	М	О	Т	Б	У	Е	Т	П	Е	У	Е	Ь	О	В	О
Н	Р	А	З	Р	А	Б	О	Т	К	И	С	С	М	Ш	Ь	П
Я	З	А	Л	И	Т	Ь	О	А	Ф	Е	Е	Я	И	Ф	А	С
Т	Е	У	У	А	Г	Д	Т	Е	Р	Д	Е	С	Т	Е	Т	Я
Ь	В	З	О	А	Р	Н	К	Б	И	Т	Ь	В	Р	Ь	Н	И
У	Е	К	Д	О	И	Ф	Р	У	С	Л	О	М	А	Л	Н	Ц
И	Т	А	О	Е	Б	Е	Ы	Ч	И	Т	П	И	Ц	Ц	А	К
Д	В	Я	И	Р	Л	Д	Т	Е	Т	И	Д	Е	В	В	Т	А
Н	Ь	И	Л	А	Л	А	Ь	Н	К	В	И	О	С	Р	Т	Е
У	Т	Т	А	Т	Л	С	Я	И	Т	И	О	О	Е	Е	М	Р
Ц	М	И	С	У	С	Г	С	К	О	М	Р	С	Р	Т	Е	О
В	С	Т	Р	Я	Х	И	В	А	Н	И	Е	Т	Е	Е	Л	М

Puzzle 79

О	У	Р	Е	И	Н	Е	С	В	Ч	С	М	И	Т	Д	П	С
В	И	А	О	И	Н	М	И	О	В	Т	О	Р	Й	Р	И	О
А	Р	Д	О	Т	И	С	С	З	Ы	Н	О	М	И	А	Т	Т
Ш	О	И	Е	У	К	А	Д	В	С	Е	Т	Т	Ш	Г	А	Р
П	Т	О	И	Н	О	А	Р	Р	О	И	Ф	М	О	О	Т	У
О	М	Р	З	И	Д	К	Ф	А	Т	Д	А	У	Р	Ц	Е	Д
С	М	И	А	М	А	Н	Ф	Щ	А	Е	Н	Н	О	Е	Л	Н
Е	П	С	Р	Ф	Л	Е	С	Е	Ь	Р	Т	П	Х	Н	Ь	И
Л	Р	В	Б	У	Ж	Ц	М	Н	Д	Г	А	Е	У	Н	Н	Ч
Е	Р	М	О	Н	И	О	С	И	Е	Н	С	Р	И	О	Ы	А
Н	Т	У	О	А	В	Е	Т	Е	В	И	Т	Л	М	Й	М	Т
Ц	У	О	Н	М	А	Й	И	К	О	Р	И	Ш	П	Н	И	Ь
Ы	И	М	З	А	Т	Е	Д	Р	П	М	К	У	Л	А	Т	И
П	Т	Е	А	Р	Ь	Ф	С	И	С	О	А	И	Р	А	А	Т
Г	Р	Е	Р	Е	У	А	И	К	И	Ц	А	Н	А	А	А	Е	М

ФАНТАСТИКА
ОЦЕНКА
ПОСЕЛЕНЦЫ
ИНГРЕДИЕНТ
ПИТАТЕЛЬНЫМИ
ХОРОШИЙ
ВЫСОТА
ФАКТОР
КРИК
РАЗНООБРАЗИЕ
ОДАЛЖИВАТЬ
ШИРОКИЙ
ВОЗВРАЩЕНИЕ
СОТРУДНИЧАТЬ
ИСПОВЕДЬ
ШТРАФ
РАДИО
МИНУТ
ЧТО-ТО
ДРАГОЦЕННОЙ

Puzzle 80

ПРИВЛЕКАТЕЛЬНАЯ
БЕЙСБОЛ
ИМИТИРОВАТЬ
ЕДЫ
МЕДСЕСТРА
ДАВЛЕНИЕ
СНЕЖОК
РАБОЧИЙ
УРОВЕНЬ
САМЕЦ
ПОЛА
МОТЫЛЕК
МИСС
ВКУС
ЛЮБОЕ
КУРТКА
ВОСТОК
ПОГОДА
ВНИМАНИЕ
ЧЕРНОЕ

Т	В	Р	Ц	С	М	Д	П	М	Н	Е	Е	Е	Е	Б	У	П
К	Н	Е	А	Н	П	О	В	Е	Л	Й	И	Ч	О	Б	А	Р
У	И	Е	И	П	Л	Н	И	Д	Е	М	У	О	Л	И	У	И
Р	М	О	У	Е	Ю	Д	Ч	С	Р	П	Р	С	Е	Л	А	В
Т	А	Т	Ц	У	Б	У	Е	Е	Р	К	О	Т	С	О	В	Л
К	Н	П	П	У	О	С	Р	С	Е	О	В	А	Н	Б	И	Е
А	И	И	И	О	Е	Т	Н	Т	Б	Ж	Е	Т	Т	С	Д	К
И	Е	Л	И	К	Г	Е	О	Р	Е	Е	Н	Е	У	Й	А	А
Т	М	М	Т	Е	Ф	О	Е	А	С	Н	Ь	Т	Ф	Е	В	Т
У	С	П	О	Л	А	Т	Д	Е	О	С	И	У	Т	Б	Л	Е
С	Л	Т	Н	Ы	Д	Е	О	А	И	Р	И	М	Е	П	Е	Л
Ф	А	У	Ь	Т	А	В	О	Р	И	Т	И	М	И	Е	Н	Ь
Т	А	М	А	О	В	К	У	С	А	У	О	Ф	Е	П	И	Н
И	Е	Р	Е	М	А	Т	У	И	С	Т	М	И	Т	М	Е	А
П	П	М	Л	Ц	Е	Л	А	Е	И	Д	Л	Е	Т	Р	Р	Я

Puzzle 81

```
В С Т А В И Т Ь Н Е П Е Т С И В П
Т У Г С А П О И А Е Н Н Р И С Н Р
К У Л У С У Е Ь Л И Б О М О Т В А
А А Д Р У Ж Е Л Ю Б Н Ы Й И Е А В
Р М Ш Е В В Т С А Н Л У И Т И Т А
Д А Н Т Р И У Л Е Л Л Е А С С А Я
Е М А Л А И Т Ы Е И Р Ц И Т Л С Т
В Б У В Р Н И Ш М М Е Л Ь Н И Ц А
Я Ф М Ц Е Е Ы А И Р Л Е В Щ Т Д И
Т Е У Р М У Ь Л Н Л И Д О К О Р К
Ь Я И Н А В О Д Е Л С Б О Т Р М Н
М У А Н С Е В Р Е И Ш Ь Л О Б П О
А Р С Л Н Р Р Т У Б П О Л Е Т С Г
Л О П Р С Ю С Н И И Е Ц Ф У У Р Т
С С Д О Г О В О Р Т Т Л Д Ф Р И И
```

МАМА
КАШТАНЫ
ДЕВЯТЬ
ЛЕБЕДЬ
СТЕПЕНЬ
МОЩЬ
ПРАВАЯ
ОБСЛЕДОВАНИЯ
СЛЫШАЛ
БОЛЬШИЕ
ДРУЖЕЛЮБНЫЙ
ДОГОВОР
ВЕРЮ
ВЕСНА
МЕЛЬНИЦА
АВТОМОБИЛЬ
ПОЛЕТ
КРОКОДИЛ
ГОНКИ
ВСТАВИТЬ

Puzzle 82

ЗУБНАЯ
МНОГОЧИСЛЕННЫЕ
МУТНЫЙ
ОСТАВЬТЕ
ХОРЕК
ТЕПЛЫЙ
ПОДНЯТЬСЯ
АРЕНА
ГОВОРЯЩИЕ
ИВУ
ЕЕ
ВЕТЕР
ПРЕДМЕТ
ВСТРЯХНУЛ
СТРАШНО
ЗАДАТЬ
БЛЮДО
ОПАСНОСТЬ
ПОМОЧЬ
ЛУЧШЕ

```
О В З Т В М В С Л Ф К З О О О Р Л
С С У Е Е Н Л У Ч Ш Е Р А Р У П Е
Т Т Б П Т О С В Т Т Р Л Т Д У О Т
А Р Н Л Е Г А И И П О И У Л А Ь Ф
В Я А Ы Р О А Н С С Х С Е Е И Т О
Ь Х Я Й О Ч С Т Р А Ш Н О И Е С Ь
Т Н Е Н А И П Р Е Д М Е Т И Е О Ч
Е У М Р Я С Ь Т Я Н Д О П Б С Н О
Е Л Д Г И Л Т Р И Р А П И Л И С М
А Р А О О Е Н И Р Т О Т У Ю П А О
Р А Р А Р Н Е О Н Т Т Р Е Д И П П
Е Ф И И И Н Е Л Г Н М С У О М О И
Н Т Е Ф Й Ы Н Т У М Е Е И Д А М Т
А Р И И М Е П И О Т Н Е М Т Е С А
М Е О Я Р У Г О В О Р Я Щ И Е Т И
```

Puzzle 83

```
О Е С И П О В Е С Е Л Ы Й У Т Т У
И Л А С В Р Р Е Т Л И Т Н Л С С Б
С И У С П Й И Щ У К Е Т У О Р Е Е
В Л А Ж Н Ы Й М О Л Е Р Е П Р Н Д
П Г М Н П И И Т Е У В Т С А Ч У И
Р О Ф К Е М Т Т Н Ч Е С Т Ь Н Р Т
И В И Р О Т Ч Н У Х А П А З С И Ь
Р О Р А К Ч У Р Н И С Н Т Е Т М Т
О Р Н С О Б Е Д Н Ы Й У И Е В И О
Д Ю И К Л И Н С И А Т И Р Е С С Л
А Р В И О М О И Е И Е М С М И О С
А А Т У М И Д Р С Ф М У М П А Д О
О П Т Р Е Б У Е Т С Я Л С Т Т Б М
И О Д Р В Л Н Е С И И Т Т Т Я О
Н Е П Е И М Д Е Л А Ю Т М Т Т Т Е
```

БЕДНЫЙ
УБЕДИТЬ
ЕСТЬ
ТЕКУЩИЙ
КРАСКИ
ПРИМЕЧАНИЕ
УЧАСТВУЕТ
РУЧКА
РИФМА
ТРЕБУЕТСЯ
ГОВОРЮ
ПРИРОДА
ДЕЛАЮТ
ВЛАЖНЫЙ
НЕ
ЧТО
ВЕСЕЛЫЙ
ПЕРЕЛОМ
МОЛОКО
ЗАПАХ

Puzzle 84

ВОЗРАСТ
ВПЕЧАТЛЕНИЕ
РАЗРУШЕНИЕ
ПРОСНУЛСЯ
ШЕСТОЕ
СКРЫТЬ
ПЕТЬ
МЕНЬШЕ
МУДРЫЙ
СВЕЖИЕ
ПРОЩАЙ
ДОКАЗАТЕЛЬСТВА
ШИТЬ
ЖИВОТНЫХ
РАЗДЕЛ
ПРИГЛАШЕНИЕ
СУЩЕСТВИТЕЛЬНОЕ
ФИНАНСОВЫЕ
АКАДЕМИЧЕСКАЯ
ПЕНИЕ

```
А Ф В А Д С С Н Х Т Т Р Н И О Е Ь
К И П Т О И У Ш С Ы Т Н Е О Л У Т
А Н Е П К Р Щ М И Н Н Ш Е С Т О Е
Д А Ч Р А У Е Е У Т Ь Т Ы Р К С П
Е Н А О З Л С Е С Д Ь И О О П Д Е
М С Т С А Р Т Д Е Р Р Е Е В Р Ф Н
И О Л Н Т А В Л И Т О Ы М И И Е И
Ч В Е У Е З И Е С Р О А Й Д Г Ж Е
Е Ы Н Л Л Р Т П Р О Щ А Й И Л Е Р
С Е И С Ь У Е А Т П Е Н Н М А Е Л
К И Е Я С Ш Л Е Д З А Р О Е Ш Е Н
А Ж У И Т Е Ь У И О И Н П С Е С П
Я Е Е И В Н Н И Ф С У Е Ш Ь Н Е М
Т В И Т А И О Т Е А А Н Т Е И Е Е
А С Е Н Ф Е Е В О З Р А С Т Е М М
```

Puzzle 85

```
В О Т Н Л Я У П Л И С В П П Ф В Т
У Н К Н Н В З Т А М Р И Ф У Е О У
П М И А В И М Ы У С П Д О С Д С Т
О С Ч М Л И Р А К Т П Е О Т Е С Е
М Е Е О А К И Т Н О З О П Ы Р Т У
И И Н И Ф Т Р Е Н Р В У Е Н А А С
Н Н З П Е А Е У Е Е А О У Е Л Н Т
А Е У И О Ф Р Л Т С Т Ф Й О Ь О Р
Н Л К Р А Л У Т Ь О Р И М Н Н В У
И М С С К У Н М И Н У Е Е Ь Ы Л К
Е О Т К А Н Ь Ы У Т Ы Е Г Л Й Е Т
Е Д Р С Т С Л Н Й Е Л Й В А С Н У
Н Е С Ч А С Т Ь Е Л Е Т Е Т Ь И Р
О В Т С Й О К О П С Е Б О С И Е А
Н У Д Р Е В Н И Е И Т С П О Р И Р
```

ВОССТАНОВЛЕНИЕ
ТКАНЬ
КУЗНЕЧИК
АТАКА
УПОМИНАНИЕ
БЕСПОКОЙСТВО
НЕСЧАСТЬЕ
ПОЛНЫЙ
ЯЗЫКОВОЙ
ЗОНТИКА
ОСТАЛЬНОЕ
ЛЕТЕТЬ
ВНИМАТЕЛЬНЫЙ
ФИРМА
УВЕДОМЛЕНИЕ
ПУСТЫНЕ
СТРУКТУРА
ФЕДЕРАЛЬНЫЙ
ВИДЕО
ДРЕВНИЕ

Puzzle 86

ТРАГИЧЕСКИЙ
ЛИМОНАД
ПРЕДУПРЕЖДЕНИЕ
ПАРТИЯ
ПЛИТЫ
ГРАВИТАЦИЯ
ДВА
ДНО
ЖЕНЩИНА
ЗДОРОВЫЙ
КАК
КАЖЕТСЯ
СОЛНЦЕЗАЩИТНЫЕ
ИСПОЛЬЗОВАТЬ
ПРАКТИЧЕСКИЕ
ДОСТАТОЧНО
ПОЛИТИКА
ОБЫЧНО
ИДЕНТИЧНЫЕ
ЭЛЬФ

```
Д Е Ы Н Т И Щ А З Е Ц Н Л О С И К
О С Т П А И Н Р И Ы Т И Л П Ф С А
С И Р Р М О Е П Д Н О Н М Я О П Ж
Т Е А А И Т И Я А Ч И О О С И О Е
А С Г К У С И Е М И Р Л Т Р Н Л Т
Т Е И Т С Я И Ц А Т И В А Р Г Ь С
О Л Ч И С У Р П О Н Ч Ы Б О С З Я
Ч Т Е Ч Е Л М Л У Е Ж Л И М Е О М
Н Л С Е Ц У У И Е Д И Е С А Ф В Р
О С К С П И И М Н И О П Н И Р А П
Э Ф И К Й Ы В О Р О Д З М Щ Е Т К
О Л Й И В Е С Н Р П У Т И С И Ь А
Д Т Ь Е Е Т Е А К И Т И Л О П Н К
В А С Ф И Е Е Д П А Р Т И Я А Т А
А П Р Е Д У П Р Е Ж Д Е Н И Е О С
```

Puzzle 87

К	У	Е	Т	В	Т	Т	О	И	Ь	Р	А	И	Е	А	Д	П
И	А	Ц	П	У	Е	У	Б	А	Т	А	Р	Б	Л	Р	И	Р
Н	М	Р	Б	А	И	У	Л	А	С	Р	Р	Е	Р	И	С	О
Д	Е	Е	А	А	Д	И	А	О	О	Д	Р	О	Г	И	К	М
З	Т	Я	Т	Н	Н	И	С	А	Н	А	Л	Е	Д	С	У	Ы
А	Н	О	Й	Р	Д	К	Т	Д	Н	Е	С	И	О	И	С	Ш
Р	Ц	У	С	И	У	А	Ь	Е	Е	Ч	Я	Р	О	Г	С	Л
П	И	Е	Т	А	Щ	Е	Ш	У	В	Ф	Й	И	Т	Н	И	Е
О	Б	В	А	Л	А	Я	Н	Т	Т	Т	Ы	Н	О	А	О	Н
С	Т	У	Д	Е	Н	Т	Т	И	С	О	Н	И	Р	П	Н	Н
Е	Н	Н	Ф	Ц	Я	Т	О	С	Т	А	Н	А	Д	Д	Н	О
Т	Е	М	Н	Ы	Й	У	Л	А	Е	А	У	Л	И	О	Ы	С
У	Л	Е	Р	Е	Л	М	Ь	И	В	Л	Л	М	Р	С	Й	Т
О	Е	И	У	Д	Р	П	К	И	Т	А	Б	Е	С	Е	А	Ь
Е	Ы	В	О	З	А	Р	О	Г	О	Н	М	Т	Е	Е	Е	Р

БАНК
БЛЕСТЯЩИЙ
БРАТ
ГОРЯЧЕЕ
ОБЛАСТЬ
МНОГОРАЗОВЫЕ
ЛУННЫЙ
КАРАНДАШ
ПРИНОСИТ
ПРАЗДНИК
ТОЛЬКО
СТУДЕНТ
СДЕЛАНА
ОБВАЛА
ОТВЕТСТВЕННОСТЬ
ПРОМЫШЛЕННОСТЬ
ТЕМА
ДИСКУССИОННЫЙ
ГОРДО
ТЕМНЫЙ

Puzzle 88

ПРАВИЛО
ВЫРАСТИТЬ
ДИВАН
ТЕЗИС
ИСТИННОЕ
ЗАНИМАЕТ
ПОСТЕПЕННОЕ
ЗАВОЕВАЛ
СУШЕНЫЕ
ОБЛАЧНО
ОЗЕРО
МОРЩИНА
АВТОМОБИЛЯ
ДЫШУ
МИРНО
ПРОДАВЦА
ГОРОДСКОГО
КОНЕЧНАЯ
ДЕРЕВЬЯ
МОНЕТА

Т	И	И	Г	О	А	П	Ь	Е	А	О	Е	С	Е	Н	П	Т
И	А	У	Н	Т	В	Р	Р	Т	И	Л	Б	О	Ф	Н	У	И
В	У	А	Д	М	Т	О	Н	Р	И	М	Е	Л	Р	И	А	И
Е	В	М	М	Л	О	Д	А	П	З	Т	У	Е	А	С	И	Е
П	Т	И	У	С	М	А	В	Р	А	И	С	Л	П	Ч	И	О
У	Н	С	Л	У	О	В	И	А	Н	С	Е	А	Р	У	Н	Г
О	З	Е	Р	О	Б	Ц	Д	В	И	Т	Н	В	Р	Ш	Я	О
А	И	Ы	Р	У	И	А	Т	И	М	И	У	Е	И	Ы	Ь	К
А	Т	Н	Л	А	Л	М	Е	Л	А	Н	Р	О	Н	Д	В	С
Т	С	Е	Т	И	Я	О	З	О	Е	Н	Н	В	И	И	Е	Д
С	Е	Ш	Н	И	У	Р	И	Т	Т	О	Л	А	И	И	Р	О
Е	Е	У	Е	О	И	Щ	С	Е	Е	Е	Н	З	О	Р	Е	Р
Р	А	С	Р	Н	М	И	Е	Р	Н	Н	Е	И	Е	Т	Д	О
Ц	У	С	Я	Е	О	Н	Н	Е	П	Е	Т	С	О	П	Т	Г
М	У	Н	И	Р	Я	А	Н	Ч	Е	Н	О	К	М	Т	У	И

Puzzle 89

```
П О Л И У И П О Т И И В Ц П Д Ж К
Р Й Р Д Г С Д О В И Р П И Е Ф И О
Е И Т Е О К С А Л У Н А В Р А В Р
Д К Т А Р Л С А И Е Р С И С П О О
Л С Е Л Н Ю Е С М С В Е Ф О Т Т Б
О Н Ь О Ч А Р С В Л К Р Н О Н К
Ж А Ц Н С Е Л М Е Р А Е А А Н О А
И Д А А Т Н Е С А Л Г О С Ж К Е Р
Т Ж Т Я А И К О М П Л Е К С У Т М
Ь А С И Й Е А Р И О Е Р С У Ю П К
М Р И Р И Д У А М С У С М П Г М О
М Г Л Е И Н Е Д И В Е Л Е Т В Т Н
Е О В Т С Е Щ Б О О С Н И А Е Н Д
Е И Н А Н И Л К А З О О М П Е Е О
О Д А М Е Р У И И Ц Л Р У О О Т Р
```

ИДЕАЛЬНАЯ
КОРОБКА
ТОНКУЮ
ГРАЖДАНСКИЙ
МАТЕРИЯ
ПРЕДЛОЖИТЬ
КОМПЛЕКС
СООБЩЕСТВО
ИСКЛЮЧЕНИЕ
ДА
КОНДОР
ПРИВОД
ЖИВОТНОЕ
СОГЛАСЕН
ПЕРСОНАЖ
ГОРНОСТАЙ
ПОЛЕВКА
ЗАКЛИНАНИЕ
РВАНУЛА
ТЕЛЕВИДЕНИЕ

Puzzle 90

ЭНЕРГЕТИЧЕСКУЮ
СОСЕДИ
РАЗГОВОР
УСПЕХА
ЧЛЕН
ВОЗДУХА
КРУГОВОЙ
ВИТАМИНЫ
НАШ
КОЛЕБАТЬСЯ
СИТУАЦИЯ
КОНТАКТ
ПРИДУМЫВАТЬ
ВНУТРИ
ПУТЕШЕСТВИЕ
ЦЕРКОВЬ
ЛЕСТНИЧНОГО
ТРАВА
ПОЕЗД
ТРЮК

```
Л Т У А И Р И М А Т Т С У Ь И М С
Т Е Я А И У Ч Т А А Т Р А В А Л П
У Я С Т Ш Р М Л Р А О Е Х О П С У
Я И Ь Т А С Д З Е О П Е Е К Р О Т
И Р Т У Н В О Л С Н Р У П Р И Н Е
Д О А У Т И А С Н С Т У С Е Д Т Ш
Е В Б С А С Ч С Р М Т С У Ц У Е Е
С О Е И М О С Н И У Т С Е О М В С
О Г Л У Р Е А И О Т А Е У И Ы О Т
С З О Т О Л О Р А Г У Р И А В З В
У А К Ю Р Т Р О Н Р О А М П А Д И
К Р У Г О В О Й У А Е С Ц А Т У Е
В И Т А М И Н Ы И О Т В Л И Ь Х Е
К О Н Т А К Т И Т У О С Е С Я А А
Э Н Е Р Г Е Т И Ч Е С К У Ю С П И
```

Puzzle 91

```
Н Е В И Д И М Ы Й Л У Т И Д Ь С О
С Д Н О Н А А Й Ы Н Н Я Р Е Т О П
М Ф И Т М И Ю А Й П В Д А Н С Б Т
Л Д П В И Р Р Ю О А Т И Е Е О С Д
О А И Е Р У З А Н А В Е С О Л Т Е
В И С Т Г С О Н В Д У Т С Б О В Л
Р М О И Ч А Д У О С А Д В Х П Е О
И О И Т Н П Е Н Н В М З О О А Н П
М У И Ь И О А С С З Л Е Б Д И Н Т
Т Ф Т Ф М Н Р Г О Я С И О И У О П
З А К А З А Т Ь Н Л Р Т Д М О Г У
Ж Е С Т К И Й А У И У Ф А Ы М О Т
Е У М Т Р Ь Т А Ш У Л С М М Д А А
О Б Я З А Н Н О С Т И О Е Е А О Т
А М Е Р И К А Н С К И Е Й И В Т Ь
```

NEVIДИМЫЙ
ЗАКАЗАТЬ
ПОЛОСТЬ
ЗАНАВЕС
ОТВЕТИТЬ
СЛУШАТЬ
ЗАДНЮЮ
ДЕЛО
АМЕРИКАНСКИЕ
ВЗЯЛ
ЖЕСТКИЙ
СВОБОДА
УДАЧИ
ПОТЕРЯННЫЙ
ПУТАТЬ
НЕОБХОДИМЫМ
ОБЯЗАННОСТИ
ОСНОВНОЙ
ГНИЛОЙ
СОБСТВЕННОГО

Puzzle 92

РОЛЬ
ВДОХНОВЛЯЮТ
ЭКСПОНАТ
РЕЗКОЕ
СТОЙКА
ГРАФ
ЛЕГКОСТЬ
ИНОСТРАННЫЙ
ВПЕРЕДИ
ПОПЛАВОК
РОСКОШЬ
ПАРК
ТЕМПЕРАТУРА
ПОЛИТИЧЕСКОЕ
ПОЗВОЛЬТЕ
ОЧЕВИДНО
ЦЕНА
ПУТЕШЕСТВИЯ
ТЕНЬ
РАДОСТНО

```
О И Э Е И М П Т Р Т Ф Т М М Р Т У
П Н К Р А П О Н А Е Н У Я О О О М
П О С П Г О З Ц С М А А Л Б Л Т Н
О С П У С Ч В Е Р Е З К О Е Ь Е М
Л Т О Т Р Е О Н Т С О Д А Р У И С
И Р Н Е О В Л А В П Е Р Е Д И С С
Т А А Ш С И Ь И П Т О К И Л Е Л С
И Н Т Е К Д Т Ю Я Л В О Н Х О Д В
Ч Н У С О Н Е Ф Е О И В Г М Р В Р
Е Ы Т Т Ш О У У Р Е Т А С Р А О Ф
С Й Т В Ь Т Е Н Ь Р О Л Н И А Т О
К Т Т И С Т О Й К А С П Е И Н Ф Т
О Т В Я Е И Т Р О М Ф О Д М И Ц С
Е Л Е Г К О С Т Ь И Т П Р Т А Т О
Е Н Л У Т Е М П Е Р А Т У Р А П Н
```

Puzzle 93

К	О	Н	Т	Р	О	Л	Ь	О	Е	О	И	Е	П	Е	Д	И
С	Л	Е	Д	У	Е	Т	Е	А	Й	Д	Б	Р	О	С	Е	И
С	Е	Т	О	П	Д	Н	С	Я	Ы	Б	Е	А	Ч	Р	М	Н
Е	О	О	Р	А	А	Л	Р	У	М	Л	З	С	И	О	О	И
Л	Н	Б	Н	О	Е	Т	П	И	О	О	О	С	Н	И	К	М
Т	И	Е	С	Т	О	Л	Ч	О	К	К	П	Л	И	С	Р	П
М	К	Л	Д	Т	Я	Т	Е	А	Е	А	А	Т	В	А	Н	
Е	Н	Х	И	А	В	И	Е	Т	Н	Е	С	Ь	Ы	Т	Е	
С	И	Е	Е	Т	Д	Е	Р	Ш	З	И	Н	Л	У	П	И	Л
О	И	А	И	Ь	Л	Н	Н	П	О	А	Ы	Я	Ц	У	Ч	Е
У	Л	О	И	Л	В	В	Ц	Н	О	С	Й	Е	У	С	Е	Т
Е	Н	М	С	У	У	С	У	С	О	Г	С	Т	П	К	С	Е
И	В	О	М	З	П	О	Ч	Т	И	С	А	Е	Р	Н	К	Н
И	О	Ф	Н	Е	Ф	С	М	А	Ф	Т	Т	Л	Е	И	И	О
М	Т	И	Т	Р	О	Т	В	А	Р	А	П	И	Б	К	Й	В

ДЕМОКРАТИЧЕСКИЙ
АВТОР
БЛОК
СОБСТВЕННОСТИ
ПОЧТИ
ПОЧИНИТЬ
КИНО
БЕЗОПАСНЫЙ
РАССЛАБЛЯЕТ
ВЫПУСКНИК
ХЛЕБ
БЛАГОПРИЯТНОЕ
ПАРА
ТОЛЧОК
ТОП
СЛЕДУЕТ
ЗНАКОМЫЙ
РЕЗУЛЬТАТ
КОНТРОЛЬ
ШОССЕ

Puzzle 94

ЭКСПОРТ
СВИНЬЯ
ОПУСТЕЛИ
ГАРДЕРОБ
ЗАРАБОТАТЬ
СЕРИЯ
ОБСУДИТЬ
ПРОСТИТЕ
ДВИГАТЬСЯ
ЧАС
НАКЛОН
УДАЛИТЬ
РАВНЫХ
ГРОМЧЕ
ВНЕЗАПНО
РАССКАЗЧИК
ПРЫЖОК
КРАСИВО
ТОЧНОСТЬ
ДЕВОЧКИ

П	И	Л	У	А	С	Е	М	С	М	И	Р	Р	Н	О	Т	Н
Р	Р	И	У	Т	Н	М	И	Е	Т	С	С	А	Д	С	Т	С
Л	М	О	Р	М	У	Е	И	М	Т	М	Е	С	В	Р	И	И
Г	У	И	С	Т	О	Ч	Н	О	С	Т	Ь	С	У	Н	М	Б
П	И	Л	Е	Т	С	У	П	О	Е	У	Т	Е	Д	Е	Ы	Т
Т	Е	Н	О	Р	И	К	Ч	О	В	Е	Д	Г	А	Т	Ь	Х
Г	Р	С	В	О	У	Т	С	В	И	Н	Ь	Я	Л	Ч	Т	А
Р	Л	А	И	П	М	Р	Е	У	И	М	С	С	И	О	А	Л
О	Р	А	С	С	К	А	З	Ч	И	К	Е	Ь	Т	Б	Т	С
М	Л	У	А	К	Н	Е	И	И	С	О	Р	Т	Ь	С	О	М
Ч	Т	Е	Р	Э	П	Р	Т	Т	Н	Ж	И	А	Р	У	Б	Ф
Е	Н	А	К	Л	О	Н	Н	Т	Г	Ы	Я	Г	П	Д	А	У
В	Н	Е	З	А	П	Н	О	С	О	Р	И	И	П	И	Р	Д
Г	А	Р	Д	Е	Р	О	Б	У	Н	П	Л	В	Е	Т	А	У
С	П	Т	А	Ц	Л	Н	О	И	Р	Т	У	Д	С	Ь	З	Е

Puzzle 95

Е	Т	Е	И	Т	Й	И	К	О	Б	У	Л	Г	У	А	М	У
И	Ф	И	С	Е	Т	Л	Е	Р	О	В	Д	И	И	О	Т	Я
П	Р	О	У	Е	Н	О	Р	Т	Е	Т	И	Г	О	М	О	П
М	О	Р	У	А	Р	К	Т	Р	Т	С	А	П	А	З	О	П
Е	П	С	А	У	У	К	Р	О	М	Т	С	Е	А	О	Н	Р
Р	О	Л	П	Т	Л	О	Й	П	Ч	Ь	И	С	У	О	Т	О
О	Н	Е	О	Е	Е	Р	О	К	С	М	И	С	А	Н	Н	Т
Б	И	В	А	У	Ш	Б	Б	Р	Ю	К	И	Н	Л	Л	И	
Е	М	Л	А	Е	Т	И	Ю	И	П	Р	И	Л	У	У	А	В
Р	А	Р	У	М	И	Д	Л	Е	У	Г	Н	Т	Л	Е	И	Т
Н	Н	П	Т	Д	П	В	Т	Р	Т	Е	И	Т	Н	Р	Н	В
У	И	У	У	Е	И	Н	А	В	О	З	А	Р	Б	О	И	
Т	Е	Т	Н	Е	М	У	Р	Т	С	Н	И	С	О	О	У	М
Ь	И	Н	П	О	Д	Н	И	М	А	Т	Ь	О	С	М	Е	А
Б	О	Л	Ь	Ш	И	Н	С	Т	В	О	И	О	Е	Н	Е	И

ПОДНИМАТЬ
ПОМОГИТЕ
ПОНИМАНИЕ
ВАМПИР
ОБРАЗОВАНИЕ
КРЕСС-САЛАТ
ЛУНА
ГЛУБОКИЙ
ИНСТРУМЕНТ
ДВОР
ОБЕРНУТЬ
СКОРЕЕ
ЧЬИ
ЛЮБОЙ
ПРОТИВ
ПОСПЕШИЛ
БРОККОЛИ
БОЛЬШИНСТВО
ЗАПАС
БРЮКИ

Puzzle 96

ПРИНАДЛЕЖАТ
ВИДЕНИЕ
ВСЯ
СЕРЬЕЗНЫЙ
ДЕРЖАЛИ
ПЫЛЬНЫЙ
СОННЫЙ
УПРОСТИТЬ
СЛОВО
ТРИ
ТЕ
ОБЩЕСТВО
ОРЛА
КРОШЕЧНЫЙ
ВКУСНЫЕ
ПОНРАВИЛОСЬ
ВЕЗДЕ
ДЫРА
ПАМЯТЬ
ОГОНЬ

Т	О	Н	П	И	С	Л	О	В	О	Т	Р	Е	И	Т	И	У
С	Т	Р	У	У	Т	Р	Р	М	Р	И	Е	О	У	А	А	П
Л	С	Н	Л	Р	О	У	О	К	И	Ц	Е	Н	И	Е	У	Р
Ь	Т	Я	М	А	П	Т	Р	А	Р	Ы	Д	Е	С	О	Р	О
Е	У	Н	Й	Ы	Н	Н	О	С	Т	О	Л	И	П	П	П	С
У	С	М	Ы	О	О	У	С	Т	Р	Л	Ш	Н	М	М	Т	
П	Р	И	Н	А	Д	Л	Е	Ж	А	Т	Ц	Е	Е	Р	Е	И
О	Е	И	З	Е	Ы	Н	С	У	К	В	Р	Д	Ч	Ь	Е	Т
Р	У	Д	Е	Т	Д	Е	Р	Ж	А	Л	И	И	Е	Н	Й	Ь
Г	С	Р	Ь	Т	Р	О	Б	Щ	Е	С	Т	В	О	О	Ы	О
Е	Р	Е	Р	С	О	И	Е	С	Д	О	У	Ф	С	Г	Н	Й
О	И	П	Е	А	Е	П	У	Р	З	Р	Л	П	И	О	Ь	У
А	Н	Е	С	А	Е	М	Р	О	Е	У	П	А	А	Г	Л	С
С	О	Е	Л	Т	Е	И	Р	В	В	О	С	Н	Ф	Л	Ы	Н
П	О	Н	Р	А	В	И	Л	О	С	Ь	В	С	Я	Е	П	С

Puzzle 97

```
М С Л С Р О П Б Д О Ц И Е Т И Н Е
Е З П Р Е С Е Л Ю Р П С М И Т Р И
Х А Т О Н И С И Й Т П Е Р У И Е М
А Я И У С С О Ж М О Е И Ф С Л Л З
Н Ц С У С О К А О Т Л О В У Е Р А
И М О Е М И Б Й В М Р Ь Н С И О К
К Н В О У О Н Ш У Л Е Р Т С Ы В Л
С И А К Е Л О И Е С Ч А А Р Р И Ю
Я Т О Т О И К Е Р Т Н Т И Л О Б Ч
О Б Н А Р У Ж И Т Ь О Е Л Л М У Е
П Т Е Р И А О Т Ц О Й Р И Е Е С Н
У У Ф К И М Е Е Т Т Т К У Е Ч М И
Б Л А Г О Е М И О Р М Е О Т О А Е
К О Р И Ч Н Е В А Я Ц С С У Е П Т
И И О П Р Е Д Е Л Е Н Н О Г О О И
```

ИМЕЕТ
ВЫСТРЕЛ
ДЮЙМОВ
КОРИЧНЕВАЯ
ЗАКЛЮЧЕНИЕ
БЛИЖАЙШИЕ
БЛАГО
МЕХАНИК
ОПРЕДЕЛЕННОГО
КРАТКОЕ
СЕКРЕТАРЬ
ПОЯС
ЦИКЛ
БОЛИТ
ЛЕЧАТ
ОБНАРУЖИТЬ
ЗАЯЦ
РЕЧНОЙ
ПЕСОК
СПОСОБ

Puzzle 98

ЦАПЛЯ
БЕНЗИНОВЫЙ
ДЕРЖАЛ
КОРОНА
РАБОТЫ
ВНЕ
ЕДА
ИЗМЕРЕНИЕ
ЕЩЕ
РОКОВОЙ
ПАПУ
НАЛОГ
МОЕ
СТАРШИЙ
ПРИВЕТ
РАЗНИЦА
НАОБОРОТ
РАЗРЕШЕНИЕ
ЯРОСТНАЯ
ПЛАВАТЬ

```
Я Р О С Т Н А Я Р Н И У Е У С Б О
В Н Е А Ц И Н З А Р А Т Ы И Т Е Н
У С О И О Н О Е З П П Л Т Р А Н И
Й О В О К О Р Щ Р Л В А О Т Р З О
Е А А Р Л И О Е Е А Е Ж Б Г Ш И И
М И Д Т С Е К И Ш В Е Р А Т И Н О
Ц А П М А С Р Н Е А Д Е Р С Й О С
Т Е Е Т Т Е Л Е Н Т А Д О И Е В У
П А П У М Е Т Р И Ь У О О М Р Ы Н
Н О Н М И М М Е Е Е А О А Л П Й У
Л А О Е А С И М В Н А О Б О Р О Т
М М У Р Е Р Г З Н И У Т П Р М М П
Ц А П Л Я Е Е И О Е Р Н Е С Е И С
У Р М Т Р И И А М Я Т П О Л Е Е Е
И У Е Н О Р Р А М О Е С Е С Е Т С
```

Puzzle 99

С	К	Я	И	Ц	И	Д	Е	П	С	К	Э	И	О	О	О	Е
О	И	О	И	И	Е	Р	Т	К	О	С	Ф	О	М	М	Б	Л
О	Н	Ф	Н	У	Г	Т	Е	Е	Р	Т	Ы	П	О	М	Е	У
Т	У	Л	Е	К	Е	О	Т	Г	Е	О	Е	Т	Е	Н	Щ	Т
Й	Ы	Л	С	О	Р	З	В	А	М	Т	В	Р	И	Е	А	В
И	З	О	О	О	Е	Е	П	Т	Р	Е	П	А	Я	Е	Н	С
Н	А	П	Е	Е	Б	Л	Т	О	Е	Е	Е	Ч	Т	С	И	Р
Д	В	А	Е	И	А	Т	Ю	Н	Ф	М	С	Е	Р	Ь	Е	В
Е	И	С	Н	Н	Е	Е	А	В	Ы	И	Т	В	Л	И	С	Т
Р	С	Н	И	Е	Ц	Я	С	Е	М	Е	Е	С	Л	Н	У	Е
С	И	Ы	У	Ж	У	Ф	А	Р	И	Ж	Е	Г	Е	И	А	Е
О	М	Е	П	О	П	Р	П	У	В	Е	Р	Е	Н	Н	Ы	Й
А	Ы	Е	Ы	Н	Ь	Л	А	Т	Н	Е	М	А	Д	Н	У	Ф
О	Й	Р	И	М	Р	И	З	У	Т	С	Т	Р	Р	Н	О	П
Ф	Р	У	Л	У	П	Е	Е	М	О	Е	О	И	Р	П	О	В

ЗАПАСАЮТ
ОПЫТ
ПОТЕРЯ
УМНОЖЕНИЕ
КРОВАТЬ
ЖИРАФ
ФЕРМЕР
УВЕРЕННЫЙ
ФУНДАМЕНТАЛЬНЫЕ
ВЗРОСЛЫЙ
СРЕДНИЙ
МЕСЯЦ
ОБЕЩАНИЕ
ЛИСТ
БЕРЕГ
СВЕЧА
КОНКРЕТНЫЕ
ЗАВИСИМЫЙ
ОПАСНЫЕ
ЭКСПЕДИЦИЯ

Puzzle 100

ВАЖНО
ПОЗДНЮЮ
АКТ
ЖИР
КРУГ
КЛЕТКА
УЧРЕЖДЕНИЕ
ЛЕТ
СЛОН
ПОПЫТКА
УМНОЖИТЬ
УХОД
МОТАТЬСЯ
ЗРЕЛИЩЕ
ЯД
ЖЕЛУДИ
МАТЕРИАЛ
СЦЕНАРИЙ
АНЕМОН
ПОЛЕЗНОЕ

А	У	И	Е	У	И	Л	И	Н	С	Е	Е	С	Н	А	Й	В
К	С	С	У	Р	П	А	У	Ч	Р	Е	Ж	Д	Е	Н	И	Е
Т	С	П	Н	Р	А	И	К	Е	Е	Т	О	П	Г	К	Р	Щ
М	Е	Е	М	Н	Е	Р	У	Т	В	А	Ж	Н	О	Л	А	И
Л	О	Т	Р	И	С	Е	Л	Е	Ы	И	У	Я	Д	Е	Н	Л
А	Н	Т	У	М	М	Т	М	Л	И	П	Х	Р	С	Т	Е	Е
Р	З	У	А	Т	Р	А	Е	Е	М	Н	О	Л	С	К	Ц	Р
В	Е	С	П	Т	Т	М	С	Т	Р	О	Д	П	Н	А	С	З
Р	Л	Н	О	П	Ь	Р	У	Ю	Р	М	А	В	М	Н	М	У
У	О	Ф	С	Е	М	С	С	Т	Ю	Е	Е	Е	О	И	И	С
У	П	И	Т	Т	П	Р	Я	С	Я	Н	П	Т	Р	С	С	М
С	С	Н	Н	Я	А	У	Р	Р	Е	А	Д	У	И	Р	Л	Н
Ь	Т	И	Ж	О	Н	М	У	Л	Е	У	Р	З	И	С	Т	Т
Е	И	Т	И	Д	У	Л	Е	Ж	Р	Р	Е	У	О	О	Л	Е
Р	Г	У	Р	К	Е	М	Л	Р	М	Т	Р	М	Е	П	У	П

Puzzle 101

```
Е И С М Н Е Г З С Т И И У Т О Т Т
С Н И С А У Ф О А Д Ж Е Д А Н М О
Ц Г А П Р У О П Л П Т С Б Т А У Л
Д А О Т С Д Р Т Ы О У О Т Ц О С Н
И Ш М Р У А М С Б Е В С Т Т Е М Е
И Н П М Е Ч А З И М Т А Т И Б Р О
О Б Т Т Л Л Т Ь Т И Т Я П И К Ф В
Э М О Ц И О Н А Л Ь Н О Е Р Т У П
П О Д Д Е Р Ж И В А Т Ь Р Ы А Ь Р
К А Р Т А К Р Е С Т Ф Т И Ч Е Т И
И М О У Л Е Л П С Ц Т А М А И И М
Р Е Б П Н А У Д М Б П Р Е Н Р Е М
С Р А Е Е Т Т Е Л У С Б Т И П С И
Н И З Б Т Б Т Е А В И Ж Р Е Д Ы В
И Л Л Ю С Т Р И Р О В А Т Ь Е И Е
```

КРЕСТ
ЭМОЦИОНАЛЬНО
КАРТА
СГОРЕЛ
КИПЯТИТЬ
БЫЛ
ФОРМА
ВЫДЕРЖИВАЕТ
РЫЧАНИЕ
БРАТЬ
ЗАПУСТИТЬ
ПОДДЕРЖИВАТЬ
ГОЛОВА
ИЛЛЮСТРИРОВАТЬ
НАДЕЖДА
ОРБИТА
ШАГ
ЗАБОР
ПЕРИМЕТР
ЗАЧЕМ

Puzzle 102

СЧАСТЛИВЫЙ
ВЫГЛЯДЕЛ
СОТРУДНИК
ЗЕМЛЯ
ХУДШИЕ
САНИ
ПОДХОДИТ
ШТАМП
МЯЧ
СОДА
ДЕСЯТИЧНЫЙ
ГРУППА
ПАУЗА
ДУБЛИКАТ
ЦЕЛЬ
ПЕТРУШКА
ПЕННИ
РАССТОЯНИЯ
КРЕСЛО
УЧАСТНИК

```
Д Ц Т Т И Т Т Р У А У Т Т И М Т Р
С У Е А У Н Е А Е С Г Т В Р Е И А
И О Б Л М С О П А П П У Р Г И П С
М Л Т Л Ь А И Р С М Н С Р Р Р Н С
И С И Р И П А У З А П Е Н Н И Я Т
У Е И И У К Е И У Т И У О О Е Л О
В Р Е И Р Д А Е И Ш У О А И Е М Я
Е К Т И О Н Н Т Р Е Х У Д Ш И Е Н
Л А П М М В О И П Т Е Л О П Н З И
П О Д Х О Д И Т К У Л Н С И А Н Я
Д Е С Я Т И Ч Н Ы Й Е М А Р С У Е
С Е Ц Е О Р С Ч А С Т Л И В Ы Й У
О А Р С М И О И П Е Т Р У Ш К А Б
Р У И И Я У Ч А С Т Н И К У П В Р
Е Д О Н Ч В Ы Г Л Я Д Е Л А Н Т Г
```

Puzzle 103

```
Т Ю Я Л В А Т С Д Е Р П Н И Л М Н
Е И У П Т Е Т Е М Е П Е У М Р Е Е
Д Р С Т О Т О Т К О Р Е Ж О У С С
С И Л У Т П Е А Г Н Т Е И Й И Т К
Т И Ы М Е Д У Ц Е М Р У В Ы Т Н О
Е К Ш П Р Р Н Л Е У Е М А Н А Ы Л
П О А Л М С И Т Я Л У У Н Т Я Е Ь
Л Т Т Р О П Л Т М Р С И Е А П Р К
О О Ь У М Л Р У С М Н Р Н Л Д Д О
В Р И М Е С О И Н И Т А Н П И М М
О Ы Й Ы Т Л Е Ж З Д С Т Я С З У Т
Й Й О Р Р У Л Р Н И О И Т Е А Т Е
В Ы Х О Д Н О Г О М М Л О Б Й Ф Н
С О Б А К А И Н Р А У П Е Ф Н Е Д
С Л О Ж Н А Я И А Д Д Е П Р У У У
```

ДИЗАЙН
КТО-ТО
УСЛЫШАТЬ
ПЛИТА
МЕСТНЫЕ
УМНОЕ
НЕСКОЛЬКО
ЖЕЛТЫЙ
КОТОРЫЙ
ПРИЗ
СОБАКА
НЕНАВИЖУ
ПОПУЛЯРНАЯ
ТЕРМОМЕТР
ТЕПЛОВОЙ
СЛОЖНАЯ
ПРЕДСТАВЛЯЮТ
ДЕРЕВНЯ
ВЫХОДНОГО
БЕСПЛАТНЫЙ

Puzzle 104

ВЕЛИКОЛЕПНЫЙ
ФАРТУК
ИГРИВЫЙ
ПОЧТА
КРАСКА
СДЕЛКА
ПОЛОСА
УВЕРЕН
ОБЪЯВИТЕ
ЮЖНЫЙ
ШТУКА
НОГА
РЕМОНТ
КОВБОЙ
РАСТЕНИЯ
АКТЕР
ДОЖДЬ
УТОЧНИТЬ
ПОВЕДЕНИЕ
ЧИТАТЬ

```
М Т Т И О У Е А И Н Д Ю Ж Н Ы Й К
П О Л О С А Т Ч О П Р О Р О И Н Р
П Р Е М Й К И О О У Р Е Ж Р Ф У А
О У М Р Ы У В А Ч Л Е У М Д Л О С
В Т П Л Н Т Я К О Н И К С О Ь Т К
Е А Н Р П Ш Ъ Т И Е И У П А Н Ь А
Д А Т Р Е Т Б Е Г Р М Т Р М В Т А
Е И Д М Л Е О Р Р Е Л Р Ь Д Р А Е
Н Т С Е О А Л О И В Л А М Т И Т Е
И Ф Е Е К У О Е В У Л Ф И И Е И О
Е У П Т И С М Н Ы К О В Б О Й Ч С
С О И Р Л С И И Й С Д Е Л К А Е И
Р А С Т Е Н И Я У Е М И И С П С Ф
О Е О А В Е Т И А Р У М М Е П С Н
И Н О Г А У И Е Е Н П Л У Е Е О С
```

Puzzle 105

П	Н	Р	Л	П	Т	И	А	У	Н	О	С	К	И	У	Н	Г
О	Н	А	Р	Т	Р	О	Ф	М	О	К	Л	У	А	С	Д	О
И	И	Т	З	А	Ь	О	Н	Д	А	Л	Л	Г	М	А	М	Л
Т	Е	Е	Н	А	Т	Е	В	С	В	С	Т	У	Р	О	И	О
А	У	М	С	Р	С	Е	Д	Е	М	И	Н	И	У	Н	М	С
У	У	М	И	Р	О	У	В	Т	Р	Е	Ж	С	У	М	П	О
Т	Н	И	С	П	К	Е	Х	М	И	Е	Р	Р	В	О	Л	М
О	Ц	Е	Н	И	Т	Ь	Д	А	Й	Ы	Н	Ж	Е	Д	А	Н
Н	П	П	В	И	А	Н	О	О	В	Н	Л	О	А	У	З	О
И	Н	Н	А	Л	Ч	И	О	Р	У	Р	У	Н	О	О	А	Г
Г	Ф	О	Р	М	А	К	Ч	Ы	В	И	Р	П	Л	Е	К	Р
Т	Е	И	Е	М	Б	М	О	С	Т	О	В	О	Е	И	С	У
М	С	М	Ж	О	Ы	Р	У	В	А	Ж	Е	Н	И	Е	С	Ф
Т	Р	О	К	С	Р	Ф	И	С	С	Т	А	Н	Ц	И	Я	Е
И	Е	А	И	Н	Е	Г	А	Т	И	В	Н	Ы	Е	И	Т	Ц

СКАЗАЛ
СТАНЦИЯ
НАДЕЖНЫЙ
ПРОВЕРЕНО
МОСТОВОЕ
ВАРЕЖКИ
ЛАДНО
ЖЕРТВУ
РЫБАЧАТ
СВЕТ
ЗАСУХА
НЕГАТИВНЫЕ
ОЦЕНИТЬ
ФУРГОН
ПРИВЫЧКА
КОСТЬ
ГОЛОСОМ
КОМФОРТ
УВАЖЕНИЕ
НОСКИ

Puzzle 106

БУЛОЧКИ
ДУМАЛ
СТРЕЛЯТЬ
РАСШИРЬТЕ
ДОСТИЖЕНИЯ
ЖУРНАЛ
КРОКУС
ДЕНЬГИ
ТРЕВОЖНО
СУД
ДОБАВИТЬ
ТРЕНЕР
СИДЕНЬЕ
ГОТОВ
ЗМЕЯ
ПОЗЖЕ
УЛЫБКА
ГИГАНТСКИЕ
ВЕЛИКИЕ
КОРПУСА

Р	Е	Н	Е	Р	Т	И	У	Е	И	М	Е	С	Т	У	Я	Р
А	Ь	Л	Е	И	М	У	Л	Ы	Б	К	А	Т	И	Н	Н	Н
С	Н	М	Л	К	О	Р	П	У	С	А	Т	Т	У	Н	У	С
Ш	Е	В	О	У	П	Е	И	М	Н	Т	Н	Ф	Т	А	О	М
И	Д	Е	У	Е	Я	Т	Л	В	Ж	Р	Е	Р	У	П	В	Т
Р	И	М	З	Н	И	Н	Т	И	А	У	Р	М	Т	Е	У	Р
Ь	С	Л	Л	М	Н	Ц	И	А	О	И	Р	Г	О	Т	О	В
Т	Т	Т	Н	У	Е	И	К	И	Л	Е	В	Н	У	Т	Б	Т
Е	М	Н	М	С	Ж	Я	Т	П	М	Н	И	О	А	И	У	Р
Д	Е	Н	Ь	Г	И	И	Е	П	Е	У	Р	С	И	Л	Л	Е
П	У	М	У	Ь	Т	Я	Л	Е	Р	Т	С	П	О	А	О	В
С	Р	С	Е	И	С	У	К	О	Р	К	И	У	Р	М	Ч	О
Н	Т	Н	А	М	О	Д	О	Б	А	В	И	Т	Ь	У	К	Ж
И	О	Е	О	И	Д	П	О	З	Ж	Е	О	Р	Е	Д	И	Н
О	О	Р	Н	Л	М	Г	И	Г	А	Н	Т	С	К	И	Е	О

Puzzle 107

```
Г Л А З С Е С Е Т Т П Б А Л О З Б
У М И Е М Л Щ Т М И С О Р У Щ А А
Н С А Н Я Ь З Е Б О Я К Е К У К Л
И Е С О И П И Н Д Е У С Д О Щ Л К
М С С Л И Н О Л О Р Е И К В А А О
И И П М У И Е Е Г М О Л О И Е Д Н
А С Л О О И Е И А Е Л С Е Ц Т К М
С Р Т Я Г Т А У Д О П Ы Т Е С И Б
И И Т У Е Е Р И Л Е Е М О Ь Я Р Л
П Е С И Ч Б И Я И Е Т С Ц С И Я О
Р А З Л И Ч Н Ы Й А Р А С У А Е Н
О Н О Ц Н И Р П С Е Н С Р Р И П М
П Р А В И Т Е Л Ь С Т В О Е И А П
С О П Р О Т И В Л Я Т Ь С Я Н Т Е
Г О С У Д А Р С Т В О У У М И П А
```

ЩЕДРОСТЬ
ОБЕЗЬЯНА
ГЛАЗ
ЗАКЛАДКИ
МИЛЯ
ТЕПЛО
НИЧЕГО
СОПРОТИВЛЯТЬСЯ
ГОСУДАРСТВО
БОКС
РАЗЛИЧНЫЙ
СМЫСЛ
ОЩУЩАЕТСЯ
ЛУКОВИЦЕ
БАЛКОН
ПРИНЦ
ПРАВИТЕЛЬСТВО
НЕСМОТРЯ
РЕДКО
САРАЙ

Puzzle 108

ПОСЛЕДНИЕ
СОВЕТЫ
УЗЕЛ
НЕМЕДЛЕННО
ПОДРЯД
НАБЛЮДАЕМЫЕ
ОНА
ПОД
БУМАГИ
КЕНГУРУ
СЕСТРЫ
ФИЛЬМ
СПРОС
ЭТИ
ЛИЧНЫЕ
ИДЕНТИЧНОСТЬ
ДВОЙНОЙ
НИКОГДА
ВЫСОКАЯ
ГРУША

```
Р Т Л Р Р С А А И Д Н У М С С Е В
Л А И Т В У В П Е А Т Е У Н Е И Ы
Й Т Р П Т А И Е У Е П И Р Г С Б С
О Ы У М Е Е У М Т Е С Т Н Ь Т У О
Н Т О Н Н Е Н А Л М Т П О Т Р М К
Й Е Ы М Е А Д Ю Л Б А Н Р С Ы А А
О В М М И И О М И Т Г Д Е О М Г Я
В О Е Е Н У П Н Р Е Р М К Н С И Н
Д С Р Ы Д Я Р Д О П У Е Е Ч Т С И
Р П Т Н Е Л Н Е И Ф Ш Р Н И В Ц К
А М П Ч Л Е Е Э Л П А Ф Г Т М А О
И И О И С З П Н Т Е Н И У Н Р П Г
И С С Л О У И В Н И О Л Р Е Е Н Д
И Т И Р П Д И Е А О Е Ь У Д Л Т А
Е Е В О И У Т Н А П Е М Е И С Т У
```

Puzzle 109

```
Д У Р А М Е Р Е Т П Р И М В Н У Н
Р С Т В Ц Н О С Е И Й Ь Л Е М И А
У Л И И М Е Л Я А К И Т К Р А А К
З О И О П Ы Т И В С Н Я И С С Е О
Ь Е П Б Р Р Н Н Ы Р Д Н Н И У У Н
Я Р Т Ы И Г О А Б Р Е И А Я М Т Е
Т О А Ч С И Т В Т Т Р Р М Р А Л Ц
У Н Н Н М Т И О Е Н С П Е Е Р И Ц
Е Д А О О А Р Д М Р Д О Р О Г А Е
К А Б И Н А О Е А З Е З У Б Н А Я
Р Д Т Е П У Н Л И Е А Н П И Л З И
И И Т Е И П И С У Р О Н О У О А П
А Т Р А Е Л У Б О И О У Я Р М И С
П Р О С Т О Й О С Е М Ь Н Т У Х О
О Р А Н Т Ф А А О П Е Ц М О А А М
```

УХО
НАКОНЕЦ
АРКТИКА
ПРИНЯТЬ
ВЕРСИЯ
БЫВАЕТ
ДРУЗЬЯ
ИМЕЛ
СЕМЬ
КАБИНА
ИГРЫ
ЗА
ДОРОГА
ЗАНЯТА
ПРОСТОЙ
ОБСЛЕДОВАНИЯ
ЗУБНАЯ
ОБЫЧНО
СРЕДНИЙ
ПРОВЕРЕНО

Puzzle 110

СТРАДАТЬ
КРУЖКА
ПРИНЕС
ОБНОВЛЕНИЕ
ОФИЦЕР
ЭЛЛИПТИЧЕСКИЙ
ДЖЕНТЛЬМЕН
МОДЕЛЬ
ГОРШОК
БЕЛКА
ТАЙНЫ
КОРОЛЕВА
ТОЛСТОЕ
ЦЕНТРАЛЬНЫЙ
ОТДЕЛКА
КОТЕНОК
СЕЙЧАС
ПИЦЦА
СВЕЧА
УТОЧНИТЬ

```
М С Ц Е Н Т Р А Л Ь Н Ы Й К О Д К
О Н Е В Л Ы Р Е Ц И Ф О М Р Т Ж О
Д Л О Й У Н Р Н И Ц М М Е У Д Е Т
Е У Т Т Ч Й Ф Т И А И М С Ж Е Н Е
Л Н С К О А Ч Е В С У П И К Л Т Н
Ь У Л Е О Т С Н Т С Т П А К Л О
Т Р О Е У Р У Т И А Л А Е С А Ь К
А Т Т И И Ф О Т М С М О С П Е М О
Д Т Н Е И Н Е Л В О Н Б О Р Е Е Ш
А Е Д Н Ф О И А Е Н Т У Е И М Н Р
Р Т Т П Т А О Н У В М Е А Н О У О
Т А И И Р Е М Н Т М А К Л Е Б О Г
С И А Е А Е Л П М Т Р А Т С А С Т
Н О У И Г У У Т О Ч Н И Т Ь С Ц Е
Э Л Л И П Т И Ч Е С К И Й И М Н А
```

Puzzle 111

```
Р А Б О Т А Т Ь О Р А А М Е Е В У
Н В С Р Я Д О М Й И К И Д Т С А В
У Р П Н Л М Е О О М С И С М А Л Е
Р Н Е У О Р С Р С Ы Л Е Т О М Е Р
У С Е И Н Р И И Т Н С Р И Т Т Н Ь
С С Л Е З П Р Е М Ь М М У Е И Т Т
Р Е О Ш А Р А П О Л И Н И Т Ь И Е
М С У К С Д Е П Р Е П А Р А Т Н Е
Е О Т А У О Г Е Д Т А Б Р К А А Р
А И Щ Ф Х Е А О Р А В А У И Т Р И
У Л Р Н А Е В Ц Т Т Т Р У Л И У У
С Р Н Т О С И Й И И О А А Б Ч С П
Л И У Я У С Е Я О П Б Б У У Р С С
Ж У Р Н А Л Т И Т О У У М Д Н Т Л
И Н О О Ц О О Ь С И С У Е О С О У
```

БАРАБАН
УВЕРЬТЕ
РАБОТАТЬ
ЛЕТО
ТОГДА
ШКАФ
ВАЛЕНТИНА
СТОИТ
ЯЙЦО
ДИКИЙ
МОЩНОСТЬ
ПРЕПАРАТ
АВТОБУС
РЯДОМ
ПИТАТЕЛЬНЫМИ
ПАРА
ДУБЛИКАТ
ЧИТАТЬ
ЗАСУХА
ЖУРНАЛ

Puzzle 112

ОГРАНИЧИВАЮТ
ЛЕВ
ЗАЯВЛЕНИЕ
ПРИНИМАЯ
ОСОБЕННО
ЛЕС
СВЕТЛЯЧОК
КУКУРУЗА
СКАЗАТЬ
НЮХАТЬ
НЕДАВНО
ВЫПЕЧКИ
ОСОБАЯ
ОСТАЛЬНОЕ
РВАНУЛА
ВПЕРЕДИ
ГЛУБОКИЙ
РАЗРЕШЕНИЕ
ВЗРОСЛЫЙ
СЧАСТЛИВЫЙ

```
О И Л А Й И К О Б У Л Г Н Н С П С
Е У И И С М Н Г И Д Е Р Е П В Р Ч
М Д О Г А З У Р У К У К С М Е И А
Н О О А Е Т О А Р А И П О Е Т Н С
В У И Е Е С Е Н И Р Ф Е Л С Л И Т
С К А З А Т Ь И К Ч Е П Ы В Я М Л
Р В А Н У Л А Ч Н П Е Л И М Ч А И
И Е Р И С Е С И В Е Л Е У М О Я В
У Т У П Т А П В Н З Ш С А Ф К А Ы
Н Е Д А В Н О А П Ю Р Е О М В Б Й
С Т П Т И Е Е Ю Н Е Х О Р О Л О И
Е С Т О Т Т Е Т Н Е Е А С З П С Н
О С О Б Е Н Н О У М Л Е Т Л А О Р
О С Т А Л Ь Н О Е Т О А О Ь Р Л Р
З А Я В Л Е Н И Е Е Н Е Р И Ф Й М
```

Puzzle 113

```
К Р О В О Т Е Ч Е Н И Я О У М К К
М И Н Ф Р О И Н Е Л О Н Д И В Р А
Р С А П Т У У Н Е Т Ц И А Б Т У Р
А Й И Е Д А Н О М И Л Р Л О Т Г М
В Ы Ж И Т Ь К Т М П А У Ж Г Е Л А
А Л У Т Е Т В К Р А Е О И А Е Ы Н
С П М С Н А М С У Ю Т П В Т Е Й Н
М Е С А Н В Р Р О Р К Ч А Ы Е Д Ы
Т Т Т Ч М О Л А Р Л А Е Т Й Н Л Й
А Т Н У Р Б С И У А П Т Ь Т С Е Р
С Е Т Ь Л О В З О П Е И Н Е Д И В
П О А Д Л Р Н О С И Т Ь М А В С И
А Б Е М В П С К Л А Д К У Е Я И Е
О Ю Д Р Н О У И С Д Е Е С Е Л Л П
У Л Л Е И П О Т Е Р Р П Е М О У Т
```

ВЫЖИТЬ
АККУРАТНАЯ
ВИД
КАРМАННЫЙ
БОГАТЫЙ
УЧАСТИЕ
МАТЧ
НОСИТЬ
СКЛАДКУ
КРУГЛЫЙ
ПОПРОБОВАТЬ
КРОВОТЕЧЕНИЯ
ОДАЛЖИВАТЬ
ЛЮБОЕ
ТЕПЛЫЙ
ЕСТЬ
ЛИМОНАД
ТРЮК
ПОЗВОЛЬТЕ
ВИДЕНИЕ

Puzzle 114

ФРУКТЫ
КОРОЛЕВСКИЙ
РВАТЬ
СВОБОДНАЯ
ДОСТУПА
ВЫРЕЗАТЬ
УСТАЛЫЕ
ОБЛОЖКА
КОЛИЧЕСТВО
КОНЦЕНТРАТ
УСТАНОВИТЬ
ГЛУПОЕ
МЕЧ
НАРУШАЮТ
СТАНДАРТНАЯ
ТАЙНА
ДЕЛАЕТ
ГАРДЕРОБ
ГОЛОВА
ВЫГЛЯДЕЛ

```
К К О Р О Л Е В С К И Й Т О У А В
О Т Я Г А Е О Ы Т У О Т Е И И О Ы
Л Н О О Р О П Е Л Т И Е Б Е Е Н Р
И М И Л Р У У С Р А И Р О А О Т Е
Ч Е М О Е Д Л Т С Р Т Е А Л Е Д З
Е Л Е В И С Г А О Т Т С П Е Т И А
С Г А А И Л Г Н Б Н И Е У Д А У Т
Т Т А Й Н А А Д Л Е И Н Т Я Т Е Ь
В В С Л С Е Р А О Ц И Т С Л О И Т
О П Т А М И Д Р Ж Н Р Н О Г И Р А
Ц У У А В Р Е Т К О М Д Д Ы И Е В
О П С О Т И Р Н А К Е А Е В Е У Р
О И И С Е Е О А Н А Р У Ш А Ю Т М
Ф Р У К Т Ы Б Я А Н Д О Б О В С Т
У С Т А Н О В И Т Ь П Е А Т У С М
```

Puzzle 115

Ж	И	Д	К	О	С	Т	И	О	Е	Н	У	Р	Р	К	И	И
Е	М	С	З	Е	О	П	У	О	А	И	С	Е	А	Р	И	Е
Ю	А	Т	И	Ч	О	П	Д	Е	Р	П	Т	М	С	А	С	Л
О	О	Р	М	Н	Б	Р	А	Т	Ь	Л	Р	И	Т	С	Н	Н
Т	И	И	Т	И	Т	Е	Е	И	Т	И	А	Б	Л	И	О	Р
Ж	Е	Л	Е	В	И	Е	Р	Н	М	Т	И	С	И	В	И	И
И	О	Ш	Т	У	К	А	Р	И	У	С	В	О	Ш	Е	У	И
П	Ц	Е	Л	Е	Д	А	Л	В	Р	И	А	О	Е	Е	Е	Я
Н	М	И	Т	Т	М	Е	Е	Ь	Е	Е	Б	П	О	Н	И	
И	А	М	С	У	П	Н	Щ	О	Т	Ю	Т	Щ	С	М	Н	М
Р	Е	О	К	С	Е	Ч	И	Д	И	Р	Ю	Е	О	Ц	Е	У
Г	Л	А	В	Н	А	Я	Л	И	Л	Е	О	С	П	Р	Е	М
М	Е	М	С	У	Е	С	Е	В	О	О	Ф	Т	И	В	Е	М
Т	О	Е	У	У	Н	Е	Р	Е	В	У	Л	В	А	Р	И	С
О	Н	Т	С	Р	Е	Т	З	И	У	Г	О	О	О	А	И	С

ИНТЕРВЬЮ
УСТРАИВАЕТ
УВОЛИТЬ
КИТ
ПОНИ
МУМИЯ
ЖИДКОСТИ
ИЗ
ЖЕЛЕ
ЮРИДИЧЕСКОЕ
КРАСИВЕЕ
ПРЕДПОЧИТАЮ
ГЛАВНАЯ
ВЛАДЕЛЕЦ
СООБЩЕСТВО
ПОСПЕШИЛ
ЗРЕЛИЩЕ
БРАТЬ
ШТУКА
УВЕРЕН

Puzzle 116

МЕДВЕДЬ
ЗУБЫ
ПИСЬМО
ГОТОВИТЬ
ПАЦИЕНТ
ПОЛИЦИЯ
СУПА
ДИКАЯ
ТРУС
БАБУШКА
ТАКОЙ
РАССМОТРИМ
ПОСВЯТИТЬ
УЧЕНИК
БЕСПОКОЙСТВО
ТРАГИЧЕСКИЙ
АВТОР
УДАЛИТЬ
РАЗНИЦА
БАЛКОН

Р	А	С	С	М	О	Т	Р	И	М	Е	У	Е	Д	Е	О	Р
Я	И	Ц	И	Л	О	П	Н	Н	И	П	Н	Ч	В	М	Л	Н
Я	П	Т	О	П	П	А	П	У	С	И	Ф	Т	Е	Г	Ь	У
Б	А	Л	К	О	Н	Ц	У	Л	Ф	Р	У	В	П	Н	Т	Й
А	Р	К	И	Ц	П	И	С	Д	Р	С	Т	А	И	С	И	И
Т	У	М	И	М	Е	Е	М	Р	А	И	Л	Ь	С	Ц	В	К
А	У	С	Л	Д	Н	Н	Л	П	Е	Л	Т	Т	Ь	С	О	С
Ы	Р	Т	У	Л	Е	Т	Р	М	Т	О	И	И	М	Ф	Т	Е
Б	Е	С	П	О	К	О	Й	С	Т	В	О	Т	О	А	О	Ч
У	М	Е	Д	В	Е	Д	Ь	М	Т	Н	Н	Я	Ь	В	Г	И
З	Р	А	З	Н	И	Ц	А	Н	Р	В	И	В	Е	Т	Т	Г
Р	Н	И	А	Ф	Р	О	Р	А	У	Е	Т	С	У	О	А	А
С	М	Е	Н	Т	Е	О	У	Н	С	И	У	О	Т	Р	К	Р
О	М	Е	М	И	Е	А	П	Ф	У	Н	Е	П	П	Д	О	Т
О	Е	Н	Н	Р	Б	А	Б	У	Ш	К	А	М	Е	Р	Й	А

Puzzle 117

```
В Ц Я Р С Т Т Ш У О Р У С Е А А Т
С Ы П Щ Т А Ю В П Ж В Я Е А А О И
С Л Х Е Е Н А Е Р И Е Ы Н Д У К С
Т Т И О С Р Ж Д У Д С У Т Е Ф У И
Т Р Л С Д Б И Н Т А Е З В Е З Д У
Е М О П У Н Б Ц Е Е Л Р И У Н Л С
И Р Е Р С Р О У А М Ь Е П И А Т Е
Е Е Т О Т И Г Г А Ы Е С М Е Ц Н У
Б О У И А П О М О Й Ц А Е И И Ю Г
У Д И В Л Е Н Н О У И Т М М Н Р О
Л О Е Н П Ф М Е Т С В О О Т Ь О У
К Л О В П Т Е И Ц С О М Т У Л Я Н
И Д Е Н Т И Ч Н Ы Е К Н Р С Е У Н
О Т З А Н И М А Е Т У О А И М Ц И
Ц В Е Т Е Н И Е А С Л Й Р М И Р Л
```

ВЕСЕЛЬЕ
СЕМЬЯ
ОЖИДАЕМЫЙ
ОБИЖАЮТ
КЛУБ
ВОЛК
ШВЕД
МНОГО
ЦВЕТЕНИЕ
УДИВЛЕННО
ЗВЕЗДУ
ЮГ
СКУДНЫЕ
АТОМНОЙ
ЯЩЕРИЦА
МЕЛЬНИЦА
ИДЕНТИЧНЫЕ
ЗАНИМАЕТ
ВЫХОДНОГО
ЛУКОВИЦЕ

Puzzle 118

ЗАХОТЕЛ
ДОКТОР
ЗНАЧОК
ВЕКА
УСИЛИЕ
ТЕАТР
НЕЗАВИСИМОСТЬ
КАЧЕЛИ
ЛОШАДЬ
РЕАЛЬНЫЕ
ПРЕДПОЛОЖИМ
СМИ
ЭКСПЕРТ
ПАРУС
КАЛИТКИ
МИЛЛИОН
ХОРОШИЙ
МИРНО
УЧАСТНИК
НАДЕЖНЫЙ

```
Н Е С Т И О М И Й Ы Н Ж Е Д А Н С
А Н У Н Е Е И Е С Н Т С Е Е Е Е Е
П У Н Е В О О А А С И У Н Ф Д З Е
Р П А З П А Р У С С Н М И А О А И
И Л Е Ч А К О Е И К Т И Л А К В Т
У О Н Т М Х Л И И Е С У И И Т И Е
Р Ч Е Д С Н О И Л Л И М П И О С У
Я Е А А Т Р Н Т Р Е П С К Э Р И П
Т Н А С Т И Р А Е Р Е С Т Е Т М З
Л Н Р Л Т Н И И И Л Е М Т Г А О Н
Ц У О Р Ь Н М И Л У Т И Т И Е С А
Ф Н Г И Р Н И Й И Ш О Р О Х Т Т Ч
Т И Д И Т С Ы К С Л О Ш А Д Ь Ь О
Ц У У И И А О Е У О О У И Р С И К
В Е К А П Р Е Д П О Л О Ж И М А О
```

Puzzle 119

```
Н Р Л П С Е О Т О Й О К Б М Р Л И
А Я С О М У О П И Л Е О О О Е Ы Л Я
П А И И М Т Х Т Т П А У Л С Ч Р Т
Р Т Е У В Т С А Ч У И О И Я А Р Л
А Ы Ш П А В И И Я Ц О Ч Т Ц Н И Е
В Р Ч И Л П Л Я Ж И Л Л Н Л И П У
Л К У З А О У О Е Ц И У А Ы Е Ф Т
Е Т Л М М И С О Е И Р У М Ц Е Т М
Н Е Р Е И И О К У П Р О С Т И Т Ь
И Б И Р Н О Т Е И М И М И С И А С
Е О С Е О Р Е У Е Й Т О С И И Ц Р
А О С Н П Р Т А У С С Б О Л Ь О Г
М С Л И М Д О П Р Е Д Е Л Е Н И Е
С О А Е И С С Л Е Д О В А Н И Я О
З А В О Е В А Л А М Е Е Е О Л Ф Д А
```

ПОНИМАЛА
ПЛЯЖ
БОЛЬ
КРЫТАЯ
ПЛОСКИЙ
КОЙОТ
ИССЛЕДОВАНИЯ
СУХАЯ
ТИПИЧНЫЕ
НАПРАВЛЕНИЕ
ОПРЕДЕЛЕНИЕ
ЛУЧШЕ
УЧАСТВУЕТ
ЗАВОЕВАЛ
УПРОСТИТЬ
БОЛИТ
ИЗМЕРЕНИЕ
ЛИСТ
МЕСЯЦ
РЫЧАНИЕ

Puzzle 120

СТОЯЛА
ФРЕСКА
НЕЗНАЧИТЕЛЬНЫЕ
РЕЗИНОВЫЙ
ПЕРСОНАЛ
ШЕЛКОВИСТЫЙ
СЛАБЫЙ
ЧЕТВЕРТЫЙ
АБСОЛЮТНАЯ
БУТЫЛКА
ФУТБОЛ
МУЗЕЙ
ОЦЕНКА
ВОСТОК
ЖИВОТНЫХ
УДАЧИ
ТЕ
САНИ
ПОПУЛЯРНАЯ
НИЧЕГО

```
Т О Р У О Т О Е Ф Ф О Ф М И Т Р Т
Ф Е Т У Р Е Т И П Р Л Ф И У И Е О
Й Ы Т Р Е В Т Е Ч Й Е З У М Т З Я
Ы Н С А Е Н Н Д Е М И С Т П Н И А
Б Ь С Н Т О Ж Е С Е Е Н К Л И Н Н
А Л Т С Е И С И Н Т Р Н С А И О Р
Л Е О У Ц Р Л Г В К Т Н И В А В Я
С Т Я У И М Н Д Н О У У Н Ч А Ы Л
У И Л О Б Т У Ф У Т Т О А Е Е Й У
Д Ч А К Л Ы Т У Б С У Н С Р В Г П
А А О Ц Е Н К А У О А Т Ы Е С Е О
Ч Н Д О О Т И И И В И Е Р Х Т М П
И З О С И Ц Ш Е Л К О В И С Т Ы Й
П Е Р С О Н А Л О Л Е С У Е С М У
Н Н А Б С О Л Ю Т Н А Я Е Т С О Р
```

Puzzle 121

```
О П М О Н И Т О Р П И И С Ц Т Р О
П У Л И Е И Н Е Ж О Л З А Р Е А П
У О Я А Н Ж Е Н У М Н А Л В У К Л
Н Л С Г С Н Е Т Р О Ю Р И С Т О П
Т Р Н Т Т Т Я И А Ч Р С Д С И В Р
О М О Е Ц Н И Р Р Ь И О О А Н И И
Д Ы Р А З А М К С Т О Р С С Р Н С
И О И Т А Е П Е О П Т Т Р Т Е А Л
Н О К Ь Л Т С Ы В В М У Л С А Е А
Д У Г Р У И Т Н А Н Ы О О Н О Ц Т
Е Н И Е И С И Е Л М Е Е М О Р Е Ь
Й О М Г Т З А Ш М Ы Ш Л Е Н И Е И
К О Е А Й Ц И У О Т Л О Ж И Т Ь Л
А Е Т Л Ы Е Р С О О Б Е Е У В Е У
Е Е С Е В У С Р А З А П И С Ь М И
```

ВЫЙТИ
ОТЛОЖИТЬ
ПЛАСТИКОВЫЕ
РАКОВИНА
ПРИСЛАТЬ
ПОСТ
ЗАЛ
НЕЖНАЯ
ЗАПИСЬ
ЮРИСТ
ИНДЕЙКА
ЛАГЕРЬ
РАЗЛОЖЕНИЕ
МОНИТОР
МЫШЛЕНИЕ
КРИЗИС
МОРЕ
ПОМОЧЬ
СУШЕНЫЕ
ДЫРА

Puzzle 122

ПАДЕНИЕ
ЖЕЛЕЗО
ЗДОРОВЬЯ
НАПРЯЖЕНИЕ
ВЕС
ПРЕДОТВРАТИТЬ
ВСЕ
ГЛОССАРИЙ
КОРАБЛЬ
ВЛАГА
ВЫСОТА
СУЩЕСТВИТЕЛЬНОЕ
ПЕТЬ
ЯЗЫКОВОЙ
ПОЛИТИКА
ТЕМНЫЙ
ЖЕСТКИЙ
ИНОСТРАННЫЙ
КРЕСЛО
РАСШИРЬТЕ

```
М Т Е О П У Т Е С В Д Е О Л Н П М
П А У О О Т П О Л И Т И К А А Р У
Е Е И С П З П Н О Т А У Й М П Е М
С Е Т Л П Н Е Ь Л Б А Р О К Р Д Т
Т Й А Ь А Е П Л С У Т Р В Р Я О Т
Й Ы Н М Е Т У Е Е Р О Е О П Ж Т Т
И Н Д У Я Ь А Т Р Ж С Д К У Е В М
О Н Е Н У Р Т И К Н Ы Ц Ы Н Н Р И
П А Д Е Н И Е В Е М В И З У И А В
П Р С М С Ш Р Т М А Л А Я Ц Е Т Е
У Т Е Е Е С У С А Е Р Н Н У Т И С
О С Т Е И А Е Е О А В Л А Г А Т У
Е О А Н И Р В Щ С И Л М М А Е Ь Т
У Н М А С М О У З Д О Р О В Ь Я Ф
Й И К Т С Е Ж С Г Л О С С А Р И Й
```

Puzzle 123

Е	Е	Л	Е	Т	У	О	М	У	К	О	С	С	И	О	У	Р
А	Р	М	Л	Е	Ж	З	О	О	Е	Р	С	И	У	О	С	А
Р	Е	Ь	О	В	Е	А	Т	В	Н	И	Ы	Д	Е	Р	Л	З
М	А	Т	Ь	З	М	К	А	Т	О	Е	Ь	Ш	Е	М	Ы	Д
Н	Ф	И	С	А	Н	Л	Л	С	О	И	Т	Л	К	С	Ш	Р
Б	С	Ж	Т	Х	О	А	А	Е	И	М	А	А	И	А	А	А
О	О	О	В	В	Г	Д	С	Ч	Р	Л	Ц	Т	И	В	Т	Ж
С	Р	Т	Ф	А	О	К	И	А	Я	У	Д	И	Л	П	Ь	Е
Е	Н	Ч	С	Т	Р	И	У	К	Р	Я	А	Н	И	Е	А	Н
Н	В	И	И	И	А	А	И	М	Т	И	Н	И	Т	Р	И	Н
С	Е	Н	И	Т	З	Е	Н	И	О	Ц	Е	Ш	М	Е	Е	О
Е	И	У	Т	Е	О	Д	И	Е	М	Н	В	Д	Е	Д	Д	М
Е	О	Р	О	Т	В	Л	Р	И	С	А	Д	Р	О	Н	А	У
М	О	Р	О	З	Ы	М	Н	А	Е	Т	М	С	А	Т	В	Д
Т	Е	А	Р	С	Е	Т	У	А	Н	С	О	Г	У	Р	Е	Ц

УЖЕ
МОРОЗ
РАЗДРАЖЕННО
САЛАТОМ
ВТОРОЕ
ВПЕРЕД
ДВЕНАДЦАТЬ
МАТЬ
УНИЧТОЖИТЬ
ЗАХВАТИТЕ
КРЫШКА
ОГУРЕЦ
ВНЕШНЯЯ
КАЧЕСТВО
МНОГОРАЗОВЫЕ
МОНЕТА
УСЛЫШАТЬ
СТАНЦИЯ
НЕСМОТРЯ
ЗАКЛАДКИ

Puzzle 124

ВОЗМОЖНОСТЬ
ПИТЬ
БЫВШЕГО
ДЕДУШКА
ГРАД
ВИДЕЛ
ПЛАТИТЬ
ПЕРЕЦ
ИНТЕРЕС
МИНУТА
РАДУГА
ШАТКИЙ
ОСТРОГО
ОБЪЕКТ
ШАМПУНЬ
РИС
ДОЛЖНО
УПОМИНАНИЕ
КУЗНЕЧИК
ЕДА

В	Н	М	Ф	Д	Ф	К	У	З	Н	Е	Ч	И	К	Б	П	В
Е	Е	С	Е	О	А	Д	Е	М	Н	В	Т	А	Р	Ы	Е	О
И	Р	Р	У	Л	Е	Р	Т	Е	Е	И	Е	Ф	И	В	П	З
И	И	А	И	Ж	Б	И	Г	Е	Р	П	О	Р	Е	Ш	С	М
У	М	Р	У	Н	И	Т	И	М	Т	Т	Е	Р	Т	Е	У	О
Д	Е	У	Е	О	Д	Е	Д	У	Ш	К	А	Р	И	Г	В	Ж
Т	С	О	Н	И	Р	Р	А	Т	Л	Е	И	П	Е	О	П	Н
Ш	А	М	П	У	Н	Ь	Т	И	П	Ъ	Н	У	Р	Ц	Р	О
С	Р	И	Б	М	Е	А	У	Л	В	Б	М	И	А	С	И	С
В	И	Д	Е	Л	Я	Г	Н	А	У	О	С	М	У	Н	И	Т
Ш	А	Т	К	И	Й	У	И	И	И	Н	Т	Е	Р	Е	С	Ь
И	У	О	Р	Р	Т	Д	М	С	М	Л	У	У	Е	Т	Е	Ф
Е	А	Р	Н	И	Т	А	У	Т	Н	О	Г	О	Р	Т	С	О
Д	Ц	Т	Р	С	Н	Р	Е	А	М	Т	П	М	С	У	Е	П
П	Л	А	Т	И	Т	Ь	Е	И	Т	А	И	У	О	С	Т	М

Puzzle 125

```
И А Е И Ш Й А Ж И Л Б О Б Т З Р Е
Э З Д Й Ы Н Д А П А З Х Е А А У Д
У В У С О Д П С П Д А О З Г Ч Б Р
С Д А Ч В У М О А Н Е Т О О Е А Е
У И А К И С А С В О Р А П Р М Ш С
И Т О Р У Т И Е В К Ы Л А О Р К Н
И Е О И У Ь Д М Е Т Л С Д Р А О
Т О Т А С И Р И Н Л Е И Н И Е С Ц
С Р Р С Л С М О У А Ч Б Ы И Ф Т И
Н О А М И У И А В Д О Т Й У О О У
Н Р Ж М У Т И Ь Т А Д З О С Р Е С
У Р А Л Е О Л Е Ж Я Т Л У Ц М Е О
М Т Т Л Ю Б И М О Е Р Ь И Е У А Е
М У Ь Я С Е Л П В Р Т Р М И И Т Е
И И И П Р И О М И И Ф Т О Д Т И Е
```

ИЗУЧИТЬ
СОЗДАТЬ
РЕФОРМУ
ОХОТА
ДАЛЕКО
ЧЕТЫРЕ
РОВ
ЛЮБИМОЕ
ЗАПАДНЫЙ
УДАР
РУБАШКА
ОТРАЖАТЬ
ГОРОД
ТЯЖЕЛОЕ
ЭВАКУИРОВАТЬ
СОСЕДИ
БЕЗОПАСНЫЙ
БЛИЖАЙШИЕ
ЗАЧЕМ
ЛАДНО

Puzzle 126

КОМПЬЮТЕР
ВОКРУГ
ОЧЕНЬ
ПАЛЬТО
ИСТОРИЯ
НАЛИТЫЕ
ШАБЛОН
АНАНАС
ЦЫПЛЕНОК
ПРИГОВОР
ТЮРЬМЫ
СЕВЕРНЫЙ
МОЩЬ
ПРЕДЛОЖИТЬ
ГНИЛОЙ
ЛУНА
ПОНИМАНИЕ
КРОШЕЧНЫЙ
СЕКРЕТАРЬ
УЗЕЛ

```
У С И Т Г Ш А Б Л О Н Р Е М В Л Е
З Е Т Ю Е У К Е Н Р Я П У И У А М
Е В Т Р А С Р Е Т Ю Ь П М О К Р Т
Л Е С Ь У У О К Н И И Е Т Ф О Е Д
Р Р У М М И Ш Р О А У Р Е Р А И Д
П Н Т Ы Е У Е О Т В Л Е М И Ф У Н
Р Ы У Н И А Ч Ь Т Я И Р О Т С И
Е Й С А Н А Н А Л Ц С Е Т М О Щ Ь
Д С У Т А И Ы А А О Ы Р Й Ы И Л И
Л П Т Д М П Й Т П Н М П О С Е У Е
О С О Р И О Ч Е Н Ь И И Л Р Л Н Л
Ж М Е Б Н Р Ф У Е С С Т И Е Н А Т
И С И Р О В О Г И Р П И Н Д Н Р О
Т Р И М П О Н И Р Е Т И Г И Р О Р
Ь Р А Т Е Р К Е С У И А Л Р Т О К
```

Puzzle 127

```
О М И А Т У Е О Т Ш В С С С О М Е
Ф У Н Т Ы М И У Е А И Л О А А У С
Д Ф Ц Е В Т Н У Т Н Н У К У Р Б М
О Е Р Р С М У К А С О Ч Р Е Ф А В
В Ю И Н А П М О К М Г А О У Б Г У
Е У И М М М О Т Л У Р Й В И Т А С
Р У У Е С Т Т О А Т А Н И С У Ж Т
И М А С С С М Л В У Д Ы Щ А Е Н Т
Е Е Т В Т С Т О Ы Д У Й Е Г Н И И
Р Н Р И Г Е И М Р Р Н У О О А К И
Б А И Н С Н Т О К Ь Л О Т В Л З Ф
Т А А Ь С У Е Т Т С Е Р А Е Н И В
Д С З Я Р Р М З О Й Ы В И Р Г И С
С С И А Р О Е О Д И К Л Ы Т У Б А
И У О И А И У Л И О Н У И М И Т И
```

АРЕСТ
МОЛОТОК
ГНЕЗДО
СЛУЧАЙНЫЙ
БАЗА
СОКРОВИЩЕ
ОТКРЫВАЛКА
МУКА
ДОВЕРИЕ
БУТЫЛКИ
ФУНТЫ
ВИНОГРАД
КОМПАНИЮ
БАГАЖНИК
ТРЕВОГА
ШАНС
ГАЗ
ТОЛЬКО
СВИНЬЯ
ИГРИВЫЙ

Puzzle 128

СЕМЬИ
ПРОДУКТ
ВЗРЫВ
ДВЕРЬ
ВОЛНА
НОС
ОРУЖИЕ
МАШИНЫ
ДЕЛЬФИН
ЗРЕЛЫЙ
ОБУВИ
РЕПУ
ПОНИМАЮ
ИВУ
НЕСЧАСТЬЕ
РАЗГОВОР
БРЮКИ
ОРЛА
ЖИРАФ
ИДЕНТИЧНОСТЬ

```
У Н А П Д С П А И М С В В И Л О У
Д М М М Р О Е Е У А М О Р П Т О А
М В О Н А О А И У Ш П Л Е О П Т Т
И Ь Е Е А З Д С У И Т Н В З Р Ы В
Е Т И Р В Р И У М Н Ф А Р И Ж М И
М С Ж Ф Ь Е С Л К Ы Р А О Ь Е Ф А
А О У Р Т Л С М А Т А М В М П У Т
Н Н Р А А Ы И В У У А И О Е И Р И
О Ч О И Л Й А О Р И А У Г С А И П
С И К Ю Р Б Е О Т Т Ф С З А Е Р У
Б Т О П О Н И М А Ю И Р А Т М Л Н
Р Н И Ф Ь Л Е Д О О Е Н Р Т Т Р О
М Е Ь Т С А Ч С Е Н Ф И М И М Е С
А Д П Н Н И Л У Р Л Т Т С П Н М С
У И В У Б О М Н Н Т И С С Б С В А
```

Puzzle 129

```
Б Н И Т У И Т Е С А Е О М М Т Е У
И Е О У М А Т Л А П У Т И Е Ф Е И
Й Ы Н Н О И С С У К С И Д Б А Н К
Ь Т А З А К А З Р Е С Г Т С Е С Е
Д У А А И К О Н Е Ч Н О Н Ь Л О Б
Н О М О Ф Н У О П И П Р Л Т М О П
И Н Р А К Б О Р О К О О А А А Р О
Р Л И О Л Ф Т В Е Ч Т С А К М И Л
С У Ф О Г У М Е Ы О О О Н С А А О
О Ц К М Н О Е И Е Й К Н Т И Е Т В
Б Д Е О И У Й П О Ж А Р Н Ы Й Т И
А М И Ц Я У М И И Т И И Р У Л Е Н
К У А П А Т О М И Е Р Л Л Е У Л А
А Е Е М Е О К Т С Т И Р Н М М О У
У М А Х Ы Н Й А Ч Ы В З Е Р Ч М М
```

РУКОЯТКА
ОЧКИ
ПОЛОВИНА
НОСОРОГ
ПОЖАРНЫЙ
КОНЕЧНО
ПОТОК
ИСКАТЬ
ЧРЕЗВЫЧАЙНЫХ
ДОРОГОЙ
ТЕЛО
БОЛЬНО
МАМА
ФИРМА
ДИСКУССИОННЫЙ
БАНК
КОРОБКА
ЗАКАЗАТЬ
БЕНЗИНОВЫЙ
СОБАКА

Puzzle 130

ПРОФЕССОР
МОСКИТНАЯ
СЮРПРИЗ
ШТОРЫ
СРЕДА
ОТ
ЛЕСТНИЦУ
ПОДГОТОВИТЬ
КАКАО
ПОЛОЧНОГО
ШЕВЕЛИТЬ
СМЕЯЛАСЬ
ПОЛОЖЕНИЕ
РАЗНООБРАЗИЕ
ПОДНЯТЬСЯ
ЗАКЛИНАНИЕ
ПОЛОСТЬ
ЦЕНА
ПЕННИ
КЕНГУРУ

```
Л Л А Я С Ь Т Я Н Д О П О А И А Е
О А Ц Т М В Е О Е Ы Р М У Т Е О Л
У И Н Н Е П У Л С Р Ц Е Н А Ц У Е
Е Т Т Е Я П О Д Г О Т О В И Т Ь Т
И Ф У Р Л Т А Н Г Т С Н И П Р О З
А М М В А Т К Ь У Ш Р М П Е Е О И
Т Л А С С Р А А Т П Е Ф Р М Л Р Р
Е Н Д О Ь Ц К В Е И Н Е Ж О Л О П
П О Л О Ч Н О Г О У Л В А С О С Р
С Е С М А У Ц И Н Т С Е Л У В С Ю
П О Л О С Т Ь Т Ф И С И В У Е Е С
З А К Л И Н А Н И Е У Т А Е Т Ф Р
М И Р Ф Я М О С К И Т Н А Я Ш О Е
И О У Р Е М К Е Н Г У Р У У У О Р Д
Р А З Н О О Б Р А З И Е М Е Ф П А
```

Puzzle 131

```
Р К Р О Л И К П Л А В А Т Ь С С П
Л Е Ф У Е Р С Н Е И Ц К А Т О Л О
Н И К И О Р И У Р Т И Д М А Т Е П
У Н П О К С Е Л Е Т К Е Р Ж Н Т Л
М Е А Г М К Б Т Н Н Л Р О А И Й А
Е Л Т Е У Е Р О Г Т Т П Ф Р Я Ы В
Н Т И И У О Н И Н Т М И Н Д И Т О
И А З У А П Р Д К И Н В А З А С К
Е Ч Е Е О П Ф Н У О П Е Р А Ц И Я
А Е Е Р М И И М Т Ю И Е Ф Р У Н А
Ц П М Е Н Ь Ш И Н С Т В О М Т Т Б
М В Д Р А М А Т И Ч Е С К И Й Я Т
М И Г Р И Р О В А Т Ь Н Я Р М П Л
Р У М Р Е М П А Н Д О Т Р Р М Т И
И Е И Т У Ф П И Н А С Т Ц М Р И Л
```

ПЯТНИСТЫЙ
МИГРИРОВАТЬ
МЕНЬШИНСТВО
ДРАМАТИЧЕСКИЙ
РАЗДРАЖАТЬ
УМЕНИЕ
РЕКОМЕНДУЮ
ЕГО
КРОЛИК
ТЕЛЕСКОП
СОТНИ
ОПЕРАЦИЯ
ФОРМАТ
ПРЕДКА
КРИК
ВПЕЧАТЛЕНИЕ
ПОПЛАВОК
ЦИКЛ
ПЛАВАТЬ
ПАУЗА

Puzzle 132

ОТДЕЛЬНЫЙ
ЧИСТАЯ
УЧЕНИЕ
БОБ
ПРИЧИНА
ХОЧУ
ПЛАТЬЕ
НАУКА
ЗОЛОТО
СПОСОБНОСТИ
ШЕСТЬ
ЛЫЖИ
ДРЕВНИЕ
ЧЛЕН
ОСНОВНОЙ
РАССЛАБЛЯЕТ
ПРОТИВ
ОБНАРУЖИТЬ
МОСТОВОЕ
БОКС

```
М Д З Д Р А С С Л А Б Л Я Е Т И Л
А Е О Р С П О С О Б Н О С Т И С М
Н Ш Л Е С М Е О У И Т А С Е М Т С
Ч Е О В Т Т У Т Ф Д С Б О Б Е Т С
И С Т Н И Н Е С О У И С Р П Р Т Б
С Т О И Т Л Д Ь Т И Ж У Р А Н Б О
Т Ь П Е С В Т О Т Е И Ч И К Е О К
А У Ч Е Н И Е Т П А Е О Н У Л С С
Я Я Е Н О Т Е Д Р У Л Х П А Ч Н У
И О Е Т О О С Е И П Е П Д Н И О Д
Е И И Т Ц Р Н Л Ч Ц У Л И Л С В А
О О Т В Е П О Ь И Р Р П Ы И Д Н Т
А С Д С И Е Е Н Н О Н Е И Ж И О Р
Н С Р А Е В О Ы А И О У И Т И Й Ц
У О Т П И Ф О Й Ц М О С Т О В О Е
```

Puzzle 133

```
Ж Е И Т И А П М О М Я Д М Б К В П
Е Л А Н К Я У Р Е Т К А С О Р А Р
С А Т И Ч И К Й Е П О К О Л У М И
Т Н П Р О С Т А Я В Т С И Ь Г П С
К Р Ф Т В С А Р Е Л Р В К Ш О И О
А Т И Т Е Е И А Р Р М А И О В Р Е
Я И О Р Д Р И Е С И О Т Т Й О Т Д
С Н О В А П Б Л А Г О Е И И Й А И
Г О А П А Е У В Р Т И О Л И Т С Н
М Я С О Е Д И А Л Е Т В О У И Ь Я
О О О М И И С Н И А У Е П Р И М Й
А Д Е П Н Д Т Л М Е Ф М Д О Ч Ь Т
Т Н А А У С А Ц С Д О А О С И У Е
К Р А Т К О Е И Ж Е В С М Т Е Т С
О Б Щ Е С Т В Е Н Н Ы Е О П И Ф Ь
```

ПРЕВРАТИТЬ
БОЛЬШОЙ
СТАДО
СНОВА
ПОЛИТИКИ
ПРОСТАЯ
КОПЕЙКИ
ДЕПРЕССИЯ
ЖЕСТКАЯ
ОБЩЕСТВЕННЫЕ
ДОЧЬ
ПРИСОЕДИНЯЙТЕСЬ
МЯСО
СВЕЖИЕ
КРУГОВОЙ
ДЕВОЧКИ
ВАМПИР
КРАТКОЕ
БЛАГО
АКТЕР

Puzzle 134

ПЯТЬ
СНИЖЕНИЕ
СОБИРАТЬ
НАЗАД
КЛЕЙ
КАСАБЛАНКА
ПОБЕГ
ХОББИ
МУСКАТНЫЙ
ЭЛЕМЕНТАРНО
ПРАВИЛЬНОЕ
НОЖ
АРМИЮ
ДЕВУШКА
СОЛНЦЕЗАЩИТНЫЕ
ВНУТРИ
НАКЛОН
МОЕ
СУД
КРОКУС

```
У П О Л Д Е П Е Б В О Т Л И Е И М
А И И А И Л У Н С Н И М П Р И М У
Е Л Ф М Р Ь С В М Г Е И П А С И С
С О Б И Р А Т Ь М О Е А Р М И Ю К
П Н И Т И Е Д Я Т Е Е Б Ф И С Н А
И Р Т У Н В Е Н П С Е М О Н Н С Т
Е А К Н А Л Б А С А К Е Л П И П Н
Е Т У Е Н Е И С М И Д Н И К Ж Р Ы
О Н К Р О К У С И У О А Р Л Е А Й
И Е Р В Н И Н А З А Д К Н Е Н К Р
Т М Н Х О Б Б И У Ф М Л С Й И Ш Е
И Е О Р Р Е И Р У С Е О Е У Е У Р
Р Л О П П П М Г У Е У Н С И Д В Е
А Э С О Л Н Ц Е З А Щ И Т Н Ы Е Т
Н О Ж П Р А В И Л Ь Н О Е Т О Д О
```

Puzzle 135

```
К А Р А Н Д А Ш К Т С Н Е И И Р М
Н И Л О Д И Р Л А Р Г Е С Н О Л Е
У У П Е Е О Ф Ф Я С О Ь Р У Е О Д
Л Н Н Н О П Р Т И С Л Л Т С У В С
Е И Н Е Е С А У П С А Е И Я И Е Е
В П М Б С Ь Т Е С О Н Т К Ч Е И С
О Н Е Ч А Р Т О П У У А Р Т Ь С Т
Й О Н И Л А М Ы Е У И Г Е Х В И Р
Л И Д М У Н А Е Р У Л И С Ы О Н А
И Т Ь Т А В О Р К П В С Н К Т У
С У А Е У С И М Ж О Т Д С В О Ц Я
Ы О Н Л С Н Р О И У П О А А Р И Л
И В А П Е У Е О Т И У Е Л Р С Р Н
Н И Н А И Е Я В Ь Т М Т А У И А Е
М Г Н О В Е Н Н О Г О Л Т Е Е М И
```

ХОТЯ
НУЛЕВОЙ
ДНЕМ
ПОТРАЧЕНО
КРОЛИЧЬИ
ДВИГАТЕЛЬ
ВАМ
СРОКОВ
ЛИСЫ
МАЛИНОЙ
БАНАН
ЖИТЬ
МГНОВЕННОГО
ОТКРЫТЬ
МЕДСЕСТРА
КАРАНДАШ
РАВНЫХ
КРЕССАЛАТ
НАЛОГ
КРОВАТЬ

Puzzle 136

ПРАЧЕЧНАЯ
ПАУКА
ВОЕННЫЙ
АССОРТИМЕНТ
ВЫБЕРИТЕ
УСЛУГИ
СВОБОДНЫЙ
УТЕЧКА
ЗАМЕНИТЬ
СОБИРАЕТСЯ
РИСК
ИЗОБРАЖЕНИЯ
ТРУДОВЫЕ
ЛЮБОПЫТНО
АГЕНТ
ПРОЩАЙ
ДОСТАТОЧНО
ИСКЛЮЧЕНИЕ
КОРИЧНЕВАЯ
ПОВЕДЕНИЕ

```
Я И Н Е Ж А Р Б О З И А Д Л С Е И
П У Т Е Ч К А К У А П Е О Ю О М С
Н Е П Д И И Е А Е М Е О С Б Б С К
С С С О Р С М Т Т Е Н М Т О И К Л
П В Е О В М Т М Т Н Т Е А П Р О Ю
М Р О И А Е Е А М И Л П Т Ы А Р Ч
Т И О Б Е М Д Н У Т С О О Т Е И Е
Е Е В Щ О М Т Е О Ь Е О Ч Н Т Ч Н
Е П Т Р А Д А Т Н Е Г А Н О С Н И
И М Ц С М Й Н К С И Р У О М Я Е Е
Е Е Т И Р Е Б Ы В О Е Я П О М В Ц
Т Р У Д О В Ы Е Й У С Л У Г И А Р
Р Ф И Е Т Ф В О Е Н Н Ы Й Е Ф Я Е
П Р А Ч Е Ч Н А Я Р Е Е И Н Е Т Р
А С С О Р Т И М Е Н Т И Е М Т Т Н
```

Puzzle 137

```
В Е Л О С И П Е Д С В У О Т Е С У
П Ф О В Р Е С Е Й И У Б Б А Л У Е
Р О С Е А С С Е Ы У О С Ы Р И И А
Е Я Т И Ы М Н О В М О П Ч О Р М А
К Р А Щ И Н С М И Р С А Н Е Е Е Н
Р У Ю Я Н Т З М С Я Я С Ы К И Н О
А О Т Р Е Т О Я А В Т Ф Е Е И Т Г
Т Т С О Л Н Н И Р Л У Н Н Ы Й Р У
И В Я В Е А И И К Г К О М Б А Й Н
Т И К О Н С А П О С К Р О М Н Ы Й
Ь З О Г У С Ь Т Е С Д И С С Е Т М
И И Р А Р Л О Ж К У О С Л И А Н У
Р Т И И У Е Р Н Т Н О Р В Н Е С О
Р У Ц С О С О П Л И Д Н Е Т О Е Е
Т Ц А Р В И Б И Г Р А Т Ь Х Р Н О
```

ОСТАЮТСЯ
ЛОЖКУ
СКРОМНЫЙ
ОБЫЧНЫЕ
ПРЕКРАТИТЬ
КОРИЦА
ГУСЬ
СЕТЬ
ОПАСНО
ВЕЛОСИПЕД
ГРЯЗНЫЕ
КОМБАЙН
РОБ
ИГРАТЬ
ВИЗИТ
КРАСИВЫЙ
ОРЕХ
ГОВОРЯЩИЕ
ЛУННЫЙ
КИНО

Puzzle 138

КУРС
ТРЕТИЙ
ЧАШКА
ОШИБКА
ОГРАЖДЕНИЕ
ОБЯЗАТЕЛЬСТВА
РОСТА
СВЕДЕНИЯ
ТЕРПЕТЬ
БИБЛИОТЕКА
НИЧЬЯ
СОСТРАДАНИЕ
УКУС
ОДИНОКО
ШУТИТ
УШЕЛ
КЛЮЧ
ПУБЛИКАЦИЮ
ЩЕДРОСТЬ
НАБЛЮДАЕМЫЕ

```
Ш Щ К Р С Н О Е И Н Е Д Ж А Р Г О
У Е Л Б И Б Л И О Т Е К А К П С Д
Т Д Ю Д У О О Д А Е И С К Ш О Н И
И Р Ч Р И И О А А Л Р Т Б А У Е Н
Т О П Л И У Е Е О Н Т Д И Ч М Т О
О С У К У У Т П И А А Р Ш О Ц О К
У Т М А Е Р Ш Т И Д Т С О В А У О
Р Ь Р Н Я И Н Е Д Е В С М Т Е Е М
Ф Е Ы М Е А Д Ю Л Б А Н О К У Р С
С О С Т Р А Д А Н И Е Е Е Р Т О Я
П У Б Л И К А Ц И Ю Т Е Р П Е Т Ь
О Б Я З А Т Е Л Ь С Т В А Е С Р Ч
М Т Р Е Т И Й Е О А У Т О Т М Д И
У А Р Л У И Д Е С Д Н Ц А О Ф И Н
А И У Р Р Д А О И С В Р Л А Т И И
```

Puzzle 139

```
Т Л И Е М В П У Т У У О И Ц Р У Н
Р Р Т О Е А О М Я М М Т Е С Е М Е
Ш Л Я П А С Т О А Л О Д К А Н А О
И Л А Н Р Р С Н В Т К Е Т Р З У Б
Ь А И М И И М П О Р Т С П С У Р Х
Т Р И О С Т П Е Р Е Ч Е Н Ь Б О О
И В С А Д С В О О Ц И Л Е Т Т К Д
Н Е С И Н Е П С К А И О Т И И И И
И О Е С С Н Е Р Т Р И У У Т О М М
Ч Н Р О Т Т Е Д О Р А У А С Е Т Ы
О Б У В Ь О И И Е Д Е П С О Т М М
П И Р Е М О И У И У А Т Т Р Т Н Н
Е Е У Т Р С Е О Н М И В И П У С Т
С О Д И Н Н А Д Ц А Т Ь Ц Т Е С И
Д А В А Л И У Д О Б Н А Я А Ь П Е
```

ПРОСТИТЬ
КОРОВА
ЗУБ
ВСТРЕТИТЬ
СООТНЕСТИ
ДАВАЛИ
ПЕРЕЧЕНЬ
ОДИННАДЦАТЬ
УДОБНАЯ
ИМПОРТ
КОМУ
ЛИЦО
УРОК
ЛОДКА
ШЛЯПА
ОБУВЬ
ПРОДАВЦА
НЕОБХОДИМЫМ
ПАРК
ПОЧИНИТЬ

Puzzle 140

МУЗЫКУ
ЯБЛОКО
ИЗМЕНИТЬ
ПЕРЕРЫВ
НАСТРОИТЬ
ГЛОБУС
ЗАБРОНИРОВАТЬ
СНЕГОВИК
ПЧЕЛА
ВОДИТЕЛЬ
ГЛАВА
ЧАСТЫЕ
ФОРМАЛЬНО
СПОСОБНЫЙ
ЛИНЕЙКУ
ЗНАМЕНАТЕЛЯ
ВЛАЖНЫЙ
ЗОНТИКА
ГРАФ
КОРПУСА

```
У К Ы З У М И П Н А С Т Р О И Т Ь
М И У А В А Л Г Ч Л И Н Е Й К У Я
У В П Б М Й И У И Е С М Н П С Е Б
Р О У Р З Ы Л И А Ы Л Р О П А М Л
С Г Т О Д Н Д Р И Т Е А И У С Ф О
Е Е Р Н А Ж А Е О С Е М Т У М С К
И Н К И Р А Е М М А О С Е Е У Т О
В С О Р И Л Ц Л Е Ч Г Л О Б У С С
Т Д Р О О В И С О Н Ь Л А М Р О Ф
У Е П В Е О М Р Р С А В О Е Н Е М
И Т У А З О Н Т И К А Т П А Т Г С
С И С Т В О Д И Т Е Л Ь Е Т С Р А
Е Р А Ь Т И Н Е М З И И Е Л Т А Ц
С П О С О Б Н Ы Й Н Е И Д С Я Ф О
П Е Р Е Р Ы В М М Е Р Р Е Н Т М С
```

Puzzle 141

К	Э	Р	Т	И	Д	У	О	Т	Н	А	Ц	Н	С	А	Е	М
О	К	П	М	Р	О	Е	Г	М	О	Р	Ф	У	Р	И	И	И
М	С	П	Н	О	Б	С	Р	М	Т	Ь	С	Е	М	С	А	Ц
М	П	О	И	Р	Р	И	О	П	И	Р	А	Т	Л	Н	П	И
Е	О	О	Р	Е	Ц	Я	М	О	И	С	Й	Н	Т	Т	П	У
Р	Н	Н	Б	Л	Н	Н	М	Ц	У	Т	Н	Е	Ф	И	Т	
Ч	А	У	Т	Е	И	Ы	О	Н	И	И	Л	М	Ь	Л	И	Ф
Е	Т	С	И	Д	У	Т	Е	И	Т	Ф	У	Р	И	А	Р	Т
С	О	К	И	А	Ч	С	А	Т	М	Е	Д	Р	Л	М	Л	О
К	О	Р	Р	В	И	У	С	Е	С	П	С	О	Р	П	О	В
И	М	Ы	Е	П	Т	П	О	О	Н	Е	О	Н	А	А	Е	И
Е	Е	Т	Ь	Н	Е	Л	Ю	Т	А	Е	С	Е	М	Т	У	С
Е	Е	Ь	С	А	Л	И	Л	Е	С	О	П	Л	И	И	Е	А
Р	Н	И	П	П	Ь	Р	А	К	П	У	К	О	П	Л	Л	Р
И	Н	Т	Е	Р	Е	С	Н	О	Н	Е	У	К	Р	П	Л	К

УЧИТЕЛЬ
КОЛЕНО
ПОСЕЛИЛАСЬ
СМЕСЬ
ЛАМПА
ВОПРОС
КОММЕРЧЕСКИЕ
САЙТ
ПОКУПКА
ОГРОМНОЕ
ПУСТЫНЯ
ИНТЕРЕСНО
ТЮЛЕНЬ
ПОМНИТЕ
СКРЫТЬ
ЭКСПОНАТ
КРАСИВО
ОРБИТА
ПЛИТА
ФИЛЬМ

Puzzle 142

ПИВО
НАЖМИТЕ
НЕТЕРПЕЛИВЫЕ
ОБРАТНАЯ
КОЛОНКИ
ЦВЕТЫ
НОВОСТИ
ПОДДЕРЖКА
ДАЖЕ
ЛАСТИК
АДМИНИСТРАЦИЯ
СКЕЛЕТ
ЗВОНИТЕ
ВИЛКА
ДОСТАТОЧНОЕ
ИСПОВЕДЬ
ОПАСНОСТЬ
КОНТАКТ
УМНОЖЕНИЕ
ГРУША

Н	О	В	О	С	Т	И	К	Н	О	Л	О	К	О	Ц	О	У		
И	Е	Л	Е	И	П	Г	С	К	Е	Л	Е	Т	Б	В	П	М		
Л	С	М	Е	Л	Р	И	Р	М	И	И	П	Я	Р	Е	А	Н		
О	Е	П	И	Р	В	М	В	У	Е	Т	Е	И	А	Т	С	О		
Д	У	Н	О	В	Р	Р	Е	О	Ш	К	З	Ц	Т	Ы	Н	Ж		
О	Н	Д	Т	В	С	А	Л	У	Р	А	В	А	Н	Е	О	Е		
С	А	К	Ж	Р	Е	Д	Д	О	П	Т	О	Р	А	Р	С	Н		
Т	С	М	М	И	У	Д	И	М	С	Н	Н	Т	Я	Е	Т	И		
А	Б	Л	Р	О	У	Т	Ь	И	У	О	И	С	О	К	Ь	Е		
Т	Ф	В	И	Л	К	А	И	С	Н	К	Т	И	Л	И	Е	Е		
О	Е	Ы	В	И	Л	Е	П	Р	Е	Т	Е	Н	Н	Т	Д	Ф		
Ч	Н	Р	С	Е	А	С	Т	А	П	И	Т	И	А	С	И	С		
Н	Р	Е	И	Р	У	И	Н	Т	Т	М	И	М	Д	А	Ж	Е		
О	А	С	П	О	И	У	И	А	Е	И	Р	Д	Р	Л	О	Г		
Е	Т	И	М	Ж	А	Н	С	У	Т	О	А	А	Н	П	О	Р		

Puzzle 143

```
Е О Р У И Р И П У Л Б Т И М М В М
С Б Р М Ь Т А Ш У Л С И С Р П О Е
У Л С М Е Н Е Д И И С Д З Н Р З С
С А Ж О К Е К С О П И Р У О С В Н
Е Ч Т А О И П С Т С Ь Я О Т Н Р А
О Н В О С Т О О У О Т И Н Б И А Е
С О Н С О Ы Ч О К П А Н Ф Ь Р Щ Т
С П А М Н Р Т Б Р Р К Я О Т С Е М
О Т О О Я К А Щ А Е Е О И У С Н Н
Л У С С И Т Л Е С С Л Т Т Н Р И О
Р А С У О О Ь Н Н П В С Н Я М Е С
Т Р И У А Б О И Ы Н И С А Т Е Е У
С И А С Р Н Е Й Е Р А А Е П Р И
И Т П Е Т Р У Ш К А П Р Р И А Н Н
Д Т В О С Е М Ь Д Е С Я Т Е М Л П
```

КОЖА
НОСОК
ПРИВЛЕКАТЬ
БИЗОН
СООБЩЕНИЕ
ПОЧТАЛЬОН
КРАСНЫЙ
ВОСЕМЬДЕСЯТ
ТЯНУТЬ
ВО
ОТКРЫТИЕ
КЕКС
МЕСТО
ВОЗВРАЩЕНИЕ
ОБЛАЧНО
СЛУШАТЬ
РАДОСТНО
СПОСОБ
РАССТОЯНИЯ
ПЕТРУШКА

Puzzle 144

ВЫДРА
КОНФЛИКТ
ГУБКА
НЕРЕГУЛЯРНЫЙ
РОК
ВОЗМОЖНО
ОТДЕЛ
КОММЕНТАРИЙ
ВЫСОКИЙ
ВЕЧЕРИНКИ
КЛИМАТ
МОМЕНТ
ГОВОРИ
ВНИМАНИЕ
БЕДНЫЙ
ПАРТИЯ
ИНСТРУМЕНТ
ЖИР
ИЛЛЮСТРИРОВАТЬ
ЮЖНЫЙ

```
Ю Е О У Т В М В К О Н Ф Л И К Т Н
К Ж И В С Н У Ы И О Т Д Е Л М Ф Е
Л О Н Н Е И Н С М О М Е Н Т И Е Р
И О Е Ы Ц М С О Р Р И У И Т Т Е
М И Л Е Й А Я К В О О А Н У Н С Г
А Е Т Н О Н Л И К Н И Р Е Ч Е В У
Т Л И А Р И Г Й Т С В Р Е М М А Л
Р С С Е С Е Р Е Е Р Р О М С У Е Я
Т Р И А Ж Р О П Т У А Е Е М Р Л Р
И Е А Е Т И К У И Л Е П Т О Т Н Н
Б Е Д Н Ы Й Р Е Г О В О Р И С Т Ы
В Ы Д Р А О Е Л Р О У Н У У Н И Й
Д Ь Т А В О Р И Р Т С Ю Л Л И П О
Г У Б К А К О М М Е Н Т А Р И Й Т
У Е Т М Н В О З М О Ж Н О М И О У
```

Puzzle 145

```
О Е О Т Е Л О Т С И П С И Д С Е П
П Е М Л Я М Я И О Т Д К Ы Р О Г У
Р О Т Н М Г П Г Е Е М А Я О Ц Г Т
Т И Д Р О Т Р А У Т П З Ф Л И В Е
С И И С К О З И Й Ш В А Е Е А А Ш
Я Т Ь О Р М Я Е Е Е К Л И Е Л Н Е
С Е Т Т Р Л И У С М А А А Н Ь Н С
Л Ь Е И П П Н К Н И Ж Н Ы Й Н А Т
И Т Т П У Ф С У Х О Р Е К А Ы Р В
Д И Р Е К Т О Р Х Е Е И Н Л Е И И
О Ш Р Р Н Е С Ч А С Т Н А Я Т А Е
Р Е О К И Т Е В Ы П У С К Н И К Т
В Р О И У С Н О Б Щ Е С Т В О Т Е
Е О М Р Р Е Н И Н И А Т И Т Е Г П
О Т С П А С П Р О Й Т И Р И У М И
```

ГОРЫ
РЕШИТЬ
ЛЯГУШКА
КОЗИЙ
ПИСТОЛЕТ
ПОДСОЛНУХ
ВАННА
ПРИКРЕПИТЬ
ДИРЕКТОР
РОДИЛСЯ
КНИЖНЫЙ
ГОД
НЕСЧАСТНАЯ
СОЦИАЛЬНЫЕ
ПРОЙТИ
ХОРЕК
ПУТЕШЕСТВИЕ
ВЫПУСКНИК
ОБЩЕСТВО
СКАЗАЛ

Puzzle 146

ПРОВОДИТЬ
ЛОСЯ
ОЛЕНЬ
НАЧАЛ
СЕГОДНЯ
МНЕНИЯ
СТРАННАЯ
КАРТИНКА
МАЙОР
БРОСАТЬ
АФФЕКТ
ЕДИНУЮ
ФУНКЦИЮ
КОРОЛЬ
ПОРТАТИВНЫЙ
КУЛЬТУРА
РАЗДЕЛ
СВОБОДА
ВДОХНОВЛЯЮТ
ВЕЗДЕ

```
М Е Е С А Ь У Е А О Е М Р Н И Б У
С Е Г О Д Н Я И М И Т О С А Ф Т С
М У Е Е О Е Н С В Р Е Д Ь Ч Р М Т
У И Л Т Б Л Н М У Л У Д Т А П А Р
И Т Н Н О О М Н Е Н И Я И Л А Й А
В У Ф В В Е Т У Р П Г И Д Н Р О Н
И Е Т И С Е Л П Н Е И Л О Б У Р Н
А А З А Ф Ф Е К Т Ь И А В Р Т Ю А
Л В И Д И У В И И Л Е М О О Ь С Я
Е О Т Д Е И М Д Т О М У Р С Л Е Т
Д У С У А К Н И Т Р А К П А У А У
З Т Ю Я Л В О Н Х О Д В У Т К Т О
А Д Р И Е Т Ф У Н К Ц И Ю Ь О О И
Р П О Р Т А Т И В Н Ы Й Т И О Т Д
Р С Н И А И А М Е О С А Н И У Н Т
```

Puzzle 147

Е	Е	Ц	Т	Е	Р	Н	Р	Е	О	Е	У	Т	П	В	У	И
Е	Р	О	И	Л	А	Н	Н	А	О	П	Ч	И	Р	Е	Р	Е
П	О	Л	А	К	Б	Ы	Л	У	Ф	Р	Р	Ш	И	Т	Р	Т
И	Е	Т	О	С	О	М	И	И	В	И	Е	И	Х	В	М	П
Н	О	У	Т	Б	У	К	С	С	Р	О	Ж	Н	О	Ь	Р	Р
К	Р	И	Т	И	К	А	К	С	А	М	Д	А	Ж	Т	А	О
И	А	О	Т	Ю	А	С	А	П	А	З	Е	М	А	А	И	И
З	А	Б	Ы	Л	С	М	Л	И	Е	Е	Н	И	Я	Ч	О	З
У	У	И	И	У	В	Ы	Р	О	П	И	И	Д	А	А	Н	О
Н	Е	С	К	О	Л	Ь	К	О	М	Р	Е	И	А	Н	О	Й
О	А	У	Р	О	У	Я	С	Ь	Т	А	Б	Е	Л	О	К	Т
В	К	У	С	Н	Ы	Е	В	Я	И	И	Л	С	Р	А	У	И
П	О	Л	О	Т	Е	Н	Ц	Е	Т	О	М	И	О	О	Р	Е
С	У	С	Д	В	Т	О	И	М	Е	Д	И	О	Е	Л	У	Т
Н	О	У	О	С	И	П	А	С	Н	С	И	А	Т	Е	Ь	Н

ПОЛОТЕНЦЕ
ЗАБЫЛ
ТИШИНА
МАСКА
НАЧАТЬ
ПОРЫВ
НОУТБУК
ПРИХОЖАЯ
ПРОИЗОЙТИ
КРИТИКА
СОЛЬ
ВЕТВЬ
СЛОМАЛ
ПОЛА
КОЛЕБАТЬСЯ
ВКУСНЫЕ
ЗАПАСАЮТ
УЧРЕЖДЕНИЕ
НЕСКОЛЬКО
УЛЫБКА

Puzzle 148

УЧИТЬ
ПОЗДРАВЛЯЮ
АВАРИИ
ПРИМЕНИТЬ
ПРОСЛУШИВАНИЕ
ЛЕГКО
КОНФЕТЫ
БИОЛОГИЮ
СЛАДОСТИ
ЗАПРОС
КАЛЬМАРЫ
ЖАБА
ДИВАН
ПРИВОД
ВОЗДУХА
БЛОК
УВЕРЕННЫЙ
ЯД
ДЕСЯТИЧНЫЙ
ШТАМП

Н	Р	М	Е	У	К	Р	У	П	Р	И	М	Е	Н	И	Т	Ь
Ф	А	Х	У	Д	З	О	В	Ч	Д	О	А	Д	Ш	У	Т	П
Т	И	В	Б	Я	И	К	Н	Т	И	Р	И	Е	Т	С	С	О
С	Ц	Е	И	Ц	Р	Г	Ф	А	Т	Т	С	А	А	Т	З	
У	М	И	О	Д	Ц	Е	С	Л	Е	Р	Ь	Я	М	У	Т	Д
И	О	Н	Л	С	В	Л	О	Р	П	Т	Е	Т	П	В	М	Р
Е	У	Р	О	А	В	А	Р	И	И	О	Ы	И	Ж	Е	А	А
А	С	С	Г	Р	Д	О	П	Н	Р	С	Р	Ч	А	Р	И	В
О	А	П	И	Р	И	У	А	И	И	П	А	Н	Б	Е	Е	Л
О	Н	Ц	Ю	Е	О	И	З	М	Д	Р	М	Ы	А	Н	Б	Я
Р	Л	А	Е	М	Л	Ц	У	Л	Е	И	Ь	Й	Н	Н	Я	Ю
Л	Л	О	И	Р	Е	Л	Е	О	О	В	Л	И	С	Ы	И	О
Р	О	И	И	О	В	Р	О	С	У	О	А	Р	У	Й	М	
С	Л	А	Д	О	С	Т	И	Л	Е	Д	К	Р	М	А	И	П
П	Р	О	С	Л	У	Ш	И	В	А	Н	И	Е	Б	Л	О	К

Puzzle 149

```
Л П У Ц Т О С З Т Р И Д Ц А Т Ь Ь С
Е О Е Л М П Ю Ю Н Д З О П К Е А Б
И У Ж Р П Ы С Е А А Д И О Р В И О
Н Р Е Н Е Т Р Н Ц К Л С П И С М Р
А П Е М А Д Р Р Г М А И П Т С У К
Е И А Р А Я А Р О У О А Й С А Н А
П Т С В И О О В У С С У Ы Е Р И У
О Е Т У С Е П Б А У Т В В О К Ц М
Л Ц В О Т П П А К Т И С О Н И Р П
Л Е В С И Р О С О Б Ь М З Н С И Ф
С Т А Л Ь О Н С В Е У И О А Р Р Т
И О И С Н Е Е Е Е Р Е С Р Р Е М Е
А Р М Е Н К Н Й Р Е Ц И Р Т П Т М
О О Е У Е Т Т Н П Г Р У Е С Е Н У
С У Е О А О М М У А А М П У И Р А
```

СТИРКА
ЗНАЛИ
БАССЕЙН
ПРОЕКТ
СТАЛЬ
ТРИДЦАТЬ
СБОРКА
ПЕРЕДАВАТЬ
РОЗОВЫЙ
РАССВЕТ
КОВЕР
СУМКА
ОППОНЕНТ
СТРАННОЕ
ЛОЖНАЯ
ПЕРСИК
ПРИНОСИТ
БЕРЕГ
ОПЫТ
ПОЗДНЮЮ

Puzzle 150

ОТВЕТ
ВНЕСТИ
ДЕЙСТВИЕ
БЛАГОРОДНЫЙ
ПРИВИЛЕГИЯ
ДОСТИЖЕНИЕ
МЕДНЫЙ
ВЫДЕЛИТЬ
СИЛЫ
ПЛОТНАЯ
ПОДАРКИ
ПОРТРЕТ
МЕДЛЕННЫЙ
ДЕВЯТЬ
ТЕЛЕВИДЕНИЕ
ВИТАМИНЫ
ОБЕРНУТЬ
ШАГ
ДЕНЬГИ
РЕДКО

```
Т А С И П П О Р Т Р Е Т М И Т Т М
И Ф М О Р Д П У О Т А П У Н В Е И
Ш П У Е И Н Е Ж И Т С О Д О Т Е П
Д А М Р В Б Т Н И А Т Ь М Н Ь А О
Е М Г Д И Н Л С Ь Г О Т Е В Т О Д
Й Е Т Е Л И О А Л Г У Я Д У У К А
С Д И Е Е С Е Т Г М И В Н У Н Д Р
Т Л П И Г Ь Р Р О О А Е Ы У Р Е К
В Е У Р И Т С Е Н В Р Д Й И Е Р И
И Н А У Я И Т Е Р У Т О А У Б У О
Е Н Е Е П Л О Т Н А Я С Д С О Е Н
С Ы Л И С Е У Л Н Т О И И Н Л И С
И Й Ф А И Д Е О И Т М У Д Р Ы Е П
О Т Р Н И Ы Н И М А Т И В У И Й О
И У Л Е Т В Т Е Л Е В И Д Е Н И Е
```

Puzzle 151

```
Т Д Е О Е С И О Н Р Р Н Т Д П У И
Е П М К Т Р У Р У Е Т Е Р И Т Н А
П О Г И Б Н Е Т Ж Д С Д У З У У С
Н В В Н П И М И Е С А Е Д А А П Т
Е Т С Д С О Е Ы Н Ч И Л Н Й Т Т Е
В С Т З И С П С О В А Я О Н А Н Т
И Ь Р А И У Р Ы Т И Г О Л О С О М
Д Л Е Р Р И И П Т М Т В В У И Т Т
И Е Т П Т Д А И И К Р С С Е У П У
М Т И И О У Н Л Н М А Т Я Р Р Л Р
Ы И Л Е Д Д У К И М Т Р А Д Т У И
Й В И Н П У С Е Т Т Т Е У Д Е Л С
П А С Е С П А У О И Е Ч И О Р Т Р
Е Р Ь Ц Т С Ф М Е А Ш А Л Г И Р П
Е П Д М Н О Г О Ч И С Л Е Н Н Ы Е
```

НУЖЕН
ПРИГЛАШАЕМ
КЛИПЫ
ПОГИБНЕТ
ВСТРЕТИЛИСЬ
ВСТРЕЧА
НЕДЕЛЯ
ТРУДНО
СОВА
МНОГОЧИСЛЕННЫЕ
ПРАЗДНИК
ДА
НЕВИДИМЫЙ
СЛЕДУЕТ
ВСЯ
ПОПЫТКА
ДИЗАЙН
ГОЛОСОМ
ПРАВИТЕЛЬСТВО
ЛИЧНЫЕ

Puzzle 152

АНГЕЛ
ПУСТЬ
СИГНАЛ
ССЫЛАТЬСЯ
ИНЦИДЕНТ
ОТКЛОНИТЬ
СТАДИЯ
СОВРЕМЕННАЯ
АРБУЗНАЯ
ХРАБРЫЙ
ЦВЕТА
ЧЕТВЕРТЬ
НОГИ
ИЗВЕСТНЫЙ
ЗАВТРАК
РАСПРОСТРАНЕНИЕ
ИСПОЛНИТЕЛЬНЫЙ
ФАКТОР
ТЕМА
ПРАВИЛО

```
С О У Р Т А Ч Т Т Л Е У Е И М И Р
С Т И Г О Н М Е А И В Л С И Т Т А
А О А Л Т Г Й А Т Ф И Л А Н Г И С
Р Е В Д Е Е Ы Н Е В Ф Й Л И И О П
Б Р О Р И Л Н Е В А Е Ы Е У З Т Р
У Е Е Н Е Я Т И Ц И Д Р Ь Я А К О
З И С С Р М С У Л И Р Б Т С В Л С
Н М У Т Е С Е И Н У У А С Ь Т О Т
А Ф Ф С Т Е В Н И Т Р Р У Т Р Н Р
Я У А И Л М З Н Н И С Х П А А И А
П В К И Т Е И Е М А М Е Т Л К Т Н
И Е Т П Р А В И Л О Я Н Р Ы У Ь Е
И И О И Н Ц И Д Е Н Т Л У С И Н Н
Н Л Р М У Р С Л Е Т Р И М С И П И
И С П О Л Н И Т Е Л Ь Н Ы Й И Р Е
```

Puzzle 153

```
С П Л О Щ А Д Ь О М О О И Н О У С
Д М Е И В Е Е У М Е Е О М Н Е Л О
О Р Е У О Л М Л Р Т И Е Е Д Ь Л И
С С Л Л Т Ь Т С О Р Д У М Н Т Ы У
Т С И Т Ы М О И И И Т Т У Е А Н А
И Т Д А Е Й И С Т Е И Э Ф Е Х О П
Ж А О И О О В Т С Е Щ У М И Е Р П
Е Т Г Е Н С С Е С С Е О М Н И О А
Н Ь О Р Р И М И Н С А М Е Р Т И
И Т Н Р Н Р Т А Е Н И С П Ш П С Р
Я Я Ь Т И Т И Щ А З Е А Н А И И Е
А С Д В А Ж Д Ы И И Е Д Р Л У У Н
К Е Т П О Т Р Р Е Е А С Ж Г А С П
З Д Е Р У С М Ь Т С А Л Б О Р А Н
У Р О К О В О Й О Р И П Е С Р Д Е
```

ЭТУ
ПЛОЩАДЬ
СОГЛАШЕНИЕ
РОЖДЕНИЕ
СНЕГ
ПРИЕХАТЬ
СТАТЬ
СИСТЕМА
МУДРОСТЬ
СМЕЛЫЙ
ПРЕИМУЩЕСТВО
ДВАЖДЫ
ЗАЩИТИТЬ
СТОРОНЫ
ДЕСЯТЬ
УЗКАЯ
ОБЛАСТЬ
ОГОНЬ
РОКОВОЙ
ДОСТИЖЕНИЯ

Puzzle 154

БЕЗОПАСНО
УГОЛ
ЗАВТРАШНИЙ
ЯРКИЕ
ВЫВЕСТИ
ПРЕДСТАВИТЬ
ЛИШИТЬ
ЧУЛОК
ВЫШЕ
СТРАНИЦЫ
КУПЕ
РАЗОЧАРОВАННЫЙ
ВИРТУАЛЬНУЮ
ЖИВОПИСЬ
ШКОЛУ
ГРЕБЕНЬ
ЕДЫ
ПЕСОК
ДЮЙМОВ
ПОТЕРЯ

```
В И Р Т У А Л Ь Н У Ю Т Т О С М З
Т Ф С Е Р Я Р Н А С Я И Л Е О И А
И У Р Е И О П П О И Р Ф Л Т П О В
Н Р У Е С Н В И Е Ь Е П У К Л Л Т
М В Ы В Е С Т И Ш С Т Т В О Р Р Р
У Л Е О М А М Ф Ы И О Е А Л Р С А
Е У Ц М В П М Е В П П К М У И Я Ш
П У Т Й Т О Л У Л О К Ш Р Ч Е Р Н
Е Д Ы Ю Р З И Р М В М А Р Ь К И
Т Р И Д Е Е У Ы Ц И Н А Р Т С И Й
И Н Ф О И Б С Г П Ж Н И О И Р Е А
Г Р Е Б Е Н Ь И О Е О Л Н Ш Я С И
С Е Л Н С И Р Т Н Л С Р М И П Е В
О П Р Е Д С Т А В И Т Ь С Л В Т У
В Л Р А З О Ч А Р О В А Н Н Ы Й С
```

Puzzle 155

Б	Р	М	С	Е	О	И	Э	О	С	О	Т	Р	Р	О	Т	М
Л	Т	Э	С	И	Н	Д	С	К	Р	У	П	Н	Т	Т	Ф	О
А	Р	Л	М	Т	И	А	У	Н	С	У	С	А	Е	Н	Е	Т
Г	Н	Ь	Т	Е	Т	Е	Л	Е	У	П	С	Т	И	Л	Ь	Е
О	О	Ф	М	А	Ч	И	Р	О	В	М	Е	Ф	М	С	С	Л
П	А	М	Л	И	Т	Т	Ю	А	Н	З	А	Д	Е	Н	Н	Ь
Р	У	Е	И	Р	Е	И	А	М	И	Г	Ь	Т	И	Р	У	К
И	И	И	О	И	У	А	Б	Р	Б	Р	С	Р	И	Ц	Б	О
Я	О	Б	Щ	А	Я	И	Г	Т	О	Р	Г	У	Й	К	И	С
Т	Н	О	Л	И	М	О	Н	О	П	Н	О	О	О	О	Я	
Н	А	П	О	Н	У	Е	С	А	Н	С	И	А	Д	Н	Б	М
О	Н	А	З	Ы	В	А	Е	Т	С	Я	А	О	О	К	Н	Е
Е	Е	Ш	Й	Е	Н	П	У	Р	К	А	И	М	Л	У	Я	М
Т	Р	А	В	А	У	И	Т	С	Р	Р	М	Р	О	Р	Л	О
А	М	П	Р	Е	Д	Л	О	Ж	Е	Н	И	Е	М	С	А	Т

СТИЛЬ
ПРЕДЛОЖЕНИЕ
ЗНАЮТ
МОТЕЛЬ
ЛИМОН
КРУПНЕЙШЕЕ
МОЛОДОЙ
МЕЧТА
ТОРГУЙ
ОБЩАЯ
КУРИТЬ
НАЗЫВАЕТСЯ
ОБНЯЛА
КОНКУРС
ЛЕТЕТЬ
ЭЛЬФ
ТРАВА
БЛАГОПРИЯТНОЕ
ЭКСПЕДИЦИЯ
НОГА

Puzzle 156

ПОДДЕРЖКИ
ЗАВОД
ШУМ
РОДИТЕЛЬ
ПУТЬ
УПРАВЛЕНИЕ
АРЕНДА
КУПИТЬ
ЖИЗНЬ
НИЗКАЯ
МИР
СОЛНЦЕ
РАЗНОРОДНЫХ
МЫШЬ
ЗВУЧАТЬ
РЫБАЛКА
ДОГОВОР
ЛЕБЕДЬ
ТОП
ХУДШИЕ

С	О	Л	Н	Ц	Е	И	Ш	Д	У	Х	Р	У	Р	И	Ц	М
Т	У	М	Р	Д	З	В	У	Ч	А	Т	Ь	П	О	Е	С	М
Д	О	Г	О	В	О	Р	С	Е	К	У	Т	Р	Д	Н	Р	Н
Т	О	П	М	Е	Р	Р	И	М	Л	Н	И	А	И	Е	А	Т
Ж	М	П	З	А	В	О	Д	Н	А	Т	П	В	Т	Е	Е	У
Е	И	У	О	Ц	И	И	И	У	Б	Н	У	Л	Е	У	Р	Н
М	О	З	О	Д	О	П	Р	Л	Ы	Р	К	Е	Л	У	Н	П
Н	Ы	Г	Н	У	Д	Н	С	С	Р	Е	И	Н	Ь	Т	У	П
И	Л	Ш	Д	Ь	Д	Е	Б	Е	Л	Р	М	И	М	И	Р	Л
З	Н	Т	Ь	С	П	О	Р	Т	Ш	У	М	Е	С	И	И	В
К	А	Р	Е	Н	Д	А	Л	Ж	И	М	М	С	С	С	И	М
А	Е	А	У	Р	М	М	И	А	К	О	П	А	И	О	И	И
Я	Т	Е	И	Д	С	Ц	А	У	О	И	Е	У	О	И	И	О
Р	А	З	Н	О	Р	О	Д	Н	Ы	Х	Т	У	Т	Б	Р	М
Р	В	А	М	У	У	У	Е	Т	О	И	П	У	Е	Б	О	Т

Puzzle 157

```
П М В П И Т О Ф Н С Е Ч Н О Ц У И
Р О У И Ы Ц В О У Т Л А А С П О Е
А З Д Х Е Т А Н И П Ш С С Т Г Н М
В А С Н С С А С И А В Т Л А С М О
Н В А И И Т У Е И Р И Н А Н К О О
И И М И Т М И Т Т О Е О Ж О О Л Р
Н С А С И Т А Н Р С Т С Д В М Е А
Ы И Я Т И Е Р Т О Н Я Т А И П Р О
И М И И Д Ы Ш Ь И Р И Й Л А Е О
Р Ы И Н В Е С Е Л Ы Й У Т И К П М
У Й Н С П О Р Т И П Е Е С Т Т И
Т В У О В Л Б Я А О У У С Ь Н У Л
Л Ь Л Е Т А С И П О И Р Ь Е Ы Я И
Н Р А С С Л Е Д О В А Н И Е Й А С
Т Р И Р С Р К О Н К Р Е Т Н Ы Е О
```

РАВНИНЫ
ПИСАТЕЛЬ
СПОРТ
ОВЦЫ
ИХ
РАССЛЕДОВАНИЕ
ЧАСТНОСТИ
КОМПАКТНЫЙ
ПЫТАЕТСЯ
НАСЛАЖДАЙТЕСЬ
ШПИНАТ
ОСТАНОВИЛИСЬ
РОСТ
ПЕРЕЛОМ
ВЕСЕЛЫЙ
ДЫШУ
ИСТИННОЕ
ПОДНИМАТЬ
ЗАВИСИМЫЙ
КОНКРЕТНЫЕ

Puzzle 158

ОНИ
ПОЯВЛЯЮТСЯ
ВНИЗУ
СЕРЕБРО
БАСКЕТБОЛ
ВСПЫХНУТЬ
ПРАВО
КАРЬЕРА
БЕЛЫЙ
САМА
ОТВЛЕКАЕТ
СИЛУ
ГОЛОДНОЕ
ОБЪЯСНИТЬ
ХУДОЖНИК
ЦЕНТР
ЖЕНАТУЮ
КТО
ГОРЯЧЕЕ
БУЛОЧКИ

```
Х Н Т Е Е У М П Л Е Р С И И В П В
У А Т Н О Н Т Р С А М А И У Н Т М
Д О А О П Т Е А К Е Л В Т О И Т Е
О Т Т А Р У В Е У Т С Ц Т З Ц Ф
Ж А Т Е О Н Д О Л О Г М М Е У Н Т
Н О Е Т Е Е У Р К О Я Д У О Н Ь О
И Н Л Ц У Р А О Т А С Л С У Б Т А
К И К Ч О Л У Б О Т Т И Е Е А У Р
С О Б Ъ Я С Н И Т Ь Ю И Л Ю С Н Е
М Е Е Ч Я Р О Г Е Ф Я Р Я У К Х Ь
Е Е Р Т Р С П Б Н П Л А У Т Е Ы Р
Д С И Е Б Е Л Ы Й Д В Т Л А Т П А
И А О У Б Е У Л Р Л Я С Р Н Б С К
Т А У Е О Р Р Т Р П О С Е Е О В Д
Е П Р М Н М О Д Ц В П Е Ц Ж Л И И
```

Puzzle 159

```
И У Т Н И С У А И Е Е Б О И Б И Л
Н В Р П Е Е И Л М С С Л Т Ф О Е П
Е И И Е О Ф Н С С И Е Ю С И Л С О
П Т У И Е Л О Е Р М Р Б У Т Е Т С
Ц С И И Т Ф И Н К Н Н Е Т О З П М
Ч Л А Р Е С Л О Т Т М Л С С Н О О
У Е Е Щ У Д У Б Ф А А Л Т Э И У Т
Н Ь Т И Н Л О П А З Н Р В Р П И Р
И Р И К И Н А И О Д Д О И Л Р И И
О В Т Й О Б Ю Л Л А И Р Е Т А М Т
Е Я С Ь Т Я Е М С А Т И И Е Е Н Е
Ы Д О Х Т О И Е Е И С И Н И С Н Р
У А Р С Н У И Г Е З Е Р Е Ч О В А
А И П Ф С У О И Е У В Р П Т Е И Е
Н А З В А Н И Е С С В Н М Д Т Н У
```

ЧЕТКО
ОТСУТСТВИЕ
ПОСМОТРИТЕ
НЕКТАР
СЭР
БУДУЩЕЕ
ОТХОДЫ
СМЕЯТЬСЯ
БОЛЕЗНИ
НАЗВАНИЕ
БЛЮБЕЛЛ
ЧЕРЕЗ
НЕСЛА
ВВЕСТИ
ФОНТАН
ЗАПОЛНИТЬ
ПЕНИЕ
ПРОСТИТЕ
ЛЮБОЙ
МАТЕРИАЛ

Puzzle 160

СКОРОСТЬ
БЕЙ
ПИЩЕВОЙ
ПОСТАВИТЬ
НАЙТИ
ЛЮДИ
ГЕОГРАФИЯ
ПРОВЕРИТЬ
ПОХОЖИЕ
ВЕДЬМА
ЕСТЕСТВЕННЫЙ
ТЮЛЬПАН
ВЕРЮ
ЕЕ
ПОЛЕВКА
КОМПЛЕКС
ДВИГАТЬСЯ
СЛОЖНАЯ
КОСТЬ
НЕМЕДЛЕННО

```
Е С Т Е С Т В Е Н Н Ы Й М Ц Я У Л
И А Н Л И М А Е О Т И Н Е М И И Е
П Р О В Е Р И Т Ь Т П У С Б Ф Р Р
И Т М Р Д О Л Е Р У Н Л Р П А О М
К О М П Л Е К С С Е И П А Ю Р Е В
Н Е Т Р А И Я Н А П Ь Л Ю Т Г С П
П Е П О Л Е В К А Ь Т С О Р О К С
И И М Т Я С Ь Т А Г И В Д В Е Н У
Щ Ж Н Е И Р У Е М Т В Т У Л Г П Т
Е О А М Д С Л О Ж Н А Я Е Е А Т Р
В Х Й Т Ю Л А У В А Т М У М М Л Т
О О Т Л М Е П О Ф С Г Ь Т С О К
Й П И А Е И Е Н О Р О А Е Д Б О С
О Н М Р Е Т И Т Н Е П И Н О Е Я С
У П Н Д И О Н И Т О Р П Е О И В У
```

Puzzle 161

К	С	М	Л	Е	А	Ф	У	Г	Е	Е	Е	Д	О	Т	Л	К
О	С	Т	О	Е	У	И	У	М	И	С	М	Я	Т	О	И	А
В	О	Н	У	А	А	О	Е	И	О	Б	В	Д	Р	С	Е	Т
Б	Т	Р	С	Л	П	Ц	П	Л	А	Н	К	Я	Ф	В	Т	А
О	Н	Н	Г	Е	Р	Е	Н	Т	Р	А	П	И	И	Е	Н	С
Й	О	О	О	Н	Е	М	П	Н	Р	У	У	И	Й	Ч	В	Т
Ы	Ш	П	Р	Е	Д	Ь	Ш	О	К	С	О	Р	А	Е	К	Р
Т	Е	А	Е	Н	Ы	О	Г	Ь	О	Р	И	Т	Р	Н	А	О
Л	Н	С	Л	М	Д	Т	Е	Н	Р	Л	Е	Д	Р	И	Т	Ф
Е	И	Н	В	К	У	С	Р	А	Б	М	М	Е	В	Е	Е	А
Ж	Я	Ы	О	П	Щ	М	И	П	Т	У	М	Н	Е	Е	Г	О
Е	С	Й	Л	Е	Е	Ы	Е	М	Е	Т	Р	И	Е	О	О	У
С	Л	И	О	Д	Е	Л	С	О	И	Т	А	У	Е	Р	Р	М
Т	Р	Р	С	Е	И	О	Е	К	Н	М	У	Р	У	П	И	Т
А	Е	С	Ы	И	Е	И	Ф	Е	Т	А	Ц	С	А	М	Я	О

СТУЛ
БАРСУК
ПАРТНЕР
ОПАСНЫЙ
КОМПАНЬОН
ДЯДЯ
ГИБКИЙ
КАТАСТРОФА
УМНЕЕ
ПЛАН
ОТНОШЕНИЯ
ПРЕДЫДУЩЕЕ
ВОЛОСЫ
СВЕЧЕНИЕ
КАТЕГОРИЯ
МЫЛО
РОСКОШЬ
СГОРЕЛ
ЖЕЛТЫЙ
КОВБОЙ

Puzzle 162

ОКНО
ПОДХОД
ДОЛЖЕН
ВЫДАЮЩИЙСЯ
ЗАДАЧА
МАЛЬЧИК
ДУРАК
ДЕТАЛЬ
БЕДА
УТЕНОК
ДРУГИЕ
ИНДЕКС
ПЕСНЯ
НАВЕРНОЕ
БОЛЬШИЕ
СТРАШНО
МУДРЫЙ
РОЛЬ
СОТРУДНИК
ВЫСОКАЯ

Е	Л	О	И	К	И	Н	Д	У	Р	Т	О	С	О	Р	П	О
У	Е	Л	Т	А	О	У	А	Р	Е	Т	У	Т	Е	И	У	Н
С	Б	И	Т	Н	И	Ц	Е	Е	У	Е	С	Б	Е	Т	Я	И
Р	О	Р	У	С	О	Н	К	О	А	Г	М	О	П	М	А	Е
Е	М	С	Н	Д	И	Н	Д	Е	К	С	И	У	У	Р	К	Е
Р	И	Л	Е	У	Е	Г	Ш	К	О	У	Л	Е	Д	Р	О	С
И	О	Я	С	Й	И	Щ	Ю	А	Д	Ы	В	Ф	З	Р	С	П
Н	Н	Т	С	У	Ш	П	У	Р	Р	М	И	Р	А	И	Ы	У
Б	Е	Д	А	Е	Ь	С	Е	У	Е	Т	Е	О	Д	С	В	Й
П	Ж	Н	И	И	Л	М	Е	Д	Т	П	С	Л	А	Л	С	П
Е	Л	У	Т	К	О	Н	Е	Т	У	О	М	Ь	Ч	П	Е	С
С	О	Д	М	С	Б	Е	И	М	Е	Д	Ь	Л	А	Т	Е	Д
Н	Д	М	А	Л	Ь	Ч	И	К	Н	Х	И	Т	С	Е	А	И
Я	Л	И	О	И	И	О	Н	Е	Е	О	Н	Р	Е	В	А	Н
П	Е	И	Т	Н	Е	Л	О	У	Ф	Д	П	П	Д	И	А	С

Puzzle 163

М	А	Р	О	Х	Р	Ь	Т	А	С	И	П	А	Н	М	С	С
Е	Ф	И	Г	О	О	Ж	Я	С	О	А	И	Н	Т	Л	П	И
Я	У	Р	Р	Л	Д	О	Ю	А	Л	Е	Ж	О	В	О	С	Н
Г	У	О	У	О	И	Л	Й	Ы	Н	Ж	О	Р	О	Т	С	О
С	О	Ь	Б	Д	Т	О	И	И	Е	М	И	О	Е	Т	Г	Г
И	Б	Т	О	Н	Е	Е	Ц	Т	Ч	Л	О	В	О	И	Р	О
П	Е	И	О	О	Л	Б	А	И	Н	Т	Е	Р	Е	Е	А	В
О	О	Т	Т	В	И	Н	И	Е	Ы	Т	И	И	К	Л	Ж	О
И	Р	Е	И	Ь	Е	Е	А	Д	Е	Н	Е	Е	М	С	Д	Р
Н	Е	В	Д	Я	Р	Д	О	П	Р	О	О	С	Е	И	А	Ю
И	Н	Т	О	Е	Р	С	С	А	Е	П	Р	О	Е	Р	Н	У
О	В	О	Х	Н	Н	Р	Т	Н	О	О	О	О	Р	М	С	Т
Р	Л	У	И	К	И	В	И	М	Е	Р	Р	А	А	У	К	Е
О	Е	Е	Р	М	Ь	Т	А	В	О	Р	И	Т	И	М	И	М
И	Р	Р	П	П	Р	О	З	Р	А	Ч	Н	А	Я	М	Й	А

КИВИ
ХОЛОДНО
ГРУБО
ВОРОНА
ЛОЖЬ
СБИТЬ
РОДИТЕЛИ
ОСТОРОЖНЫЙ
НАПИСАТЬ
СОЛНЕЧНЫЕ
СКРОМНАЯ
ПРИХОДИТ
ПРОЗРАЧНАЯ
ЖЕЛАЮ
ИМИТИРОВАТЬ
ГОВОРЮ
ГРАЖДАНСКИЙ
ОТВЕТИТЬ
ГОТОВ
ПОДРЯД

Puzzle 164

САМ
ПРОСТО
МАЛО
ПРОВЕСТИ
ПЛОХО
СМОРОДИНЫ
КУХОННЫЙ
УПАЛО
КОЛЛЕКЦИЯ
РЕБЕНКА
ЛИХОРАДКУ
ЦИТАТА
КОЛОКОЛ
КУРИЦА
РЕАКЦИЯ
МИНУТ
ФАНТАСТИКА
ПРОСНУЛСЯ
ОБСУДИТЬ
СДЕЛКА

У	А	Ц	Ф	А	Н	Т	А	С	Т	И	К	А	О	А	Т	К
М	А	Л	О	Р	А	Е	Я	Д	Ь	Т	И	Д	У	С	Б	О
И	Т	К	Е	Е	Ы	Т	И	И	Р	И	Ц	У	Т	В	К	Л
У	А	Р	Л	Б	Н	П	И	Т	С	Е	В	О	Р	П	У	Л
В	Т	Е	У	Е	И	М	М	Т	Е	Н	Б	Ц	Т	Е	Р	Е
Р	И	А	У	К	Д	А	Р	О	Х	И	Л	Е	В	В	И	К
И	Ц	К	П	О	О	С	У	А	М	Е	Д	Р	Н	У	Ц	Ц
Ц	Р	Ц	Н	П	Р	А	М	Т	Е	И	Л	Т	Е	К	А	И
К	Т	И	С	А	О	А	К	У	Х	О	Н	Н	Ы	Й	А	Я
Я	О	Я	Т	С	М	Т	Р	У	М	Х	Т	У	В	А	У	И
П	О	Л	Т	Я	С	Л	У	Н	С	О	Р	П	Е	Е	Р	С
Н	Т	С	О	П	Р	О	С	Т	О	Л	А	П	У	Л	Е	Н
Ф	П	С	И	К	Л	Д	У	О	Ф	П	А	Ц	О	А	Т	Т
Л	Е	Л	Н	Т	О	Е	У	А	Н	М	И	Н	У	Т	И	Т
Д	А	И	И	С	О	Л	А	М	Н	А	Н	И	Е	Т	У	Е

Puzzle 165

```
Г У У Д П Р З Е Д Р Е П К М П Т Г
И Л Р Т Е А Р А М Е И Д О Р А Н Р
В С Я О Я И Е Р Б Х О О Н Р У И А
Д Е И Н С О О Б М Ы В Е Е Т Н Р Ф
О Е Д О Ц О О Е А Т Т А Ч Л Е И И
П О Х Ь Т Е У З Ц А С Ь Н Л А Д К
Н Е О Т О Ы В Я Е Г Н М А О Е У Т
Л У И А А Н Ц Ы Н О И Н Я Р И Е И
Г Л М Щ О В О В Й Б Ш М Е Т О Д Ц
Л У Е О Д И Р Р Е Т Ь Т Е А Т Е А
А М С Л Р Т Е Ф О Т Л О Е Д Т С И
П Р О Г Р А М М У Л О С Л Л Е Е У
М О Я О Е Г Я Т У У Б О У О П У У
Н Ф И П У Е З Е Р К А Л О С Ф Н И
С П О Р И Н С И Д Е Т Ь И М Н С Л
```

ЦВЕТ
ЗЕБРА
БОГАТЫХ
ПОДВИГ
МЕТОД
ЗАБЫТЬ
ФОРМУЛУ
СОЛДАТ
ПРОГРАММУ
ГРАФИК
ПОГЛОЩАТЬ
СИДЕТЬ
ХОП
НАРОД
ЗЕРКАЛО
ГЛЯНЦЕВЫЙ
НЕ
КОНЕЧНАЯ
БОЛЬШИНСТВО
НЕГАТИВНЫЕ

Puzzle 166

ПОСТАВКИ
ВАГОН
ВИДИМОГО
ПРЫГНУЛ
МОНСТР
ТЩАТЕЛЬНО
ПОЛУЧИТЕ
АВТОРИТЕТ
ПОНЯТНО
СКОРО
ДОЖДЛИВЫЙ
МУЖ
ВЫТЕСНЯТЬ
НАКАЗАТЬ
РАСПРОСТРАНИТЬ
ВОСЕМЬ
УВИДЕТЬ
ОБОРОНЫ
МОТЫЛЕК
АВТОМОБИЛЯ

```
В А В М Е П П У Е И Я А А Р Н В П
И О Т Н М Т О В Н К Л П О А Е О Н
И Т С Т Т А Л И П Е И О Б С Я С У
М С Ц Е Т Т У Д Р Л Б С О П Я И А
П О Л И М Л Ч Е Ы Ы О Т Р Р Т Т В
С Т Н Ф У Ь И Т Г Т М А О О Д Т Т
Ф П И С О М Т Ь Н О О В Н С О Е О
С И Р О Т Р Е Ж У М Т К Ы Т Ж П Р
В А Г О Н Р О Е Л Н В И М Р Д О И
Т Н О Н П Н А К А З А Т Ь А Л Н Т
Д Ф С Ф Ь Т Я Н С Е Т Ы В Н И Я Е
Т Б Т Щ А Т Е Л Ь Н О А Т И В Т Т
М А И В И Д И М О Г О С А Т Ы Н Н
С П Ф У Т Р Е Е А Т Т У Т Ь Й О М
Т Ф М У У Л Т О О П Р А А И Н У Е
```

Puzzle 167

П	И	У	Л	У	Р	З	Е	Л	Е	Н	Ы	Й	А	Т	Г	Р
А	Р	А	К	Т	У	Б	И	Т	Ь	Т	И	Ш	Л	Р	О	Е
П	У	Т	Б	Т	Ч	К	Р	А	С	К	А	Е	И	О	С	З
С	О	П	Е	Ы	Н	З	О	И	Г	И	Л	Е	Р	П	У	У
И	Т	Т	Р	Д	О	Б	У	Х	А	Т	Ь	Т	П	И	Д	Л
Т	Е	А	Е	Д	Г	Л	О	И	Т	Е	М	Е	Л	Ч	А	Ь
Р	Н	Л	Л	Р	О	А	Ф	В	И	Т	И	Ф	Е	Е	Р	Т
А	Е	Л	Д	К	Я	Е	И	Е	Е	Т	С	Д	Е	С	С	А
Е	О	Н	Н	У	И	Н	Л	В	Т	И	Л	И	Р	К	Т	Т
О	У	И	Е	Л	М	В	Н	М	И	В	Я	И	Т	И	В	В
М	О	Т	Ы	Г	А	А	А	Ы	П	С	И	М	И	М	О	Е
Р	А	Л	П	Т	М	П	Ю	Т	Й	И	Ш	Р	А	Т	С	Щ
А	С	О	Е	О	Т	Е	У	А	Ь	Т	С	Е	Е	Р	И	И
Р	Е	А	Л	Ь	Н	О	С	Т	Ь	С	И	И	А	И	В	У
Р	Т	П	Р	Е	П	Т	Т	Е	Р	Ф	Я	Т	У	И	П	М

МОТЫГА
СТАЛКИВАТЬСЯ
РЕЛИГИОЗНЫЕ
ВЕЩИ
РУЧНОГО
ДУМАЮ
ПЛЕЕР
БУХАТЬ
ТРОПИЧЕСКИМ
РЕАЛЬНОСТЬ
УТКА
ГДЕ
РЕЗУЛЬТАТ
ЗЕЛЕНЫЙ
БИТЬ
ШИТЬ
ПОТЕРЯННЫЙ
СТАРШИЙ
КРАСКА
ГОСУДАРСТВО

Puzzle 168

ПУШИСТЫЕ
ФАЗАН
МЕЛКИ
ПЫЛЬ
ПОЭТОМУ
АКТИВНЫЙ
ЖЮРИ
ЗАМОРОЗИТЬ
КРОМЕ
ОРАНЖЕВЫЙ
НАБОР
ПРЕДСТАВЬТЕ
ПРАВАЯ
АРЕНА
ПРИРОДА
ТОНКУЮ
ИДЕАЛЬНАЯ
ДЕРЖАЛИ
КРУГ
ЭМОЦИОНАЛЬНО

А	М	Р	К	П	М	Е	Д	Р	П	У	П	П	Н	Е	Л	О
Н	Е	О	Р	А	М	О	Р	А	П	М	Р	Ы	А	Е	Т	Р
Е	Л	С	У	П	К	П	О	С	Л	Е	Е	Л	И	П	Т	А
И	К	Р	Г	С	Р	Т	Р	Е	У	С	Т	Ь	Л	С	И	Н
Ю	И	Ж	Ю	Р	И	А	И	П	О	Э	Т	О	М	У	Я	Ж
Т	У	С	Е	Н	Е	О	В	В	П	Р	И	Р	О	Д	А	Е
У	А	К	М	М	Т	П	О	А	Н	Т	Е	Н	О	Д	Н	В
Е	Е	Т	Н	А	З	А	Ф	И	Я	Ы	У	А	А	Е	Ь	Ы
Т	Е	И	Р	О	Е	О	У	Д	Н	Т	Й	Б	Р	Р	Л	Й
П	Р	Е	Д	С	Т	А	В	Ь	Т	Е	О	О	Е	Ж	А	У
П	У	Ш	И	С	Т	Ы	Е	М	М	У	И	Р	Н	А	Е	И
У	Т	М	Р	О	Н	О	О	Е	А	П	О	С	А	Л	Д	И
С	Н	Н	И	М	У	Е	У	К	Р	О	М	Е	И	И	Л	
З	А	М	О	Р	О	З	И	Т	Ь	У	С	Р	М	Р	И	И
Л	Э	М	О	Ц	И	О	Н	А	Л	Ь	Н	О	И	А	А	Р

Puzzle 169

С	М	У	А	И	Х	Н	А	Н	Е	Е	Н	С	Ф	О	О	И
И	А	Е	П	Е	О	Л	Ы	Б	Е	Ш	Ь	Л	А	Д	О	П
С	М	Х	И	Р	М	Д	Ж	А	И	А	Б	И	Р	Г	Л	Р
Б	Е	П	А	О	Я	А	Л	Е	С	Е	В	О	Т	Е	О	Е
У	Ы	И	Т	Р	К	Е	Н	О	Л	У	Ц	И	У	Т	Р	Б
Е	Н	С	И	И	Н	Т	О	Е	Т	У	Е	И	К	У	И	Е
Л	Н	У	Т	Л	О	Ы	Е	С	Р	М	Д	У	Е	У	И	Н
Л	О	Т	С	Р	И	О	Й	К	И	Н	Ч	О	Т	С	И	О
Ф	Ф	С	Г	Р	А	К	Й	Е	Р	А	Н	А	К	С	С	К
Ш	Е	Р	С	Т	Ь	Я	Д	О	Л	Я	Т	С	В	Р	Т	А
А	Л	И	С	Е	Р	Е	С	П	Т	Р	П	Е	П	И	Е	Т
Е	Е	И	Г	О	Н	М	А	О	Ц	И	В	Б	У	М	П	А
Ь	Т	И	Р	О	В	О	Г	Е	Г	С	Т	Е	О	О	Е	П
Е	Т	П	Т	М	У	В	У	Н	Т	И	А	Н	У	М	Н	Д
А	С	Е	У	И	О	С	Я	Е	П	З	А	П	А	С	Ь	Е

БЫЛО
КАНАРЕЙКА
САХАРНЫЙ
РЕБЕНОК
НЕБЕСА
ИСТОЧНИК
ГОВОРИТЬ
ШЕРСТЬ
ВЕСЕЛАЯ
ДОЛЯ
ТЕЛЕФОННЫЕ
БЫСТРАЯ
ХОМЯК
МНОГИЕ
ЖЕЛУДОК
ПОДАЛЬШЕ
ГРИБ
СТЕПЕНЬ
ЗАПАС
ФАРТУК

Puzzle 170

БЛОКИ
ВЕРБЛЮДА
КРИВАЯ
ПАСТЕРНАК
ПРОДАТЬ
ДЛИНА
ФРАГМЕНТ
ТАБЛЕТКИ
ОБЕСПОКОЕННЫЙ
СЛЕВА
ИЗВИНЕНИЯ
ГУБЫ
РАЗМЕР
НОВЫЙ
РЕБЯТА
ПОЧВА
ШТРАФ
ГОНКИ
КОНДОР
ПОЧТА

О	Е	У	Т	Н	Р	Р	О	Д	Н	О	К	Б	Д	Б	И	В
Л	Б	Т	Е	Т	В	А	В	Е	Л	С	Т	Т	С	Л	З	А
И	С	Е	Е	Д	Е	З	С	М	Т	С	Ф	Е	Е	О	В	Т
Т	Т	М	С	Л	Р	М	Ф	Н	О	В	Ы	Й	О	К	И	Д
А	В	Ч	О	П	Р	Е	И	Р	П	О	Ч	Т	А	И	Н	Л
У	Ь	Т	А	Д	О	Р	П	Е	А	Т	Я	Б	Е	Р	Е	И
П	Я	Е	Е	Е	А	К	Е	С	Н	Г	А	И	У	Е	Н	Н
М	А	М	Е	О	Д	О	О	А	Е	Р	М	А	С	Т	И	А
П	В	С	Л	Н	Ю	Р	Г	Е	О	О	Р	Е	Н	А	Я	Р
Р	И	К	Т	Е	Л	Б	А	Т	Н	М	Т	Д	Н	С	У	И
У	Р	С	М	Е	Б	М	И	Е	И	Н	Е	П	М	Т	С	У
Д	К	Т	Н	О	Р	Д	С	М	Р	И	Ы	М	И	И	О	Р
Ш	Т	Р	А	Ф	Е	Н	Н	А	А	Е	Б	Й	С	М	С	Е
О	А	Н	Е	А	В	Е	А	М	И	Е	У	Е	В	Т	Т	Т
Т	М	Т	Н	Е	Т	С	И	К	Н	О	Г	Е	У	Л	С	М

Puzzle 171

```
Й И К Д А Л С С Т Г С К Э О П О Р
Е Ы Ч Е Р Н О Е М А В Р Н С Р П Ы
П О Н Р А В И Л О С Ь А Е Т И А Б
Е И Н Р С В И Т Н М Р С Р О В С А
И Т У С О П В Т Н Н А О Г Р Я Н Ч
К У Е Л И С Д Е Ф М Ц Ч Е О З Ы А
С И И Е И И Н Р Д О Ы Н Т Ж А Е Т
Н Р Е Ч Н О Й Е А И Р Ы И Н Н С С
А И Т А Е А С И С К Т Е Ч О А Т Е
К У Л Ь Т У Р Н Ы Е О Е Е Н К Р Т
И Р С Б Е Я Ц А Е Л Р Н С С А Е М
Р А У У В И Е Е Л Е Н Н К У Т Л У
Е С О Н У А Е И М С А Л У И С Я О
М Н Е Б О Л Ь Ш О Й С М Ю Т М Т И
А Е И А У У Т Р М С М М О А М Ь Т
```

НЕБОЛЬШОЙ
СЕНСОРНЫЙ
ОСТОРОЖНО
КРАСОЧНЫЕ
КУЛЬТУРНЫЕ
СТАКАН
РОТ
РЫЦАРЬ
ПРИВЯЗАН
ДРАКОН
СЛАДКИЙ
ВВЕДИТЕ
ЧЕРНОЕ
ЭНЕРГЕТИЧЕСКУЮ
АМЕРИКАНСКИЕ
ПОНРАВИЛОСЬ
РЕЧНОЙ
ОПАСНЫЕ
РЫБАЧАТ
СТРЕЛЯТЬ

Puzzle 172

ГОРЯЧАЯ
ПРИСУТСТВОВАТЬ
СПИСОК
ОБМАНЫВАЮТ
УЛИТКА
ПОСЛЕДНЯЯ
ЗНАКОМСТВА
ЛЕД
РАНО
ПОСТОЯННОЕ
ДОСТИГ
МОРАЛЬНЫЙ
ЛИНИЯ
ВОЙНА
СОПРОВОЖДАТЬ
РАЗНЫЕ
ПРОЦЕСС
ИРИС
ВОЗРАСТ
ПОЛНЫЙ

```
П П П Р И С У Т С Т В О В А Т Ь Е
З О О Т Т У О Е Т Д У Е А Р А И С
Н Е С Л Ь Т А Д Ж О В О Р П О С Л
А У С Л Н Р А Н О С Ф О О Е Е Р Е
К Л Е Л Е Ы И Н У Т И У У М Ф Е Д
О И Ц И Ы Д Й Е О И В О З Р А С Т
М Т О Н Н Ф Н Р Ф Г П У К А Л Ц У
С К Р И З Р И Я А Ч Я Р О Г Л У П
Т А П Я А И О М Я Р У П С С Р Е С
В Л М О Р А Л Ь Н Ы Й Е И Л С Р С
А С И Е О Н Н Я О Т С О П Ф О И Н
Т Ф Р Д О М У Й Н С Т С С У Л Е В
Е И И Р Ф Е О Т О М Н И М Н М Е О
С И С Т А Р Т О И В У О Т Н С У Л
Е А А Н У Е О Б М А Н Ы В А Ю Т У
```

Puzzle 173

```
Т Б И Т Р Т А З Н Т П Т Р С Ш И И
И У С Е Т И Н В А Р С И Е У И М У
Р С Е Р И К М Н А П С У М С Р О Е
Д И Н Н Ь В О Р К Е У Р И Т О Л Т
Е И Р Р Т А Т М Ф О И С М У К А Д
С П Р Е Д М Е Т Н О Д О Т Е И А М
Я Ф И Л М Т И М Р А Е И Л И Й С С
Т Ц Л Ц Р Е О О О П Т Н Т Н Т Т Т
И К И Н Ж Е Н С Д О П У И Е И Ь О
Л П О Л Н О Е А Н О И Е С Ч М Т П
Е С О Е А Т О Д И Е У С Т А Р Ы Й
Т М А Ш Д Т Е Р Е Е Ж П И Н О В Т
И Е И И У О Д Е Т Д О Н Е З Т Л Н
Е Х У Р И У М С Е Р Н У Ы Р Ш И А
У С М П П М И М С С А Б Р Й Е С Е
```

СТОП
ДЕСЯТИЛЕТИЕ
ПОЛНОЕ
СТАРЫЙ
НЕЖНЫЙ
СРАВНИТЕ
ШТОРМ
СМЕХ
БИТ
ПОДСНЕЖНИКИ
ПРИШЕЛ
АДРЕС
КРОВЬ
ВЫ
ЗНАЧЕНИЕ
КОМНАТУ
ШИРОКИЙ
ПРЕДМЕТ
ЗАПУСТИТЬ
ОНА

Puzzle 174

ЖИТЕЛЬ
ЗАПОВЕДНИКИ
БОРОТЬСЯ
ПРАКТИКА
ЛЕНТА
ЧАСТЬ
УЛИЧНЫЕ
МЕНЕДЖЕР
ИССЛЕДУЙТЕ
ЗАМОК
ПТИЦЫ
ОБЕСПЕЧИТЬ
ТЫСЯЧА
ОТНОШЕНИЕ
ЧАША
ОБЛАКО
ВСТАВИТЬ
ГОРОДСКОГО
ПУТЕШЕСТВИЯ
БУМАГИ

```
А Е О Б Е С П Е Ч И Т Ь Н П Б Е Т
Е П У Т Е Ш Е С Т В И Я И Р У И А
И С С Л Е Д У Й Т Е Т У О А М Н С
Б О Р О Т Ь С Я О И Ц Я А К А Р У
У И А О О С Е С Н Т Е Е Т Т Г И И
Р П А И Р Ф Т М Д И И С Е И И У О
И Е И К Е Р У И Е Е Т Р И К У Е Ф
З А П О В Е Д Н И К И П Н А А Н Ц
Т Т Ш М Ф Ж Ы Л Е Н Т А Ч А С Т Ь
О Н Л А Т Д Ц Н О Т Н О Ш Е Н И Е
У Б И З Ч Е И А Ч Я С Ы Т Е А Е Н
Л П Л Е И Н Т Ь Т И В А Т С В И У
Е О О А О Е П И Р Т Л Ж И Т Е Л Ь
О М С Н К М Н Т Н И И У Л И Т Е У
И М Т О У О Г О К С Д О Р О Г И Е
```

Puzzle 175

```
Ф П И Р С Р С Р В И У М А Е О Н Н
А П О Т Ы П О К В Ы Н И Е У С О А
З Р С Л И У Н Т С А И У Е П У Ж М
А О П О О Ф Т Л В А Р Г Я У Е Н Е
К И Е Р П Ж Й У Д Н И И Р С Л И Е
Й З Ш Е О А И П И У Ш Н И А Е Ц Е
О В И Р И И Щ Т Л А П К И И Л Ы Б
Т О Т О О Е Я С Е И Н Л У Е П Ф Р
С Д Ь Т П П Т У О Л И Ц М У Е Т О
А С О Р П С С П Н И Ь З О Т М Р Л
Т Т Р И Л С Е М Т Е И Н А Щ Е Б О
И В М О Л Е Л Л О В И О Ы Л Т Т Р
О О М У Р Т Б З В Е З Д Ы Е И М Е
Д Е М О К Р А Т И Ч Е С К И Й Т Е
Г Л А Г О Л М В Ж Е И С Х О Д Т Ь
```

ИСХОД
НОЖНИЦЫ
ЗВЕЗДЫ
КОПЫТО
БЫЛИ
ЛАПКИ
СПЕШИТЬ
ФАЗА
ГЛАГОЛ
ПРОИЗВОДСТВО
ШИРИНУ
ВЫИГРАЛ
ПОЛОЖИТЕЛЬНЫЕ
ЗАЛИТЬ
БЛЕСТЯЩИЙ
ЖИВОТНОЕ
СТОЙКА
ДЕМОКРАТИЧЕСКИЙ
ОБЕЩАНИЕ
СПРОС

Puzzle 176

КУПИЛ
СОСУЛЬКИ
ДРУГ
РОБКУЮ
ОБЩИЙ
ТЕРРОР
ЛЕЖАЛ
ПЕРЕВОД
ПЕРЕГОВОРЫ
СОЧЕТАНИЕ
ЭКОНОМИКА
ПИЛОТ
ТЕННИС
СОТРУДНИЧАТЬ
ТЕКУЩИЙ
УСПЕХА
СЛОВО
ПРЕДСТАВЛЯЮТ
ТРЕНЕР
САРАЙ

```
Т Р Т С С С П Н П С Т Е К У Щ И Й
Д Е Б П Г У Р Д И Р О О Т Л Е С Т
Р Н Н А Е И Е Е Л И А С М И У М Т
Н Е Н Н И У Д С О Р О Ю У К Б О Р
М Р А Р И Б С Л Т Н А Т И Л Т Е Д
О Т У У Ы С Т А И Е Е Е У А Ь Н Т
И Р Е Д Р С А С Т Р К Т Г Ж С К А
Й И Щ Б О С В Н И Е У Т И Е С Т И
А Р С Л В Л Л С Р А П У Е Л Е И Е
Р А О С О О Я Е А С И Т Е Р Р О Р
А Т И Е Г В Ю Н М Р Л У С П Е Х А
С У А У Е О Т Э К О Н О М И К А Р
Е Д П Е Р Е В О Д Г С Т Е Т И М Р
С У И Л Е И Н А Т Е Ч О С О Р Л И
М С Е Ф П С О Т Р У Д Н И Ч А Т Ь
```

Puzzle 177

```
С У С Т Р А И В А Й Н И А Е Е И Д
Б Т Р Е К Р Е А Ц И О Н Н Ы Й С У
Е Ю Р Т О М С О Н Я Ф И Я Е М И Х
Й А П А И И С О Н Г Е С А О Т А О
С Е Р Н Т С У Т Л И Л И Н И А А Д
Б Т И Л С Е И Н А Л Е Ж Н С К Н Н
О О Д О К Т Г Р Б В Т Р Е О С Н Е
Л Л У Р А Ц Р И Е Е О У М Р И О Н
Л Ч М У Н Е И А Я Н Т Н Е Н И Ц А
И О Ы Т Д С О Л С Н Р М Р Т Я У Т
У К В И И О А Е Л К Е Р Е П О П И
Т М А Е Д Р Т П С И Р У П У Т Е Л
И С Т Е А О В И Ш Н Я Ы Т Л М О У
Р Н Ь Т Т К Е У О О Я Р Т С У У У
Л О Н О З А П А И Д Т А А Ь Г Н Д
```

ТЕЛЕФОН
СОРОКА
СТРАТЕГИЯ
ДИАПАЗОН
РАСКРЫТЬ
ВИШНЯ
ТАКСИ
УСТРАИВАЙ
КАНДИДАТ
ПЕРЕМЕННАЯ
ЖЕЛАНИЕ
СМОТРЮ
ПОПЕРЕК
УМ
ИМЕЯ
РЕКРЕАЦИОННЫЙ
БЕЙСБОЛ
ПРИДУМЫВАТЬ
ТОЛЧОК
УХОД

Puzzle 178

БЫСТРО
ДОСТИЧЬ
ОСЕЛ
ДВАДЦАТЬ
ГОВОРИТ
ЗАПУСКА
ИНДИВИДУАЛЬНЫЙ
ЛУКПОРЕЙ
РАСПРЕДЕЛИТЬ
ЭКСПРЕСС
ВЕЧЕРОМ
ЮБКА
КЛАСС
СЕДЬМОЙ
МЕНТАЛЬНЫЙ
ПОЛЕТ
АВТОМОБИЛЬ
ДНО
ГОРНОСТАЙ
ЗАНАВЕС

```
Е И И Н Е З У С И Д Н Р О Е Т С Р
Н Е Н Р О А Г У Е М О Р Е Ч Е В Р
Е С Д И Т П М Т Н Н Р С Ц А Г О Т
У У И Т Р У Л У М Л Т Т И И Р А
О Т В Д А С С Е Р П С К Э И О И В
С М И В С К А П А Е Ы У У Б Ч А Й
Е Е Д А П А Р Ц О Е Б Р Е Й О Ь А
Д Н У Д Р П О Л Е Т С И Т Е Е Т Т
Ь Т А Ц Е Е А Ю Б К А Е Л Р У Л С
М А Л А Д О С И К Л А С С О Д Н О
О Л Ь Т Е Г О В О Р И Т У П Л Л Н
Й Ь Н Ь Л Е С О Н М Л Т Р К Р П Р
И Н Ы М И Р З А Н А В Е С У Е Т О
Н Ы Й И Т А В Т О М О Б И Л Ь У Г
М Й Н С Ь Ф М Е А У И И Е О У Т Р
```

Puzzle 179

```
Г В С Б Л О Б Р П Н О Т И М И У И
О Е Р Е А И Е И Л Е Е С Ы Р Е П Т
Л Л Р Г С Р З Б И С П И О Т Р Ц Р
О О Ц Е К О О Н И У М Ж С А С У Р
С С Д М А Е П В Н Е З А П Н О Ц С
О П В О Р Н А Р У М А К Ц Е Е Т У
В О А Т У О С Ф Д С Е С А Н П О М
А Р У П М Т Н Е С Е Ц Ф Т Н И Е М
Т Т Й Ы Н Д О Р А Н У Д Ж Е М В А
Ь И Т О В Т С Й О Р Т С С А Р А С
С П Ф Т С Ь Т А Р Б Ы В У М С В О
П Л А Ч Е Т Ь Д У Б И Н О Т К К М
Р Д Е О Т Л С Т В П И Е А У Л У С
Е И Т Л Р Т Е И Л У С Е У Е И С О
И У Ф И Я И В О К А З Ы В А Т Ь Т
```

РАССТРОЙСТВО
ВЫБРАТЬ
БЕЗОПАСНОСТЬ
СКАЖИ
ГОЛОСОВАТЬ
СЫР
МЕЖДУНАРОДНЫЙ
СВИНЦА
КТОНИБУДЬ
ЛАСКА
БЕГЕМОТ
ВЕЛОСПОРТ
СУММА
ВЕСЬ
ПЛАЧЕТ
ОКАЗЫВАТЬ
ВКУС
ЧТО
ДВА
ВНЕЗАПНО

Puzzle 180

СЪЕДОБНЫЕ
СЪЕСТЬ
АМБИЦИИ
ДЕД
УТВЕРЖДАЮТ
ПОЛНОСТЬЮ
СКУТЕР
СЛИВЫ
ВЫЗЫВАЮТ
ВДОЛЬ
ОГРАНИЧУСЬ
ТЕКСТ
ЭКСПЕРИМЕНТ
ПОСЕЛЕНЦЫ
БЛЮДО
ПУСТЫНЕ
ПОЧТИ
ПОМОГИТЕ
ПЫЛЬНЫЙ
КРЕСТ

```
О С И Р М И Е У О А И С У У А И С
П В Л М М Ц Т Т Г С М Ъ Я И В Ц А
О Ы И И У С Я В Р Е Е Е О Б Т И С
Л З Т Й В О Е Е А П Н С Л Л Н Е К
Н Ы Е Ы Б Ы С Р Н У Т Т С К Е Т Р
О В Ы Н П С П Ж И И О Ь М И М И Е
С А Н Ь Т И И Д Ч Е А И И Ц И Г С
Т Ю Б Л Ю Д О А У С К У Т Е Р О Т
Ь Т О Ы А И О Ю С Т Г Т Ч Н Е М Е
Ю Е Д П И И Р Т Ь С Н Е О Ы П О Л
У Р Е Я Ы Ц Н Е Л Е С О П Т С П У
В А Ъ Т И И У О О Д Е Е О С К М Е
О Р С М Т Б Е Т Д Е Е Л Е У Э Л У
И Е Т Л Т М Т О В Т Е Д А П Е Е В
О И Н А И А С В А С Р И Е Л И И С
```

Puzzle 181

```
О Т В Е Т С Т В Е Н Н О С Т Ь Е Л
С А А С Л С Т Т О Р В М С Т Н З О
З Е М Л Е Р О Й К А С Л У Е И Д Т
З Р И И У Р К О Р З И Н А Ц Л А Ц
М У П Н В З В О Л Н О В А Н Н Ы Й
Е Т О О Е Г Р А Ж Д А Н И Н Л И М
Я И Р И Л Ж А А Р Р С Ф Л Т Р Е О
Н Н Р Т И Е И Е С Н Е Ж И Н К А З
О Н Н И И М И В Р С И Н Н И П Б Е
М А К Т А Л А П Д У Е З Б С Л Е Р
Е Я К У Р Т К А Е С У И А Р О Т О
Р П М У У О У П Я П И Е Л Г Т Т П
Й Ы Н Ь Л Е Т И Р Е М З И У А Б Т
И С Д О Р О Г И Е И В И Б Е И М Е
Р Е С У Р С П М С Е А А О Н Е У Е
```

ВЗВОЛНОВАННЫЙ
МАГАЗИН
РЕСУРС
ПОЛЕ
ДОРОГИЕ
ПАЛАТКА
РУТИННАЯ
КОРЗИНА
ИЗМЕРИТЕЛЬНЫЙ
ДВИЖЕНИЕ
ЛИБО
ЗЕМЛЕРОЙКА
НОМЕР
СНЕЖИНКА
ЕЗДА
ГРАЖДАНИН
КУРТКА
ОТВЕТСТВЕННОСТЬ
ОЗЕРО
ЗМЕЯ

Puzzle 182

ПРОВЕРЯТЬ
ФРЕЗИЯ
НУ
ПЛЕЧО
ПШЕНИЦЫ
ЗЛОЙ
КОГДА
СМЕШНО
МОЛОТЫЕ
ЗНАЧИТЕЛЬНЫЕ
ТАЛАНТ
ПРАВОПИСАНИЕ
ЕЖ
СЕЗОН
МЕНЬШЕ
ИСПОЛЬЗОВАТЬ
ЗАКЛЮЧЕНИЕ
НЕНАВИЖУ
ПРИВЫЧКА
ЖЕРТВУ

```
П Р П Л П Ф Е П С С М Е Ш Н О Ф М
Е Л М С Н Е И Р М Е И О Е У З Р О
М Я Е Р Т Е Н О В Н З У Р Е Н Е Л
С Т У Ч Е Е А В С Е Р О У У А З О
Т С Ж Р О Н С Е Ы У А Б Н С Ч И Т
О Н И Е С Р И Р Ц Т С О О П И Я Ы
М Е В Р Р Е П Я И Р И Е П Р Т Н Е
П Ж А Д Н Т О Т Н А Л А Т И Е Н У
М У Н П Т Т В Ь Е Д И Т Е В Л У Р
П О Е И М М А У Ш Г Т А Н Ы Ь Р С
В Р Н Е Е П Р Т П О И М И Ч Н Т Н
М Е Н Ь Ш Е П Л Т К Д Р И К Ы Р А
З А К Л Ю Ч Е Н И Е Е Е О У А Е Д У
З Л О Й И С П О Л Ь З О В А Т Ь В
У Р Е Ц И Р Е Л Ф Н О А С Л О И У
```

Puzzle 183

```
И М О Н П Н Е У Ж И Н Н Ч И А С М
С Е Щ Ь Т А К Е Л В З А Р Т Т С Н
Ч С У Н П З Т Т М Ц Т М О И О И О
Е Т Щ Д У Н О П П Т И О М И Р Т И
З Н А У Н А Р И Е Н Т А А А У П О
А Ы Е Н И Ч Е Л С В Е Р Т О Л Е Т
Ю Е Т Ф А И Е У Л Т Т Л М П Е Е Е
Т С С Ф Е Т К Н У П А Д С Р Н С Ж
Т А Я И Е Ь Л Е Б Е М Т М О Я Т О
Н Е Ф В С У Б М С О Л О Ь Н П О М
Т Е И Н М Я А Н Н Е М А К И Г Ч Л
У Т Т О Т О Р С Р И М Е У Е Р К О
И Г Н О Р И Р О В А Т Ь Е Р Ф А Х
Ф С М Д О К А З А Т Е Л Ь С Т В А
С Е Р А Е Г П М М П А А И Е С Р И
```

БАР
ТОЧКА
СОЛО
ВЕРТОЛЕТ
ИСЧЕЗАЮТ
МЕБЕЛЬ
ИГНОРИРОВАТЬ
ПОСЛЕ
РАЗВЛЕКАТЬ
ХОЛМ
УЖИН
МОЖЕТ
КАМЕННАЯ
СТАТЬИ
ПУНКТ
НАЗНАЧИТЬ
ЧТОТО
ДОКАЗАТЕЛЬСТВА
МЕСТНЫЕ
ОЩУЩАЕТСЯ

Puzzle 184

ТОЧНЫЙ
ПОСТРОИТЬ
СЕЛЬДЕРЕЙ
НЕЖНО
ЛЮБОВЬ
СТРАНУ
САМОЛЕТ
ОЖИДАТЬ
ГЛАЗА
ТОРТ
ДИСКУССИИ
ОДИН
БРАК
ВНИЗ
ПРИХОДЯТ
ФЕРМА
ДАЙДЖЕСТ
ИСКУССТВО
ТРЕВОЖНО
ОБЕЗЬЯНА

```
У Е Г Т О Ч Н Ы Й Т Е С И М П О У
У Н Л И М П У С И Б В Т Е У Р Ж И
А Е А О Б Е З Ь Я Н А Р Р У Н И А
Б О З Ф Р У С И Е П Р А Ф П Р Д И
М Р А Р А С П Н Н Н О Н Т Е О А У
И Е А А М А С И Р В С У С И Д Т О
О С Н К Ь Т И М А Ф Е С Е О В Ь Т
Н Т А И Т С А М О Л Е Т Ж Ф П В И
Е М Е Л И И С С У К С И Д Е Р С П
Ж Л Ю Б О В Ь Л Р Т Н П Й Р И М У
Н Л Й Е Р Е Д Ь Л Е С И А М Х М А
О У Е А Т Т О Р Т И Е Е Д А О Т Р
М О С О С И С К У С С Т В О Д А Т
Ц А Т И О Н Ж О В Е Р Т Е Е Я А Т
О О Н Т П У Д О Ф У А Т С Е Т П И
```

Puzzle 185

```
В И Е М А П О Д К Л Ю Ч Е Н И Е О
И З О П У Г Л И З У Ч И Т Е Т П Ф
Ф Н В Ь Е Т Р Ф О Н Д М У И Д Е Я
О О И С А Н Н Е Ф Л А Г Т И И С Н
Т Ш Р А Е О И Ы С А С С М С Е Д У
О Е С Л С Г И Е Й С И Д Т Е И Е Е
Г Н И А Ф Р Д О П Е И П А Е Т Л М
Р Н Г Т У У И А М Ш О В Е Е Е А Р
А Ы Ф У Т Ф М У А Е И И Н Е С Н П
Ф Й О П П Д И Я М С Р Т Р Ы Т О Р
И Р О А Р Р Ф О А Т И Л Т Т Й Е П
Я П Д З У Т М У М О В Е Л И К И Е
А Н А Л И З О С Н Е Л И С Т Ь Я Р
С У М М И Р О В А Т Ь Л У П Н Е О
И С П У Г А Н Н Ы Й Ф Т И О Р О М
```

ФОНД
ТЕСТ
ЛИСТЬЯ
ФЛАГ
ИДЕЯ
ПОДКЛЮЧЕНИЕ
ИЗНОШЕННЫЙ
ЗАПУТАЛАСЬ
ИЗУЧИТЕ
ИСПУГАННЫЙ
ФОТОГРАФИЯ
СУММИРОВАТЬ
АНАЛИЗ
ВСЕГДА
СДЕЛАНО
АГРЕССИВНЫЙ
МУТНЫЙ
ШЕСТОЕ
ФУРГОН
ВЕЛИКИЕ

Puzzle 186

РАД
ПЕТУХ
РЕШЕНИЕ
ЧАСТНОЕ
ПОИСК
УВЕЛИЧЕНИЕ
БУДЕТ
БОЛЬШЕ
МОТИВАЦИЯ
СОДЕРЖАТЬ
ПОДАРОК
СОСИСКИ
ЛЕЧЕНИЕ
ТОЛКНУЛ
БОЛЬШАЯ
ОСТАВЬТЕ
ПРИМЕЧАНИЕ
ДЕРЕВЬЯ
СИТУАЦИЯ
ПРИНАДЛЕЖАТ

```
С Л А Р Е П Р И Н А Д Л Е Ж А Т Т
И О Е Ш Ь Л О Б А Е И У О С И Е П
Е О С Ч С Т Е У Д О И Н Н М В Д Ф
Д А И И Е Х У Т Е П Т К Т И Л У О
Т М Ф Е С Н Л С Р Е Ф Л С М Е Б Б
Р О И К О К И Е Е И Н О А Р А Д О
Е С О О С Т И Е В У Н Т Ч Е Н И Л
Р Т Н Р М М А И Ь У Т И Д Т Р Т Ь
Е А И А Е Е Н И Я И Ц А У Т И С Ш
Н В И Д У Ш С О Д Е Р Ж А Т Ь И А
О Ь Л О Т Р Е И Н Е Ч И Л Е В У Я
М Т Т П А Л У Н М О Т И В А Ц И Я
И Е И Н А Ч Е М И Р П Т Ф Л У А Е
А И Е И С О С Л О Е В С П О И С К
В Н Е П М И Р Д А О Р У П У Р Т Р
```

Puzzle 187

У	Б	Ю	О	И	Л	И	Н	Я	А	С	И	М	С	О	М	У
Ь	Т	А	З	А	К	О	П	О	С	Л	П	И	Й	У	В	О
Т	К	Д	Б	А	А	Е	Е	И	Е	А	Ф	Р	А	Ш	М	П
У	А	Ю	Ф	О	Е	Ф	Ы	С	И	Й	С	У	Г	Л	О	Т
Р	П	Л	У	О	Ч	А	Н	А	Т	Д	Г	Р	У	П	П	А
Е	И	Б	Л	У	А	К	Д	С	Е	Р	И	У	П	Т	А	Б
К	Т	А	О	Р	С	О	А	М	Д	Т	Е	В	О	Н	Е	Ф
И	А	Н	Ы	О	П	П	М	Е	Н	Л	Б	К	П	Р	В	М
Н	Л	Н	Т	О	И	О	О	С	С	Е	Г	Н	О	П	С	Н
В	Р	Е	И	А	Р	Л	Р	Е	И	Е	Н	Т	И	З	Т	О
О	Т	Е	Л	Ь	К	Х	Г	Ц	Е	Р	К	О	В	Ь	А	Т
Ж	У	Р	П	У	О	Ж	В	З	Г	Л	Я	Д	Н	С	Т	Л
Ы	Л	Е	Н	П	П	И	Е	О	Т	Е	У	Р	Е	Р	Л	Р
Р	Т	Д	П	О	М	И	Д	О	Р	А	Ц	Е	С	И	Е	М
К	Т	Л	А	Р	Е	Д	Е	П	И	И	П	И	Н	Т	О	А

ПОКАЗАТЬ
ГРОМАДНЫЕ
КАПИТАЛ
СЛАЙД
НАБЛЮДАЮ
ХЛОПОК
СТРЕКОЗА
ТАКЖЕ
ОТЕЛЬ
МИРУ
ПОМИДОР
ШАРФ
ДЕТИ
БАБОЧКА
ВЗГЛЯД
ПОПУГАЙ
КРЫЖОВНИК
ПЛИТЫ
ЦЕРКОВЬ
ГРУППА

Puzzle 188

ПРЕСТУПЛЕНИЕ
ДЛИННЫЙ
ВОДА
СИРЕНЕВЫЙ
ОБУЧЕНИЕ
АНТИЧНЫЙ
ТИХИЙ
АВАНТЮРНЫЙ
СТЕНА
ПОКА
УТРОМ
ЗАПАХ
УВЕДОМЛЕНИЕ
ЗДОРОВЫЙ
ГРАВИТАЦИЯ
ЯРОСТНАЯ
ПАПУ
КАРТА
НОСКИ
СИДЕНЬЕ

С	К	С	Р	З	Т	О	И	М	Р	А	С	Е	П	О	Я	Р
У	А	П	Т	Т	Д	С	Н	З	Т	Л	С	П	Р	Ц	Е	Л
Н	Р	С	У	Е	Ф	О	Е	Ц	А	Е	Ь	Н	Е	Д	И	С
Е	Т	У	О	Р	Н	И	Р	О	Л	П	И	К	С	О	Н	И
О	А	И	Й	Ф	П	А	П	О	У	А	А	Т	Т	М	Е	Т
Л	О	Е	Ы	Н	В	О	Д	А	В	Й	О	Х	У	Р	Л	И
Г	Р	А	В	И	Т	А	Ц	И	Я	Ы	Л	О	П	Ц	М	Е
Ф	Р	В	Е	Е	Н	Е	П	А	А	Н	Й	О	Л	И	О	Е
Н	Й	Ы	Н	Н	И	Л	Д	Л	Н	Р	И	П	Е	Л	Д	Л
С	Л	С	Е	Д	Р	Е	Р	Т	Т	Ю	Х	О	Н	Е	Е	Р
Е	Р	А	Р	У	М	Н	Л	Р	С	Т	И	К	И	Т	В	Е
У	У	И	И	У	Т	Р	О	М	О	Н	Т	А	Е	А	У	И
А	О	М	С	У	Т	Е	П	И	Р	А	Д	Т	С	Н	П	Н
А	Н	Т	И	Ч	Н	Ы	Й	Л	Я	В	М	Е	Е	Е	А	Е
О	Б	У	Ч	Е	Н	И	Е	У	О	А	Е	А	О	М	П	Р

Puzzle 189

```
С Е Р В П У Ь Ф С О Р Е Р Е Ф Е С
С П Е Р П Р Т П Е Н А Г А Р У Б Т
Р Д О А У Н И Ц И Д Е М Б Т О У О
У У И К О И Ж З И С И С О И Е Р М
Й Л Д Е О Д У О И О П М Т Г Н О А
Ы О А И Е Й Л Р Т В И А А Р М В Т
В Р Р В А Ш С А А С Е Ч С Д С Е О
О Ф У С А А И Т Н Н Р У И И А Н Л
Т Р А Т И Т Ь У В С Т В С Н Б Ь О
Е Л Т О Н Е Т О Г И В С И Е С О Г
Л С Е В Й Ы В И Ч Н Е Т С А З В И
О Р А С П И С А Н И Е В М Д П Е С
И Л Е Л Н Е У Д У Т Т О С О Ц С М
Ф И С С Л Е Д О В А Н И Е С Н Н В
У У У С И Е Е К А П У С Т А Р А И
```

СТОМАТОЛОГ
ЧУВСТВО
ТРАТИТЬ
СЛУЖИТЬ
ИССЛЕДОВАНИЕ
СПАСИБО
УРАГАН
ЗАСТЕНЧИВЫЙ
МЕДИЦИНУ
ТИГР
РАСПИСАНИЕ
РАБОТА
ФИОЛЕТОВЫЙ
ВАШ
СПОКОЙСТВИЕ
КАПУСТА
РАДИО
УРОВЕНЬ
ВЕСНА
ПРИЗ

Puzzle 190

УСПЕШНЫЙ
ЯЩИК
ПИК
ИНОГДА
КАТАНИЕ
ЧАСЫ
ПРОВОДА
ВКЛЮЧАЮТ
ОГРОМНЫЙ
ЧИСЛИТЕЛЬ
ПРЕРВАТЬ
СОРТИРОВАТЬ
ПУСТОЙ
ОСЕНЬ
ПРЕСС
СРОК
ЗАДНЮЮ
ТЕНЬ
КЛЕТКА
ГЛАЗ

```
В Л О Т С В Е Й Ы Н Ш Е П С У И С
О С Е Н Ь К М С Е С М О С Р Е Т О
С П Л Е У Л Й К Л Е Т К А О И Е Р
Я М И В У Ю О Т О Р Е Е Д К Е Н Т
Ч Щ И А Р Ч Т Г Ц А Е И Г И Ч Ь И
А Л И И А А С Ф Р Д Л Т О П И О Р
С О Е К М Ю У И С О Р Ю Н Р С О О
Ы М У И Р Т П Е К В М Ю И Е Л Ц В
С М Е В Т С Р Т А О Т Н П С И Е А
П Р Е Р В А Т Ь Т Р Г Д Ы С Т О Т
С А У А Т О И Т А П И А И Й Е А Ь
П Т В Т И У Е Р Н И Д З Л Е Л Е С
О С У Т Н Е Е Р И П Е А Д М Ь И О
Н М Н Н М О О М Е С С Л С Т М Т И
М Е Р Р И С И Р О Л Т Г Т Е Г Ф Е
```

Puzzle 191

```
А П С С Т У У И А Я Е Е Ф П И Р У
Т А О М Е М М И Т П А И Ц Н Е В М
А Л П А Т У С Р Р И Ф Л Н Р М М И
Т Е Е М И У Т Л У О О Т Е Ц Л Е Н
Л Ц Н А Е А О Т Ы В И И И Д В С И
А М У Р А Р А Н С Ш Ы И И Т З Н
О Д Е Ж Д У Т Р Л В А М Ф С Я Е М
Д У Ы И Р Т У И Е И А Л Е О Т Т Е
С Ч Н П Н А П Л А К А Л Л Р Ь С И
У Е В А И Р Е О Л Т У С Е Л Л О И
У Н О Р И Е М К П У Г А Л О Ф И Н
Е Ы Н Е П М К С Т Р У К Т У Р А
Ф Й С Н Л М Л О В Р С М А С В Е М
П Р О Ь А Е М Р И И И О Н У И Е С
О У О М У Т Т Б М Т Е С З Р О С А
```

ПУГАЛО
ПАРЕНЬ
ЗНАК
ПАЛЕЦ
ОДЕЖДУ
ПАН
ОСНОВНЫЕ
ВЫМЕРЛИ
ОТЕЦ
ВЗЯТЬ
АМУР
ПЛАКАЛ
ВМЕСТЕ
УЧЕНЫЙ
ДЕЛАЯ
СЛЫШАЛ
СТРУКТУРА
ТЕМПЕРАТУРА
БРОККОЛИ
ИМЕЕТ

Puzzle 192

КОРА
ОБЫЧНЫЙ
АББРЕВИАТУРА
ПУСТОТА
МЕРУ
ЩЕТКУ
ЕЗДИТЬ
РЕГУЛИРОВАНИЕ
ОРГАНИЗОВАТЬ
КОНТАКТНЫЙ
ПРИМЕР
ПРИЗРАЧНЫЕ
ГОДОВОЙ
НЕСТАБИЛЬНАЯ
КРАСКИ
УБЕДИТЬ
ЗАРАБОТАТЬ
ЛЕЧАТ
УВАЖЕНИЕ
СВЕТ

```
З Е О К О Н Т А К Т Н Ы Й Е О П Е
А И З О Р Г А Н И З О В А Т Ь А Л
Р Н Р Д О У П И У Н Л С Т О У С У
А А И Е И К С А Р К М Е Р У Й Т В
Б В К Й У Т П Р И З Р А Ч Н Ы Е А
О О Т О М Е Ь У Е Л О С Б Н Н Л Ж
Т Р И В Р Щ Т Т А М Ф А Е Р Ч Е Е
А И А О О А И А Е Н И Н Е Т Ы Ч Н
Т Л Е Д И Т Д И А У У Р Н И Б А И
Ь У Р О Ц Т Е В С И М П П М О Т Е
Г Г Н Г Р А Б Е М Е О Д С У С Е У
М Е Б И О Е У Р Л Е Р И Т О Д М Д
А Р Н Т Е С О Б А Д О А Я У И Е Е
П У С Т О Т А Б Т Н Д А Т У Т О Т
Я А Н Ь Л И Б А Т С Е Н М И П Л С
```

Puzzle 193

П	Ф	У	О	Р	И	А	П	Я	И	С	Р	О	Я	П	Т	Г
И	О	У	Т	Е	Т	И	Л	С	О	О	М	Б	И	Р	И	Л
Т	П	Д	Н	Л	М	И	А	Й	А	Б	М	Щ	Ф	О	Р	В
У	Р	Я	Х	Д	Ф	М	Н	У	О	Ы	Н	А	А	Б	А	Л
О	Е	Е	Р	О	А	Р	Е	Р	И	Т	Л	Т	Р	К	З	П
В	А	Е	Т	Н	Д	М	Т	И	М	И	У	Ь	Г	А	В	Т
Ы	Н	О	И	Е	Е	И	Е	Т	В	Е	И	С	О	Т	И	М
Б	У	Ц	Р	А	С	М	Т	Н	Т	Р	Ъ	Я	Ф	Е	В	О
О	Т	А	Л	Е	Ф	А	А	Е	Т	Е	Ц	Б	Р	Щ	А	Т
Р	О	У	С	Р	Е	Е	И	И	И	А	Р	Ф	О	И	Т	О
У	Я	И	Н	Е	Н	Ж	А	Р	П	У	Л	О	Р	Н	Ь	Ц
М	А	Т	Е	Р	И	Я	Р	О	Е	Л	У	Ь	Е	Т	Л	И
А	Л	Ь	Т	Е	Р	Н	А	Т	И	В	А	И	Н	И	И	К
Р	Е	С	Т	О	Р	А	Н	Ж	Е	Л	У	Д	И	Ы	У	Л
С	О	П	Р	О	Т	И	В	Л	Я	Т	Ь	С	Я	Л	Е	А

ПЛАНЕТ
ОРИЕНТИРУЙСЯ
ВЫБОР
УПРАЖНЕНИЯ
МОТОЦИКЛА
ПРОБКА
СОБЫТИЕ
ОРФОГРАФИЯ
РАЗВИВАТЬ
НИЩЕТА
ПО
ОБЩАТЬСЯ
ОБЪЕМ
РЕСТОРАН
АЛЬТЕРНАТИВА
МАТЕРИЯ
ФУНДАМЕНТАЛЬНЫЕ
ЖЕЛУДИ
ПОДХОДИТ
СОПРОТИВЛЯТЬСЯ

Puzzle 194

ПОРЦИЯ
ХОЗЯИНА
НЕПРАВИЛЬНОЕ
НАСМЕШКА
СВЕРНУТОГО
ЧЕЛОВЕКА
КРИТИЧЕСКИЙ
ДЕТСКАЯ
МЯГКИЙ
ГРАНИЦЫ
ЛОСЬ
ПОТОМУ
ПЕРЕХВАТ
СИНИЙ
ФОКУС
ВМЕСТО
ПУТАТЬ
СЕРЬЕЗНЫЙ
ЕЩЕ
ПОЛЕЗНОЕ

П	П	Н	У	М	Т	С	У	Х	П	О	Л	Е	З	Н	О	Е
У	Д	Е	А	С	С	У	О	Г	О	Т	У	Н	Р	Е	В	С
Т	Е	Ф	Р	Р	И	Е	Ы	Д	П	З	Н	О	Е	И	Е	Й
А	Т	С	Ф	Е	Я	И	Ц	Р	О	П	Я	Й	А	У	Й	Ы
Т	С	У	О	П	Х	В	И	Н	Т	О	Р	И	Л	У	И	Н
Ь	К	Т	К	Л	П	В	Н	У	О	Е	Д	К	Н	О	К	З
А	А	И	У	М	В	И	А	Ц	М	И	С	Г	Т	А	С	Е
Д	Я	У	С	М	М	Т	Р	Т	У	М	А	Я	Н	К	Е	Ь
В	М	Е	С	Т	О	Т	Г	О	С	Н	Н	М	Т	Ш	Ч	Р
Ч	Е	Л	О	В	Е	К	А	У	Т	Е	Т	И	Г	Е	И	Е
Ф	Л	В	С	Н	У	Е	Е	Р	Т	Е	У	П	И	М	Т	С
С	И	Н	И	Й	Е	Щ	Е	Л	Е	Н	Я	Д	И	С	И	Д
Л	Л	В	И	Н	Т	И	И	И	М	А	Л	С	Е	А	Р	М
Е	И	С	Е	О	Н	Ь	Л	И	В	А	Р	П	Е	Н	К	Р
И	Т	Р	О	Е	У	Т	И	О	С	Е	Е	А	Н	О	Л	А

Puzzle 195

```
Н У Е Т П Н М Е С Ж Е Н И Т Ь С Я
Т В Д Т Р Е П И О О С У О Л А Т М
Ж И М Н И В В И Б Я Ь Л Ц Н Е Й У
Е Д С О В А Л И С А Л Р О С И Ы И
Н Е Г И Е О А У Т Н Е Д И З Е Р П
Щ Н И И Т И Р О В Т Ц С Ь О И О О
И Н Р В Е О Г М Е Р Н И Ч Д Н Т П
Н О А Р Ш Й И Н О А Д Н В Ш О И
Ы Е О А У О Ы И Н П П О Р О А К Т
М Е П О Д Н Н Л О С Л А Я Р М Р С
А У Л П А Г Б Д С Н Е И Р А О И И
С З Е О М А О А Т А В Р М У Д М А
Т И Е О Т В Р К И Р Р О А Н Р О И
Е М У Р У Б П Ц И Т У С У О Н Е Е
Р А М И Е Р Т Й Ы Н Т А Р У К К А
```

МАСТЕР
ДОМАШНИЕ
ДУШ
ПРОБНЫЙ
УВИДЕННОЕ
ЖЕНИТЬСЯ
ЖЕНЩИНЫ
ПРЕЗИДЕНТ
ПАРУ
ЗИМА
АККУРАТНЫЙ
ТРАНСПОРТНАЯ
СОБСТВЕННОСТИ
ЧЬИ
ДВОР
ПРИВЕТ
ЦЕЛЬ
КОТОРЫЙ
НИКОГДА
ПОД

Puzzle 196

ПРИЗНАТЬ
ОТЧЕТ
ХОККЕЙ
СИДЕНИЕ
ДОМИНИРУЮЩУЮ
ПОВТОРЯЮТ
КАРТЕ
НАСЕЛЕНИЕ
УЧИЛ
ВНЕЗАПНЫЙ
ФОРТЕПИАНО
ПРАВИЛЬНО
ПОКОЛЕНИЯ
ПРАВКА
УДАЧЛИВЫМИ
ВИДЕО
БРАТ
НАОБОРОТ
ФЕРМЕР
ЛЕТ

```
Ф Н Н Д О М И Н И Р У Ю Щ У Ю К Б
О А М С С Л Л М А Е Р А Н С У А Р
Р С О И Л П Н И И М И У К С П Р А
Т Е Е Д П О В Т О Р Я Ю Т В Р Т Т
Е Л С Е О Д О Е Р Е Т У И О А Е Е
П Е Р Н Н Т У С И Ф Е И Р С В Р Н
И Н Ф И И М Ч Т Н Т Е Е П Х И П П
А И Д Е Т Н Е Е У В П И О О Л О У
Н Е О Т С Р И Т Т Р Р У К Ь К У
О С Р Е О Е Т Е Н С И У Ч К Н О М
У Д А Ч Л И В Ы М И З В И Е О Л Б
В Н Е З А П Н Ы Й Е Н И Л Й Е Е П
Ф М И И Н Е В Т И Ц А Д У Т С Н Е
Н А О Б О Р О Т Е Л Т Е В Б Р И Н
Р Б М О У И Р Ц А Т Ь О Т П И Я У
```

Puzzle 197

Р	П	Д	С	У	П	Д	О	Х	В	К	И	Ю	А	Р	Н	В
О	Р	В	О	О	Р	О	В	С	П	О	К	И	И	И	П	О
Т	И	О	Б	П	Е	Б	Л	А	Е	Л	П	Р	П	И	Т	Р
Р	В	Й	Л	И	Д	Р	Н	М	Ы	Ы	Е	О	У	Р	И	О
А	Л	Н	Ю	С	У	О	Ф	М	Б	С	Е	С	Т	Р	В
С	Е	О	Д	А	П	В	П	И	И	Е	В	Т	И	О	О	А
С	К	Й	А	Т	Р	О	С	Р	С	Л	Ц	Е	М	А	С	Т
Ч	А	М	Я	Ь	Е	Л	Е	У	И	Ь	С	Я	Т	И	М	Ь
И	Т	И	Т	Т	Ж	Ь	Н	Е	В	Н	Р	С	С	Е	О	Н
Т	Е	Л	О	И	Д	Н	И	И	А	О	Я	Ь	О	О	Р	Н
А	Л	И	А	Т	Е	Ы	У	М	З	Р	Р	Т	И	Т	М	М
Т	Ь	П	Е	Я	Н	Й	Е	И	Е	С	У	А	О	А	У	А
Ь	Н	Е	М	П	И	У	С	С	Н	М	У	Т	О	Т	Е	И
Т	А	Р	П	И	Е	П	М	Е	Т	Ф	У	О	И	П	Р	У
А	Я	Р	С	К	Е	И	Л	Т	Ч	А	Й	М	Н	Л	Е	М

НЕЗАВИСИМЫЕ
ПРИНЯТО
ТЕОРИЮ
КРУТО
ОПИСАТЬ
ЧАЙ
ВОРОВАТЬ
КОЛЫБЕЛЬ
ДОБРОВОЛЬНЫЙ
РАССЧИТАТЬ
ВХОД
СОБЛЮДАЯ
САМЕЦ
ПРИВЛЕКАТЕЛЬНАЯ
ВЕТЕР
РИФМА
ПРЕДУПРЕЖДЕНИЕ
МОТАТЬСЯ
КИПЯТИТЬ
ДВОЙНОЙ

Puzzle 198

СОСТОЯНИЕ
ИНВЕСТИЦИИ
КЛУБНИЧНУЮ
ПОСЕДЕЛИ
КАМИН
СТРАХ
СКУЧНО
ЧЕРВЬ
НИЖЕ
РАКЕТА
ВЫБОРЫ
ПОГОДА
КРОКОДИЛ
ДРУЖЕЛЮБНЫЙ
РУЧКА
СОГЛАСЕН
ЗНАКОМЫЙ
ТОЧНОСТЬ
ЗАБОР
ТЕПЛОВОЙ

С	С	О	Р	У	С	К	О	Р	Е	О	К	Н	Р	А	Е	Е
С	К	У	Ч	Н	О	О	Р	О	Р	У	А	Т	Е	К	А	Р
Т	М	С	У	Е	М	О	С	О	И	С	М	Т	Ж	Е	К	К
П	Й	Т	А	С	М	З	Д	Т	К	Е	И	Т	И	Л	Ч	Л
В	О	Р	Т	А	Р	Н	Р	У	О	О	Н	Т	Н	Т	У	У
П	В	А	Р	Л	Н	А	У	О	И	Я	Д	Л	У	О	Р	Б
О	О	Х	П	Г	П	К	Ж	Л	И	Е	Н	И	Р	Ч	В	Н
У	Л	Г	М	О	И	О	Е	У	Ц	Р	У	И	Л	Н	Л	И
В	П	Ф	О	С	И	М	Л	У	И	П	В	С	Е	О	Р	Ч
Л	Е	Т	Е	Д	Т	Ы	Ю	Е	Т	И	Ы	А	М	С	Р	Н
У	Т	С	Л	Д	А	Й	Б	Р	С	С	Б	И	О	Т	Р	У
Е	Е	Е	Е	М	О	И	Н	М	Е	А	О	П	О	Ь	Т	Ю
Ч	Е	Р	В	Ь	Е	Е	Ы	М	В	Л	Р	О	Б	А	З	Н
У	Г	О	Я	Р	С	Е	Й	Р	Н	Ц	Ы	Л	Ф	Д	И	Ф
О	Ф	П	О	С	Е	Д	Е	Л	И	Л	Н	Л	Д	Е	И	У

Puzzle 199

Л	В	А	А	А	Н	Е	Т	А	Е	О	У	Е	Е	Р	Н	К
Е	А	Е	С	М	П	И	Ф	П	Е	О	Л	Р	А	И	Г	А
Т	П	С	Л	Е	Р	Т	С	Ы	В	М	В	О	Р	У	Г	М
Е	У	Г	С	И	О	Ф	С	У	Р	Т	У	С	Л	Е	О	П
О	С	Н	Е	О	К	И	Н	Й	А	Ч	И	Е	М	Р	Р	А
У	О	А	И	Р	В	О	И	Т	К	А	Н	Ь	К	Е	Д	Н
В	Ы	С	О	К	О	Е	Л	Н	У	У	О	Т	С	Р	О	И
Ч	А	С	Т	И	Ц	Ы	П	Е	Ц	С	С	А	У	Т	Е	Й
Е	Н	Е	И	А	Т	Т	О	Д	П	У	Е	Д	А	О	М	М
Т	А	П	О	З	Ж	Е	Е	У	И	Н	М	А	С	Л	О	У
У	Л	И	Р	Р	Ф	И	З	Т	Т	Й	Ы	Л	И	М	Ш	Р
Н	Е	И	С	Е	И	С	Д	С	У	И	Е	Й	С	П	О	Т
О	Д	С	С	Р	У	Е	К	П	Р	Н	У	Е	Т	П	Р	С
Л	С	С	Я	А	Н	Д	А	Л	О	К	О	Ш	М	Е	О	М
П	Р	О	Ц	Е	Д	У	Р	А	И	Р	С	И	Е	У	Х	Р

ЧАЙНИК
ШОКОЛАДНАЯ
КАМПАНИЙ
ПРОЦЕДУРА
ЛАССО
ПОЕЗДКА
МАСЛО
ВЫСОКОЕ
ЧАСТИЦЫ
МИЛЫЙ
КРЕМ
ХОРОШО
ДАТЬ
ТКАНЬ
ГОРДО
СДЕЛАНА
СТУДЕНТ
ВЫСТРЕЛ
ВЕЛИКОЛЕПНЫЙ
ПОЗЖЕ

Puzzle 200

ЛЕДИ
ШЕЯ
ОДНОРАЗОВЫЙ
СПУСКАЮТСЯ
НАПОМНИТЬ
ПОКАЗАЛ
РАСПЛАВИТЬ
КОНЕЦ
КОРОТКИЙ
СЕБЯ
ДЕРЕВО
БОИТСЯ
ЗАДАТЬ
ДЕЛАЮТ
ПРИГЛАШЕНИЕ
ОЧЕВИДНО
РЕЗКОЕ
ВЫДЕРЖИВАЕТ
УМНОЕ
ПРИНЦ

П	О	К	А	З	А	Л	О	У	Е	Р	Б	О	Р	Ф	М	Л
К	О	Р	О	Т	К	И	Й	Н	Е	С	Р	О	И	Т	У	Е
Т	Е	Р	Е	С	У	М	Ц	М	А	А	И	Р	И	А	И	Ф
С	П	У	С	К	А	Ю	Т	С	Я	П	С	С	Д	Т	П	У
В	О	Е	Н	П	И	А	И	Л	П	Т	О	Е	Е	И	С	Т
Ы	Ч	И	Е	О	Н	Г	Г	П	Р	М	В	М	Л	У	Е	Я
Д	Е	О	К	З	Е	Р	П	А	И	Т	Е	О	Н	М	У	Б
Е	В	У	И	И	Н	О	Т	Е	Г	И	Р	Ц	Т	И	Т	Е
Р	И	О	З	А	Д	А	Т	Ь	Л	Ц	Е	Н	О	К	Т	С
Ж	Д	О	Т	Р	И	С	С	П	А	Н	Д	И	Н	Е	А	Ь
И	Н	И	А	У	П	М	О	С	Ш	Т	У	Р	С	И	Ц	У
В	О	П	И	И	С	О	Е	Я	Е	Ш	И	П	М	В	Т	С
А	Й	Ы	В	О	З	А	Р	О	Н	Д	О	С	М	В	М	И
Е	Н	Ц	Т	О	С	Т	Ь	Т	И	В	А	Л	П	С	А	Р
Т	Ю	А	Л	Е	Д	С	Е	Ф	Е	С	Р	И	Д	Т	М	Е

Puzzle 201

```
И Й И А О Й Е С Л С Ы М С Ц Т Н С
Л Е Н И В Ы Й Х У А Т И О Е Н И П
Р Л А У Р Н Ы О И Щ О Л И И Б О Р
Ф И П С А Ь Н Д У И Е Я У Н О Е О
Е Б И О З Л Т Ь Ч Е Р С О С П Е С
Е Ю М Н Р Е А Б Р Е И О Т И Н Е И
Ш Р Р И А Т Л А Р Т И П Е В Л Р Л
Ч Р П Н Б А П У И Я Т Е Т О У Т Н
У Т У Д О М С Т Р П О Ф О И М Ю Т
Л Г У Н Т И Е Ц С У И У Н С С Н Т
Р Т Р У К Н Б С У Р Т М Е И И П Е
Р О Р О И В О Б Я З А Н Н О С Т И
Н Г О Д З Е О П Е Р Р И П В Н Е Т
О Е П М И А Н И В Л П П Л О Т У В
С О Б С Т В Е Н Н О Г О Е Е Г Д И
```

ЛУЧШЕЕ
СУЩЕСТВУЮТ
ВИНА
СЕБЕ
ТИП
РЕЧЬ
ЛЕНИВЫЙ
НЕТ
ХОДЬБА
ЮБИЛЕЙ
УГРОЗА
СПРОСИЛ
РАЗРАБОТКИ
ВНИМАТЕЛЬНЫЙ
ПОЕЗД
СОБСТВЕННОГО
ОБЯЗАННОСТИ
БЕСПЛАТНЫЙ
СМЫСЛ
МИЛЯ

Puzzle 202

НОРМУ
ЗАЩИЩАТЬ
ДАЛЬНИЙ
ВЕЩЬ
ТРЕУГОЛЬНИК
ТОЖЕ
СОКРАТИТЕ
ЛИЧНО
КАЖДЫЙ
МОРКОВЬ
КОМАНДА
ВНУТРЕННЯЯ
СИДЕЛ
ЧУВСТВУЮТ
ЯСТРЕБ
ФИШКИ
ПАСЕ
МУЗЫКАЛЬНЫЙ
ДАВЛЕНИЕ
ЭКСПОРТ

```
Е Е Э О Ч Т П З Р М Т А А М М К С
Е Д К П У Н А А Д Р О Е С Е Е А О
И Н С Л В Р С Щ И В Е Р И М Р Ж К
Н Ф П В С У Е И Т О И С К Ф Е Д Р
Е Й О О Т Е Ж Щ Ф И Ш К И О Р Ы А
Л Ы Р Л В А О А М И С О Т М В Й Т
В Н Т И У П Т Т К О М А Н Д А Ь И
А Ь М М Ю Т Е Ь И Я С Т Р Е Б Щ Т
Д Л А Т Т Е И И М П О У Т А П Е Е
И А И А Л И Я Я Н Н Е Р Т У Н В И
Я К Л Н Т Р Е У Г О Л Ь Н И К Е Е
У Ы Е Ь О В Т У Е У О О Б У О Ф С
И З Д О Н Р С У О Е А У Л И Ч Н О
Н У И Т Е И М Ф С И Е И И М М Л Е
Н М С Р А И Й У Л М Л С Н Т С И Р
```

Puzzle 203

```
П Т О Т У П С И Р М М Е Е И И А С
У О В Б П Е И О М Р С Р Р Н О Т
М А К Е Т Р Л Т А В И Б П И Т Я И
Е Н У Л Е Е Ь М Н С Д Р М И Е О Т
Е Е Л Х Д П Н О С М О Т Р Е Т Ь П
Д Ж М В Е Е Ы У О И Е У О А И М С
О О У Е В Л Й С М И О А Г О Р О Х
К Б Б П О Л И Т И Ч Е С К О Е Н Р
И А И А Н А П О М И Н А Е Т М А Ж
Л Н К Л В В О Р О Н М Н Р В Ф Д Е
О И Т Ь И Л Е Т С У П О С И Е И
Е Щ Н А Е Н Т А А Л Е У Д Е Е Ж Р
С Н О Д Т Р О Ь Т И Ж О Н М У Д С
Р Е Ч Е Н О И Е П У Н Н Р О О А С
Я Ж Ь Е Е М Т Е М Е С А Т У У У И
```

СМОТРЕТЬ
ЖЕ
ГОРОХ
ВОРОН
ОБИЛЬНОЕ
ВЕДЕТ
ЖЕНА
НАПОМИНАЕТ
ПЕРЕПЕЛ
МАКЕТ
НОЧЬ
СИЛЬНЫЙ
КАК
ЖЕНЩИНА
ПОЛИТИЧЕСКОЕ
ХЛЕБ
ОПУСТЕЛИ
УМНОЖИТЬ
НАДЕЖДА
ДОБАВИТЬ

Puzzle 204

ПОВСЮДУ
ПЕРВЫЙ
СЧЕТА
НАЦИОНАЛЬНЫЙ
ПРУД
ДЕСЯТАЯ
РОДНОЙ
ТОЧИЛКА
ПРИЗНАТЬСЯ
ЧЕРЕПАХА
ОПРЕДЕЛИТЬ
ОБЕД
РАЗРЕШЕНИЯ
МОЛОКО
ФИНАНСОВЫЕ
ТЕЗИС
АКТ
ОБЪЯВИТЕ
ДУМАЛ
СОВЕТЫ

```
Ф П Й И У Ф П О В С Ю Д У С Р П Л
Р И Ы Д Е С Я Т А Я И И О Ч О Т Р
А О Н Е А Т Ф Т Н В Т О И Е Д М О
З П Ь А Й Ы В Р Е П О С У Т Н М Ф
Р Р Л Т Н П Р У Д З Н Е Е А О И И
Е Е А Ч Е С Е А Т В И Е П М Й И Е
Ш Д Н Д Е Б О О С Т Е С У Д И И С
Е Е О Л У Р Н В С М П О Е Н Е Р И
Н Л И Е Я В Е П Ы Т Е В О С М Л Е
И И Ц О И Т У П Е Е Т И В Я Ъ Б О
Я Т А О М С Т Е А Е К П Т Т И Ц К
У Ь Н Р А И Д С Е Х А Е И С М Т О
Т Т О Ч И Л К А Е Л А М У Д И Н Л
И Л И М П Р И З Н А Т Ь С Я Е Е О
Я О А У Е У С Т С О Р Н У Е Е Н М
```

Puzzle 205

```
Р П Ф И И Р Б И Б Т Д И Т Ф Т И
С П А Л Ь Н Я У С Е У С Л У Т Т Л
Р М М И Т У С Р Я С Т Е А Т А К О
О Т Р Ф А Д Н Е Т С Е Е У А П С О
П Р О А Д Е П В П М Т С Д Н Д Е Р
И О Ф Н Ж М Е Е О Ы И С Н И Л Е Е
Р З Ж А Т Н С С В С М У П Т Д Т Т
С С Б А Р О Л Т Е Л О О Н И Т Н П
Е С Д Е Л Р Р Н С Е К В С Л У Х Е
Н Л И С Ж У Л И И Н И Е У С К Ф Щ
Е Т Я А Р А Й К Т Н Е И Г Е И С Е
У С Т П И И Т С Ь Ы Е О Р С Н И Р
Е У Г О Л Ь А Ь Т Й О Р Р Т Х О А
Н Е К О Т О Р Ы Е А Е П Т Р Е Р Д
О З А Б О Ч Е Н Н О С Т Ь Ы Т С С
```

КАТАЕТСЯ
СТЕНД
НИ
ОЗАБОЧЕННОСТЬ
ПОВЕСИТЬ
БУРЕВЕСТНИК
ПОЖАЛУЙСТА
БЕССМЫСЛЕННЫЙ
ИДЕТ
ТЕХНИКУ
ПЕЩЕРА
ВСЛУХ
КОМИТЕТ
СПАЛЬНЯ
ИЗБЕЖАТЬ
НЕКОТОРЫЕ
УГОЛЬ
ЖДАТЬ
ФОРМА
СЕСТРЫ

Puzzle 206

ЧЕЛОВЕК
УКАЗАТЬ
КОФЕ
ДОКАЗАТЬ
ЗООПАРК
ЗЕМЛИ
БИЗНЕС
СВАДЬБА
БЕССМЫСЛЕННО
НАСИЛИЕ
СЕРДЦЕ
ПОЦЕЛУЙ
СОБИРАЮСЬ
РАБОЧИЙ
ДЕЛО
ОПРЕДЕЛЕННОГО
ЦАПЛЯ
ЗЕМЛЯ
КТОТО
РАСТЕНИЯ

```
О П Р Е Д Е Л Е Н Н О Г О И Т Е П
Л К Й И Ч О Б А Р Б С Л Н Р С И О
Е О Е Л К Р А П О О З Н Е П П А Ц
Д Ф И И Т У С Б Д О К А З А Т Ь Е
Р Е Е С И У Н Е Ь С Е О С Н Е Т Л
У А Т А В Р И С Ф Д Е С А Р Т А У
Е Е Р Н Д М Е С Р С А А Л С О З Й
У Ц Т Е И И Н М Д Б С В У У И А Н
У Е Н Т У У О Ы О М П Д С Я П К О
М И И Т С Д С У Е В Е И У Г У С
Р Я С Т А Т Я Л П А Ц З Е М Л И У
Ч Е Л О В Е К Е С О Б И Р А Ю С Ь
Т О Р М П Я И Н Е Т С А Р Е Д П Т
Е Ц Д Р Е С И Н Б И З Н Е С М С А
А О Р Е Л З Н О К Т О Т О У У С Е
```

Puzzle 207

```
В З А К А Д Е М И Ч Е С К А Я Р Т
З О А Е Т И Д С А И Т З Н А Н И Я Я
Я Л Е Р Ц А Т Р Р С У Щ Е С Т В О Л
Л Е П Н Я Т Б Ы Л Е Ш О П Ф С Н И
Т П О А И Д М Е Т И Д К Р А Б О Ф
Р С Ф Т Е О М И А К М И А Е Ф Г Н
О А Т И А Я Ф Е И С М О С Н У Т Е
Р К С Е С А Л У М Е А Р С О П Е П
И Л С С О И С Д Б Ч Ц Ф У М М Й У
А У Т Н К О О Т И И К О М Ф О Р Т
О Г М У М А О У Р З Л О В И Т Ь С
У О И С П И З Т Ь И Л М У И А У О
С Р Е Т У Т О Ч О Ф И А А У Р У Д
И П И А Р Т И Й И Р А Н Е Ц С С Е
С Л О М А Н Н Ы Й К Р А Б О Т Ы А
```

КРАБ
ЛОВИТЬ
ПРОГУЛКА
СУЩЕСТВО
ПОШЕЛ
ЗАРЯД
ФИЗИЧЕСКИЕ
СРЕДИ
НОГТЕЙ
ЗНАНИЯ
ДОСТУПЕН
ИМБИРЬ
СЛОМАННЫЙ
АКАДЕМИЧЕСКАЯ
ВЗЯЛ
РАССКАЗЧИК
РАБОТЫ
СЦЕНАРИЙ
БЫЛ
КОМФОРТ

Puzzle 208

РОСА
ЛИ
НО
РЕДИСКА
МЕЖДУ
ПОТЕРЯТЬ
ДЕШЕВЫЕ
КОГДАНИБУДЬ
МЫЛЬНОЙ
ФОЛЬКЛОР
ЛЕОПАРД
НА
ИСПОЛЬЗОВАНИЯ
ФЕДЕРАЛЬНЫЙ
ПРОМЫШЛЕННОСТЬ
МОРЩИНА
ВЫРАСТИТЬ
СКОРЕЕ
СЛОН
ПЕРИМЕТР

```
Ф Т У Л Е И У Е И Е М Т М И О Л М
Л Ф Н И Ь Т Я Р Е Т О П Ф С Т А И
С Л О Н Т П О П О И П Л С П Т А Н
Б Ф Ь Т С О Н Н Е Л Ш Ы М О Р П А
Е У М М У Е Л Л Т Л К Е Л Л Т Я А
Р Е Д И С К А Е О О А Ь Е Ь Р И М
Т Ы М Ж Е И С О У О А У Л З О Т И
Е В С О Е И О П А М Т О Е О О Е У
М Е Е Е Р М Р А С С Ф Е И В Ф Е А
И Ш У И О Щ И Р Ь Т И Т С А Р Ы В
Р Е Е О К Р И Д С И П У И Н У М П
Е Д А Р С Н Н Н И С Р О Е И Д В И
П И Р Н И О А М А М У И В Я Е М О
Ф Е Д Е Р А Л Ь Н Ы Й О Н Ь Л Ы М
К О Г Д А Н И Б У Д Ь И О О У С А
```

Puzzle 209

```
П П О С Т Е П Е Н Н О Е Р Е А Е У
В Р С Б Д У Е Й Р С О М М С У Р И
П А О Л Т Л Й И К С Й Е Ц И Л О П
Р Ц Ж Г П Е Р К О Т Е М Т И Б Т И
О Й М Н Н И У С Л У Н Х Я Р Т С В
Б Я Ь Л О О М Е И Р П Н Е У О П У
Л И Т Э М Н З Ч Ц Л О У М Р Ч В И
Е Й И К С Е Ч И М О Н О К Э Н Н Е
М И Н О И Т Т Р Р С П М Н И О Е Т
А Т Е Ш Н У Р Т Н О М Е Р Л М А У
У Е Ц Г И М М К М С В Т С Д М Т У
С М О Н И Р О Е Р И Т А Ч А С Т О
М Е Х А Н И К Л И Р С Ф Т Е Н Т У
Т Р Е О О Е И Э В Р А С У Ь Л У Р
В О С С Т А Н О В Л Е Н И Е Р М Л
```

ПОЛИЦЕЙСКИЙ
ТОЧНО
ЧАСТО
ПРИЕМ
ЭЛЕКТРИЧЕСКИЙ
ЯЙЦА
ЭКОНОМИЧЕСКИЙ
ПРОБЛЕМА
ПРОГНОЗИРОВАТЬ
ШОК
МИСС
ВСТРЯХНУЛ
ВОССТАНОВЛЕНИЕ
ПОСТЕПЕННОЕ
МЕХАНИК
ВНЕ
ВАЖНО
РЕМОНТ
ОЦЕНИТЬ
ЭТИ

Puzzle 210

ГАЛСТУК
АВТОМАТИЧЕСКИЙ
ЗАЧАТЬ
ТРАДИЦИОННЫЕ
ЩЕНОК
СПАТЬ
ДОСКУ
ХОЧЕТ
КОШКА
ГРАНД
ТЕТЯ
ОСТАТОК
ПЕРЕМОТКА
ИНГРЕДИЕНТ
КАЖЕТСЯ
ЧАС
КОРОНА
ДЕРЖАЛ
АНЕМОН
ДЕРЕВНЯ

```
Г К И М О Ь И О Т А М У Л П Е С О
Р О Е М О С Т А Т О К У Т С Л А Г
А Р Т О П Т Д А Б Т Б К Н Р Е Е Н
Н О Т Щ Е П К Е Ч С Е С Е А О Н О
Д Н Т Е Р Е И О Р А П О Е У Е М Т
М А Е Н Е О В И Ш Ж З Д Т И А Ц В
С Т Н О М Е Н А И К А М И У Н Ф И
П Т Р К О У И У А У А Л И Р Л Н Я
А И Я С Т Е Ж А К О Я М О Ц М Т Н
Т А Т В К Х О Ч Е Т Р Н С Р Н Т В
Ь У Е М А Т Р А Д И Ц И О Н Н Ы Е
Е Ц Т Е Т И И Н Г Р Е Д И Е Н Т Р
А В Т О М А Т И Ч Е С К И Й Т Л Е
П И О Е У А Ц П Р Е У Т Т А С А Д
С Т С Т Е Р Р В Н Е Н Б Ч А С Е Е
```

Puzzle 211

```
И Д Я И Н Е А А К А Е Р Т А Е А П
М О Г О Ж О Е Р Г О М О М Т А И Р
Р А И И Н А И Л И И Н М Е А О Т О
П Ы Л Е Г К О С Т Ь И Т Т К А Л И
Л Н С Р Е М О Т Я И М К Р А Е Е З
А А У Ь Т А Ч У Л О П И Е О Е Т В
В Т И И Р Д Е Я Д У Р Н Ы Е Л А О
А Ш А В Т О М О Б И Л Ь Н Ы Е Ь Д
Н А Е Р И С Е Н Р С Т Л С Т Т Т И
И К Р Е Т И Ч Е У Ц У И Е И О А Т
Е И Е О С С Е Т Т Н С Д Р Л П Ж Ь
Е Н Р Р Н У Е П Т П О Е Е Р Р М
Б Л Е С К Е Е С М В Е Л Т С Е Е А
О В И Л Т Е И Т И Е Е О Н И С Д Е
Р А З Б У Д И Т Ь Т Ц Х И И О Е С
```

ДЕРЖАТЬ
РАЗБУДИТЬ
РЫСЬ
ДЛЯ
ИМ
ПРОИЗВОДИТЬ
БЛЕСК
ХОЛОДИЛЬНИК
ИНТЕРЕСНЫЕ
ПОЛУЧАТЬ
СЕСТРА
ЧЕМ
АВТОМОБИЛЬНЫЕ
ПЛАВАНИЕ
ОЖОГОМ
КАШТАНЫ
АТАКА
ЛЕГКОСТЬ
КОНТРОЛЬ
СОДА

Puzzle 212

РАСШИРИТЬ
ЖУК
ВЧЕРА
ДАЛЕЕ
СТОИМОСТЬ
ИЗОЛИРОВАННЫЕ
ОДНАКО
ВИНОВАТУЮ
СУДЬЯ
ПТИЦА
БЛУЗКА
БЕЗ
ВЕСИТ
ДЕНЬ
ВСТРЯХИВАНИЕ
ДРАГОЦЕННОЙ
НАШ
ШОССЕ
ПОЯС
ГИГАНТСКИЕ

```
Л Е П И В О Е П Ф У И Т Р Е И Ш Е
Я Р О Р С Ф Д Е Т И С Е В А З О Н
У И У Д Т С П Н Ш И Е Е Е У О С Г
С Ь Т И Р И Ш С А Р Ц И Т О Л С С
Л Н У И Я Е Н Я Н К Т А П Е И Е С
С Е О Е Х Н Б О А У О Е П Р Р И Т
Т Д Р С И Е Л П О Ж Е Я У А О Е С
Е С Р С В Ю У Т А В О Н И В В Т С
Д И Е У А И З С У Д Ь Я У У А И Н
М А О Т Н И К Б Е З М У У О Н И Е
О У Л О И Т А Р Е Ч В Я А И Н О С
Л Е Л Е Е И К С Т Н А Г И Г Ы В Д
Й О Н Н Е Ц О Г А Р Д Р М У Е В Е
С Т О И М О С Т Ь У О Р В Т Д А И
Д Р М Н Е Т У С У У Л У И Е Л И Ц
```

Puzzle 213

```
Ф П И У В Е Н Е И Н Е Ш У Р З А Р
П Р И С У Т С Т В У Е Т У Т М М А
М Е С Т И М Р Д Е Т Е П Л Н У У З
Т У Ф П Л Н Е У Е У Г Р О М Ч Е Л
П С Ж П Е А Е И А И М Ф Е Ф Ц М И
Р И С Ч У И Л К А Р Т О Ф Е Л Ь Ч
Е С А Н И И Н Я О Т С О С Т Р У Н
К Л У Е О Н Ж О Р О Т С О Е Н С Ы
Р Е Д И Л У Ы Н Е Б О Е В И О Т Й
А П Р А К Т И Ч Е С К И Е С М А Т
С Ф М И С С И Я О У Е Е Т Е Т Л Р
Н В А Т Е П Р И Я Т Н О Н А Р И У
Ы И Ф К О В О Щ Н О Й Б И Т М М Т
Й О Л О Т О Б В И Н Я Т Ь Р У О Н
П О Д Д Е Р Ж И В А Т Ь Н И Т Р Е
```

КАРТОФЕЛЬ
НЕОСТОРОЖНОЕ
ЛИДЕР
МИССИЯ
МУЖЧИНЫ
ТАМ
ПРЕКРАСНЫЙ
ФАКТ
УСТАЛИ
НЕБО
ПРИСУТСТВУЕТ
ПРИЯТНО
ОВОЩНОЙ
СОСТОЯНИИ
ОБВИНЯТЬ
РАЗРУШЕНИЕ
ПРАКТИЧЕСКИЕ
ГРОМЧЕ
ПОДДЕРЖИВАТЬ
РАЗЛИЧНЫЙ

Puzzle 214

ЗАПРЕЩАЮТ
ДОВОЛЬНО
ВЗАИМОДЕЙСТВИЕ
ДОМ
ВАРИАНТ
ЭФФЕКТ
ПАЛКА
ПРОДОЛЖАЙТЕ
СОК
ПРОИЗНОШЕНИЕ
ЦВЕТОК
УЧИТЫВАЯ
ВЫЗОВ
ВЕЩЕСТВО
СЛЕДУЙТЕ
СЮДА
СРЕДНЕЕ
ЛЕСТНИЧНОГО
РЕЗУЛЬТАТ
СОННЫЙ

```
Л Р И М Ц Е З О Р Н М Р Е У Т В С
А У Е В В Я А В Ы Т И Ч У Е Е З М
С Т Е О Е А П Т В О И И А О Т А Л
Д О Е Г Т Т Р С О А Д С Н И Д И О
Н П Н О О И Е Е З К Р О Н Т С М Н
Р Р Д Н К Н Щ Щ Ы Л Н И М М Ц О С
Р О Е Ч Ы Н А Е В А Д П А Е Е Д Л
Е Д Р И Е Й Ю В М П Е И Р Н С Е Е
З О С Н Т Д Т Р И С Ю Д А В Т Й Д
У Л Р Т И О К Д О В О Л Ь Н О С У
Л Ж П С С Г Е Р С С С В Л П С Т Й
Ь А С Е У У Ф Е П О Е У И И У В Т
Т Й Е Л У А Ф Е Р К Т Л И И И И Е
А Т И У Д У Э Т Е И Л О И Н Е Е Р
Т Е И Н Е Ш О Н З И О Р П М Е И И
```

Puzzle 215

```
У О Е П Е А А Е С О М Д Т М Е Н Г
А Е Е Т Р Ф Н И Н Р И П Н Я Т Е Р
С Т И С Н О З А Г Л Р Л Р Ч О П У
Ц О К Е А Н С М Н О И М О О М Р З
Н Е Ж И М Т Ь Т И Н А Р Х О С А О
М Е Е Р М И У П Р Т Е П Л О У В В
А С Р Е И П И П Р А К У Р Р С И И
Т Ж А Н О С Р Е П Ы Н У С У М Л К
С Е В Е У Ц С Т О Л Ж С К Л Д Ь Р
М У Х О Д Я Щ И Е М Ф О Т Л Ф Н Е
У С Р Е Е А Ч И С Т Ы Е К В А А И
С А У Ф И З Б О Л Ь Н О Й А О Я Е
О Б В А Л А У У О О Т А И И Е Н О
Х А Р А К Т Е Р И С Т И К А И М Е
Д Е Й С Т В И Т Е Л Ь Н О Т М Т У
```

УХОДЯЩИЕ
БОЛЬНОЙ
ПРОСТРАНСТВО
ГРУЗОВИК
ДЕЙСТВИТЕЛЬНО
СТОЛ
СОХРАНИТЬ
НЕПРАВИЛЬНАЯ
ГАЗОН
ХАРАКТЕРИСТИКА
КУКЛА
ЧИСТЫЕ
ОКЕАН
ОБВАЛА
ПЕРСОНАЖ
ПРЫЖОК
ЗАЯЦ
МЯЧ
ВАРЕЖКИ
ТЕПЛО

Puzzle 216

ВЕРНЫЙ
СТАТЬЯ
САММИТ
МАКСИМУМ
СЧАСТЛИВАЯ
САД
ПРАВДА
КАЛЬКУЛЯТОР
ПАПА
ГАЗЕТА
МАЛОЛИТРАЖКА
ОБЛАСТИ
ЯГНЕНОК
КОКТЕЙЛЬ
СНЕЖОК
ТРЕБУЕТСЯ
СЕРИЯ
ОБРАЗОВАНИЕ
ТРИ
ТЕРМОМЕТР

```
Я Г Н Е Н О К Е И Т У А Н О Е Б К
С Ч А С Т Л И В А Я Ц С Е У Р Е О
Н Е У Г Н К А Л Ь К У Л Я Т О Р К
П Р А В Д А К М П Е Т Т В У Р Г Т
Д П П С И У Ж М Л Р А М Н Л Я А Е
М М А Е И Н А В О З А Р Б О Ь З Й
Т У П И Н С Р Т Е М О М Р Е Т Е Л
С Е Р И Я Н Т И О Р Т И И У А Т Ь
С А Д О О Е И М Е Б Н Р О И Т А П
Н Е М Т Е Ж Л М И Л Л Ы И П С И А
О А Т Р Н О О А П И Е А Й Г М И М
Т А Е О О К Л С С Н Е И С У С У А
И И У Г С С А М М Н О Е Т Т М Ц Н
П И Н М П И М У М И С К А М И Е А
Е У С Е О Р Ц У Т Р Е Б У Е Т С Я
```

Puzzle 217

```
С У О Г Е Ч И Н С Р Н С И К Р У К
Л Н Е П У Т С О Д Л Т О И А С С Л
С И Е Т С Д Е Л У Е Б О Г Р Л З И
Р У Р И С Н Е К Н Е Е Т О Т Т А П
Е Б П Е И О А А С И Г Н Л О Р К Ы
П Н Л Е У И А Н Л Т Е Е О Ф И Л Н
У В Ы Р А С Т И Т Ь М С Д Е Ф Ю А
Ф О Т О Г Р А Ф И Я Я О Т Н Л М Ч П
З И М И Е Р Т Ф А У Т И О Ь А Е И
И С П О Л Ь З О В А Т Ь Е Н Т Н С
Р У Е А Ц В У Т С Е Т И Д М М И А
П У У М И М И М М У О Р С Ц С Е Т
Т И Е Д О Р О Г О Й С К У Ч Н О Ь
Е А Б О Е М А Р Е У К Р А С Н Ы Й
О Е Р Н Л Ц И Р Р Ф И Е О У У Е Н
```

НИЧЕГО
РЕПУ
ДОРОГОЙ
НАКЛОН
СООТНЕСТИ
КРАСНЫЙ
КЛИПЫ
ГОЛОДНОЕ
НАПИСАТЬ
БЕГЕМОТ
ТЕКСТ
ЗАКЛЮЧЕНИЕ
ИСПОЛЬЗОВАТЬ
ФОТОГРАФИЯ
ПРИЗ
РИФМА
СКУЧНО
ДОСТУПЕН
ВЫРАСТИТЬ
КАРТОФЕЛЬ

Puzzle 218

БЫВАЕТ
ВАЛЕНТИНА
ЯЗЫКОВОЙ
ЕДА
ЛЮБИМОЕ
БУТЫЛКИ
ИДЕНТИЧНОСТЬ
МАШИНЫ
ЗАКЛИНАНИЕ
НЕОБХОДИМЫМ
ПЕРЕРЫВ
ВОСЕМЬДЕСЯТ
ПРОЙТИ
ПЕРЕДАВАТЬ
СИГНАЛ
ДОГОВОР
ЛАПКИ
ОБЩИЙ
ОСЕНЬ
ЖЕНЩИНА

```
Н М М И П Д О О П В И М С Е З В Н
И Ы С П Е О И Е Е У У С Ь Т А О Е
Й Н И Р Р Г Е У С И Ц О Т С К С О
О И Р О Е О В Л Т А Т И С Р Л Е Б
В Ш Т Й Р В Е Т Т О Е С О О И М Х
О А И Т Ы О С Р Л Я О И Н Б Н Ь О
К М Л И В Р И Ф С А Б С Ч Щ А Д Д
Ы С Е Е О М И Б Ю Л У У И Н Е И
З М Л Т Н С У И Р Р Р Л Т Й И С М
Я И И И У Т Е А В Ы Б Е Н Ы Е Я Ы
С Е А Л Т У И Н Л О Т М Е О Л Т М
Ж Е Н Щ И Н А Н Ь Т О О Д Е О К Е
И В Ц Н О И К П А Л Д Л И У И Т И
А Р П Ь Т А В А Д Е Р Е П Е У Т Ц
Т И С М Ф У Р У Е С И Г Н А Л Ф А
```

Puzzle 219

```
Р Н Ь Г А Е Ф С Р У И П У А С О В
Е О Т Е Н М Р О Т А М М У С Т Р Ы
П И А И Е Т И П Р М Д О Е Е П И Д
Е Р В О М У М Т Т О И У И У С Е А
В Т О И О Д С Ь Д Р Л Л Г В М Н Ю
И С Р Г Н Е М Т Т А Е Ц К А О Т Щ
Д О И Е У Ы М А В Л М Т И А Ж И И
И С Р Н М Л Т Ц Е Ь Р О С А Е Р Й
М Е Т О П И К Д Н Н Р С Р Р Т У С
О Г С Ц Е С О А С Ы А С Е У Т Й Я
Г Ю О Е С Ж В Д Й Ц Т П И О С И
О Д Л П О И Е Д Л С И Н О М Е Я Л
Е Н Л У Й Ы Н Н Е О К О П С Е Б О
Т Я И Е Ы Н С Е Р Е Т Н И Е Н Н Т
А Б С О Л Ю Т Н А Я Е М Г С М О Н
```

АБСОЛЮТНАЯ
РАДУГА
ВАМ
ИЛЛЮСТРИРОВАТЬ
СЕГОДНЯ
ПЕРСИК
СИЛЫ
ВЫДАЮЩИЙСЯ
ВИДИМОГО
ОБЕСПОКОЕННЫЙ
МОРАЛЬНЫЙ
ДВАДЦАТЬ
СУММА
МОЖЕТ
ОРИЕНТИРУЙСЯ
ПРОГУЛКА
РОСА
АНЕМОН
ИНТЕРЕСНЫЕ
СНЕЖОК

Puzzle 220

СЧАСТЛИВЫЙ
ЛИМОНАД
МНОГО
КРИЗИС
МИНУТА
ИЗУЧИТЬ
ЛИСЫ
НОГИ
РОКОВОЙ
БОЛЬШИЕ
ТОНКУЮ
СТАРЫЙ
ЖИВОТНОЕ
УВЕДОМЛЕНИЕ
ИМЕЕТ
ПУТАТЬ
ОЧЕВИДНО
НОЧЬ
ПОЖАЛУЙСТА
ХОЛОДИЛЬНИК

```
С М У М Л У В Е Д О М Л Е Н И Е Т
Н Ч О Н И Н У И Е С А С С Е Е Д П
П Ю А П С А П О Ж А Л У Й С Т А С
Б У С С Ы И О Ж В И О Н Н К Р Н И
О К Т И Т Е Н Л И Н А О Т Р У О Р
Л Н Е А Т Л Д У Е В Н Г И И О М О
Ь О Е И Т У И И И И О И М З Ф И К
Ш Т М Н Т Ь В В Н Е Т Т И И Е Л О
И Е И Т Е М Е Н Ы О А Т Н С С И В
Е Н О Ч Ь Т Ч Е Л Й И М В О И З О
Е У П А П Т О У Е И Е И И Л Е У Й
Е И О М Т У О В О Г О Н М А Т Ч Н
Х О Л О Д И Л Ь Н И К У Е О У И М
Л Т С Т А Р Ы Й С И Е Т М П С Т С
Ц Р В Т О С Е Т М Н А А О В И Ь П
```

Puzzle 221

Н	С	Ц	П	О	Т	Н	О	Ш	Е	Н	И	Е	Н	М	Ф	Я
Й	И	К	С	Й	Е	Ц	И	Л	О	П	Н	Т	М	С	И	Р
Р	Л	Е	Л	Е	Е	Т	Е	И	Е	Р	У	М	Т	Н	Л	О
А	Ю	И	Н	А	П	М	О	К	С	М	Ы	С	Л	И	Ь	С
Н	П	Е	Е	Б	Д	Ф	О	Е	Т	З	Е	М	Л	И	М	Т
С	Т	Т	Д	О	Б	К	И	П	Ы	Т	И	И	Т	П	О	Н
Б	О	И	Т	С	Я	Б	У	О	И	В	Н	С	С	О	О	А
Ь	М	В	М	О	Е	О	Р	Н	М	А	Е	О	Е	И	Т	Я
У	Т	А	В	П	Я	Л	Е	И	Б	С	Ч	Ш	Е	Т	П	П
А	С	А	Е	С	У	Ь	Т	М	И	Л	Е	Е	Е	О	Т	Н
Е	Е	И	Ч	Р	Д	Ш	Ф	А	Р	Р	Л	Т	О	Д	Т	С
А	Р	Ф	И	У	Р	О	Е	Л	Ь	Р	О	И	О	О	И	М
С	К	Е	А	И	Л	Й	Т	А	Д	Г	Е	С	В	У	Т	Е
Н	Г	Н	Е	З	Д	О	Д	А	Т	С	Е	М	О	Е	Ф	Е
Т	Е	С	Е	И	Е	С	П	И	И	В	Б	А	С	Ц	Т	Н

СКЛАДКУ
ПОНИМАЛА
КОМПАНИЮ
ГНЕЗДО
СТАДО
БОЛЬШОЙ
ФИЛЬМ
СПОСОБ
ОТНОШЕНИЕ
КРЕСТ
ВСЕГДА
ЛЕЧЕНИЕ
ЯРОСТНАЯ
БОИТСЯ
СМЫСЛ
ЗЕМЛИ
ИМБИРЬ
ДЕШЕВЫЕ
ПОЛИЦЕЙСКИЙ
ПОЛУЧАТЬ

Puzzle 222

ЖЕЛЕ
ПОСТ
ДНЕМ
ВОЕННЫЙ
ОПАСНО
ПРИКРЕПИТЬ
РОЗОВЫЙ
ТЕЛЕВИДЕНИЕ
ОСТАНОВИЛИСЬ
СМЕЯТЬСЯ
КОЛЛЕКЦИЯ
ГРИБ
ПОЛНЫЙ
ЗВЕЗДЫ
ТЕКУЩИЙ
РАССЧИТАТЬ
НИЖЕ
УМНОЖИТЬ
ЧЕРЕПАХА
РАСШИРИТЬ

О	Р	Ь	С	И	Л	И	В	О	Н	А	Т	С	О	Н	В	Д
П	И	Т	М	М	Р	М	Р	У	С	Х	Т	П	М	И	И	Т
А	Т	И	Е	Н	С	Е	У	Е	С	А	Е	Р	О	Ж	Е	И
С	О	Р	Я	Е	Н	И	О	Т	Й	П	Л	О	Р	Е	Е	М
Н	Т	И	Т	З	В	Е	З	Д	Ы	Е	Е	З	Е	А	Н	Е
О	У	Ш	Ь	Ь	Ц	И	С	У	Н	Р	В	О	Г	Р	И	Б
Т	В	С	С	Т	У	Т	А	И	Н	Е	И	В	И	С	М	Т
Р	И	А	Я	И	А	А	М	Л	Е	Ч	Д	Ы	М	О	Е	Е
Р	И	Р	Е	Ж	У	Т	Е	Е	О	Е	Й	Т	А	Е	И	
П	А	Е	В	О	П	Е	И	Е	В	Р	Н	Ы	Ж	Е	Л	Е
О	Л	М	Г	Н	Е	Н	И	Ч	И	Т	И	Н	А	Е	П	Н
С	И	А	Т	М	С	О	Р	И	С	Е	Е	Л	И	И	У	Ц
Т	Й	И	Щ	У	К	Е	Т	У	Н	С	Н	О	Д	Н	Е	М
К	О	Л	Л	Е	К	Ц	И	Я	Н	Д	А	П	И	Р	Е	А
П	Р	И	К	Р	Е	П	И	Т	Ь	И	О	Р	У	О	У	Е

Puzzle 223

Ш	В	В	С	Т	Р	Я	Х	И	В	А	Н	И	Е	Е	У	Н
У	О	Е	Я	П	Р	И	В	Л	Е	К	А	Т	Ь	С	И	Е
Т	З	У	С	К	А	Т	Е	Г	О	Р	И	Я	М	Т	С	Ш
И	Д	О	Т	Р	А	Г	И	Ч	Е	С	К	И	Й	Ь	Ш	Е
Т	У	Г	Е	И	Л	И	О	С	Т	И	И	Р	Р	О	А	С
С	Х	Р	У	М	М	У	О	И	Т	Я	Н	М	Е	Л	Г	Т
Л	А	О	Б	Н	А	Д	Е	Ж	Д	А	Ж	Е	С	Ф	Т	О
У	Ф	М	Е	Д	Р	П	У	Р	И	Т	И	Е	Л	П	Т	Е
Ш	И	Н	Р	М	Т	Е	Ю	Ю	П	С	О	М	Л	Ш	И	С
А	П	О	Т	М	Т	Р	Н	П	Ж	И	Е	Б	Е	О	Ы	Е
Т	Е	Е	Е	В	Р	В	Т	Л	И	Н	Е	И	Т	У	Е	М
Ь	П	А	М	И	Р	Ы	О	А	И	Е	Ы	Р	Ф	Д	С	Е
М	У	М	У	С	Р	Й	Е	К	Р	Е	А	Й	П	И	А	М
С	Н	М	У	Ц	Н	О	С	А	П	И	Н	П	Е	А	М	Е
М	Е	Ц	М	И	Т	Т	Р	Л	И	У	Е	С	М	А	А	Р

ЕСТЬ
ТРАГИЧЕСКИЙ
МЫШЛЕНИЕ
ТЯЖЕЛОЕ
ШУТИТ
ОГРОМНОЕ
СЛУШАТЬ
ПРИВЛЕКАТЬ
ЮЖНЫЙ
ВОЗДУХА
ШАГ
ТОП
САМА
КАТЕГОРИЯ
ШЕСТОЕ
ПЛАКАЛ
НАДЕЖДА
ПЕРВЫЙ
ВСТРЯХИВАНИЕ
ТРЕБУЕТСЯ

Puzzle 224

НАКОНЕЦ
СЕМЬЯ
ОЧКИ
ВАМПИР
ПОКУПКА
ОТДЕЛ
СТАДИЯ
ЭКСПЕДИЦИЯ
БУЛОЧКИ
РЕАЛЬНОСТЬ
ФАЗАН
ПОДАЛЬШЕ
ОКАЗЫВАТЬ
СЕЗОН
ЧАЙ
ФИНАНСОВЫЕ
ПОВЕСИТЬ
ПОШЕЛ
ГРУЗОВИК
СЧАСТЛИВАЯ

И	И	С	Е	Б	Ч	Б	И	Ц	А	М	Р	Р	У	О	О	Е
С	Р	Ц	Е	О	А	Л	У	С	И	А	У	С	Т	Ч	К	М
И	В	С	А	И	Й	Т	А	Л	Е	Ш	О	П	Ф	К	А	Г
У	М	У	К	Л	О	И	С	Н	О	З	Е	С	И	И	З	Р
Э	К	С	П	Е	Д	И	Ц	И	Я	Ч	В	А	Н	С	Ы	У
Б	Р	Н	У	Е	П	О	Е	Н	И	Н	К	У	А	Е	В	З
Н	А	Т	К	Е	Ш	Ь	Л	А	Д	О	П	И	Н	Ц	А	О
Н	А	К	О	Н	Е	Ц	Н	Т	А	П	Н	Т	С	В	Т	В
С	Р	С	П	Б	И	Л	Е	Д	Т	О	Е	Е	О	А	Ь	И
Р	Е	И	Я	А	В	И	Л	Т	С	А	Ч	С	В	М	И	К
Е	М	М	Р	Л	Л	Ф	Р	У	У	Т	П	О	Ы	П	Ф	И
С	У	С	Ь	Т	П	С	Т	И	Р	М	Т	О	Е	И	А	П
Ф	И	Т	И	Я	Ь	Т	С	О	Н	Ь	Л	А	Е	Р	З	О
Р	Е	Е	Ф	У	Р	П	О	В	Е	С	И	Т	Ь	М	А	Д
Р	Т	И	М	Е	И	Н	М	У	И	Р	А	И	Е	Ф	Н	И

Puzzle 225

```
И О П Т Д П Я Т Н И С Т Ы Й О А П
Н О О А Е Е В Н Ф У Т Б О Л С Е Р
Г Л О Б У С В Н Р С Н А Н Е А Л И
Е Д Е У Р Й Е О С Г Т Т Д О Т З С
О Г Т У И Ы С А Ч Е И Н Е Д И С У
М Е Д Л Е Н Н Ы Й К Д Н И И Б Е Т
Ф Т О М У Т С Е Т А И Ь У Е Р Н С
И Е Л Е Н А Р О Е З Ж Т М Ф О Т Т
Е Ц Н П У Л С О О А А С О О Т Р В
Е В Р А О П С И Т Н К У Л У Й И О
Н Л О О М С У У И Я С П У А Е Е В
Т И С Е Л Е Л А К Т О М Е Р Е П А
Р И И С Т Б С Ь Т А Д А Р Т С О Т
П У С Т О Й Л И Ч Н О Р С С И Е Ь
С О О Б Щ Е С Т В О Р Ф Е Б Т Т Р
```

ЗАНЯТА
СТРАДАТЬ
СООБЩЕСТВО
ФУТБОЛ
ЗАЛ
ПЯТНИСТЫЙ
ДЕВОЧКИ
ГЛОБУС
ОРБИТА
МЕДЛЕННЫЙ
ПУСТЬ
ПРИСУТСТВОВАТЬ
ДНО
СЕДЬМОЙ
СКАЖИ
ПУСТОЙ
СИДЕНИЕ
БЕСПЛАТНЫЙ
ЛИЧНО
ПЕРЕМОТКА

Puzzle 226

СРЕДНИЙ
ЛУНА
ГНИЛОЙ
РОСТА
ГОВОРИ
ВСТРЕТИЛИСЬ
ПЕРЕЛОМ
СЕРЕБРО
СЭР
МЕТОД
ГДЕ
ОРАНЖЕВЫЙ
ЭНЕРГЕТИЧЕСКУЮ
ВИШНЯ
ОТЧЕТ
ЧЕРВЬ
КАМИН
ЧУВСТВУЮТ
БЫЛ
НО

```
П Р Ч О Р А Н Ж Е В Ы Й О П Э Т А
У У У И П И У О П Е Н А Е Р Н Л П
Н Т В К А М И Н П С Г Е Л Л Е Д Г
Б Е С Ф В А У М М Е О Р О У Р Э С
О А Т С О Р У А М Р В Р И Н Г Р В
Е Н В Е У Ф Ц И С Е О Е Й А Е Р С
Р Р У С Ч Б Ы Л Д Б Р Р И П Т А Т
М М Ю Ч В Т М Е П Р И Я Н Ш И В Р
О Е Т Т Е Е О Т Е О А И Д Е Ч О Е
А П Т А Б Р Т Р Р О Л П Е В Е П Т
П С Е О М Е В И Е Л Д Е Р Р С Е И
У Т Е П Д С П Ь Л И А Р С И К Е Л
М Г Н И Л О Й У О Р И О Д А У Н И
Е Л Р Т А И У Е М Е Е Е Е Л Е Ю О С
С Е Т Е В Т Т Л Л Р У П С Н И Е Ь
```

Puzzle 227

```
И Б Т Т С В Н Л И А С Е К Е А М С
Ц Л Е О Е О Н Ь Л А Т С О П И А О
П А Ы Д В В Х Е Е М Р Е П Р Т У Г
У Г Н М Р С П Р Е И И Т Е И Р У Л
Р О Т А А С О Л А Р О К Й В Р С А
Е Р Е К У Л Р Д Е Н О Е К Я И Р Ш
К О Р С О К Е Л А Д И Е И З Е А Е
О Д К И Ш Р А Л Я У Е Т А А Н О Н
М Н Н Д Л П А Ц И Е Н Т Ь Н Р Е И
Е Ы О Е Я Р А К Е Т А И Т Т Е И Е
Н Й К Р П И Р Я Т Е Н О Ф Е Л Е Т
Д Т А Л А К Р Ы Ж О В Н И К З С М
У У Н И Ч Т О Ж И Т Ь О У И Ф И Д
Ю Л А М Е Е С Ф С М Е У Н С Н С
О О Ф У Е У И И И И Л Т В У П Т А
```

ОСТАЛЬНОЕ
ПАЦИЕНТ
УНИЧТОЖИТЬ
ДАЛЕКО
РЕКОМЕНДУЮ
НАУКА
КОПЕЙКИ
ШЛЯПА
БЛАГОРОДНЫЙ
СОГЛАШЕНИЕ
КОНКРЕТНЫЕ
ПРИВЯЗАН
ОНА
ТЕЛЕФОН
КРЫЖОВНИК
КОРА
РАКЕТА
ТЕЗИС
РЕДИСКА
СОХРАНИТЬ

Puzzle 228

ДЕЛАЕТ
КУЗНЕЧИК
ГРАД
ОПЕРАЦИЯ
АКТЕР
ПАРТИЯ
ТРИДЦАТЬ
СОЛНЦЕ
КОСТЬ
ОКНО
ПУШИСТЫЕ
НЕЖНЫЙ
ГОРНОСТАЙ
ПОМОГИТЕ
СЕЛЬДЕРЕЙ
ЛИСТЬЯ
ГРУППА
СЛАЙД
СЛЫШАЛ
ПРОБЛЕМА

```
С С О М У Я А П Р Ь Т С О К А Н У
Г Л И Т Е Ь С А Р Л Р О У Р И С О
И О Ы Е Ц Т Т Р У Т И Л П А С Л Л
Н Ц Р Ш Д С В Т Р М Д А Р Г Д А Т
Н Й А Н А И М И Р С Ц Р Т Н В Й Д
Е Е Е У О Л Т Я Р У А Е М Р Н Д П
П Р Ж С Р С О П Н И Т М Т Т Е Т О
Р Е Т Н И И Т У М Ф Ь К М Е Е Р М
О Д Е А Ы Е М А П У Ш И С Т Ы Е О
Б Ь Л С У Й Т И Й П И Ч С Е О Ц Г
Л Л А К Т Е Р П Р П Т Е С Т П Н И
Е Е Д Е Л А Е Т Е Т Е Н У Н С Л Т
М С О К Н О П О Н И Н З У Т И О Е
А Я О П Е Р А Ц И Я У У О Е Т С Н
Г Р У П П А Е Р С Е Е К С У С П М
```

Puzzle 229

```
С О Р П О В З Ц Е У Р М Ь И У У С
З Т Е У Т Т О О С Л Р Т С Я Й Ц А
А У Е И У О Л Р Т Е О А У В Й Е Л
Щ О О Н П Н О А И И Р Р Ч Ы Ы И И
И У Н А А С Т Д Р Т А Д И Д Н А К
Т И А С П Р О О Е Е Р У Н Р Е С И
И П Ш Е Н И Ц Ы И И Т Р А А Ч У Н
Т А В Т О М О Б И Л Я Т Р Е У Щ Д
Ь М О Л О Т О К С К И Н Г Е Е Е У
Т Е У М С Е Е В Е Е С М О М Н С Р
С О Е А М С Р Т И О Й И Р У И Т Т
М Р Е Н Е У Н Я Т Д У Ч С П А В О
Н И А О А О С Т У И Т У А О Е У С
С О Б С Т В Е Н Н О С Т И С С Ю О
Н С И Е П О С В Я Т И Т Ь И Е Т М
```

СЕЙЧАС
ПОСВЯТИТЬ
САНИ
МОЛОТОК
ЗОЛОТО
ВОПРОС
ВЫДРА
ЗАЩИТИТЬ
СОТРУДНИК
АВТОМОБИЛЯ
КАНДИДАТ
ОГРАНИЧУСЬ
ПШЕНИЦЫ
СОСИСКИ
ПАПУ
СТЕНА
УЧЕНЫЙ
СОБСТВЕННОСТИ
СУЩЕСТВУЮТ
ЯЙЦА

Puzzle 230

ГОТОВИТЬ
ПРИСЛАТЬ
РАСШИРЬТЕ
ФИРМА
ТЕЛО
ИГРАТЬ
ПУТЕШЕСТВИЕ
КАТАСТРОФА
ЖЕЛАЮ
СДЕЛКА
МАЛО
ЧАША
ТАЛАНТ
ДЕРЕВЬЯ
ЗАРАБОТАТЬ
ЦЕЛЬ
НЕТ
ДЕРЕВНЯ
ДЕРЖАЛ
ПТИЦА

```
Д Ц Ц П В Е И А Г Л У С И Ч П Т М
Е А Е О Т О И У Р У Е А О А Р А А
Р С А Л М И Ф И Р М А Р И Ш И Л Л
Е Л Р Е Ь Т Ц С С Н Е Л М А С А О
В П И Т Т Е Н А Ж Е Л А Ю К Л Н С
Н Р И И А У О З П Т Т Ж О Л А Т У
Я А У А Р О И Н А И А Р В Е Т О Т
Н М П С Г С Е А М Р И Е Т Д Ь Д М
А В Ь Т И В О Т О Г А Д А С Л М Ц
Р А С Ш И Р Ь Т Е И Т Б У У О О И
О П У Т Е Ш Е С Т В И Е О Ц У И И
Т Н Е Т И М А Ф О Р Т С А Т А К Р
Р У Е С Л М А Ц Т В М Н Е М А М П
Д Е Р Е В Ь Я И М Л Т М В И П Т Т
Т У Д У У Т С Е Д У Т А А А Т С Р Ь
```

Puzzle 231

```
П О М О Е Т Т С У Н У И У К М М Н
Ф О Д Д Ш С П П Н У С И И О О А А
Д А С И Ь Н Е О Е М Н Й У Н Р Л М
Р И И Л Н С И М Т Е Я Ы И Т Л Ь М
У Ф И П Е Н М У Ж Ч И Н Ы Р С Ч Е
А Т М У М П А Д Б Ю С Н Р О О И Т
Н Е Т О М Р Н Д И Л С О Т Л Л К А
И У М Р Р И С Л Ц К И Х С Ь Ь Т Д
Е С И И Е И Е Е С А М У В Л Р У Р
И Л И Р И С В С И С Т К Ы В О Д А
Л Й Ы Н Ч И Т Я С Е Д Ь Ж Е У Ж П
Г Р Е Б Е Н Ь Е У Л О П И У Н Е О
Л Р И И Д Р Л Н Н И К М Т У У Д Е
И Е П Р Ы Г Н У Л Д А Е Ь А Т О Л
Е Н Н У О Ф О И Л О К Н А У С Ф В
```

ВЫЖИТЬ
КЛЮЧ
ОДИННАДЦАТЬ
СОЛЬ
ДЕСЯТИЧНЫЙ
ГРЕБЕНЬ
МАЛЬЧИК
КУХОННЫЙ
ПРЫГНУЛ
МЕНЬШЕ
ПОСЛЕ
ВОДА
ВЕСНА
ОДЕЖДУ
КАК
СТЕНД
ЛЕОПАРД
КОНТРОЛЬ
МУЖЧИНЫ
МИССИЯ

Puzzle 232

ДРУЗЬЯ
ДЖЕНТЛЬМЕН
МУЗЕЙ
СУЩЕСТВИТЕЛЬНОЕ
ОТРАЖАТЬ
РУКОЯТКА
ОБНАРУЖИТЬ
КОМУ
ОПАСНОСТЬ
ЗАВТРАК
СИСТЕМА
НОГА
РАЗНОРОДНЫХ
БЫЛО
СОЛО
ОБЪЕМ
БРАТ
ИЗОЛИРОВАННЫЕ
ТАМ
ВАРЕЖКИ

```
И Р У К О Я Т К А У Р О Р С О Е Т
З З С С Л Н О У М Д Е П О У Б С Р
О А О Ф О О М Е Е Р У А О Щ Ъ О У
Л Т В Л С Г У Е Т У Х С О Е Е Т О
Ы М Р Т И А У Т С З Ы Н И С М А Т
Б Т Л А Р Р М И И Ь Н О Н Т О С И
Т Р М Т Ж А О М С Я Д С Е В Б Г С
М У З Е Й А К В С О О Т М И Н Ф А
У Л Т У И Г Т Н А Ц Р Ь Ь Т А Р Б
В А Р Е Ж К И Ь Т Н О П Л Е Р А П
И О Т У Н И С Н Е Н Н Т Т Л У Е Е
О Т В Е Р Д И Ц Т С З Ы Н Ь Ж П Е
И И Е М С Н М Л И Т А Е Е Н И У Е
У Р У И О А О С И И Р С Ж О Т М О
Е И А Е М Т О О О М Т Н Д Е Ь О Л
```

Puzzle 233

П	Д	Л	О	Д	Б	Е	С	П	О	К	О	Й	С	Т	В	О
О	М	Е	Н	Ь	Ш	И	Н	С	Т	В	О	И	У	И	З	Ц
Г	Д	Н	О	В	Ы	Й	Е	И	У	М	И	И	Л	Е	А	Й
О	Р	Е	И	В	Т	С	Й	О	К	О	П	С	И	В	Х	Я
Д	С	Е	Т	Е	С	Ц	З	Т	М	М	О	Ч	Е	В	Т	
А	Р	С	У	А	Р	А	П	А	Е	О	Р	Т	Н	Р	А	И
К	О	О	У	Е	Л	Ф	Я	П	Щ	У	С	А	Ы	Б	Т	М
И	С	С	Н	Е	Т	Ь	Т	У	П	Е	У	Т	Е	Л	И	У
Т	С	У	Л	О	Е	Е	Ь	С	С	Т	С	А	О	Ю	Т	Н
К	Е	Д	П	Е	М	Е	С	Т	О	Н	И	У	О	Д	Е	О
Р	Д	Т	Т	А	У	Е	Е	И	С	Е	О	П	У	А	О	Е
А	И	М	О	О	Т	Е	И	Т	О	Р	И	К	С	О	Н	О
Д	Н	М	П	Я	А	Р	У	Ь	Н	А	Р	К	А	Р	Т	А
К	О	М	М	Е	Н	Т	А	Р	И	Й	Е	А	М	Р	Р	Ц
В	Ы	Д	Е	Р	Ж	И	В	А	Е	Т	О	Е	Г	М	Д	М

АРКТИКА
ЯЙЦО
БЕСПОКОЙСТВО
СУПА
ЗАХВАТИТЕ
МЕНЬШИНСТВО
ПЯТЬ
КОММЕНТАРИЙ
ДЕТАЛЬ
НОВЫЙ
ВЕРБЛЮДА
ДРАКОН
ЗАПУСТИТЬ
УЛИЧНЫЕ
НОСКИ
КАРТА
СПОКОЙСТВИЕ
ЩЕТКУ
ПОГОДА
ВЫДЕРЖИВАЕТ

Puzzle 234

ПРОВЕРЕНО
ВИДЕНИЕ
ТРЮК
УЧАСТИЕ
ВЕКА
РЫЧАНИЕ
ОГУРЕЦ
СЛУЧАЙНЫЙ
МОСТОВОЕ
АРМИЮ
ДОСТАТОЧНОЕ
ВОЗМОЖНО
ШТАМП
ХУДОЖНИК
ЖЕЛУДОК
ХОМЯК
БОЛЬШАЯ
КОМИТЕТ
ЗАЧАТЬ
ДЛЯ

С	Т	Т	Е	О	П	У	О	Р	В	О	О	С	С	П	М	О
Р	А	Н	У	С	П	Т	Р	У	Е	М	У	П	Е	Р	О	Г
М	М	Р	И	Е	С	И	О	Н	К	Я	М	О	Х	О	С	У
Б	Т	А	Е	Н	Е	И	Т	С	А	Ч	У	Е	Ц	В	Т	Р
Ж	Е	Л	У	Д	О	К	У	С	Х	У	О	П	А	Е	О	Е
Е	И	Т	В	Д	Е	В	К	А	Т	У	М	Е	А	Р	В	Ц
С	Н	Р	О	О	О	Я	О	В	Д	С	Д	О	Р	Е	О	С
Л	Е	Ю	З	У	А	А	М	В	В	Л	Ш	О	О	Н	Е	А
У	Д	К	М	Е	Р	Ш	И	А	И	Л	Я	Т	Ж	О	Н	С
Ч	И	Т	О	А	М	Ь	Т	А	Ч	А	З	Е	А	Н	И	Л
А	В	Т	Ж	Е	И	Л	Е	И	Н	А	Ч	Ы	Р	М	И	Л
Й	У	Л	Н	Ф	Ю	О	Т	С	Т	Л	У	П	М	И	П	К
Н	Е	С	О	Е	У	Б	Е	Т	Р	С	М	С	У	С	Н	Е
Ы	С	Д	О	С	Т	А	Т	О	Ч	Н	О	Е	Р	С	Т	Т
Й	Л	Б	Р	Т	М	В	С	Р	Т	Т	М	Г	Н	У	У	Р

Puzzle 235

```
И А Р П О Ь Т И Д О В О Р П П Ь Т
У О С Р П Ч И Д Е З И П Р А О Т Р
У У Р О У О Е В Ь Е Т Б О Б Щ А Я
И О В Ф И Д Д А Н Л Ь Н Е В О Р У
М Г Е Е М А У К Е Е О С Т Р И Б И
Т О Л С Е Р И О Л Ж Б А Т Н Л А У
С Н Е С С У А И О Ю Л П П Т М П М
С Н Ж О А С Г Е М С Ч О И У Р Е И
Е Е А Р И С Р Р Т Ф Т Е П И Р Р А
Р В Л П И К Л Д О Н Т А Н Л Р С П
П О С Т Р О И Т Ь З П Т Ю И У Д А
С Н Е И Н Е Ж О Л З А Р А Т Е У И
К Г Е И Н Е Н А Р Т С О Р П С А Р
Э М Я И О Г О Р О Д И М М Г М Я Е
О Т С Е Т Л Р И И Р С П Е О У О У
```

БРАТЬ
РАЗЛОЖЕНИЕ
ЖЕЛЕЗО
ГОРОД
ПРОФЕССОР
ДОЧЬ
МГНОВЕННОГО
ОСТАЮТСЯ
ОЛЕНЬ
ПРОВОДИТЬ
РАСПРОСТРАНЕНИЕ
ОБЩАЯ
ЛЕЖАЛ
ЭКСПРЕСС
ДВА
ПОСТРОИТЬ
ПОДКЛЮЧЕНИЕ
УРОВЕНЬ
ПИК
УГРОЗА

Puzzle 236

СКАЗАТЬ
ДОСТУПА
СКУДНЫЕ
ЗНАЧОК
ТОЛЬКО
СОСТРАДАНИЕ
ЭКСПОНАТ
СОЦИАЛЬНЫЕ
КРУПНЕЙШЕЕ
КУПИТЬ
ВЕЩИ
ТЫСЯЧА
ПУСТЫНЕ
НАСЕЛЕНИЕ
ХОККЕЙ
КЛУБНИЧНУЮ
ВИНА
СИЛЬНЫЙ
ПОЦЕЛУЙ
ПОЯС

```
С И О У А С Р Л А Б О К П З У У К
О О У О С И О И И Н Л У О Н Р М Р
О И С Т С О Ф Ц С Н Ц П Ц А Р Ц У
А П У Т С О Д А И Е В И Е Ч О У П
С Р М И Р У И Т Щ А В Т Л О И А Н
И Т Е О И А Н И Е Н Л Ь У К У И Е
Е Е Ы Е А Ц Д Ц В Е О Ь Й Т Н Т Й
Е И Н Е Л Е С А Н У П О Н В А Т Ш
С И Д П Д И Й Ы Н Ь Л И С Ы И Е Е
М Е У Т Ы С Я Ч А И А А Т И Е Н Е
Т О К Ь Л О Т М У Й Е К К О Х Ы А
Т М С Н О Л Е Т Э К С П О Н А Т П
С К А З А Т Ь С Е Е И Л У О С С О
К Л У Б Н И Ч Н У Ю И Т Т И Т У Я
Р С Б С Ц С О У О П С Ф О И В П С
```

Puzzle 237

О	Д	Т	Я	Т	Н	А	Р	И	Л	М	Е	А	И	У	В	О
Л	У	О	Е	М	А	О	Е	Х	У	О	И	Е	Е	С	Н	У
О	М	С	Ц	П	И	Е	И	Е	О	Н	Т	С	А	Ч	Л	Т
Ф	А	Т	И	Н	Л	И	С	Р	С	Ч	У	Ф	У	М	Р	М
С	Д	М	В	М	У	О	В	О	Л	С	У	М	О	Т	О	П
У	И	А	О	Р	С	Т	М	С	Т	Т	Р	Т	С	Е	Т	Т
Л	В	Ф	К	У	Е	Н	П	Ь	С	Ы	Р	Ф	И	У	Я	Е
М	Е	Е	У	И	Л	Р	В	Т	Л	А	У	Т	Д	Н	Л	П
О	Б	И	Л	О	Д	М	Н	А	Б	Л	Ю	Д	А	Ю	У	Ы
Г	О	Я	О	И	В	Ы	Р	З	В	И	О	Е	А	Т	К	Л
Р	С	Ф	В	Т	Н	Е	У	А	В	О	С	Г	С	С	Ь	Ь
А	З	У	А	П	Е	М	И	К	М	Л	Н	Р	У	У	Л	Н
Ф	Л	Е	Т	О	У	М	С	У	Т	Е	Р	Р	О	Р	А	Ы
П	У	Т	Ь	А	И	А	О	И	И	У	М	Р	У	Т	К	Й
С	Л	Р	И	Н	Т	О	У	О	Е	Е	Е	Е	Л	Т	О	И

ЛЕТО
ЛУКОВИЦЕ
ВЗРЫВ
ПАУЗА
ХОЧУ
ОРЕХ
ГРАФ
СОВА
УГОЛ
ПУТЬ
СЛОВО
ТЕРРОР
ПЫЛЬНЫЙ
ЧАСТНОЕ
НАБЛЮДАЮ
ПОТОМУ
УКАЗАТЬ
РЫСЬ
ТЕПЛО
КАЛЬКУЛЯТОР

Puzzle 238

ОБЪЕКТ
ИСТОРИЯ
СОКРОВИЩЕ
ПАРК
ПЧЕЛА
НОВОСТИ
КЕКС
ВНИМАНИЕ
ВЕЗДЕ
ПРИВОД
ЕДЫ
ПРЕДЛОЖЕНИЕ
НЕКТАР
ГЛЯНЦЕВЫЙ
АМЕРИКАНСКИЕ
КОПЫТО
НОМЕР
ДЛИННЫЙ
ЛУЧШЕЕ
МЯЧ

М	У	Е	Н	В	Н	О	Н	М	С	Ц	У	Л	У	Н	А	Т
И	О	Е	О	Н	О	С	В	Е	Т	М	И	У	И	У	М	С
М	М	И	И	И	В	Е	И	Д	К	В	Н	Н	Г	Е	Е	А
Н	И	Р	Е	М	О	Н	Л	З	Н	Т	У	Е	Л	Е	Р	Р
О	О	Т	П	А	С	Р	Е	Е	А	Е	А	М	Я	М	И	П
И	Б	И	Е	Н	Т	М	О	В	П	Л	М	Р	Н	Я	К	И
Л	Ц	Ъ	Л	И	И	Т	О	С	Н	Е	С	У	Ц	Ч	А	О
Л	Т	Л	Е	Е	Ш	Ч	У	Л	Н	Л	Н	Т	Е	Н	Н	И
В	Н	С	Т	К	И	С	Т	О	Р	И	Я	Р	В	Т	С	П
Р	М	Р	Р	Е	Т	Л	И	О	И	А	О	П	Ы	О	К	Ч
С	О	К	Р	О	В	И	Щ	Е	Е	В	И	Е	Й	Ф	И	Е
Е	И	И	П	Р	Е	Д	Л	О	Ж	Е	Н	И	Е	Р	Е	Л
Д	М	М	С	К	Е	К	Р	А	П	К	О	П	Ы	Т	О	А
Е	Л	С	Р	Д	И	Д	О	В	И	Р	П	Р	У	Е	И	И
У	И	Е	О	У	С	Й	Ы	Н	Н	И	Л	Д	А	Е	П	Н

Puzzle 239

И	О	В	М	О	Т	Р	Ш	Ц	Л	Н	И	М	И	Ф	И
С	Г	Л	С	У	С	Т	О	Е	Р	О	И	О	Е	Б	А	И
С	Р	Е	Д	А	И	Е	П	А	С	В	Л	Т	В	Ы	З	Т
Л	А	С	О	Д	Е	Л	Х	И	Т	Т	Е	Ы	О	О	А	Е
Е	Н	С	С	Н	У	Т	Ы	М	Л	С	Ь	Г	С	Р	А	С
Д	И	О	М	Е	У	Т	Н	С	М	Й	Т	А	Н	С	Ф	Т
О	Ч	М	И	И	К	И	Т	И	Л	О	П	Л	Т	С	И	С
В	И	И	Т	У	С	Ц	О	Е	О	Р	А	И	Р	И	А	С
А	В	Л	П	Ф	О	Т	В	Н	Х	Т	А	К	Т	Т	Й	И
Н	А	Ж	О	Р	Д	В	И	Р	Ь	С	И	П	А	З	А	И
И	Ю	О	И	С	Н	И	Ж	И	И	С	В	И	Н	Т	Г	Р
Е	Т	Р	И	Т	Ь	Б	Т	Т	Л	А	Х	Е	П	С	У	Н
У	Е	Р	И	У	Е	А	С	У	П	Р	О	К	Р	Н	П	Н
О	Е	У	Е	У	С	Л	Ь	Т	А	В	О	С	О	Л	О	Г
О	А	У	Н	А	В	У	Ь	Е	А	Т	П	Т	Е	Д	П	У

ОГРАНИЧИВАЮТ
ЖИВОТНЫХ
ЗАПИСЬ
ШЕСТЬ
ПОЛИТИКИ
КОРПУСА
МОТЫГА
ВЫ
ЖИТЕЛЬ
ФАЗА
УСПЕХА
ГОЛОСОВАТЬ
РАССТРОЙСТВО
НУ
ХОЛМ
ПОПУГАЙ
ИССЛЕДОВАНИЕ
ЛОСЬ
АКТ
ДОСКУ

Puzzle 240

ВПЕЧАТЛЕНИЕ
КРОЛИК
ПРИЧИНА
ОГРАЖДЕНИЕ
ДИВАН
ЖЕЛТЫЙ
ПОДВИГ
ПОНРАВИЛОСЬ
РОТ
СТРАТЕГИЯ
ЛУКПОРЕЙ
ЗМЕЯ
УТРОМ
ВЫМЕРЛИ
ПОЛЕЗНОЕ
ТЕПЛОВОЙ
СОБИРАЮСЬ
БЛЕСК
ДАЛЕЕ
СРЕДНЕЕ

Т	И	И	Г	П	А	Л	М	Т	Н	М	М	А	Р	В	С	С
У	Т	Р	О	М	О	О	И	И	И	М	И	У	Т	Ы	К	У
М	Т	О	Е	Л	Р	Л	С	А	Л	М	И	А	Т	М	Р	У
Л	Т	О	Р	Е	М	Т	Е	Е	Л	А	Д	П	Н	Е	О	И
С	М	Т	А	И	Е	Е	Е	З	Н	Е	О	П	М	Р	Л	С
Е	Т	А	Ф	Н	Е	С	Н	А	Н	А	В	И	Д	Л	И	Й
С	Т	Р	Е	Е	И	Е	Д	А	М	О	Т	У	С	И	К	Е
О	Е	И	А	Л	Ф	М	Е	М	С	Б	Е	С	Е	Л	Ц	Р
Б	П	Н	Н	Т	П	Е	Р	А	Д	И	М	Г	Д	И	Е	О
И	Л	И	И	А	Е	Ь	С	О	Л	И	В	А	Р	Н	О	П
Р	О	В	Ч	Ч	У	Г	И	В	Д	О	П	Б	Л	Е	С	К
А	В	Р	И	Е	Е	Е	И	Н	Е	Д	Ж	А	Р	Г	О	У
Ю	О	Л	Р	П	М	Е	Н	Я	Е	М	З	О	О	О	О	П	Л
С	Й	И	П	В	У	Т	С	У	Ж	Е	Л	Т	Ы	Й	Е	С
Ь	И	Л	С	С	А	О	И	Р	Р	Р	М	А	Т	Е	Д	У

Puzzle 241

```
П С Л А Д К И Й Ы Н Н Е Р Е В У У
М Р О И Л Р У О Д И З А Й Н Р Е Т
Т И Е И Н Е М У Т А Р У Т Е Т Е Е
Д Е Т В Н Л С Е П О П Л Е О И С М
Е И И Т Р А Л Т У А Ч У У С У Р Р
А О Н Р П А Н Е Ж И А Н Х Л Е Б А
Г Е М В Р А Т И Л П М К О И С Е Е
Е У О Е И П Т И Б А Е Л Т С Ь М А
Ф Н П Л В Ф А П Т И Я О И Е Т И Л
И О Н Ш Е М С А А Ь Р Т А В И Ь П
И Е Р Н Т Л И Д Е Р Е И Р С Н И Е
А Т У М Д А Я И Ь У А М У А Е М Щ
Р Р Ф Л А И Р Е Т А М У У Т Ц Н Е
У Е Е Е С Т О А И О У П А М О С Р
В Е Л И К О Л Е П Н Ы Й У Т В И А
```

ПИТЬ
ФОРМАТ
УМЕНИЕ
ПРЕВРАТИТЬ
ПЛИТА
ПОМНИТЕ
УВЕРЕННЫЙ
ДИЗАЙН
МАТЕРИАЛ
СЛАДКИЙ
СМЕШНО
ТОЛКНУЛ
ПРИВЕТ
ТОЧНОСТЬ
ВЕЛИКОЛЕПНЫЙ
ХЛЕБ
ЖЕНА
ПЕЩЕРА
ОЦЕНИТЬ
ЛИДЕР

Puzzle 242

СВЕЧА
ПОСПЕШИЛ
УЧАСТВУЕТ
ВПЕРЕД
ПОЧИНИТЬ
МАЙОР
ДЕВЯТЬ
ВСЯ
ЦВЕТ
РУЧНОГО
ПОСТОЯННОЕ
МЕНЕДЖЕР
ЗЛОЙ
ТОЧКА
ИСПУГАННЫЙ
ГОРОХ
СМОТРЕТЬ
СЧЕТА
ХОЧЕТ
ИМ

```
П О С Т О Я Н Н О Е И М О С У Б Н
И С П У Г А Н Н Ы Й О Л З Р Ч Т У
А У П С Е М Ч Р У Ч Н О Г О А О О
И И И Т М Х Р Е Ж Д Е Н Е М С М С
М Н Р И А О О Р В П И Л Р П Т Ц А
И С Е Р Т Р Т В Т С Т Е Е М В Л Н
С И У Л И О Т Р Н Т О Ч К А У Л Н
С Е И О Е Г О С Е У Я Д Е Р Е П В
Е У И П Л А У Ч Е Т Е Е И А Т Л Д
А Е Е Т А И Т Е В Ц Ь Е Л Т Е Е Е
В С Я И У Т Е Т О Е М Е С И И М А
Р Е Е Р Е П Ч А И Е М А Е А У С Н
Ь Т И Н И Ч О П С Е И Р Й Н Д Е П
Т П А У М Е Х Д Е В Я Т Ь О Р И Е
П О С П Е Ш И Л У У С Т Н Т Р Р Ц
```

Puzzle 243

Б	И	О	Л	О	Г	И	Ю	И	Ц	К	Н	У	Ф	П	П	С
Т	Ю	Я	Л	В	А	Т	С	Д	Е	Р	П	В	С	Л	Р	О
Н	Н	И	З	А	Г	А	М	И	Л	Т	Ш	Р	М	О	О	Б
Д	А	У	К	Е	Н	Г	У	Р	У	Т	В	Т	Т	Т	С	Ы
Е	Д	И	М	Т	Е	О	Т	Т	С	М	Е	Н	О	Н	Л	Т
Р	Е	У	Т	Р	М	Т	С	Ф	Т	Т	Д	О	Р	А	У	И
А	Е	Г	И	Б	К	И	Й	Р	Л	И	М	О	Н	Я	Ш	Е
О	Е	С	Е	Р	Е	Т	Н	И	Е	Р	М	Ц	Е	Л	И	Н
С	Р	Е	У	М	И	П	Е	Е	Е	П	Р	В	Ф	Е	В	Е
А	Т	С	И	Р	П	Р	И	З	Р	А	Ч	Н	Ы	Е	А	С
Й	Д	Т	П	И	С	К	Е	Л	П	М	О	К	С	У	Н	Т
О	Д	Н	О	Р	А	З	О	В	Ы	Й	Т	Т	Е	М	И	О
К	Р	О	В	О	Т	Е	Ч	Е	Н	И	Я	Т	А	П	Е	П
А	Р	М	М	Д	Н	Р	А	С	О	И	Н	О	Е	У	А	У
Т	М	С	А	Е	С	М	Р	Д	О	Е	Д	М	Р	И	С	Т

КРОВОТЕЧЕНИЯ
ТАКОЙ
ШВЕД
ПЕРСОНАЛ
ИНТЕРЕС
КЕНГУРУ
ФУНКЦИЮ
БИОЛОГИЮ
ПРОСЛУШИВАНИЕ
ПЛОТНАЯ
ЛИМОН
КОМПЛЕКС
ГИБКИЙ
СТОП
ПРЕДСТАВЛЯЮТ
РЕСУРС
МАГАЗИН
ПРИЗРАЧНЫЕ
СОБЫТИЕ
ОДНОРАЗОВЫЙ

Puzzle 244

ПИСЬМО
ТЕАТР
ЛИСТ
БЕНЗИНОВЫЙ
СНОВА
ВНУТРИ
МУСКАТНЫЙ
СВОБОДА
РАССВЕТ
ОГОНЬ
ПРОВЕРИТЬ
АВТОРИТЕТ
БЫЛИ
ВЫБРАТЬ
ВДОЛЬ
МИЛЫЙ
ЭКСПОРТ
СОВЕТЫ
БЕССМЫСЛЕННЫЙ
СЮДА

Б	С	Й	С	С	С	И	У	И	И	Ь	М	А	У	И	Т	Б
Т	Ы	Ы	Л	М	У	О	М	И	Р	Т	У	Н	В	У	Е	Е
Е	Ь	Л	О	Д	В	М	В	Л	А	А	С	Е	А	Д	Ю	С
А	У	И	И	М	С	П	Е	Р	Р	К	Е	Э	А	Р	С	
Т	С	М	Н	Н	Л	Т	Р	Л	Т	Б	А	Е	К	Я	Т	М
Р	В	Т	О	Р	Е	Н	О	У	Е	Ы	Т	С	С	О	Е	Ы
М	О	Е	П	И	П	Т	В	П	В	В	Н	Т	П	Е	Н	С
П	Б	У	Т	О	И	А	Е	Л	С	Ф	Ы	А	О	О	У	Л
С	О	Р	Е	С	С	Т	Р	С	С	И	Й	М	Р	Д	М	Е
Л	Д	У	С	Е	Ь	У	И	М	А	Н	Р	Т	Т	Я	Н	Н
А	А	Т	Т	У	М	А	Т	О	Р	Л	О	П	И	Р	А	Н
Л	И	С	Т	Ц	О	О	Ь	Н	О	Г	О	В	И	А	И	Ы
Б	Е	Н	З	И	Н	О	В	Ы	Й	Н	Т	Р	А	Т	А	Й
И	А	М	М	С	И	И	М	П	Р	Т	С	Т	Е	Ф	С	А
О	У	А	В	Т	О	Р	И	Т	Е	Т	П	Т	У	И	Р	М

Puzzle 245

О	О	С	Е	Р	И	Я	Л	П	А	Ц	Р	П	К	Т	О	П
У	У	П	Д	Е	Ф	Т	Ф	М	Е	Е	К	Е	Р	О	Х	О
Я	С	Е	Р	И	Т	Е	О	С	И	С	М	О	А	Л	У	П
Я	А	К	С	Е	Ч	И	М	Е	Д	А	К	А	С	Ч	М	Ы
В	С	М	Е	Х	Д	М	А	С	Ь	Т	Е	С	К	О	И	Т
М	Н	М	А	П	М	Е	Т	А	Т	Е	П	Т	А	К	О	К
Я	Я	Р	И	Р	О	Е	Л	Я	Р	М	О	Т	Й	Б	У	А
О	Г	У	Е	Т	М	А	У	И	А	А	К	Л	Ы	Т	У	Б
Р	С	Н	Р	Д	Е	М	А	И	Т	Е	И	П	Р	Е	Т	Л
Р	О	У	Е	П	Н	У	Е	С	У	Ь	Т	М	О	Н	В	Т
С	М	П	О	Н	Т	М	И	Ь	Т	И	В	А	Т	С	О	П
У	Р	С	С	Т	О	Е	В	С	А	С	Г	У	О	И	Л	Д
Я	Е	Е	Я	М	Д	К	И	Т	Е	Д	О	О	К	Ф	Н	И
М	Л	С	У	А	С	С	О	Р	Т	И	М	Е	Н	Т	А	Н
Д	Р	П	О	С	Т	А	В	К	И	Е	П	Е	В	Т	Р	У

БУТЫЛКА
ВОЛНА
АССОРТИМЕНТ
СЕТЬ
МОМЕНТ
ХОРЕК
ПОПЫТКА
ТЕМА
ПОСТАВИТЬ
ПОСТАВКИ
КРАСКА
СМЕХ
ТОЛЧОК
УМ
КОТОРЫЙ
ОПРЕДЕЛИТЬ
ЦАПЛЯ
АКАДЕМИЧЕСКАЯ
СЕРИЯ
ЯГНЕНОК

Puzzle 246

СЕМЬ
КРАСИВЕЕ
РАКОВИНА
ЗАПАДНЫЙ
ДРАМАТИЧЕСКИЙ
ХОББИ
КРОВАТЬ
ПУБЛИКАЦИЮ
УЧИТЕЛЬ
ЗВОНИТЕ
КНИЖНЫЙ
УЛЫБКА
НОЖНИЦЫ
ДРУГ
КУПИЛ
ВЕСЬ
ЧТОТО
ПОДХОДИТ
ДРАГОЦЕННОЙ
УЧИТЫВАЯ

К	Р	А	С	И	В	Е	Е	Л	З	О	Т	В	О	С	Г	Д
Н	В	Е	С	Ь	Т	И	О	Я	А	В	Ы	Т	И	Ч	У	Р
С	М	Т	У	А	А	М	И	Д	Ы	М	О	И	Р	М	Р	А
П	А	И	С	И	О	Р	Т	Е	Ц	У	Р	Н	С	И	Д	Г
Г	Е	Е	П	О	Д	Х	О	Д	И	Т	А	У	И	Е	Т	О
И	Д	А	Е	С	И	С	О	И	Н	Й	К	Ч	Б	Т	У	Ц
К	С	Е	И	А	А	А	Б	О	Ж	Ы	О	И	Б	А	Е	Е
О	Р	К	Н	И	Ж	Н	Ы	Й	О	Н	В	Т	О	Н	Т	Н
С	Е	О	Ч	Т	О	Т	О	К	Н	Д	И	Е	Х	И	Е	Н
Е	Ф	Т	В	У	Д	С	У	М	У	А	Н	Л	У	И	Н	О
О	Е	У	Т	А	К	Б	Ы	Л	У	П	А	Ь	Е	С	М	Й
С	М	И	А	С	Т	Е	И	О	П	А	И	И	О	Т	С	Н
Е	Т	М	Н	Е	Т	Ь	Т	Н	Е	З	П	Л	А	О	С	А
Т	С	С	Е	М	Ь	П	У	Б	Л	И	К	А	Ц	И	Ю	Б
Д	Р	А	М	А	Т	И	Ч	Е	С	К	И	Й	Е	Н	Е	Е

Puzzle 247

Г	М	Я	Г	К	И	Й	Д	И	Е	И	В	Н	Т	Н	Т	У
К	О	А	Н	О	Е	Е	М	В	Е	Т	О	Л	О	А	М	Е
Ф	А	Л	В	Л	А	Ж	Н	Ы	Й	Ь	Т	И	Б	С	И	И
Р	И	Л	О	Н	У	П	О	Р	С	И	Ю	Ю	И	О	Л	Н	С
Е	Т	С	Ь	С	Е	У	Р	У	У	Р	Я	Е	А	А	Т	И
З	С	С	И	М	О	М	Е	Б	У	М	Р	У	Д	Ж	Е	М
И	О	Ф	Н	Н	А	М	Л	А	Р	О	О	М	Г	Д	Л	Р
Я	Н	В	М	Е	Т	Р	С	Ш	И	П	Т	О	О	А	О	А
Г	Б	Т	О	Ф	Ж	Р	Ы	К	М	Р	В	Р	Н	Й	П	У
В	О	У	Т	Ы	Ц	И	Н	А	Р	Г	О	К	И	Т	Т	Т
Т	С	С	Р	А	С	Д	Н	И	М	Н	П	О	Н	Е	М	Ф
Р	О	Ж	Д	Е	Н	И	Е	К	Я	Н	И	В	Н	С	Ц	А
Е	П	Т	Р	Р	И	Т	П	Б	А	П	У	Ь	У	Ь	Т	М
А	С	Л	И	Ч	Н	Ы	Е	Е	Б	А	Г	А	Ж	Н	И	К
Б	О	Л	Ь	Ш	И	Н	С	Т	В	О	Л	С	Е	А	С	В

РУБАШКА
БАГАЖНИК
СПОСОБНОСТИ
ВЛАЖНЫЙ
КАЛЬМАРЫ
ЛИЧНЫЕ
ГОЛОСОМ
РОЖДЕНИЕ
НАСЛАЖДАЙТЕСЬ
СБИТЬ
БОЛЬШИНСТВО
СНЕЖИНКА
ПОЛЕ
ФРЕЗИЯ
ИНОГДА
ГРАНИЦЫ
МЯГКИЙ
ПОВТОРЯЮТ
МОРКОВЬ
МЕЖДУ

Puzzle 248

КОЛЕСА
УВЕРЬТЕ
ВЫХОДНОГО
ЭВАКУИРОВАТЬ
ПОТРАЧЕНО
НЕТЕРПЕЛИВЫЕ
ВЫСОКИЙ
ОТКЛОНИТЬ
ЧУЛОК
БЫСТРАЯ
ОБЕСПЕЧИТЬ
СИРЕНЕВЫЙ
ПАРЕНЬ
САМЕЦ
ПРИГЛАШЕНИЕ
ЛЕДИ
ОБИЛЬНОЕ
БУРЕВЕСТНИК
НАСИЛИЕ
НАШ

Н	Ь	Т	И	Ч	Е	П	С	Е	Б	О	Е	И	А	С	О	О
К	Е	И	Н	Е	Ш	А	Л	Г	И	Р	П	Н	Е	С	Т	Б
О	О	Т	С	У	А	Р	Л	Н	Е	С	Р	Р	Д	И	К	И
Л	Е	Л	Е	Ц	Н	Е	И	И	Т	О	А	А	Р	М	Л	Л
У	М	Е	Е	Р	А	Н	Е	Р	И	Г	И	М	Р	Т	О	Ь
Ч	А	И	Т	С	П	Ь	О	У	О	О	Е	М	Е	С	Н	Н
В	У	Т	Н	И	А	Е	М	А	Л	Н	М	О	Т	Ц	И	О
Б	Ы	С	Т	Р	А	Я	Л	А	Л	Д	Л	Е	Д	И	Т	Е
Т	С	И	И	Е	У	Р	Й	И	К	О	С	Ы	В	Е	Ь	И
Л	С	В	Е	А	М	П	И	И	В	Х	М	Е	Т	Т	В	Л
Ф	Г	Р	И	Б	Ф	М	Т	С	Е	Ы	И	Р	Н	Ь	Л	И
А	Т	О	И	А	О	А	И	Й	Ы	В	Е	Н	Е	Р	И	С
Б	У	Р	Е	В	Е	С	Т	Н	И	К	Т	Л	О	Е	Ф	А
Э	В	А	К	У	И	Р	О	В	А	Т	Ь	С	П	В	И	Н
П	О	Т	Р	А	Ч	Е	Н	О	А	И	Р	Л	Е	У	Н	И

Puzzle 249

```
С И Е И Н А В О Р И Л У Г Е Р Т Е
Г О Р Я Ч Е Е Е О Д О В О Л Ь Н О Т
Т И Л И И Ц И Т С Е В Н И И Е У Р
А Й Ы Л П Е Т М Т Е У Е Я У У А И
Е И Н Е Ч Ю Л К С И М П А Е Е М В
У Ш О Л Е Р О У О П Т Ь Н Б О Л Ь
С Р Е Д А Е Н С И Н Р Т Т И З И В
Н А П Р М К М М И О М А А Ы И Р П
Р Т И В А Р И В И И А Ц Р Н Б Л С
Е С Е Е И А Н С С Т Т Д У М Л А О
Т Е С О Е С Ц Б М С Е А К У Е И З
У А Т Н У К У А Л С Р Н К Р Т С П
Е У У М И И О Р Л А И Е А Е Е И П
Ф А Н Т А С Т И К А Я В М Н Т С О
Ч Е Р Е З И У М Н О С Д О Т Ь Е Е
```

ТЕПЛЫЙ
АККУРАТНАЯ
БОЛЬ
ДВЕНАДЦАТЬ
ОРЛА
СРЕДА
ИСКЛЮЧЕНИЕ
ВИЗИТ
ЛЕТЕТЬ
ГОРЯЧЕЕ
ЧЕРЕЗ
ФАНТАСТИКА
ЗАБЫТЬ
ВОСЕМЬ
СТАРШИЙ
КРАСКИ
РЕГУЛИРОВАНИЕ
МАТЕРИЯ
ИНВЕСТИЦИИ
ДОВОЛЬНО

Puzzle 250

УХО
ПИЦЦА
БЕЛКА
ДИКАЯ
ОБИЖАЮТ
ПРЕДЛОЖИТЬ
ПРОДУКТ
СЮРПРИЗ
МИГРИРОВАТЬ
МЯСО
ПУСТЫНЯ
РОДИЛСЯ
СИЛУ
ОТСУТСТВИЕ
РОДИТЕЛИ
СКОРО
НЕБОЛЬШОЙ
ПРОВЕРЯТЬ
СОДЕРЖАТЬ
СПУСКАЮТСЯ

```
Р Р М Е И В Т С Т У С Т О Т Е С И
Л И Я П И Ц Ц А И И П У С Т Ы Н Я
Е Н С Я О С С М О Л А У И У В Р У
М Й О Ш Ь Л О Б Е Н У Х Б Е Л К А
П Р О Д И Т Е Л И Ь Д О С О А Е Т
С Р Р Л И А В Я С Т Ю А К С У П С
П Л О Ц И Р И О Л Я С Л И Д О Р И
П Е С Д С М У Е Р Р У О Е У Р О О
И Р У С У К У А О Е С Ю Р П Р И З
С О М Ц Л К О И У В Е М Е Д Т Л Л
У М О Р Ц С Т Р Б О Б И Ж А Ю Т С
А О П О Ь Т А В О Р И Р Г И М А Е
С О Д Е Р Ж А Т Ь П С А Г С М И Д
С Е Т Р Д Е Д И К А Я Е С П Л Н Р
И М Е И Л Н П Р Е Д Л О Ж И Т Ь Е
```

Puzzle 251

В	М	Н	Р	Ф	А	П	Н	И	Р	М	З	А	Е	Е	Е	И
С	Е	И	И	Е	Е	О	Е	Л	И	И	А	Т	У	Р	Н	У
М	С	С	Н	Е	З	В	Д	У	Т	Р	Я	Е	М	Т	С	Л
Е	К	М	Е	У	М	У	Я	У	Р	Н	Ц	Я	С	Е	М	Т
Я	Р	У	У	Л	Т	С	Л	Е	Т	О	Л	С	Р	М	К	Е
Л	А	Д	М	Т	Ы	С	Г	Ь	Т	И	Н	Л	О	П	А	З
А	С	Р	Н	У	П	Й	З	Т	Т	Н	Р	И	С	Т	Р	С
С	И	Ы	Т	Е	Е	С	В	И	К	А	Р	Б	Р	Ф	У	А
Ь	В	Й	У	Т	В	С	И	Ж	У	Ы	Т	Е	В	Ц	Д	Н
Т	О	Б	У	М	А	Г	И	О	Б	Т	М	З	У	Б	О	И
О	Р	М	Е	С	Ф	С	И	Л	Т	У	А	О	Е	М	Н	О
П	О	К	А	З	А	Т	Ь	Т	У	Т	Е	С	Ф	Л	С	Е
П	О	С	С	П	Е	Л	Т	О	О	С	Я	Е	Е	М	С	А
С	И	С	Л	У	У	И	Р	Н	Н	Р	О	И	У	Е	Е	У
П	У	С	М	Е	Л	Ы	Й	П	Н	У	Е	Н	Н	И	И	И

МИРНО
МЕСЯЦ
ОТЛОЖИТЬ
СМЕЯЛАСЬ
ЗУБ
КРАСИВО
ЦВЕТЫ
НОУТБУК
СМЕЛЫЙ
ВЕСЕЛЫЙ
ЗАПОЛНИТЬ
МУДРЫЙ
ДУРАК
МИНУТ
РЕЗУЛЬТАТ
БУМАГИ
БРАК
ВЗГЛЯД
ПОКАЗАТЬ
ЗАЯЦ

Puzzle 252

ВЫРЕЗАТЬ
РАВНЫХ
МУЗЫКУ
ОПЫТ
ЗАВОД
ОТХОДЫ
ВОРОНА
ДОЛЯ
БЛЕСТЯЩИЙ
ТРЕНЕР
ОТВЕТСТВЕННОСТЬ
НАЗНАЧИТЬ
ПРЕСТУПЛЕНИЕ
РАСПИСАНИЕ
ПРОБКА
МАСТЕР
ВЫСОКОЕ
ПОКАЗАЛ
ПОЕЗД
СИДЕЛ

П	З	Е	С	А	К	Б	О	Р	П	У	У	А	Х	Т	И	В
И	Р	А	Т	Т	А	И	Т	Е	О	К	О	С	Ы	В	О	О
О	Д	Е	В	И	И	Д	Х	Т	Е	Ы	М	М	Н	Т	П	Р
Л	С	И	С	О	Е	М	О	С	Е	З	П	Е	В	Е	Ы	О
И	Р	Н	А	Т	Д	Н	Д	А	Ь	У	Е	Т	А	Л	Т	Н
Б	У	А	Р	П	У	М	Ы	М	Т	М	Т	С	Р	А	Л	А
Л	Т	С	Ц	Т	Ф	П	Я	А	И	И	Р	А	С	И	С	Р
Е	У	И	И	О	Л	У	Л	Т	Ч	Л	Е	Д	И	С	О	Е
С	М	П	Т	Д	Л	С	О	Е	А	Н	Н	И	Е	И	И	М
Т	И	С	У	Е	О	Е	Д	Е	Н	Т	Е	П	О	Е	З	Д
Я	Л	А	З	А	К	О	П	Р	З	И	Р	Т	У	Т	В	У
Щ	Р	Р	М	И	С	П	Ь	Т	А	З	Е	Р	Ы	В	И	И
И	О	Л	Ц	Е	М	Н	У	Р	Н	М	О	Р	О	О	М	Т
Й	И	П	Д	Ф	Р	И	А	Р	Т	Т	Т	П	Ц	И	У	В
О	Т	В	Е	Т	С	Т	В	Е	Н	Н	О	С	Т	Ь	У	Р

Puzzle 253

М	Е	Т	Р	У	Р	Н	О	Р	М	С	Е	Е	Т	Р	И	Д
Н	А	М	Ь	И	О	О	Н	Г	Р	Я	З	Н	Ы	Е	И	Б
Е	У	К	Т	Ь	С	Л	И	С	О	Р	П	С	И	И	Т	Е
Р	А	Т	С	Т	Т	И	П	Р	Е	Я	М	Г	С	Е	Ю	З
Р	Т	И	А	И	Л	Т	С	У	Ш	И	Р	И	Н	У	Л	О
А	Е	А	Л	Н	М	И	П	К	Т	Н	И	Е	П	Х	Е	П
Е	Т	Е	Б	С	Т	У	Р	Е	Л	Е	А	С	М	О	Н	А
В	Ф	И	О	Я	И	В	М	Р	И	Ш	Р	Т	Ф	Л	Ь	С
Е	В	Т	И	Ъ	Ш	Н	Б	С	И	Е	Е	Р	У	О	Д	Н
С	Р	Е	Б	Б	И	Е	О	К	О	Р	О	Л	Ь	Д	Р	Ы
Н	С	Ы	Д	О	Н	С	Е	М	Т	З	Е	Е	Р	Н	И	Й
Т	Е	Т	Е	И	А	Т	М	П	А	А	Е	И	М	О	И	Н
О	Д	С	Р	Е	Т	И	О	Л	М	Р	П	Е	И	И	Е	И
Е	У	И	И	М	А	Е	В	Е	Л	О	С	И	П	Е	Д	Б
А	Е	Ч	Р	А	С	К	Р	Ы	Т	Ь	О	Т	У	Т	М	У

БЕЗОПАСНЫЙ
ГРЯЗНЫЕ
ВЕЛОСИПЕД
КУРС
ТЮЛЕНЬ
КОРОЛЬ
ТИШИНА
ВНЕСТИ
ОБЛАСТЬ
РОСТ
ОБЪЯСНИТЬ
ОНИ
ХОЛОДНО
ВВЕДИТЕ
ШИРИНУ
РАСКРЫТЬ
СПРОСИЛ
РАЗРЕШЕНИЯ
ЧИСТЫЕ
МАКСИМУМ

Puzzle 254

ПОЗВОЛЬТЕ
ГЛУПОЕ
ЛОШАДЬ
ТЕМНЫЙ
ЦЕНА
ВЫБЕРИТЕ
ЖИР
БЕРЕГ
ШКОЛУ
ЛЮДИ
КАНАРЕЙКА
АДРЕС
ПРОИЗВОДСТВО
СОТРУДНИЧАТЬ
ПЛЕЧО
КАМЕННАЯ
ОТЕЦ
НИКОГДА
СОГЛАСЕН
ФИШКИ

Р	У	Ц	И	Ф	С	О	М	И	К	Ш	И	Ф	Л	О	А	К
Е	Р	Е	И	И	М	О	Ц	Д	Р	Я	И	Е	Н	Т	С	А
У	И	Н	Т	И	Д	В	Г	Ю	Р	С	Е	О	Е	Е	Й	Н
Д	Я	А	Н	П	Е	Т	Ь	Л	О	В	З	О	П	Ц	Ы	А
А	Д	Т	С	Ф	Д	С	Ф	Е	А	Д	Г	О	К	И	Н	Р
Т	Д	С	О	О	О	Д	А	У	А	С	Т	Н	С	Т	М	Е
С	Т	Р	О	Р	Л	О	Ч	Е	Л	П	Е	Ш	Е	М	Е	Й
И	Ф	И	Е	С	В	В	М	М	Е	Л	И	Н	К	С	Т	К
Н	Р	Ж	А	С	Е	З	Л	О	Ш	А	Д	Ь	И	О	У	А
Г	Л	У	П	О	Е	И	К	А	М	Е	Н	Н	А	Я	Л	С
О	А	Т	М	О	М	О	М	Н	Т	У	А	Н	Т	Ф	И	У
Д	М	С	Е	Т	И	Р	Е	Б	Ы	В	И	Т	С	И	Т	Р
О	М	У	Л	Н	П	П	Р	Б	Е	Р	Е	Г	О	Ц	М	И
С	О	Т	Р	У	Д	Н	И	Ч	А	Т	Ь	Л	Е	М	И	И
Т	Т	Л	У	У	О	М	С	Л	Е	Г	У	Е	Т	О	С	Д

Puzzle 255

```
К Е С П А А К З Е Е У О И И Н Ц А
М О И О Р С О Е Г Т А Б О И Е А Т
С У М П Т Т Н Л О Е Р Я Л Р О М Р
Л Е Я М С У Д Е Д О Е З И И С С У
У Р П П Е Л О Н Р И И А С Е Т М Р
Г Е Т О С Р Р Ы И С П Н Т О О М М
С Е О Е Д М Ч Й С О Т Н И Н Р Е У
Д И И Т Е С В Е К У Т О Н Е О И Е
Т И Т С М Р Е Е С Т А С Н С Ж П Д
У Р Ф О И Е У С Т К П Т О И Н Т М
С Ч У К О Л Е Н О У И И Е У О А П
Н Р Е С А Е Й И Р А Н Е Ц С Е Л Л
О С У Н К О Л О Н К И К Л Е Й И И
И И Л М И П Е Р Е Ц Ф С Л С М Р Е
С И С Т Ф Е С О О Б Щ Е Н И Е И Л
```

ЛУГ
ТРУС
ПЕРЕЦ
УЧЕНИЕ
КЛЕЙ
МЕДСЕСТРА
РИСК
КОММЕРЧЕСКИЕ
КОЛЕНО
КОЛОНКИ
СООБЩЕНИЕ
ГОД
ИСТИННОЕ
СТУЛ
ЗЕЛЕНЫЙ
КОНДОР
ОБЯЗАННОСТИ
НИ
СЦЕНАРИЙ
НЕОСТОРОЖНОЕ

Puzzle 256

ВЕРСИЯ
УДИВЛЕННО
ЗАВОЕВАЛ
СУХАЯ
ПАЛЬТО
БАНК
ПОЖАРНЫЙ
НАБЛЮДАЕМЫЕ
УЧИТЬ
ЛОЖНАЯ
ОТВЕТ
ФОНТАН
ДЯДЯ
РЕБЕНКА
БИТЬ
БЛЮДО
КОГДА
ВАШ
СРЕДИ
АВТОМОБИЛЬНЫЕ

```
Б С Н А С Ф Ь В Н А О О О Т В У С
Т А Н П Л О Т Ь Л А П О П О Е Д У
Р Б Н С И Н И Ц Е У Ч И Т Ь Р И Т
Е Т Е К В Т Б Н У С П Е Н П С В Т
Е Р Е Л Е А К Н Е Б Е Р Т О И Л О
О Т В Е Т Н С С Д Е Д Т С Ж Я Е У
А В Т О М О Б И Л Ь Н Ы Е А Д Н Т
К А У Р Р Д Ф Д Р А П С Р Р Я Н С
С О У С В Ю Н Е П Р В А П Н Д О У
Р Т Г Е М Л М Р С П Н Е И Ы Н И Х
В А Ш Д С Б О С У Е М О О Й С У А
М И О Я А Н Ж О Л П С Н Е В У С Я
Н А Б Л Ю Д А Е М Ы Е У И И А О Т
И М А О А У Д О С А И Л Т Е У З И
М У С М М А И Н Е Н Г О Т Е О Е П
```

Puzzle 257

З	И	Л	Е	П	Т	У	Т	П	И	И	Н	Н	О	Е	М
А	Д	И	Р	Т	Р	А	М	Е	Р	С	У	А	Е	С	С	О
Л	В	У	Ц	Е	Н	И	Й	И	З	О	К	К	Е	О	Ш	Л
И	С	Е	Т	У	О	Е	Д	Н	А	Е	Е	А	Т	Б	О	О
Т	А	М	Ч	Т	О	И	Е	У	Ы	Б	Ю	З	А	А	К	К
Ь	И	В	И	Е	С	Р	М	П	М	У	Я	А	И	Я	О	О
Т	И	Е	А	С	Р	Е	Н	Р	О	Ы	Л	Т	А	У	Л	И
А	Я	И	Ц	И	Л	О	П	И	Т	Е	В	Ь	Т	О	А	И
М	Л	Н	Е	Д	И	П	М	М	Е	М	А	А	Е	Е	Д	С
И	Т	А	Б	У	Я	Р	И	Е	Е	Ц	Р	Н	Т	П	Н	Ч
Т	И	Т	А	Л	С	У	С	Н	С	Л	Д	И	О	Ь	А	Е
Е	Р	Е	У	Е	М	Т	Е	И	П	Е	З	Щ	Е	Л	Я	З
П	А	Ч	Т	Ж	Е	Н	Ь	Т	А	С	О	Р	Б	Е	М	А
И	Т	О	С	Т	Т	А	И	Ь	Д	Ф	П	О	И	Т	Л	Ю
И	Е	С	Л	Е	Г	Л	А	В	Н	А	Я	М	У	О	Я	Т

ТАЙНЫ
ОСОБАЯ
ГЛАВНАЯ
ПОЛИЦИЯ
МАТЬ
КОЗИЙ
БРОСАТЬ
ПРИМЕНИТЬ
ПОЗДРАВЛЯЮ
НАКАЗАТЬ
ЗАЛИТЬ
СОЧЕТАНИЕ
ПРИДУМЫВАТЬ
ВЕЧЕРОМ
ИСЧЕЗАЮТ
ОТЕЛЬ
ЖЕЛУДИ
ШОКОЛАДНАЯ
МОЛОКО
МОРЩИНА

Puzzle 258

ЗА
РАЗНИЦА
ПАРУС
МОЩЬ
ЗАКАЗАТЬ
ЧЛЕН
МЕДНЫЙ
ЛЮБОЙ
БЛЮБЕЛЛ
РЕАКЦИЯ
ТАБЛЕТКИ
РЕЧНОЙ
СТОЙКА
РОБКУЮ
РАСПРЕДЕЛИТЬ
СЛИВЫ
ЗНАЧИТЕЛЬНЫЕ
АМУР
ТРАНСПОРТНАЯ
ТРИ

Р	Л	О	Е	Е	С	С	З	Т	С	М	Р	С	У	Р	А	П
У	А	Ю	Д	В	Т	Р	А	Р	У	А	И	Т	А	Н	М	Н
М	З	З	Б	О	С	С	К	А	Р	Ю	И	О	Т	И	О	Р
А	Т	Р	Н	О	Р	М	А	Н	Л	И	У	Й	А	Т	О	Е
И	П	И	И	И	Й	Е	З	С	Я	И	Ц	К	А	Е	Р	Ч
Т	Т	Л	П	Р	Ц	Е	А	П	Н	И	И	А	Б	Р	Д	Н
С	У	Л	И	Т	У	А	Т	О	И	Т	П	Й	А	О	Е	О
П	И	Е	Р	М	С	И	Ь	Р	А	В	У	Ы	Р	И	Р	Й
Т	А	Б	Л	Е	Т	К	И	Т	Ч	Л	Е	Н	Н	В	Н	О
А	Н	Ю	У	Л	П	С	Т	Н	О	Н	С	Д	С	Р	М	Т
С	Р	Л	О	С	У	Л	Л	А	И	Л	Е	Е	Л	У	Е	У
Е	У	Б	И	С	П	О	И	Я	В	О	И	М	И	Н	Т
Р	А	С	П	Р	Е	Д	Е	Л	И	Т	Ь	О	В	Е	О	С
З	Н	А	Ч	И	Т	Е	Л	Ь	Н	Ы	Е	Щ	Ы	У	А	М
М	Е	Е	И	У	Н	А	И	Т	Е	Н	И	Ь	М	Е	Ф	И

Puzzle 259

```
И Л Н А С П Р У И М О С У Е Р И Д
Р С Т А Т Е Т И Л В Е Л М А О С С
Н Е М Е Д Л Е Н Н О У В О Л К Л Н
У Е А Ц И Р О К Л Т Е М И И Т Т Н
Т З В О Р У М О И Л П Е Ш О И А О
М Т Е Ы Н Ь Л А Т Н Е М А Д Н У Ф
М И Л Л В Ф О Р И С Д Р Ф Т А О
Е Е С М Ф О Ф Л А Г С О Ф В Т О Т
И С С Л Е Д У Й Т Е Б С С Т И Л Ь
Р З А Д Н Ю Ю М Р Т С Е М Е Н Р О
П О П С В О Б О Д Н Ы Й Д Я Ж Е М
Л Ь Т И Т Е Р Т С В Т Е Е А И Ш М
Т С Е К И Е С У М Е В И И Т Т И Е
П Д Ф Я А Н Д О Б О В С Т Ф Ь Т Н
П И Т Ц У Ф А Н Я И Е Е Т А Р Ь И
```

СВОБОДНАЯ
ВОЛК
УЗЕЛ
ЖИТЬ
СВОБОДНЫЙ
КОРИЦА
ВСТРЕТИТЬ
РЕШИТЬ
ФАКТОР
СТИЛЬ
НЕМЕДЛЕННО
БЕДА
СЛЕВА
ИССЛЕДУЙТЕ
ФЛАГ
ШАРФ
ЗАДНЮЮ
ФУНДАМЕНТАЛЬНЫЕ
ПО
ПРИЕМ

Puzzle 260

ОЖИДАЕМЫЙ
УЧАСТНИК
МАМА
ИСКАТЬ
ПРЕКРАТИТЬ
УКУС
ЖЕНАТУЮ
УПАЛО
ФОРМУЛУ
РЫЦАРЬ
ПЕРЕВОД
МЕЖДУНАРОДНЫЙ
МЕСТНЫЕ
СТАТЬИ
ОБЕЗЬЯНА
НЕЖНО
ТОЖЕ
ДЕРЖАТЬ
БЛУЗКА
ГРОМЧЕ

```
Т Е Т Т С Е А Н Е М Р И Н Л Е Т И
М А М А Ф Т О А С У Т Л С Е Л К Т
М Е Ж Д У Н А Р О Д Н Ы Й К Ж И И
С Е Ф Р У К У С М О Б А Д П А Н И
В Т С А С У И П Е Н Л Л Е Р Ф Т О
Ф У А И Р О А У С Е У И Р Е О С Ь
У Ю У Т А Н Е Ж Т О З У Ж К Р А Р
Р И И Е Ь И Т Т Н Ж К Е А Р М Ч А
Е У У У Р И О И Ы И А О Т А У У Ц
О Б Е З Ь Я Н А Е Д А Г Ь Т Л Е Ы
Л У С Т У М С У Ф А П Р О И У М Р
А М Т У Ф Е Т Е Р Е У О Т Т И И Д
П Е Р Е В О Д Е Т М М М Л Ь Р Ц И
У Е Т О Ж Е Е Е О Ы М Ч Т О О Т Е
С П Т М С В Е Р С Й И Е В Н Е О С
```

Puzzle 261

Е	Л	П	А	Е	Т	Р	Р	В	Р	Л	В	П	О	М	Н	Т
Г	И	И	Б	Н	У	И	С	Е	Ф	Е	Ы	Р	Т	О	Е	М
А	О	Н	Ч	О	Т	А	Т	С	О	Д	З	Е	И	Т	Д	М
М	И	В	Д	Л	Е	М	Е	И	Ф	Е	Ы	Д	Г	Ы	А	О
П	З	У	О	О	И	И	Д	И	И	Л	В	К	Р	Л	В	Л
О	А	Т	Т	Р	М	И	У	О	М	С	А	А	Н	Е	Н	М
Р	М	И	А	О	Я	А	Б	В	Н	О	Ю	И	М	К	О	М
Ы	О	В	Е	Б	Е	Щ	Ш	П	М	С	Т	К	О	В	Е	Р
В	К	У	И	А	Т	И	И	Н	О	Б	С	У	Д	И	Т	Ь
Н	И	В	О	Н	Р	И	О	Е	И	И	Е	У	М	С	Р	О
К	У	Р	Т	К	А	С	Е	И	Н	Е	Ш	У	Р	З	А	Р
В	И	Т	А	М	И	Н	Ы	Р	Т	О	Е	А	Р	О	И	М
С	О	С	Т	О	Я	Н	И	И	О	У	П	У	И	С	У	Р
И	М	Е	И	А	Л	Т	Н	И	Е	М	О	Л	Т	Т	Т	Е
У	В	У	С	О	Н	П	А	С	О	И	М	С	Е	Т	Р	Е

НЕДАВНО
ПРЕДКА
ДОСТАТОЧНО
ГОВОРЯЩИЕ
ПОРЫВ
КОВЕР
ВИТАМИНЫ
ОБСУДИТЬ
САМ
МОТЫЛЕК
НАБОР
ЛЕД
ЗАМОК
ВЫЗЫВАЮТ
КУРТКА
БУДЕТ
ТИГР
ДОМАШНИЕ
РАЗРУШЕНИЕ
СОСТОЯНИИ

Puzzle 262

ОБНОВЛЕНИЕ
МУМИЯ
ЛУЧШЕ
ФРЕСКА
СТАНЦИЯ
НОСОРОГ
ЛОЖКУ
ЗОНТИКА
КОЖА
МУДРОСТЬ
ПРИЕХАТЬ
МЫШЬ
ВЫСОКАЯ
ПРИХОДИТ
БИТ
ВНЕЗАПНО
ТАКЖЕ
ЦВЕТОК
ОБВАЛА
ГАЗЕТА

В	М	Л	Т	Е	Б	О	Е	Т	Т	Е	У	Е	У	Р	Ц	В
Л	Н	Е	В	И	Я	И	М	У	М	Л	У	Р	О	С	В	Ы
М	У	Е	Ж	К	А	Т	Т	С	П	А	М	И	С	Т	Е	С
Е	Л	О	З	Е	М	Р	Т	И	М	П	И	Е	П	О	Т	О
М	Ы	Ш	Ь	А	О	Д	М	С	Т	А	Н	Ц	И	Я	О	К
Е	П	И	П	К	П	Т	Е	У	У	Е	И	С	И	С	К	А
А	Р	У	Р	И	Р	Н	А	С	У	Е	Е	М	С	Н	М	Я
Н	И	М	И	Т	У	П	О	Т	Н	Н	О	У	К	Ж	О	Л
О	Е	С	Х	Н	Г	А	З	Е	Т	А	Т	Д	К	О	Ж	А
С	Х	Р	О	О	Н	К	И	Ш	Т	Л	Л	Р	У	Т	Е	С
О	А	Е	Д	З	Е	С	П	Ч	С	А	С	О	Т	Е	И	Л
Р	Т	Р	И	С	Г	Е	И	У	Р	В	Б	С	И	М	М	Е
О	Ь	Е	Т	О	Р	Р	О	Л	Л	Б	С	Т	О	О	М	Я
Г	С	Л	С	У	Е	Ф	Т	Н	Т	О	Т	Ь	М	Г	И	Е
О	Б	Н	О	В	Л	Е	Н	И	Е	С	П	Н	М	Е	О	Е

Puzzle 263

```
Т Т Т С Р Ф И О И В Д Т К Ф Б Т И
И О О Ю Е Й Н Н В С И Т А С А Ю Г
Т Р Ж А Е Ы У С А А К А Б И Р П О
Ц В Е Т Е Н И Е Ж Т И У И С А У Т
Р У М И А Ь Е Р Н П Й Е Н О Б Е Д
Е А Л Ч Н Л У Е О Г Г Д А К А У А
Л В И О А А С Т С И С Т С Р Н Р Т
И Т Е П П Р Н Н Л Л С Е И Е И И И
Г М С Д Ь Т О И И И М Р И М В Р У
И О М Е Л Н О И М Д Е Д У Ш К А Ц
О М Р Р Ю Е И Т Й О З И О Р П И О
З Е У П Т Ц Л И Н К П И Р Л Д Л У
Н Б Е Й С Б О Л У О А У В Т Р Е Ж
Ы Е Р Р Л Ф Е П Е Р Е Ч Е Н Ь Р У
Е Ф Н И О Е У Е С К Т О О Н У Т И
```

КАБИНА
ЦЕНТРАЛЬНЫЙ
ДИКИЙ
БАРАБАН
ПРЕДПОЧИТАЮ
ЮГ
ЦВЕТЕНИЕ
УПОМИНАНИЕ
ДЕДУШКА
ПЕРЕЧЕНЬ
ИНТЕРЕСНО
ПРОИЗОЙТИ
ТЮЛЬПАН
РЕЛИГИОЗНЫЕ
БЕЙСБОЛ
ЖЕРТВУ
ЕЖ
КРОКОДИЛ
КРЕМ
ВАЖНО

Puzzle 264

ГРУСТНО
ВЕЖЛИВЫЕ
ЗУБНАЯ
ФРУКТЫ
РЕАЛЬНЫЕ
ДРЕВНИЕ
КРОЛИЧЬИ
КОНТАКТ
МЕЧТА
ЕСТЕСТВЕННЫЙ
УТЕНОК
ПУТЕШЕСТВИЯ
ПЕРЕМЕННАЯ
ВЕЛИКИЕ
СВЕТ
УЧИЛ
ПОСЕДЕЛИ
РЕЗУЛЬТАТ
ВАРИАНТ
ПЕРСОНАЖ

```
П П Е О Т П Н П Р В Е Ж Л И В Ы Е
У Е С Н Н С Д О М Е И Д Н Н С Д С
Т Р Т Е В С Н С С Р З Н Н Е Л Р А
Е С Е Е И Р М Е Т П М У И Ф Р О Н
Ш О С Д И А И Д Т М У А Л Т У Н О
Е Н Т Я А Н Н Е М Е Р Е П Ь Е Т Т
С А В Н Р З В Л У Т Е Н О К Т М А
Т Ж Е Т О У Е И И В М Е Ч Т А А И
В Ф Н П О Б Л Ь Е И А Р У М М П Т
И Р Н И У Н И Ч Т М А Р Е Ч У У К
Я У Ы Р Р А К И И Е И У И Е И У А
Ф К Й И Т Я И Л Л П Д И Ц А А Л Т
Р Т Е Д Р Н Е О Н Т С У Р Г Н Е Н
О Ы А М Ф О С Р И М И Р А Н С Т О
Д Р Е В Н И Е К Р Е А Л Ь Н Ы Е К
```

Puzzle 265

```
Е А П П И М И Т И Р О В А Т Ь А И
И Ж Р О С Н Е Г А Т И В Н Ы Е У У
С И О З О П Г У С Ь Н В Е Т Т У А
П В Е Д Б Б Е У И Д П У О У Т П Т
О О К Н И И Р Ш Т И У О С А И Г Й
Л П Т Ю С Р Е А И К Д А Л К А З Ы
Ь И П Ю А Е Н И З Т Ю А Ш У Р А Н
З С А А П Г Р Т Е О Ь Е П И А Р З
О Ь А Л С У В С И В В М Е А Р И Е
В Я А Н Р Я Л У П О П А А А О М Е Ь
А О Ф О Т Н О Ш Е Н И Я Н С Л Л Р
Н П Ф У П Р Ф С А С С И Е И Л И Е
И Т Е Ю Р И Д И Ч Е С К О Е Е О С
Я У К Р А С С Л Е Д О В А Н И Е Е
Р Ь Т А В О Б О Р П О П У Н О С Р
```

ПОПРОБОВАТЬ
НАРУШАЮТ
ЮРИДИЧЕСКОЕ
ПОПУЛЯРНАЯ
ЗАКЛАДКИ
ГУСЬ
АФФЕКТ
ПОЗДНЮЮ
ПРОЕКТ
ЖИВОПИСЬ
РАССЛЕДОВАНИЕ
ОТНОШЕНИЯ
ИМИТИРОВАТЬ
НЕГАТИВНЫЕ
СПЕШИТЬ
СПАСИБО
СЕРЬЕЗНЫЙ
МАСЛО
ИСПОЛЬЗОВАНИЯ
ОБРАЗОВАНИЕ

Puzzle 266

КРЫТАЯ
МОНИТОР
НОС
РАЗНООБРАЗИЕ
НИЧЬЯ
ПОДСОЛНУХ
ЛЯГУШКА
ИСПОЛНИТЕЛЬНЫЙ
ЗАПАС
СРАВНИТЕ
ПРЕСС
НАСМЕШКА
ПРИНЯТО
ТКАНЬ
НАПОМНИТЬ
ШЕЯ
РАССКАЗЧИК
СУЩЕСТВО
ПЛАВАНИЕ
КОКТЕЙЛЬ

```
З И П Н П С А У Р У О У И Т Т М М
А И Л Н О С Е У И Т К А Н Ь Е В О
П А А Н Д Е Р Н А С М Е Ш К А И П
А У В П С Р И О Т О И И Н Т О П М
С Т А Р О П И З И О Ц С Н Н В Н М
Н Е Н И Л Т Т С А И Н К Р Ы Т А Я
Ш О И Н Н М Ф О Л Р Т Т Л А С К Р
Н Е Е Я У О И Е И Т Б Е Е Л Е Ш Ц
Т И Я Т Х У О М У У Н О С Л Щ У Н
М О Ч О М О Н И Т О Р У О Е У Г А
У Г О Ь К О К Т Е Й Л Ь У Н С Я А
В О Я И Я Н А П О М Н И Т Ь З Л И
Р О П М Т С А К И Ч З А К С С А Р
И С П О Л Н И Т Е Л Ь Н Ы Й Н П Р
А У А С Р А В Н И Т Е А Т Р Е О Л
```

Puzzle 267

```
Ш У П П М П У Е Р Т Л Ф Р Т Я И П
Е И Р Л С Р М Е А А П Е Р Д М А Р
В У Е Е М И А Й О Н В О Н С О М И
Е Е Д Т Н Х В Н Е М Д Н У Р Т М В
Л У Ы У Е О К А Н Д О Т И П С С Л
И Е Д И М Ж В Е С С Н А С Н Т М Е
Т Р У В О А И С П О В Е Д Ь Ы Л К
Ь М Щ А И Я К С Т Р М А П У К О А
Я С Е К О Р О Л Е В С К И Й Т В Т
М Т Е Л С С Т Л Я Н Г Л Е У О И Е
П Р О И З Н О Ш Е Н И Е О П Н Т Л
О П И Х Т Е П Е Е Ш Н П Т У П Ь Ь
Й Ы Н Н А Р Т С О Н И М С Е Е Н Н
Р Л У Р Е И Н Е Л В А Р П А Н О А
М А Л О Л И Т Р А Ж К А П Р А О Я
```

- КОРОЛЕВСКИЙ
- НАПРАВЛЕНИЕ
- ИНОСТРАННЫЙ
- ВЕС
- ПОТОК
- ШЕВЕЛИТЬ
- ОСНОВНОЙ
- ХОТЯ
- ИСПОВЕДЬ
- ПРИХОЖАЯ
- РАВНИНЫ
- КТО
- ПРЕДЫДУЩЕЕ
- ПРИШЕЛ
- ПРИВЛЕКАТЕЛЬНАЯ
- ЛОВИТЬ
- ВНЕ
- ОДНАКО
- ПРОИЗНОШЕНИЕ
- МАЛОЛИТРАЖКА

Puzzle 268

- ОБЫЧНО
- ШКАФ
- УЧЕНИК
- ЮРИСТ
- ПОНИМАНИЕ
- ФОРМАЛЬНО
- СКРЫТЬ
- ПИСАТЕЛЬ
- КОВБОЙ
- ЗАДАЧА
- СТРЕЛЯТЬ
- САМОЛЕТ
- ОРГАНИЗОВАТЬ
- АККУРАТНЫЙ
- ВИДЕО
- ФИЗИЧЕСКИЕ
- ПОТЕРЯТЬ
- ПРОИЗВОДИТЬ
- ОБВИНЯТЬ
- СЛЕДУЙТЕ

```
П О Е И К С Е Ч И З И Ф О У А П П
Р У Й Ы Н Т А Р У К К А Е А С О И
О Ю О Е А Г О М О У Р И В Е Б Н С
И Р Р И В А В И О А Н Т А Т В И А
З И Г Р Н Е Е И И Л И О У Й И М Т
В С А К О Б Ы Ч Н О Е У А У Д А Е
О Т Н О И О М Е И О И Т Ч Д Е Н Л
Д С И В Ц У Б Т И Н Е П Е Е О И Ь
И К З Б Н Ц О В О И Л Т Л Н Е А
Т Р О О З Т Е А И Р И И М С О И Ф
Ь Ы В Й А Е М Е П Н С Г О И А И К
Г Т А О Д Л Н А Ь Т Я Л Е Р Т С Ф
М Ь Т В А И Ь Т Я Р Е Т О П М Н М
И А Ь Е Ч У Р Е С Р С М У Ь Д И О С
Ш К А Ф А И О Ф О Р М А Л Ь Н О Л
```

Puzzle 269

```
Р Т Н А Р К Р О М Е Г Н Ц О Е С Н
Е А И И Л Р М Я И Н Я О Т С С А Р
У А С Д У И Н Ц Р Б Г И Е Н О О Т
Е О С П У И Т Т В О У У А Е Е О Л
С Ц Т Е Л М Р О Е Л С К М Т Р И Ц
Т Ь С О Р А А О Т Е Т В И Ь А И Ы
М Л О И Т О В Л Е З А У Н В Р Д П
Д О В Е Р И Е И Р Н К Е А А И Е Л
А К О Р А Р У Е Т И А О З Т Е Т Е
Р С Н Е Н Ю У И С Ь Н П С С А У Н
Г Р Н У Е Ж И Р У И У А М Д О Т О
О П Р О С Н У Л С Я С О С Е Т И К
Н Е К О Т О Р Ы Е О Н Ш А Р Т С У
И Л Ю Б О П Ы Т Н О Т Е Е П С В У
В М И Т П И М Т Р И Е Е Д С А И У
```

КОЛЬЦО
ЗАНИМАЕТ
ЦЫПЛЕНОК
ВИНОГРАД
ДОВЕРИЕ
ЛЮБОПЫТНО
РАССТОЯНИЯ
БОЛЕЗНИ
СТРАШНО
КИВИ
ПРОСНУЛСЯ
ПРЕДСТАВЬТЕ
КРОМЕ
ЖЮРИ
СТАКАН
ВЕТЕР
РАСПЛАВИТЬ
ДУМАЛ
НЕКОТОРЫЕ
ИДЕТ

Puzzle 270

ВЫГЛЯДЕЛ
НЕЗАВИСИМОСТЬ
МОРОЗ
СЕВЕРНЫЙ
ДАЖЕ
ПОЧТАЛЬОН
ВКУСНЫЕ
БЛОК
ПРАЗДНИК
НЕСЛА
МНОГИЕ
ПИЛОТ
УСТРАИВАЙ
КЛАСС
ВЕЛОСПОРТ
ДОРОГИЕ
ПУСТОТА
ПОКОЛЕНИЯ
СОСТОЯНИЕ
МЕХАНИК

```
У Н Т У Н О Ь Л А Т Ч О П М В Р У
И М Т Ц Е Е Ж А Д Ц А Н И Е Е Г И
С У К И Н Д З А Р П Т И С С О М М
Е Ы Н С У К В А Д О Р О Г И Е Н Е
В У М О М У У О В В Ы Г Л Я Д Е Л
Е С И Т И Г Е Т И И Т Н О И Т М Л
Р Т Ф И Я К Л А С С С Е Е Н С Н И
Н Р И О И О О У Е Е Д И О О Д О И
Ы А А Ф Н Л Т М У У Н Н М З О Г Т
Й И Л Р Е Б Р М И П У Я Т О Л И П
А В Г Я Л Н Е С Л А Л О С Р С Е Е
И А Т Р О П С О Л Е В Т Е О И Т А
Д Й Е Т К И Н А Х Е М С Е М В И Ь
А У О Н О И Н Т П Ф Н О О А М С И
У Е С Г П У С Т О Т А С С О И И С
```

Puzzle 271

М	Н	О	А	У	Р	А	П	И	О	О	Е	Л	М	Э	З	Р
В	Е	Й	Ы	В	И	Н	Е	Л	С	Н	М	П	М	К	Н	П
Ц	У	А	П	Е	Ф	Ш	Ы	П	У	С	Ч	Л	Т	О	А	О
П	Н	Л	Т	Р	Т	А	Н	О	М	А	Ф	О	И	Н	М	С
И	У	П	Г	Е	Е	Н	С	С	М	И	И	С	Т	О	Е	Е
Е	Т	У	Т	Н	Т	С	А	М	И	О	Б	К	У	М	Н	Л
Д	Г	М	И	О	И	М	П	О	Р	П	О	И	У	И	А	И
Т	Е	О	А	А	Р	Е	О	Т	О	О	М	Й	М	К	Т	Л
Е	И	Л	Ц	Е	И	Ц	П	Р	В	Е	Л	С	И	А	Е	А
Е	Н	Х	А	П	А	З	И	И	А	С	И	Е	Е	И	Л	С
И	А	У	О	Ю	О	И	С	Т	Т	У	В	И	Е	У	Я	Ь
У	П	Д	Е	П	Т	И	О	Е	Ь	Н	М	Е	Н	Т	С	С
Л	М	Е	П	Р	И	Н	Я	Т	Ь	Е	С	А	Ж	И	У	О
А	И	З	Н	О	Ш	Е	Н	Н	Ы	Й	Д	У	А	И	М	Д
К	О	Н	Ф	Л	И	К	Т	У	М	Н	Е	Е	Е	П	Е	Е

ПРИНЯТЬ
ЛЕВ
УВЕРЕН
ПЛОСКИЙ
ШАНС
СВЕЖИЕ
ЗНАМЕНАТЕЛЯ
ПОСЕЛИЛАСЬ
КОНФЛИКТ
ПОСМОТРИТЕ
УМНЕЕ
ОПАСНЫЕ
ЭКОНОМИКА
СУММИРОВАТЬ
ИЗНОШЕННЫЙ
ЗАПАХ
ПАРУ
ДЕЛАЮТ
ЛЕНИВЫЙ
ТОЧНО

Puzzle 272

ВПЕРЕДИ
КОЛИЧЕСТВО
ДОКТОР
ЗАХОТЕЛ
КОЙОТ
УСЛЫШАТЬ
КАЧЕСТВО
БОБ
ХРАБРЫЙ
ЭЛЬФ
ПОДДЕРЖКИ
НАЙТИ
ЛИХОРАДКУ
КРУГ
ТЕННИС
ДОКАЗАТЕЛЬСТВА
ВЗЯТЬ
ЗООПАРК
СЛОН
ЧАСТО

Е	Н	В	Е	И	Е	Д	И	З	У	С	М	К	И	С	У	Е
О	А	Л	Т	Т	У	О	Т	О	С	Е	Н	О	Т	С	А	Ч
Р	Й	Р	Е	Д	О	К	Т	О	Л	Ф	Ь	Л	Э	Е	Р	Б
Д	Т	Т	М	О	Ц	А	И	П	Ы	П	Т	И	Е	Р	Н	Е
О	И	С	И	К	С	З	Ф	А	Ш	Ф	И	Ч	П	Е	Л	Р
С	И	М	Н	Т	Х	А	Т	Р	А	И	Д	Е	Р	Е	П	В
М	Л	Б	Т	О	Р	Т	Л	К	Т	Р	Р	С	А	С	Е	П
Н	Д	О	О	Р	А	Е	И	И	Ь	Т	Ь	Т	Я	З	В	О
И	Н	С	Н	Б	Б	Л	З	М	Х	О	Р	В	Р	И	Р	Д
К	О	Й	О	Т	Р	Ь	А	У	С	О	Е	О	Е	Е	Н	Д
Е	В	Т	М	Е	Ы	С	Х	М	Ц	Ц	Р	К	Р	У	Г	Е
Л	М	У	Л	О	Й	Т	О	Р	П	С	Р	А	Т	О	У	Р
М	Ф	Т	Е	Ц	О	В	Т	С	Е	Ч	А	К	Д	Е	Н	Ж
Т	Е	Н	Н	И	С	А	Е	С	Е	Е	Р	М	И	К	Т	К
Е	С	О	Р	И	А	Т	Л	О	У	А	Т	С	И	Е	У	И

Puzzle 273

```
П С Л И Р Е Л Ф О Р Д Е С Ф Т С У
Т Р А М А К Е Т Т Д Е Ь В Т Е В Ц
У У И Л Т Е Х Н И К У П Д И Р Е И
Т Р Т М А Т О Ч И Л К А Е И П Ч Т
О У С Й Е Т Е Т Д Р А И М М Е Е И
Т Т О Ы У Ч О В Т С Е Щ Е В Т Н Т
Т П Д Н М М А М С У М С Н Ф Ь И Т
С Р А С С И Н О З И Б П Т О Е С
Е Р Л А Н Р У Ж И З Н А Н И Я Е С
С У С П М Е С У А Е Р И С К А Т Т
Ц О И О Е А И Й О Д О Л О М Ф Е А
Т С У Я Ф И О Л Е Т О В Ы Й Е А Т
Е И Б Т Т А Н Т И Ч Н Ы Й В О С Ь
Е Н И Ф Л Т Ц М И Т В Р М У Р О Ь
О И С Т А О Н Л Ф Д Ф Т Т И О Н Т
```

ЖУРНАЛ
САЛАТОМ
ТЕРПЕТЬ
СМЕСЬ
БИЗОН
ВЕТВЬ
СЛАДОСТИ
СТАТЬ
МОЛОДОЙ
СВЕЧЕНИЕ
ОПАСНЫЙ
ТАКСИ
ПРИМЕЧАНИЕ
АНТИЧНЫЙ
ФИОЛЕТОВЫЙ
МАКЕТ
ТОЧИЛКА
ТЕХНИКУ
ЗНАНИЯ
ВЕЩЕСТВО

Puzzle 274

РЕЗИНОВЫЙ
КРОШЕЧНЫЙ
КРИК
ДВИГАТЕЛЬ
БИБЛИОТЕКА
ДЕНЬГИ
ДОСТИЖЕНИЯ
ВНИЗУ
НАЗВАНИЕ
ГРАЖДАНСКИЙ
ПОТЕРЯННЫЙ
УЛИТКА
СОРОКА
ВКУС
ВНИЗ
ДЕТИ
ЛЕЧАТ
СЕБЯ
ДОКАЗАТЬ
КОШКА

```
Д У Н И Л Н Е С М О Е Е С Д Г И Л
Н В О О Р О Е Т Т Т Б А Е У Р Т Е
И Я И Н Е Ж И Т С О Д И О М А М П
Р Б Г Г А С Т П Т С У Н Р Т Ж Т Е
У Е Ь Я А К О Р О С И Р Ь Й Д И Р
И С Н А К Т И Л У Е Е У Т Ы А С Н
Т У Е Н Ш У Е И Н А В З А Н Н О Е
С И Д Л О Р З Л И Ф Л И З Ч С Н Л
Д Е Т И К М И Р Ь М Р Н А Е К И Н
П О Т Е Р Я Н Н Ы Й С В К Ш И С О
Е С А У С У В Д Р В Ф И О О Й К У
Р Н Ч И М В М Е И А К Е Д Р М Р Т
Ц Р Е М Т Ф С Р И У М У Ф К О И И
Н Р Л Р Е З И Н О В Ы Й С В А К Р
Е О Е Р И Б И Б Л И О Т Е К А Е С
```

Puzzle 275

```
С Т Н Й Ш О Т А М Е И Е Л Т П Ж А
Е Е М Ы Й И Б П Л Я Ж Я Е Е Р А П
Т С К Н Ы Е Р У Т С Е А Н Л О Б Т
Е С Н Р Л И С О В Е И У Т Е З А Р
А О Е О Е Е И Ц К И А Н А Ф Р К А
О Ш О С Р Т У У Я И П Е П О А Л Т
С Е Р Н З С А Т А Е Й В Е Н Ч А И
О Е О Е С Л П Р А Е Н Е Е Н Б Т
Т Е Д С С И Е Р Ь С Е Р П Ы А Ы Ь
П Р И З Н А Т Ь С Я И С Р Е Я Р П
З А М Е Н И Т Ь Ч Е М И Г И М С У
А И О Е М С Н Е С Ч А С Т Н А Я П
У О П С С Е У В Р А У Е А С Л М Е
В И И И Е С Е Т Л О С Я А С М И М
Е Т М М Т И И И А А О И Н И Л Л И
```

ПЛЯЖ
ТЕ
СЕКРЕТАРЬ
ОБУВИ
ЗРЕЛЫЙ
ЗАМЕНИТЬ
НЕСЧАСТНАЯ
ЛОСЯ
ЖАБА
РЫБАЛКА
ПРОЗРАЧНАЯ
ТЕЛЕФОННЫЕ
СЕНСОРНЫЙ
ШИРОКИЙ
ЛЕНТА
ПОМИДОР
ТРАТИТЬ
ПРИЗНАТЬСЯ
ЧЕМ
ШОССЕ

Puzzle 276

ДУБЛИКАТ
ТИПИЧНЫЕ
БЫВШЕГО
СОТНИ
КРУГОВОЙ
ТРУДОВЫЕ
НЕДЕЛЯ
ПРЕИМУЩЕСТВО
ЗАВТРАШНИЙ
ПЫТАЕТСЯ
ПИЩЕВОЙ
КРОВЬ
ИЗУЧИТЕ
ЗАПУТАЛАСЬ
ПАЛЕЦ
ОБЩАТЬСЯ
ЧЕЛОВЕКА
ДОБРОВОЛЬНЫЙ
СОБСТВЕННОГО
СЕБЕ

```
П С Н Е У К О Й И Н Ш А Р Т В А З
О Ы Е Т Е Р И Е О Е Б Е С И С С Ф
Р Б Т Е П О С Н С Д И З У Ч И Т Е
Е Ч Щ А А В Л Е С Е Т С И Е И Р Ц
Л Е Е А Е Ь М Р И Л А Ц Т А М С У
О Л Р О Т Т О Л Р Я Л М Е П Р П Н
Н О И А М Ь С З А П У Т А Л А С Ь
Е В И Н Т О С Я Д У Б Л И К А Т Д
Б Е П Е Р Р М Я О Р С Д Л Р И П С
Ы К П И У П Р Е И М У Щ Е С Т В О
В А Т С Д Д О Б Р О В О Л Ь Н Ы Й
Ш А Е У О Г О Н Н Е В Т С Б О С Р
Е С Й О В Е Щ И П К Р У Г О В О Й
Г Л У И Ы Т И П И Ч Н Ы Е Н А О О
О М Е П Е М А У С С Т Р Т Т Т С У
```

Puzzle 277

```
У Л П У М Х А В Ф З А Щ И Щ А Т Ь
П О Л Е А У И Я Т С Т Р Р Ф Е А Т
Р Т А А С Д И Е И И Н И И Е И Д И
А К Н И Л Ш А М М Е У Я Р П У Л Н
Ж Р Е К И И Е П Е И И Е Р О Р О Е
Н Ы Т У О Е Ы Н Д А М О Р Г Л С М
Е Т П О Д Р П О Я В Л Я Ю Т С Я З
Н И У Р У Т И И О С Л М У О Ф Л И
И Е Р А С Р А Ч С С Е Р И Н Е С Л
Я С С Р О П И Е Н Й Е С С А Б Р П
Н И С И П Н А К Й Е Д Н И Л О П Н
Е И Н Е Р Е М З И Т В И А Е А А О
Л Л М Я А Н Ж О Л С О А У Д И У У
Е П Л Т В Х О З Я И Н А Я С Л М А
У Е У М О Н Л С О Б Р А Т Н А Я И
```

ИЗМЕРЕНИЕ
ИНДЕЙКА
КОРИЧНЕВАЯ
ИЗМЕНИТЬ
ОБРАТНАЯ
ОТКРЫТИЕ
БАССЕЙН
ХУДШИЕ
ПРАВО
ПОЯВЛЯЮТСЯ
СЛОЖНАЯ
СОЛДАТ
СДЕЛАНО
ГРОМАДНЫЕ
УПРАЖНЕНИЯ
ПЛАНЕТ
ХОЗЯИНА
ПОД
ЗАЩИЩАТЬ
ЖЕ

Puzzle 278

МАТЧ
СОЗДАТЬ
СОБАКА
ОБЫЧНЫЕ
ЗАБРОНИРОВАТЬ
СКЕЛЕТ
ВО
МАСКА
АРЕНДА
ГОСУДАРСТВО
ПЫЛЬ
ВОЗРАСТ
ПРЕДМЕТ
ПОЛЕТ
ЗАПУСКА
ДИСКУССИИ
ПРИНАДЛЕЖАТ
СОКРАТИТЕ
ЗЕМЛЯ
РАБОЧИЙ

```
Н П Е А А Н О Е О Ь Т А Д З О С П
С К Е Л Е Т А И Т Р Г П Ф А В Е Р
Ц И Р Н И Б И А С М М Р Я Б Т П И
И У М Е П Р И М О Е Р Е Е Р С Л Н
П Д И Т В О З Р А С Т Д С О Р Е А
М Ы Т У Е Л И И Е Е У М Н Н А У Д
Ц У Л О Б Ы Ч Н Ы Е О Е Р И Д Я Л
З И И Ь И М У М В Т У Т А Р У О Е
С Е О П И А Е Т И Т А Р К О С М Ж
М И М Т Е С Е Е Е Т Н В А В О А А
М О И Л У К М Т Е Л П О Б А Г Т Т
О Н Р И Я А О Я Е В О М О Т А Ч Е
Р А Б О Ч И Й М Е Н П П С Ь В П Н
Е И Е П З А П У С К А Д Н Е Р А Е
А Е И Р Р А У Д И С К У С С И И О
```

Puzzle 279

```
О У Ф П Т С Р И З И П У О Л Т А Н
Б О Е Г А У М Т Т Е Л О Т С И П А
Ъ Р У О Ч Р Ь У Р Н Р Д С О Е Р М
Я И У Л А Е Т И В И М К И У Т М П
В В Е О Б У А Н А К О В А Л П О П
И У Е Т Ы Т Т А Е Т Р А К Л Н Т И
Т В Ц А Р Е И С С Р Т Л П А О И В
Е Т С М К О Ч Я Л Т Е В С И У Т П
П О Л О Ж И Т Е Л Ь Н Ы Е Т С Е И
Р М Д Т С А С М Ь С Д Е Л А Н А П
Т Т У С Е Е С П А Н Л Е У О Д И Р
Г У Б К А Я Т Е К Р Е С Л О М С Ф
Е О Н С У П Е И Т У Л Д О Т И Е Т
И С С Л Е Д О В А Н И Я И С Р А Е
К Р И Т И К А М У Т Н Ы Й С У Г М
```

ЧИТАТЬ
СВЕТЛЯЧОК
ИССЛЕДОВАНИЯ
КРЕСЛО
ИВУ
ПОПЛАВОК
ГУБКА
ПИСТОЛЕТ
КРИТИКА
ПАРТНЕР
ЗЕРКАЛО
РЫБАЧАТ
ПОЛОЖИТЕЛЬНЫЕ
МУТНЫЙ
МИРУ
СИДЕНЬЕ
СТОМАТОЛОГ
КАРТЕ
СДЕЛАНА
ОБЪЯВИТЕ

Puzzle 280

ПРЕПАРАТ
ПАДЕНИЕ
ПОЛОСТЬ
ПЛАВАТЬ
УЧРЕЖДЕНИЕ
СТАЛЬ
ТРАВА
ПТИЦЫ
ЭКСПЕРИМЕНТ
КОРЗИНА
ОДИН
ГРАВИТАЦИЯ
ЧИСЛИТЕЛЬ
РАЗВИВАТЬ
УВИДЕННОЕ
ВОРОВАТЬ
ХОДЬБА
ТРЕУГОЛЬНИК
ВЕДЕТ
ВЫЗОВ

```
У Е Е С Е С Е Т Е П Д У А О М У Р
Ч У В И Д Е Н Н О Е О Н У Е П Н А
Р Г Р А В И Т А Ц И Я Л Р Л Л У З
Е У Ц Т Х М А В А Р Т В О З Ы В В
Ж Р Е С О Т Н Е М И Р Е П С К Э И
Д И И И Д О И П Е П Л Д Е Р Т И В
Е Ч У У Ь Ц З А П Р Е Е М Л С Ь А
Н П И С Б Т Р Д Л Е С Т О И Д Т Т
И Т Т С А Е О Е А П Н Т П У О А Ь
Е И Е У Л У К Н В А Л М А Н А М В
У Ц Л И Р И У И А Р М Е А Л Е О И
Р Ы Ф Т У Т Т Е Т А О Д И Н Ь Р И
Ц О И Т У Н П Е Ь Т У П Е О С О М
Е У И Р Т Н М М Л Е Т У П Л Р В Ц
Л Л С Н О И К И Н Ь Л О Г У Е Р Т
```

Puzzle 281

```
З И Р И Я А С Е У Р Т Р Н Т Е Е У
Г А З У Р У К У К А Р Б У З Н А Я
Е О Б Д М С Р И И П И Я Р Й Т П Р
О О Т О Р О М А У М О В Т И Р П А
Г И С Х Р В И О Л И Н Е Й К У М З
Р Л Д В М Р У Е И А Л О И Т У Ш Н
А Р Ы Л А Е Е Б О Л Ь Ш Е С С О Ы
Ф Ц Ш У Л М А И Т С Е В В Е М К Е
И Р У А У Е Р П Н У В О У Ж Л И Н
Я Е В С М Н С Р М Е П П У У Е Р И
Р Р Т Р М Н И С А С Ж К И О Н Ц А
О И И И А А М Р Р Л О Е И М С А
Л Р Р Р А Я С О О М Р С Л А М П А
В Е Щ Ь О Н Ь Л А Н О И Ц О М Э Н
В З А И М О Д Е Й С Т В И Е П Р И
```

КУКУРУЗА
СМИ
ЖЕСТКИЙ
ПОЛОЖЕНИЕ
ЛИНЕЙКУ
ЛАМПА
АРБУЗНАЯ
СОВРЕМЕННАЯ
ДЫШУ
ВВЕСТИ
ГЕОГРАФИЯ
ЭМОЦИОНАЛЬНО
РАЗНЫЕ
БОЛЬШЕ
ВХОД
ЗАБОР
ВЕЩЬ
ШОК
СОК
ВЗАИМОДЕЙСТВИЕ

Puzzle 282

ПРИНИМАЯ
УДАЛИТЬ
ОРУЖИЕ
ОТ
ИЗОБРАЖЕНИЯ
УШЕЛ
ПРОДАВЦА
ЛИЦО
РАДОСТНО
РОК
ДИРЕКТОР
МНОГОЧИСЛЕННЫЕ
АНГЕЛ
НАРОД
МОНСТР
ПРИМЕР
ДВОЙНОЙ
ПРЕДУПРЕЖДЕНИЕ
ТЕТЯ
ПРОДОЛЖАЙТЕ

```
П М И И И У И Т Н И И И М П М М С
Р Н Н О Н С Л Т Е А Т Л Е Р О Т А
И О П Р О Д А В Ц А Р Т С И Н Е И
Н Г Р А Д О С Т Н О М О Р М С И У
И О У Д А Л И Т Ь О Т Л Д Е Т Т У
М Ч П Р О Д О Л Ж А Й Т Е Р Р А Я
А И Д В О Й Н О Й Д И Р Е К Т О Р
Я С С И Е Т И Е Т С У Е Ф О М О И
Т Л Е Г Н А П Д О Т Д Ц М Р Р Ц Т
Е Е Е П Р Е Д У П Р Е Ж Д Е Н И Е
Т Н О Р У Ж И Е У Е П Е Р И О Л У
Я Н И Т И Р И Е У Ш У Н О Р Ф О Я
О Ы А С Р И Т Т Е Т Е Р И У М П Л
А Е А Т Р Т Р У Д Е Т Л Т И С О А
О Е Р С Е И З О Б Р А Ж Е Н И Я О
```

Puzzle 283

```
Е Е П А М С Р У Ч К А Р Е П М Д Н
Е Р М Н М Ы В И А М А О М Р Л З Е
Т Н С У М Р О Ф Е Р И О Е И О А Р
И М Л А Я С У Р Т У П И Е Г О П Е
П Р Е З И Д Е Н Т Н А Е Т Л Б Р Г
М П Р Н Н К У К Л А И У У А С Е У
С У О И О С О У М М А М У Ш Л Щ Л
С Е Г И П И Е Н И Н М А М А Е А Я
О Ь С О Ж К Р Ы Ш К А С Н Е Д Ю Р
И Т О Я Е Е К О М Н А Т У М О Т Н
И А К Г Е С Н П О Н Я Т Н О В О Ы
Л Д М Р Р А М Щ У С Н У Е Ц А О Й
И О И И Ы Р Ь Т И В А Б О Д Н С Р
У Р Ф И С Т О О Е Н И Е Н Р И Р Р
А П У Т Е С Ь С Е Н Ы С А Ч Я Н Ц
```

ОБСЛЕДОВАНИЯ
ПОНИ
КРЫШКА
РОВ
РЕФОРМУ
ОТКРЫТЬ
НЕРЕГУЛЯРНЫЙ
ПРИГЛАШАЕМ
СГОРЕЛ
ПОНЯТНО
ПРОДАТЬ
КОМНАТУ
СЫР
ЧАСЫ
ПРЕЗИДЕНТ
ЖЕНЩИНЫ
РУЧКА
ДОБАВИТЬ
ЗАПРЕЩАЮТ
КУКЛА

Puzzle 284

ПОЛИТИКА
ВНЕШНЯЯ
БЛИЖАЙШИЕ
ПРАЧЕЧНАЯ
ОБУВЬ
НАСТРОИТЬ
ЗАБЫЛ
ВЫШЕ
ОБНЯЛА
БЕЛЫЙ
НАВЕРНОЕ
БУХАТЬ
ПРАВАЯ
КТОНИБУДЬ
АНАЛИЗ
ДУШ
ДАТЬ
ВСЛУХ
ДЕЛО
МИСС

```
У Е С Е И С Т Б Н С О Г В А Д П С
Ц Е И С У У Л М Л С У А С Я Е Ф Е
О С Е У Р Т У Т А И Л Т Л М Л У Ь
Е Б Н Е А М Т И Г М Ж У У Л О А Д
Б С Н Л С Т М У Н У Е А Х И О Л У
Н У О Я Я Н Ш Е Н В Р Р Й Ы Л Е Б
А И Х Н Л М У Г О Р О П М Ш З И И
С Р А А А А Д А Т Ь И О Б Р И Т Н
Т С У П Т П Р А В А Я Л Т А Л Е О
Р И М И Е Ь В У Б О И И Л С А Ш Т
О А С И Е П У Е М М А Т М Л Н Ы К
И С П Р А Ч Е Ч Н А Я И А И А В М
Т Т Г О В Р Е С Е Т М К И Б И Л У
Ь Н А В Е Р Н О Е О П А О Н О Н Ц
И Н Е Т Б М Н О Р З А Б Ы Л Н С М
```

Puzzle 285

```
П И М Т А И У Е Т У Б Л Л О У Р Б
Е Р Р У П У З О О У Р Е Е П В А Е
Е И О Н Т А С В А У Ю Б Р П Л Б З
Л Т У С Т С Е С И Р К Е Ы О М О О
Р Е Й Е Т Г О Н И Н И Д Т Н П Т П
А К Ш У Б А Б С А И Е Ь Е Е Р А А
С И Т О Р С Я У Р Т И Н Ч Н А Т С
В Н И М А Т Е Л Ь Н Ы Й И Т В Ь Н
Т К О Н К У Р С У П У Ф П Я К Р О
Л Е С Т Н И Ч Н О Г О Ц Ф Т А Т Т
О Т Д Е Л К А С И У И Т С А Л Б О
У У М У И М Е Н М И Е Т Н Е Р У И
Н Т О М Ы Л О П П П Р П С О Р Е А
Н Е И В Т У Р У И У Е Е С О Ф Л Е
И И Ф Р И Д Е Я О Т Р Р Т М Д С С
```

ОТДЕЛКА
РАБОТАТЬ
БАБУШКА
ЧЕТЫРЕ
БРЮКИ
ПРОСТАЯ
ОППОНЕНТ
БЕЗОПАСНО
КОНКУРС
ЛЕБЕДЬ
ЕЕ
МЫЛО
ИЗВИНЕНИЯ
ДОСТИГ
ИДЕЯ
ПРАВКА
ВНИМАТЕЛЬНЫЙ
НОГТЕЙ
ЛЕСТНИЧНОГО
ОБЛАСТИ

Puzzle 286

СТОИТ
ЯЩЕРИЦА
НАДЕЖНЫЙ
ГЛОССАРИЙ
СВИНЬЯ
КАРАНДАШ
СТРАННАЯ
ВЫВЕСТИ
РОДИТЕЛЬ
КОМПАКТНЫЙ
ДОЛЖЕН
ЗЕБРА
ВАГОН
ПРИРОДА
МОТИВАЦИЯ
СИНИЙ
ХОРОШО
ПОВСЮДУ
КОФЕ
НЕПРАВИЛЬНАЯ

```
М В А Г О Н Р О М М Д Г П Н И М Р
Н У Н Р И С С С П П М Л У Т Л И О
Р Е Ф О К А И С О М У О Н С У Л Д
У О П С Р Н Т В И Т С Е В Ы В И
Х Ф Н Р В Р И У С В И С Ж С А Т Т
Н О С У А И Й Т Ю У О А Л З Д А Е
Ф Л Р Т Я В Н Т Д С Т Р О Е А Ф Л
С М В О Р В И Ь У О С И Д Б Д Е Ь
Р С Д О Ш М П Л Я Т Б Й А Р О П И
Т Ц У С Е О Е Ь Ш А Д Н А Р А К
И Р Й Ы Н Ж Е Д А Н П Р Т С И О А
М О Т И В А Ц И Я Я А Н Н А Р Т С
К О М П А К Т Н Ы Й О Я И П П Р У
И О Л Р С С Р И О Т У М У Т Т У Р
Е М Е Т Я Щ Е Р И Ц А У И Т У О Е
```

Puzzle 287

```
Д Е Е Р О К С О С Т Р Е Е И С Т К
С У О А М С П Й Т М О Р Н Т Т Р О
Н Е У Н Н И Е И Н Е Ж И Н С У Н Г
Т Е С О С Е А К О Т А Т С О Д Е Д
У О Р Т У Р Т С У Т Л П Е Н Е Е А
О У В И Р И И Е М Т С С Т И Н М Н
Н Т С У Е Ы С Ч О Е И М У М Т О И
П Р О В Е С Т И Н Р Я Н У М П Б
Т А М Л И У У Т Е Б Н Т О И П И У
М Р У Л Н Б Л П Л И Р А С Т Т С Д
С Н Е Г Е О Е И Ь Г Г М Р У М А Ь
Ц Т О Я Ш Т И Л И О П О Т Т У Т У
Е У О В Е В А Л Н П Н О М О С Ь Л
М Р П Т Р А Ц Э И С К У С С Т В О
П О Ч Т И В Ы П У С К Н И К У Е Т
```

ЭЛЛИПТИЧЕСКИЙ
АВТОБУС
СНИЖЕНИЕ
ВЫПУСКНИК
СТРАННОЕ
ПОГИБНЕТ
СНЕГ
МОТЕЛЬ
ПРОВЕСТИ
РАНО
ПОЧТИ
ИСКУССТВО
РЕШЕНИЕ
ОПИСАТЬ
СТУДЕНТ
СЕСТРЫ
СКОРЕЕ
НА
КОГДАНИБУДЬ
ОСТАТОК

Puzzle 288

ЗУБЫ
КАЛИТКИ
ПОМОЧЬ
НЕЖНАЯ
ШТОРЫ
СПОСОБНЫЙ
ЧАСТЫЕ
АДМИНИСТРАЦИЯ
ПИВО
КОЛЕБАТЬСЯ
БУДУЩЕЕ
КРИВАЯ
БОРОТЬСЯ
ГЛАГОЛ
САРАЙ
БРОККОЛИ
КРИТИЧЕСКИЙ
ФЕРМЕР
РАСТЕНИЯ
СЛОМАННЫЙ

```
С Л О М А Н Н Ы Й И О Б К Е К А П
С П О С О Б Н Ы Й Й А Р А С Р Д О
Б О Р О Т Ь С Я О И М О Л К И М М
К О Л Е Б А Т Ь С Я О К И Р Т И О
Ф Е Р М Е Р Н В О И Е К Т И И Н Ч
Г И И Е А Т М П И В О О К В Ч И Ь
Л Т Н И Т Е Н Р О Н Е Л И А Е С Д
А П Ц У Т Д Л И Р П Е И Е Я С Т Е
Г Т У Ч А С Т Ы Е А П Ж Н Ф К Р И
О Л Р Р Е Н Р Р Е А С И Н Т И А Р
Л Е О Т У И П О Щ А Т Т Т А Й Ц А
У Т С М О Д П Т У В Л З Е И Я И Р
М М И С М У У Ш Д У У И У Н Е Я И
А И Н В У О О Л У У С И Т Б И И И
У Р У М Л Р Е Т Б О У Т И Д Ы Я М
```

Puzzle 289

А	Д	Н	А	М	О	К	Е	Ф	Т	А	А	Т	С	М	А	У
Д	У	А	И	Е	Р	М	И	М	В	Т	Н	Р	Т	А	Т	В
Е	Е	М	В	С	А	Н	И	М	И	П	Н	Р	Р	А	Ч	И
Н	И	А	Л	Т	М	И	Ж	Л	Д	М	А	Ц	У	В	У	Д
Т	Т	О	У	О	Е	О	Ы	Д	Л	П	М	Н	Ф	У	В	Е
П	К	Т	А	П	Т	П	Л	У	И	И	С	Р	О	К	С	Т
Е	Е	И	Н	Е	Ч	И	Л	Е	В	У	О	О	В	О	Т	Ь
Р	Р	Р	М	Е	Д	В	Е	Д	Ь	Е	Н	Н	Т	Н	В	Р
О	Е	Е	Е	П	А	П	А	Н	М	Л	С	Д	С	Е	О	Л
В	П	Б	У	П	И	Я	Р	Н	В	С	М	Ф	Е	Т	Е	Е
О	О	Е	Я	И	Е	Н	Т	Р	С	О	О	И	Щ	О	Е	П
Г	П	Л	С	Т	И	Л	И	М	Т	Е	С	Е	Б	К	Ф	И
З	Н	Р	Н	Л	А	Б	А	Б	О	Ч	К	А	О	И	Т	М
А	П	Р	О	С	Т	Р	А	Н	С	Т	В	О	М	А	А	О
Р	Е	Ц	И	Ф	О	Р	М	П	Е	Н	И	Н	Р	И	О	Р

КОТЕНОК
ОФИЦЕР
ВИД
МЕДВЕДЬ
МИЛЛИОН
РАЗГОВОР
ЛЫЖИ
МЕСТО
ОБЩЕСТВО
УВИДЕТЬ
РЕБЯТА
ПОПЕРЕК
УВЕЛИЧЕНИЕ
БАБОЧКА
ЧУВСТВО
СРОК
ПАН
КОМАНДА
ПЕРЕПЕЛ
ПРОСТРАНСТВО

Puzzle 290

ПОСЛЕДНИЕ
КАРМАННЫЙ
УСТАЛЫЕ
ХОРОШИЙ
ПЕТЬ
ЛЕСТНИЦУ
ОБЩЕСТВЕННЫЕ
ДЕВУШКА
ЛУННЫЙ
ПРИНОСИТ
СБОРКА
ИЗВЕСТНЫЙ
ЧЕТВЕРТЬ
ПЛОЩАДЬ
МОЛОТЫЕ
ТЕНЬ
КИПЯТИТЬ
ПРИНЦ
РЕМОНТ
АВТОМАТИЧЕСКИЙ

П	П	О	И	А	И	Л	Т	И	Ч	И	Е	М	С	Н	Р	Л
О	Р	Б	А	К	У	У	С	Т	Е	С	М	Л	С	Т	М	Е
С	И	Щ	Е	Ш	Ц	У	Е	Е	Т	С	Б	Е	О	И	О	С
Л	Н	Е	Л	У	Н	Н	Ы	Й	В	Т	Н	О	Л	С	Т	Т
Е	О	С	А	В	И	Т	Т	Т	Е	В	И	С	Р	Д	Е	Н
Д	С	Т	Ц	Е	Р	М	О	У	Р	Р	С	Л	С	К	Л	И
Н	И	В	И	Д	П	Л	Л	Т	Т	Е	М	С	О	О	А	Ц
И	Т	Е	Е	Н	О	С	О	Л	Ь	Д	А	Щ	О	Л	П	У
Е	Е	Н	Т	Т	Е	Е	М	Т	В	Т	У	С	Н	П	М	Р
Л	Е	Н	О	Е	Ы	Л	А	Т	С	У	И	В	Р	Е	М	Е
С	И	Ы	Й	Н	Н	А	М	Р	А	К	Т	О	Т	О	М	
Р	М	Е	С	О	Н	Ь	Е	Н	М	О	Р	С	Я	Ь	И	О
Х	О	Р	О	Ш	И	Й	Р	С	У	Н	С	Е	И	П	Р	Н
М	П	А	Т	И	З	В	Е	С	Т	Н	Ы	Й	О	О	И	Т
А	В	Т	О	М	А	Т	И	Ч	Е	С	К	И	Й	Р	У	К

Puzzle 291

```
З Н Т У Р Ш Е В С У Р М Л С У Т Д
А А Е Г Е П О У Р Л У Т И Е С О В
Е О Ч Р Ч И Т Э Т Е О С В М Т Р И
Л Т У Е Ь Н К О М Ф О Р Т Ь А Г Г
Р С А И М А Е А А И У Е Т И Н У А
Е Г Р М О Т Р З П Л Д Н Л Т О Й Т
П Т У А С Р О Д О А Е Р И И В А Ь
Д Р Т М Н У С О А Д С А А Е И В С
В С А Г Л Л В Р С Т Е Т Е Л Т А Я
И И Р В Й Ы М О К А Н З Е А Ь Р У
Ж Н Е С И О У В З Н А Л И Р Т И И
Е У П А О Л И Ь Т Л П Т Р И Н И И
Н И М А Б И Ь Я Т Т Т С Т С М А А
И У Е Н В Й Ы Н Ч Ы Б О Р Е П О К
Е Е Т Ь В А Т С О Н М Е С У Т И О
```

УСТАНОВИТЬ
ЗДОРОВЬЯ
ЗАЧЕМ
СЕМЬИ
АВАРИИ
ЗНАЛИ
ТОРГУЙ
ШПИНАТ
ДВИГАТЬСЯ
ПАСТЕРНАК
ДВИЖЕНИЕ
ОСТАВЬТЕ
ТЕМПЕРАТУРА
ОБЫЧНЫЙ
ЛЕТ
ПРАВИЛЬНО
ЗНАКОМЫЙ
РЕЧЬ
КОМФОРТ
ЭТИ

Puzzle 292

ВЫПЕЧКИ
ОДАЛЖИВАТЬ
ДЕЛЬФИН
КОРОБКА
ДИСКУССИОННЫЙ
СУД
НАЗАД
ПОДДЕРЖКА
ВСТРЕЧА
ДЮЙМОВ
КУРИЦА
ВЕСЕЛАЯ
ШЕРСТЬ
ИРИС
ПУГАЛО
МОТАТЬСЯ
КРУТО
МЫЛЬНОЙ
ЖУК
СТОЛ

```
Т И М С Т Ь Т А В И Ж Л А Д О Т С
И В С И Т Т И Е М Т О Н Н И У М Т
К Е П М Р С П А Е М О А Е С И Р И
О С О Т И Р Н Т О Д П Р О К К Н А
Р Е В У Р Е Р К У Р И Ц А У Ч У К
О Л С А И Ш Д Ю Й М О В Е С Е Т Ж
Б А Т И О Н Й Ф С Т П С Т С П У Р
К Я Р У Я С О Л А Г У П Н И Ы У Е
А Т Е У С А Н И Ф Ь Л Е Д О В И Д
К Д Ч Р Ь Е Ь Н Р С Т Л У Н А У Д
Е Р А С Т О Л О А О А М С Н О И О
У И У О А И Ы У У З Е С И Ы Т Р П
О У У Т Т Т М Е А И А А И Й Ц О П
Н Н И А О У Е Т Д Е И Д И Л Е Н Е
И О Р Е М О Е П Р Л А У И Л С Т У
```

Puzzle 293

```
О И О И Н М Н О Г О Р А З О В Ы Е
Н И Х С И У И И Б Н Н О С К Б Д М
П Й О М Г И Ж О Е О Т С Н О И И П
Е Ы Т И Л А Н Е Е И И И Т М Т М С
И Н А Ж С У О Т Н С У Н Е П И А Р
Н В Т О Т В У С С У Т Е О А Л Г М
Е И Н Л О У Е А О М Т М Я Н Т О Д
П Т И О П И С Д С К Н Е И Ь А Д Е
Д К П П О Т Р О Е А М О Ц О Ч О А
Т А Б Д Е Ф И С А Н А Н А Н Е В У
Е С П Е З Н Н Т С О И А У Л Р О О
С О М Р Д П У Р И Р С Я Т О Н Й Т
И Ф Е П К Л П О О О Е И И Е О О И
Я Н Ь Л А П С В Е В О М С С Е А Т
Н Е Н Н В С М О Р О Д И Н Ы Т Л С
```

ОСТРОВ
ПРЕДПОЛОЖИМ
МНОГОРАЗОВЫЕ
ОХОТА
АНАНАС
НАЛИТЫЕ
СВЕДЕНИЯ
СУМКА
НУЖЕН
ПЕНИЕ
КОМПАНЬОН
СМОРОДИНЫ
НЕ
АКТИВНЫЙ
ЧЕРНОЕ
СИТУАЦИЯ
ГОДОВОЙ
ПОЕЗДКА
ВОРОН
СПАЛЬНЯ

Puzzle 294

РЯДОМ
ОСОБЕННО
БОЛИТ
ОБЯЗАТЕЛЬСТВА
ДАВАЛИ
ТЯНУТЬ
ВЕЧЕРИНКИ
ВИРТУАЛЬНУЮ
ПЕСНЯ
ПРОСТО
СИДЕТЬ
ЗАМОРОЗИТЬ
ПОСЛЕДНЯЯ
ПАЛАТКА
ФОНД
ТИХИЙ
СЛУЖИТЬ
ДОМИНИРУЮЩУЮ
ПРОЦЕДУРА
ИНГРЕДИЕНТ

```
М Д О Е И Е Т О Е М Т И Т А Е Р П
С Н О Б У С Ф Е М Т Р Т Т Ю Т И Т
Б О Н М Я Н С Е П Ь Т И Ж У Л С Е
О Ф Н Р И З Р И Л Е И Т Я Н У Т Ь
Л Е Е Я К Н А К Т А Л А П Ь Д Н Т
И Н Б Д Н О И Т Р И И Н И Л А Е И
Т Е О О И С Л Р Е У Е И Т А В И З
Р Е С М Р Ц И Т У Л Е Д А У А Д О
Е М О Е Е Н Т Д О Ю Ь И Р Т Л Е Р
И С А Б Ч Е О О Е И Щ С П Р И Р О
Я Я Н Д Е Л С О П Т С У Т И Н Г М
О Л В Е В Т И Х И Й Ь С Ю В О Н А
П Р О С Т О М И А О Ф И У С А И З
П Р О Ц Е Д У Р А Е Н У И М П Т Т
С И Е Е И У Е И Т Т С О С Ф Е Н Е
```

Puzzle 295

```
И Г У Р В Ж И З Н Ь Е Г Т Т М У А
С Е О И А О М Ь Л И Б О М О Т В А
Т М Л Е О З Й Н О У Р Н У У Е У У
О Н Е Б О Т Д Н О У Е К Т М У Р О
Ч Ц Н М Д Б Л Р А Р А И С Ь В В И
Н О Ж И Д А Т Ь А Н И Н Т Т З С
И Л И Н Я П Р А О Ж П Н Е А С Я С
К Е И Т Е Л И Т Я С Е Д Й Р Т Л В
В О З В Р А Щ Е Н И Е Н Ы И У Е И
Т О С Е Р М С Р О К О В Н Б С С Н
Б Е С С М Ы С Л Е Н Н О Ш О И О Ц
М О С К И Т Н А Я М Ф Е Е С Р О А
М У И О И Т Т И М Л Е У П Т П С Е
П О Л О В И Н А О Т Е П С А Н Л Р
Т У О Е А П Н Т Е С С Е У Н Н Ц О
```

РАЗДРАЖЕННО
ПОЛОВИНА
МОСКИТНАЯ
СОБИРАТЬ
СРОКОВ
ВОЗВРАЩЕНИЕ
ЖИЗНЬ
ИСТОЧНИК
ГОНКИ
ВОЙНА
ДЕСЯТИЛЕТИЕ
АВТОМОБИЛЬ
ОСЕЛ
СВИНЦА
ОЖИДАТЬ
УСПЕШНЫЙ
БЕССМЫСЛЕННО
ВЗЯЛ
ПРИСУТСТВУЕТ
НЕБО

Puzzle 296

ПИТАТЕЛЬНЫМИ
ЗВЕЗДУ
ПЛАТИТЬ
ЛАДНО
КИНО
ШУМ
ТРОПИЧЕСКИМ
СТАЛКИВАТЬСЯ
ПОЧТА
ЮБКА
ГОВОРИТ
ПОСЕЛЕНЦЫ
ГРАЖДАНИН
ТЕСТ
ЯЩИК
ТЕОРИЮ
ВЫСТРЕЛ
КТОТО
ПРЕКРАСНЫЙ
ТЕРМОМЕТР

```
П М А Т М Ы О М С П С А Н С С Т С
У И Г С М Ц С П Е О Н Д А Л Ц Е Т
Т И Т В Е Н А Е У Ч Д А Р У Л О А
Н Ф О А И Е Ф И Ь Т И Т А Л П Р Л
Г Т Р И Т Л П И А А А Р Т Е Е И К
П М И К С Е Ч И П О Р Т Е Р Е Ю И
О Р Т А Т С Л Н П Н Т Е С Т Г Г В
Н С Е И И О Т Ь С И Е Н Т С О Р А
У С Р К Р П Т Е Н К М У Ш Ы В А Т
Р Т Р И Р Т С О С Ы О Е Е В О Ж Ь
О П Т Щ Е А Н Л С С М С И У Р Д С
И С М Я И К С У О Н Р И С И И А Я
Т С А У М Б Д Н З В Е З Д У Т Н Л
А С Л А Р Ю О С Ы Р Т Е М М О И О
С А И У А С У У Т Й У Н А О Р Н М
```

Puzzle 297

```
Т П О Т Л Е О Н Е У Е Л Й Х Н Т Д
Т А О Н С К Н Е О Н М У И Ы А У О
Е М У В М Р Т З Н И Р О Т Н С У С
С Я О У О А С А Н Е Р А Е Й И Т Т
Е Т Н Т М Т Е В О О Я У Р А У Я И
Т Ь Т С У К Р И А В С Т Т Ч И А Ч
П Т И Н Д О Д С И Ы Т О У Ы Н Н Ь
Е И У У А Е Ц И Р Д Е У К В У Т Е
Л Д Е М Р М Е М И Е А С И З О Р У
В У И В Н Е И Ы Е Л Т И Т Е Е А Р
С Б Р О О Л С Е Е И А У М Р А Д У
О З У Д О Б Н А Я Т К М Е Ч Б Н С
С А Л Х Л О П О К Ь О П А О И А С
О Р Ф О Г Р А Ф И Я Я У У Р И Е Т Е
Т Л Н Д Т А Т О С Н О В Н Ы Е С У
```

ПАМЯТЬ
СТАНДАРТНАЯ
УДАР
ЧРЕЗВЫЧАЙНЫХ
КРАТКОЕ
ТРЕТИЙ
УДОБНАЯ
НОСОК
ВЫДЕЛИТЬ
АРЕНА
ЛИНИЯ
ДОСТИЧЬ
ХЛОПОК
ОСНОВНЫЕ
ОРФОГРАФИЯ
НЕЗАВИСИМЫЕ
УМНОЕ
КАТАЕТСЯ
СЕРДЦЕ
РАЗБУДИТЬ

Puzzle 298

ГЛУБОКИЙ
УВОЛИТЬ
УЖЕ
МУКА
КРЕССАЛАТ
КОМБАЙН
ПОЛА
СТИРКА
ДА
ВСПЫХНУТЬ
ФАРТУК
ФРАГМЕНТ
СПИСОК
ОЩУЩАЕТСЯ
УДАЧЛИВЫМИ
ДРУЖЕЛЮБНЫЙ
ЧАЙНИК
ПРОГНОЗИРОВАТЬ
САД
СТАТЬЯ

```
М О Н У Е Е Я С Т Ф У П С О П У С
Е Е М У У Е Ь Е П И О О Н В Р Д М
О Щ У Щ А Е Т С Я И Л Л И И О А С
П Н У М Д Ж А С П У С А И С Г Ч Т
Ф Й Т Л А У Т Б Р С Н О О Й Н Л И
Г А Е О С И С Е Р О В Н К Ы О И Р
Л Б Р Ь М М Т У Е А Н У Г Н З В К
У М У Т Н Е М Г А Р Ф Н И Б И Ы А
Б О У У У Ч В П Н Е Е М Ю Ю Р М У
О К П Н М К А М Е И М С У Л О И У
К У Е Х М И К Й О Е Т У В Е В О Н
И С Л Ы У Е У Е Н У С У У Ж А И М
Й Т Д П Ф Е М Ь Т И Л О В У Т Г У
К Р Е С С С А Л А Т К А С Р Ь П У
С Е Н В Р Р И П А А С Н Н Д О П Ф
```

Puzzle 299

```
Р К О Н Т А К Т Н Ы Й Е К Г А С Н
А Г И Е У П Н Л Л О А И Р О Л У Е
З М О М Ц Т С У И Г И Н А Л Р В С
Р Т А Р А Н А О Г О Р Т С О Р У М
Е Т А А Д Ж Е Л А Н И Е О В П У О
Ш Т Г Б Е О Н Т С Н Т Й Ч А Л П Т
Е М С В Р Т И М О Е Л И Н Е Р Л Р
Н И У Е Ф Е Я Л Б Л О Н Ы У В О Я
И Т Р Н У И Р У У Е О А Е Т А Х Т
Е Н О Р М У К Т Р Д Т П О И Т О Р
Т Т И Т И Т И В Г Е И М С Л Ь Т Т
С У Ь Т И Д Е Б У Р Г А Е Н Н Е Р
А О П М И Т И Е П П Т К М С И Е А
А С М О У Й Ы Л С О Р З В Р У Л С
А Б Б Р Е В И А Т У Р А П М С С И
```

ВЗРОСЛЫЙ
РАЗРЕШЕНИЕ
ГОЛОВА
РВАТЬ
НЕСМОТРЯ
ОСТРОГО
УРОК
ПОЛОТЕНЦЕ
ЯРКИЕ
ГРУБО
ПЛОХО
КРАСОЧНЫЕ
ЖЕЛАНИЕ
УБЕДИТЬ
КОНТАКТНЫЙ
АББРЕВИАТУРА
ГОРДО
КАМПАНИЙ
НОРМУ
ОПРЕДЕЛЕННОГО

Puzzle 300

ЗАСУХА
ПЛАСТИКОВЫЕ
КОРАБЛЬ
ЖЕСТКАЯ
ДЕПРЕССИЯ
ВОДИТЕЛЬ
ОБЛАЧНО
ДОСТИЖЕНИЕ
РОЛЬ
ПРАВОПИСАНИЕ
КАПИТАЛ
ОБУЧЕНИЕ
НЕСТАБИЛЬНАЯ
ЕЩЕ
РЕЗКОЕ
ДЕРЕВО
ОВОЩНОЙ
ПРЫЖОК
ОКЕАН
ПАПА

```
Е У А Д П Н И М М У П Т С Р О Р П
Н И У У О Л А Т И П А К Д Е Е Д О
А Р А Х У С А З У Е П Е Т М П И И
Р М Д Ф Е П Т С Е А А Н Е У Н Т Р
Ж Е С Т К А Я И Т О К Е А Н О О О
А О М У О Н О С Ж И К О Р А Б Л Ь
О К П Н Е О Р О Р Е К У М А Я О Л
Д З В Н М Н И А С П Н О У И И В Е
С Е И Н Е Ч У Б О Р И И В С С О Т
П Р Р О И А Е Щ Е Ы Л Е Е Ы С Щ И
Н С Р Е Е Л Т Т Е Ж Л Ф С Р Е Н Д
О У Н И В Б Е Т Р О Т Д Р У Р О О
М И У Е У О Л М Р К Н М О М П Й В
П Р А В О П И С А Н И Е Л Е Е Р И
Н Е С Т А Б И Л Ь Н А Я Ь Т Д Б И
```

Puzzle 301

К	Д	О	Х	У	О	М	А	С	О	М	О	Р	М	И	В	Р
Е	О	О	С	О	Р	Р	И	У	Е	В	С	А	Е	Й	Е	Л
С	Р	М	И	Т	Й	Ы	В	А	Р	Т	И	С	Л	Ы	Е	М
О	М	У	П	С	О	Р	С	Н	С	О	Ф	С	К	Д	И	В
С	Е	Е	О	Ь	У	Р	С	Н	Ф	Р	К	Л	И	Ж	У	М
Е	И	М	Х	Е	Ю	С	О	Е	Л	О	А	А	Г	А	Л	В
Д	Д	Е	О	М	Т	Т	Т	Ж	Ы	Е	П	Б	Е	К	М	Е
И	Л	П	Е	И	Т	У	Е	Н	Н	М	У	Л	Р	Т	П	Е
Г	С	Р	У	Р	Т	М	П	Р	О	О	С	Я	С	Н	Р	А
Е	П	А	О	Т	У	П	У	С	Р	Н	Т	Е	С	И	П	У
Е	И	У	Д	С	Д	Т	К	Е	О	С	А	Т	Е	В	Л	Р
С	Т	Р	У	К	Т	У	Р	А	Б	П	Д	У	К	П	А	Т
Д	И	А	П	А	З	О	Н	О	О	С	О	Н	А	А	Н	Я
М	С	В	Л	А	С	У	О	Г	В	Ф	С	О	В	И	Ф	П
Е	Ц	Е	Ф	О	И	И	И	И	С	А	У	П	Т	У	Т	Л

ВЫЙТИ
ВЛАГА
ВТОРОЕ
СОСЕДИ
КОМПЬЮТЕР
РАССЛАБЛЯЕТ
КУПЕ
ПЛАН
ХОП
ОБОРОНЫ
МУЖ
МЕЛКИ
ОСТОРОЖНО
УХОД
ДИАПАЗОН
КАПУСТА
СТРУКТУРА
КАЖДЫЙ
СОДА
ФАКТ

Puzzle 302

ПОВЕРХНОСТЬ
ВЕСЕЛЬЕ
УПРОСТИТЬ
ГАЗ
ОТКРЫВАЛКА
РАЗДРАЖАТЬ
МОЕ
НУЛЕВОЙ
КОРОВА
ДЕСЯТЬ
ЭТУ
ПОДНИМАТЬ
ВОЛОСЫ
ЗЕМЛЕРОЙКА
ВЕРТОЛЕТ
ЗИМА
ВЫБОРЫ
ДЕСЯТАЯ
ПРУД
РАЗЛИЧНЫЙ

Р	О	Н	У	С	Е	И	И	Н	А	С	Д	М	А	И	У	Т
К	М	У	П	С	Е	Н	С	С	Е	А	С	О	У	Е	В	И
О	Р	Л	Р	Ф	Т	Е	Е	И	Р	С	У	Е	С	Е	Ы	Л
Р	П	Е	О	П	О	В	Е	Р	Х	Н	О	С	Т	Ь	Б	У
О	Р	В	С	М	И	А	К	Л	А	В	Ы	Р	К	Т	О	Р
В	У	О	Т	Р	Е	Ф	Н	М	С	У	И	У	В	Е	Р	А
А	Д	Й	И	У	Н	С	Ь	Р	С	У	И	И	О	Л	Ы	З
Д	Н	О	Т	Л	Я	А	Т	Я	С	Е	Д	Е	Л	О	У	Л
Ц	Е	Н	Ь	Т	А	Ж	А	Р	Д	З	А	Р	О	Т	О	И
Д	Ь	С	Л	Т	П	М	М	Е	Г	А	А	Т	С	Р	Е	Ч
Ц	Л	Р	Я	И	Е	Б	И	О	Э	Г	И	М	Ы	Е	У	Н
Е	Е	Т	Л	Т	Е	О	Н	З	А	Т	Н	У	И	В	О	Ы
Р	С	Т	П	Е	Ь	П	Д	Р	М	А	У	Е	О	Н	М	Й
В	Е	С	И	А	К	Й	О	Р	Е	Л	М	Е	З	И	П	М
Л	В	И	С	И	Е	У	П	Е	Ф	У	П	Л	Н	Е	П	А

Puzzle 303

```
Н Е С Ч А С Т Ь Е Н Е А З И П С С
С С Л О М А Л Ь Р Е В Д С Н Л О Я
П О Д А Р К И У О В А Я Т С А П С
Г А Р Д Е Р О Б И И С М Е Н Ч Ю Ь
Е Л С Е Н С М У Е Д С Е П И А С Т
Е С Р Р Е У И О И И Ф Т Е А Н Ы Я
Н Ш И С Е У О Т Е М Т В Н Е У Н Н
И С Т У Т П Н П В Ы Т Ц Ь А П Е Д
Щ С Т О Ф О Р Н Т Й С Е И М Н Т О
Е Ъ Р Р Ш Е Л К О В И С Т Ы Й П
Т Е Е О А М А О У Н Б Л А Г О М Л
А С С Е К Х С И И Ь Е Я А М Н Е Н
А Т С М Ш Т А А Т Л Е П И А Е А Е
А Ь Ц У А Д Г О Т О Е О У М А О У
Т У М П Ч У М У Е Б О А У И Н Т Т
```

СЫН
ТОГДА
ГАРДЕРОБ
ШЕЛКОВИСТЫЙ
НЕСЧАСТЬЕ
ДВЕРЬ
ПОДНЯТЬСЯ
БЛАГО
ЧАШКА
НАЧАЛ
СЛОМАЛ
ПОДАРКИ
НЕВИДИМЫЙ
ЗНАЮТ
СТЕПЕНЬ
ШТОРМ
СЪЕСТЬ
НИЩЕТА
СТРАХ
БОЛЬНОЙ

Puzzle 304

ИГРЫ
УСИЛИЕ
ПРЕДОТВРАТИТЬ
ПОНИМАЮ
ПРИВИЛЕГИЯ
СТРАНИЦЫ
КАРЬЕРА
ПОЛЕВКА
ГРАФИК
КУЛЬТУРНЫЕ
ВЫИГРАЛ
ПОЛНОСТЬЮ
СЪЕДОБНЫЕ
ТРЕВОЖНО
УВАЖЕНИЕ
ЧЬИ
ЖЕНИТЬСЯ
ФОРМА
ФЕДЕРАЛЬНЫЙ
ЩЕНОК

```
Р И У Д Р И С М Ц Т М К А У Г Т С
П Р И В И Л Е Г И Я М Р О У О Е Т
С Н Р П М У М С Ю Ь Т С О Н Л О П
С Р М И Ь Т И Т А Р В Т О Д Е Р П
Ф Е Д Е Р А Л Ь Н Ы Й Р А О С Щ Т
Н Т И Л Ч К О Р С Р Ю А М И Н О П
И П Р Я Ь Л У А П Г А Н Д Д Ф Р Е
П Е Е С И А Е Л Е И Л И С У О В Ф
К А Р Ь Е Р А И Ь О Т Ц Е У Р О И
И К Е Т С Г П О Т Т И Ы О И М Ф У
Ф В А И А И С М М М У Т П Е А Н С
А Е О Н И Ы Ф О И А У Р Л И С Т Т
Р Л Е Е У В А Ж Е Н И Е Н И Р П Е
Г О Е Ж С Ъ Е Д О Б Н Ы Е Ы У А Н
Л П Т Т А А И И Р О Н Ж О В Е Р Т
```

Puzzle 305

С	К	Т	Р	У	Е	А	Г	Д	А	В	Л	Е	Н	И	Е	У
И	А	Л	Т	У	Л	Е	О	Т	С	Е	М	В	А	А	Р	Е
Т	К	Р	Ь	Т	У	Н	Р	Е	Б	О	О	Н	Н	У	Р	Р
А	А	Я	Д	Ю	С	У	О	Т	У	Л	Д	А	А	Ц	Р	Т
П	О	М	М	А	И	И	Д	С	У	Р	Р	И	Б	Б	О	А
Н	Т	Е	Р	С	Н	А	С	В	С	Г	М	Е	У	У	Е	У
Т	Ф	М	С	А	Т	А	К	А	Т	А	О	Д	Т	Р	И	Й
Б	Н	Т	А	П	М	З	О	Е	М	Е	Л	Л	А	О	Т	И
Т	И	У	О	А	Ф	О	Г	Т	Н	Е	Т	Р	Ь	У	Е	Д
М	И	Р	О	З	Т	К	О	О	У	Л	Р	Н	О	П	Т	Е
Е	Ц	Е	Н	Т	Р	Е	З	А	Р	Я	Д	О	Е	Ц	У	С
Н	Т	Ь	В	О	К	Р	Е	Ц	П	Н	Е	У	Д	Т	Т	Т
Р	Е	И	С	Р	Ы	Т	Е	Ф	Н	О	К	Р	С	О	М	Р
У	Р	Ф	Н	Р	А	С	Д	С	Т	О	Н	У	У	Н	Н	Б
Д	Е	Й	С	Т	В	И	Е	Р	О	М	И	Е	О	Н	Л	И

МОРЕ
КАКАО
БАНАН
ЗАПАСАЮТ
ЯД
КОНФЕТЫ
ОБЕРНУТЬ
ДЕЙСТВИЕ
ЦЕНТР
БЕЙ
ГОРОДСКОГО
ЦЕРКОВЬ
СТРЕКОЗА
ВМЕСТО
ЛАССО
ДАВЛЕНИЕ
УГОЛЬ
ЗАРЯД
АТАКА
ДОМ

Puzzle 306

ИМЕЛ
ГОРШОК
ВОКРУГ
АРЕСТ
ЕГО
ПЛАТЬЕ
СОЛНЦЕЗАЩИТНЫЕ
РЕДКО
ЧАСТНОСТИ
КОЛОКОЛ
ПОЛУЧИТЕ
БЛОКИ
ДЕМОКРАТИЧЕСКИЙ
ФОРТЕПИАНО
РОДНОЙ
РАБОТЫ
ЭЛЕКТРИЧЕСКИЙ
ГРАНД
ТРАДИЦИОННЫЕ
ВИНОВАТУЮ

Ф	О	Р	Т	Е	П	И	А	Н	О	Р	А	Т	Э	Д	Ч	И
Е	С	М	Л	Е	У	Г	У	Е	Р	П	Т	Д	Л	Е	А	Р
Ь	У	Н	С	О	У	У	С	Е	Л	Е	У	Г	Е	М	С	Н
Т	Р	А	Д	И	Ц	И	О	Н	Н	Ы	Е	Р	К	О	Т	Р
А	Е	М	У	Т	Е	Р	Г	К	Т	Т	М	А	Т	К	Н	У
Л	Е	М	И	А	П	И	Е	Е	Д	С	Г	Н	Р	Р	О	В
П	Е	У	А	И	Л	С	У	Н	О	Е	У	Д	И	А	С	И
Е	П	О	Л	У	Ч	И	Т	Е	П	С	Р	И	Ч	Т	Т	Н
Р	Р	Е	Ф	С	Л	К	Н	П	Н	К	М	Е	И	И	О	
Е	А	Е	Ц	Д	Е	К	О	Л	О	К	О	Л	С	Ч	Н	В
Б	Т	Б	Е	С	У	Р	Ш	П	М	А	В	Р	К	Е	А	А
И	Л	Е	О	Р	У	А	Р	Е	С	Т	С	А	И	С	О	Т
А	Р	О	Т	Т	С	Й	О	Н	Д	О	Р	О	Й	К	М	У
Т	Р	У	К	И	Ы	Л	Г	Е	О	И	Р	Н	Л	И	Т	Ю
Е	Ы	Н	Т	И	Щ	А	З	Е	Ц	Н	Л	О	С	Й	А	А

Puzzle 307

```
П Л И И Т У Г Ю Р О В О Г Е Ф Е Ц
Р О А Т Т Й Р М Б Б П М И А Р Ф С
У Т В С М Ы У С И М О О Р И Т П С
Т Е Т Е А Т Ш Й З А И И Б М Е Н И
И П Р Т Д Р А Ы Н Н Л Л Т Е М А И
Н И О И О Е Ы Н Е Ы С Я И Д Г П Н
Н М У Т В В Н В С В Т Р О И Ь Р С
А Е Р С О Т А И П А И И П Т Т Я М
Я Л О О Р Е Т Т Е Ю Е Т С Н С Ж Е
С Р И Р П Ч Ш А Г Т О У Н Е О Е Д
Л О А П Л О А Т У С Д Д Т Д Р Н И
Н О С И Т Ь К Р Е М З А Р И Д И Ц
У И Н А Л Б И О Е Л С Т Ф Ц Е Е И
М Е Е Л О Б Ц П О Т Т С М Н Щ И Н
Д Е Й С Т В И Т Е Л Ь Н О И С Н У
```

НОСИТЬ
ЧЕТВЕРТЫЙ
СТОЯЛА
НАПРЯЖЕНИЕ
ПОБЕГ
ПОВЕДЕНИЕ
ЩЕДРОСТЬ
ГРУША
ПОРТАТИВНЫЙ
ИНЦИДЕНТ
ПРОСТИТЕ
ГОВОРЮ
РАЗМЕР
ОБМАНЫВАЮТ
РУТИННАЯ
МЕДИЦИНУ
ПРОВОДА
БИЗНЕС
КАШТАНЫ
ДЕЙСТВИТЕЛЬНО

Puzzle 308

УТОЧНИТЬ
НЮХАТЬ
ШАМПУНЬ
ПРИСОЕДИНЯЙТЕСЬ
РОБ
ПРОСТИТЬ
НАЧАТЬ
ЛЕГКО
ПОРТРЕТ
ПОТЕРЯ
БАРСУК
ТЩАТЕЛЬНО
РЕБЕНОК
САХАРНЫЙ
СТРАНУ
ПЕТУХ
СВЕРНУТОГО
ПОЗЖЕ
ЗАДАТЬ
ЧЕЛОВЕК

```
С Е А Г Л И С Р Т И А Я Б Н С П Т
Й М У Л Т Е О Ф Л П Е О Н Е В Р Щ
Ы М Е Т Т П Е А И С И П Н М Е И А
Н Ю Х А Т Ь О Е Л Е Г К О П Р С Т
Р В У Т У У Р З Р О Б Л Е И Н О Е
А Ь Т А Д А З С Ж С С О Л И У Е Л
Х Б Е П Р У Я Ь Е Е Т Т Е М Т Д Ь
А А П Р П О Р Т Р Е Т Р О У О И Н
С Р И О И Т Е И О Е Р С А И Г Н О
А С Т С И О Т Н М Т М Р А Н О Я И
У У Е Т Е Л О Ч Н А Ч А Т Ь У Й Д
Т К Л И И С П О Ш А М П У Н Ь Т Т
Т О Н Т Г О Н Т И Н В О П Б У Е А
Н Р Е Ь С И И У У Н Ф Л Ф А Т С С
Р Е Б Е Н О К Е В О Л Е Ч Л Т Ь У
```

Puzzle 309

```
В А А Р С С К О Б П И А М Л С Я Р
Ы Ф Я А Ь О У В Р У Р З Е Е М А А
С Р А Е Т Р Л И А Р Р И Т Е И Д С
О У Е А А Т О Б А Р Т Т Я Е М Ю П
Т Т А Н В И Е Е С Е Н Е Р Т В Л Р
А Е Е С И Р М Е Р У С А Й Т Н Б О
Т В О А Ж О Т Ц Т Н И Н Ф Р П О С
Е Т Е Н Р В У А О Е И И М О Т С Т
В И Д Ф Е А С О Й Т Л М Л П И А Р
Ц А Н Е Д Т И А Н Н П О Н М А К А
Е А Е Л Д Ь Т Р О О А П У И И Ж Н
З Н А К О М С Т В А И А С Н Т О И
Л Г Е Н П А М О Л Ц У Н С У Н Л Т
Н А Ц И О Н А Л Ь Н Ы Й У Р Р Б Ь
А М П Р О Ц Е С С П Р И Г О В О Р
```

ТАЙНА
ОБЛОЖКА
ИЗ
ВЫСОТА
ПРИГОВОР
БОКС
ИМПОРТ
САЙТ
ЦВЕТА
РАСПРОСТРАНИТЬ
ПРОЦЕСС
ЗНАКОМСТВА
РАБОТА
СОРТИРОВАТЬ
МЕРУ
СОБЛЮДАЯ
НАПОМИНАЕТ
НАЦИОНАЛЬНЫЙ
ПОДДЕРЖИВАТЬ
ПРИЯТНО

Puzzle 310

КОРОЛЕВА
МОДЕЛЬ
МОЩНОСТЬ
АТОМНОЙ
ВОЗМОЖНОСТЬ
ПОЛОЧНОГО
ПЕТРУШКА
РАЗДЕЛ
УЗКАЯ
ШИТЬ
ПОЛНОЕ
ВЗВОЛНОВАННЫЙ
УЖИН
РАД
ЗДОРОВЫЙ
ОГРОМНЫЙ
НАОБОРОТ
ОБЕД
ЖДАТЬ
ВЕСИТ

```
С О Г Р О М Н Ы Й П О Ц Е Т М Р И
А А П Т Ф Е Р Т И С Е В Р У Н А Е
Ф О И Н С Т О С И Р Л Т Р М Е З Р
А Л Ь П О Л О Ч Н О Г О Р М О Д Е
А У Т Л Р Т Т В Ж У У П У П Е В
Т П С С Л О Г Т И Т Д Е Б О Ш Л С
О З О К О Р О Л Е В А А Н Т Ш К С
М Д Н Л Т О У Н В У Р Р Т С И Н А
Н О Ж Д Н Б Т М Е Р Т О П Ь Т М У
О Р О Л И О М О Щ Н О С Т Ь Ь М З
Й О М М О А Е Т А Т Е У О У Н А К
О В З Й Ы Н Н А В О Н Л О В З В А
Е Ы О Е А И И М О Д Е Л Ь Н И У Я
Е Й В В А Ж П Е П М У И Ф Е И И М
Е П Ф Е И У И И Е У Е В О И М Е И
```

Puzzle 311

```
Р М Р У С О П Г Я Ц Т Т С У О Т И
Т Е Н Н П И Т Е И Р У Ф Р П Е Г Е
Я Л А О Р Н О Т Н Г Т О Т В О О Ь
С Ь Р Е О Е Л И Т Р А П Л А Ч Е Т
Т Н М Е С Г Е М Е Т О Н Д У Р Т А
Р И Ф У Т Л Т Ж Л Р Л С Т А Т У Ч
Е Ц С Е С Т Р А М О С У К С Н О У
Б А Л Е С Ю И Н Г Е Ж Д Н Н К И В
О Н О К Л А Б У О У А Ь У А Р И З
С Н И А С М П У М Т П Е П П Л Н Е
И Т И З И У В Н Е З А П Н Ы Й А Е
П Е Е И К Д О Х С И С М С Р Н Ф Т
Л Р Р Е А А С Е А С У И С Д В О Р
Б Л Д Т Н А Я П Д А Й Д Ж Е С Т И
И Д Е А Л Ь Н А Я Т У У Е Л М А А
```

БАЛКОН
МЕЛЬНИЦА
НАЖМИТЕ
ТРУДНО
ЗВУЧАТЬ
НИЗКАЯ
ЛОЖЬ
ДУМАЮ
ИДЕАЛЬНАЯ
СПРОС
ИСХОД
ПЛАЧЕТ
ПУНКТ
ДАЙДЖЕСТ
ДВОР
ВНЕЗАПНЫЙ
ЯСТРЕБ
ЛИ
СЕСТРА
ГИГАНТСКИЕ

Puzzle 312

КАСАБЛАНКА
ПАУКА
КРАСИВЫЙ
ВИЛКА
ССЫЛАТЬСЯ
СТОРОНЫ
МИР
ОСТОРОЖНЫЙ
УТКА
ЗАПОВЕДНИКИ
МЕНТАЛЬНЫЙ
СКУТЕР
ЕЗДА
ФОКУС
ДАЛЬНИЙ
ИЗБЕЖАТЬ
ПРОМЫШЛЕННОСТЬ
ЧАС
СТОИМОСТЬ
ПРАКТИЧЕСКИЕ

```
П Р О М Ы Ш Л Е Н Н О С Т Ь Ф Т Ь
О С Т О Р О Ж Н Ы Й Н А С Е Ф У Т
Ф Р Е С Т М П У Е И И Ч М О П Ф С
Д А Л Ь Н И Й А У О Т Р Н М Т О О
С П К Р Е П И Е У Ф Л Е Ь Л Е К М
Е С Д Л Т И С П Л К П У Т М З У И
У Й Ы В И С А Р К Р А О А Е Д С О
И И Н Л М В И Т Д Ф Е О Ж Н А О Т
И Т О Ф А Т Я Т Т А С Р Е Т У К С
У Т Р О Р Т У А К Н А Л Б А С А К
У Е О О Т М Ь С Р И Е Р З Л Л Е Е
И Ф Т М С У Е С Л Е И С И Ь О М М
Н Л С У Т К А И Я П Н Т И Н Е И Л
Е Р З А П О В Е Д Н И К И Ы И Р И
П Р А К Т И Ч Е С К И Е О Й А П Л
```

Puzzle 313

Р	П	Т	П	О	К	С	Е	Л	Е	Т	Р	К	Р	И	И	Т
С	С	Р	И	И	О	У	Н	Т	О	О	И	Р	А	З	И	М
Е	Е	И	А	М	Т	Т	Л	П	Е	Т	Е	У	З	М	Т	И
С	Е	Е	М	Н	С	М	С	Ь	О	Н	М	Ж	О	Е	И	О
Й	Ы	Т	А	Г	О	Б	П	Й	Т	И	М	К	Ч	Р	Г	М
Е	Е	А	А	А	В	А	Л	Ы	Е	У	С	А	А	И	А	А
Й	Ф	У	Н	Т	Ы	Л	С	Н	М	И	Р	К	Р	Т	Л	Л
Ы	Н	Б	Н	Н	Е	Н	А	В	И	Ж	У	А	О	Е	С	Е
Б	Д	В	А	Ж	Д	Ы	А	И	М	С	А	К	В	Л	Т	Н
А	О	Ц	М	А	У	Н	В	С	Е	Л	М	Т	А	Ь	У	А
Л	Л	Г	Ф	И	У	О	Е	С	Н	Ц	Т	Е	Н	Н	К	О
С	Н	Е	А	В	О	Е	Д	Е	С	И	А	Л	Н	Ы	Р	Е
Л	С	А	Р	Т	С	Н	Ь	Р	А	Т	И	К	Ы	Й	И	Р
Т	И	И	И	Т	Ы	У	М	Г	Н	Л	У	Р	Й	Р	И	Р
М	С	Б	Ж	У	И	Х	А	А	З	А	Л	Г	У	И	П	Н

КРУЖКА
ЛЕС
БОГАТЫЙ
ВОСТОК
СЛАБЫЙ
ФУНТЫ
ЖИРАФ
ТЕЛЕСКОП
КУЛЬТУРА
ДВАЖДЫ
РАЗОЧАРОВАННЫЙ
ВЕДЬМА
БОГАТЫХ
ИЗМЕРИТЕЛЬНЫЙ
НЕНАВИЖУ
ГЛАЗА
АГРЕССИВНЫЙ
ПОИСК
КЛЕТКА
ГАЛСТУК

Puzzle 314

ПОЛОСА
МЕЧ
ДОЛЖНО
ШАБЛОН
УМНОЖЕНИЕ
МНЕНИЯ
ПРАВИТЕЛЬСТВО
ЛИШИТЬ
ЗАВИСИМЫЙ
ДОЖДЛИВЫЙ
ОБЕЩАНИЕ
РЕКРЕАЦИОННЫЙ
ПЛИТЫ
АВАНТЮРНЫЙ
ЗНАК
ДЕТСКАЯ
КОЛЫБЕЛЬ
МИЛЯ
РАЗРАБОТКИ
ОЖОГОМ

Р	О	С	У	Т	С	Д	Н	У	У	П	П	Р	И	И	О	И
П	А	У	Е	М	М	О	Г	О	Ж	О	Е	О	В	Р	С	О
Р	М	З	И	М	У	Л	Т	У	У	Е	У	Е	Л	У	А	Р
А	Н	С	Р	С	У	Ж	Н	И	Ц	С	М	Ч	Л	О	С	А
В	Е	И	И	А	М	Н	К	О	Л	Ы	Б	Е	Л	Ь	С	И
И	Н	Е	С	И	Б	О	М	У	М	М	С	М	Н	И	О	А
Т	И	Й	Ы	Н	Н	О	И	Ц	А	Е	Р	К	Е	Р	Б	У
Е	Я	Ы	Т	Т	Е	П	Т	Е	А	О	И	А	Е	Л	Е	М
Л	А	В	И	С	Р	И	О	К	Л	У	О	Н	О	О	Щ	Н
Ь	К	И	Л	П	Я	Р	Е	Е	И	И	О	З	И	И	А	О
С	С	Л	П	С	С	Б	Н	Г	В	О	Ш	С	Г	П	Н	Ж
Т	Т	Д	З	А	В	И	С	И	М	Ы	Й	И	Е	И	И	Е
В	Е	Ж	С	У	С	Ш	А	Б	Л	О	Н	Н	Т	Е	Е	Н
О	Д	О	М	И	Л	Я	И	Н	Н	М	М	С	Е	Ь	О	И
У	У	Д	А	В	А	Н	Т	Ю	Р	Н	Ы	Й	Т	У	Т	Е

Puzzle 315

В	Р	Ш	А	Ь	У	Т	В	Е	Р	Ж	Д	А	Ю	Т	П	З
Е	Ь	Т	А	В	О	Р	И	Р	О	Н	Г	И	Е	А	Е	Р
Р	Е	Р	Ь	О	П	О	Д	И	Н	О	К	О	Е	У	Н	Е
Ю	Т	А	Т	Б	П	О	Н	А	Л	О	Г	Н	Н	У	Н	Л
К	О	Ф	А	Ю	И	Р	Л	Д	Е	Д	Н	Ь	У	Е	И	И
Т	О	О	Д	Л	Й	Ы	В	И	Ч	Н	Е	Т	С	А	З	Щ
Ю	У	Р	Ж	У	Е	У	И	Т	Т	А	У	И	И	Р	С	Е
Р	Н	У	О	Б	О	Л	Ь	Н	О	И	И	Д	Р	И	Е	А
Ь	Ф	М	В	Н	В	Е	У	Н	С	Е	Ч	З	Р	Н	И	С
М	Ф	Т	О	Д	А	Д	А	Е	Р	Е	Т	Е	Е	Т	Е	М
Ы	Е	Е	Р	И	С	О	Ш	А	Т	К	И	Й	С	Д	Т	О
У	О	Е	П	К	П	Е	Е	Е	Л	С	Н	О	С	К	Я	О
О	Р	У	О	У	Л	М	Е	Н	Н	В	Л	И	Р	Е	О	А
Е	И	В	С	Р	Р	У	Е	У	Е	М	О	М	Р	С	Е	Е
Р	Б	С	У	О	Р	П	Б	А	Р	К	П	Л	С	Н	Т	Н

ЗРЕЛИЩЕ
КЛУБ
ШАТКИЙ
ТЮРЬМЫ
БОЛЬНО
ПЕННИ
НАЛОГ
ОДИНОКО
ВЕРЮ
ШТРАФ
СОПРОВОЖДАТЬ
УТВЕРЖДАЮТ
ДЕД
ИГНОРИРОВАТЬ
ЛЮБОВЬ
ЗАСТЕНЧИВЫЙ
ЕЗДИТЬ
ПОЛИТИЧЕСКОЕ
КРАБ
КОРОНА

Puzzle 316

ПРОСТОЙ
ТОЛСТОЕ
РВАНУЛА
АВТОР
ОПРЕДЕЛЕНИЕ
ВИДЕЛ
КОНЕЧНО
НОЖ
ЭЛЕМЕНТАРНО
ЯБЛОКО
НЕБЕСА
ЗНАЧЕНИЕ
ЧАСТЬ
БЕЗОПАСНОСТЬ
ФЕРМА
ТОЧНЫЙ
ВЫБОР
ЭКОНОМИЧЕСКИЙ
СПАТЬ
САММИТ

И	Е	И	Й	О	Т	С	О	Р	П	П	С	О	М	О	Э	С
К	У	Н	И	Е	И	Н	И	Е	Е	О	У	Л	Е	П	Л	О
О	О	Л	К	Е	С	Т	Г	Л	У	И	Е	С	Д	Р	Е	И
Б	К	Н	С	З	Н	А	Ч	Е	Н	И	Е	Т	С	Е	М	Е
Е	О	С	Е	А	Е	Л	М	Е	Л	С	П	А	А	Д	Е	Р
З	Л	Е	Ч	Ч	В	Ы	Б	О	Р	Р	Ф	Н	И	Е	Н	В
О	Б	С	И	Л	Н	С	С	И	Ц	А	Л	Н	Р	Л	Т	А
П	Я	О	М	Н	М	О	Е	О	Т	С	Л	О	Т	Е	А	Н
А	М	У	О	Ф	Е	Р	М	А	О	Е	А	Ж	О	Н	Р	У
С	Л	В	Н	Т	О	Ч	Н	Ы	Й	Б	В	В	У	И	Н	Л
Н	Я	Л	О	И	Ф	И	О	Ч	С	Е	Т	О	И	Е	О	А
О	Н	Р	К	М	О	И	П	А	А	Н	О	С	Я	Д	С	У
С	М	С	Э	М	Ц	Р	Т	Т	И	С	Р	Т	Б	Е	Е	Е
Т	Е	Л	А	А	М	О	А	И	Т	П	Т	Е	С	И	Е	Л
Ь	Т	Н	С	С	Е	М	Е	И	Н	Б	С	Ь	Т	А	П	С

Puzzle 317

```
П Е С Т Е И М Н М Т И Т И И М Е У
Е И П Т Е Г О Т С Е Д У Е К Т П И
У Л О Б Т Е К С А Б Т П Д А З Е Б
Н Н Р В Л А Д Е Л Е Ц А У Т А Р У
Н Е Т Ь В А Н Н А Ф Е Е А И Е Т
К С Т И Ь Т Я Н С Е Т Ы В Н И Х Т
У И М Л М Е И Щ Я Д О Х У И Т В О
М О Т Т Н Т Ф В О Н И Ь Р Е Г А Л
М И И Е Р Е О К О Н Е Ч Н А Я Т Т
А А И Л У Н Х Я Р Т С В И К С Р С
Р О С К О Ш Ь Р М Л О У Е Н У С У
Г У К У Р И Т Ь В Е И Г Л Е С У Ф
О И Н С Т Р У М Е Н Т Р Д Ц Ц Д У
Р Л В С Л И О У И О С Р С О И Ь Т
П Л И С И И Т М А Е Т Е Е Е О П Я Р
```

ВЛАДЕЛЕЦ
КИТ
ОЦЕНКА
ЛАГЕРЬ
ПОДГОТОВИТЬ
ИНСТРУМЕНТ
ВАННА
КУРИТЬ
СПОРТ
БАСКЕТБОЛ
РОСКОШЬ
КОНЕЧНАЯ
ПРОГРАММУ
ВЫТЕСНЯТЬ
КАТАНИЕ
ПЕРЕХВАТ
ВСТРЯХНУЛ
БЕЗ
СУДЬЯ
УХОДЯЩИЕ

Puzzle 318

УСТРАИВАЕТ
ЭКСПЕРТ
ДЫРА
АГЕНТ
ЛАСТИК
ОВЦЫ
ЧЕТКО
СОЛНЕЧНЫЕ
ВСТАВИТЬ
БЫСТРО
ЛИБО
ПРЕРВАТЬ
ПОРЦИЯ
ТИП
ПЕРИМЕТР
ФОЛЬКЛОР
ЛЕГКОСТЬ
ЭФФЕКТ
ХАРАКТЕРИСТИКА
ПРАВДА

```
С М И Н Т Б С Ф Л М Н Л П У Р Р Н
В М О У Н И Ы У Л О Л А Р И Т А У
И И Е С Ц А Е С Л Е У П Е У М О О
Ф О М А Е Г Н Е Т И А Е Р Е В Р И
О И В Е Б Е Е А О Р А Д В А Р П О
Л П Т Ц И Н А А Е Е О Т А Е Ф Т У
Ь Ч Е С Ы Т Э Ф Ф Е К Т Н М У С
К Е Л Е Г К О С Т Ь Р Е Ь М Т И Т
Л Т П Е Р И М Е Т Р П А М Т С И Р
О К И Т С А Л Р Р Т О У Е Т Б У А
Р О Т У Е Н О А Т М Р Д Л И Б О И
С О Л Н Е Ч Н Ы Е Е Ц Т Ы Н Т С В
А Т А Э К С П Е Р Т И М Р Р Н А А
В С Т А В И Т Ь Т О Я Л И И А Е Е
Х А Р А К Т Е Р И С Т И К А Е М Т
```

Puzzle 319

```
И У Т О Н Р С П Ф И Е И И Ю В В М
Ж Н О Я Я Н Н Е Р Т У Н В Б Д О У
И И С А И Б Т Т О И А Е У И Т С З
Д О К С Е Р Л О Р П З П У Л Ц С Ы
К Ю Р Т О М С О А С М Н Н Е М Т К
О У О С Г Т Д Л Д Н А У А Й Е А А
С М М П Р О Т И В К И О К Т П Н Л
Т П Н У С Т А Л И У А Т О Е Ь О Ь
И И Ы Т И А К П Р А Е Т П И У В Н
У М Й О А Е Б У С Л У Г И У Р Л Ы
У Т В Т Р М И П Г Р Р Ц И К Л Е Й
У И В Ц М С Ш Е И Л А З А К С Н Р
С А Л К И Ц О Т О М А Р Е Ч В И И
Е У Т И Р Л А С К А Ф В И Е Р Е А
В И О А У И Е М О М Е Е А И А Ф С
```

ЖИДКОСТИ
ЦИКЛ
ПРОТИВ
УСЛУГИ
СКРОМНЫЙ
ОШИБКА
ЛОДКА
ГЛАВА
СКАЗАЛ
СМОТРЮ
ЛАСКА
ПОКА
МОТОЦИКЛА
ПРИЗНАТЬ
ЮБИЛЕЙ
МУЗЫКАЛЬНЫЙ
ВНУТРЕННЯЯ
ВОССТАНОВЛЕНИЕ
ВЧЕРА
УСТАЛИ

Puzzle 320

ЗАЯВЛЕНИЕ
РАССМОТРИМ
ОЧЕНЬ
ЧИСТАЯ
СНЕГОВИК
КЛИМАТ
НЕСКОЛЬКО
СЛЕДУЕТ
ПЕСОК
НАЗЫВАЕТСЯ
ПОХОЖИЕ
ЦИТАТА
ИМЕЯ
ЗАНАВЕС
АМБИЦИИ
РАЗВЛЕКАТЬ
ДЕЛАЯ
НЕПРАВИЛЬНОЕ
КОНЕЦ
ОЗАБОЧЕННОСТЬ

```
К Л И М А Т М Б Ц Е Н О К И М Н У
Н Ь Т С О Н Н Е Ч О Б А З О И А М
У Е Е С Д Е Л А Я Н М Л П Т У З А
Т И С Е В А Н А З Ь И Н Е Е П Ы В
П Ь Н К М М Е Е Е Л Б П И Д И В Е
Р Т Е У О Н И С Е И Н Е Л В Я А З
С А Т И Н Л Е О И В Ж С О П Е Е М
Н К С О Н У Ь М Е А О О И С М Т Т
Е Е Е С О И Р К У Р Ч К Х Е И С А
У Л Н С М С М А О П Е У Ц О Е Я Ч
Т В Е И У О Л Л У Е Н Я Т О П И И
О З Е И О У Т А Р Н Ь О С А И С С
С А Т А Т И Ц Р С Н Е Г О В И К Т
У Р И Д Р Е Л Р И С Л Е Д У Е Т А
А М А М И И Ц И Б М А М Р О Ц В Я
```

Puzzle 321

```
В У К У Т И Й Н М А Е Б И И Е Е Б
Е Н С Р Т А Ы У О У Ф П А Р Д Ы Л
Р Е И Л У П Н Н Р У А З Р И Н А А
Т А Е У И Г Ь Л Е А Р С А Т Н Ь Г
Е Д М А Р И Л Ф Т Г Г Е Б И У Л О
А А Т И Е А А Ы А А О Я У Т Ю Е П
К Т Ц М С Б У С Й Н Н М О А Л Т Р
Е Р Н Н И И Д О С О С У Л Ь К И И
Л И П Е В Е И Т Р Е В О Г А С Ч Я
В Д О Х Н О В Л Я Ю Т Е А М И А Т
Т А Ф М И А И Е С Д О Х Д О П Н Н
О Е Т Е С Х Д А О О У Д А Ч И З О
И И М Н И Т Н Т У Ж П Е Е П С Е Е
И О Е А М Т И Л С Д Т В Н А Л Н С
П О Г Л О Щ А Т Ь Ь Т Н Н И В У Е
```

ДОЖДЬ
КРУГЛЫЙ
УДАЧИ
НЕЗНАЧИТЕЛЬНЫЕ
МОНЕТА
ТРЕВОГА
БАЗА
ВДОХНОВЛЯЮТ
ЕДИНУЮ
БЛАГОПРИЯТНОЕ
ИХ
ОТВЛЕКАЕТ
ПОДХОД
ПОГЛОЩАТЬ
СОСУЛЬКИ
ИНДИВИДУАЛЬНЫЙ
БАР
ФУРГОН
УРАГАН
ПАСЕ

Puzzle 322

ПРИНЕС
ЛЮБОЕ
РИС
МАЛИНОЙ
ГОРЫ
ПРЕДСТАВИТЬ
ДРУГИЕ
ПОДРЯД
ДЕРЖАЛИ
ГОВОРИТЬ
ПОЧВА
ДЛИНА
ПРАКТИКА
ПОДАРОК
РАДИО
СОПРОТИВЛЯТЬСЯ
ЧАСТИЦЫ
КОРОТКИЙ
ПОСТЕПЕННОЕ
КАЖЕТСЯ

```
У В П А У Л О Е Я У У В Р Г Е Е О
Т Й О Н И Л А М С Е Н И Р П О Ф У
В Ь Д Р Р И И Л Т И М П А Г Д Р О
Т Т Р И М У Р Е Е Г Т О И О Е Е Ы
Е И Я Н Ц В Р С Ж У О С Д В Р О Л
И В Д Й П О Ч В А Р Т Т Л О Ж Г М
Ч А С Т И Ц Ы Е К Д И Е И Р А Л Т
И Т И С А К И Т К А Р П Н И Л И Ф
У С Р И Ф О Т Т Т И У Е А Т И В И
П Д И Л Р Р О О А У Л Н П Ь И Т Е
И Е Т У О А О И Р И У Н Ц Т И И Ц
А Р О И У Д Р Д С О Р О Л Ю Б О Е
Л П Е И Н О Т А Т О К Е Н М С Е П
М О М О Б П Н Р С У П Т Н И П Е И
С О П Р О Т И В Л Я Т Ь С Я Р С Я
```

Puzzle 323

```
П А Г О Р О Д Р Т Н С Е У Е М А П
Р И Н Т Т У Ц М И Е С И М В Т Н А
И Т Н Т М Д Б Е Д Н Ы Й И Н Д П Р
В У Л И С К Е Д Н И Е С О Т А В А
Ы С М И П Р А Л С О А К Р О К У С
Ч У З А П Р О С Ь О Т В Е Т И Т Ь
К О П У С Т Е Л И Н У Е О Е Р И И
А С К Р О М Н А Я И Ы Т Ш Т У К А
К Т Т Е П И Л М Е В Т Й Е Е Е У У
Н Н Ь О Ц Г У Б Ы Т И О С Ч Е У Е
И Д Е Н Т И Ч Н Ы Е Н Е И Т К Н И
Т О М С Е И Н Е Л В А Р П У М А Л
Р С М Л Р Д П Р А В И Л Ь Н О Е И
А Е Е О И Н Т Е Р В Ь Ю П У С Е Ц
К Е С С Т Е Л О П П Л А Р У Ф Р С
```

ДОРОГА
ПАРА
ШТУКА
ИНТЕРВЬЮ
ИДЕНТИЧНЫЕ
ОТДЕЛЬНЫЙ
КРОКУС
ПРАВИЛЬНОЕ
УТЕЧКА
БЕДНЫЙ
КАРТИНКА
ЗАПРОС
УПРАВЛЕНИЕ
ИНДЕКС
ОТВЕТИТЬ
СКРОМНАЯ
ГУБЫ
ПРИВЫЧКА
ОПУСТЕЛИ
ДЕНЬ

Puzzle 324

СУШЕНЫЕ
ВСЕ
ИГРИВЫЙ
СОБИРАЕТСЯ
ПРАВИЛО
ГОТОВ
ПОЭТОМУ
ГОРЯЧАЯ
ПОДСНЕЖНИКИ
ОБЛАКО
ПЕРЕГОВОРЫ
ОЗЕРО
МЕБЕЛЬ
ТОРТ
ГЛАЗ
ВКЛЮЧАЮТ
ВМЕСТЕ
РЕСТОРАН
ПРОБНЫЙ
ГАЗОН

```
С Н В М Е С Т Е Р С У М О Т Э О П
А О Г Л А З О Е О И У Т Т М О Б А
О З Б Н Р С Л И И Е М Ш Е Е Н Л Е
У А Е И Л Т И Т И П П Л Е С В А А
А Г А Ы Р О В О Г Е Р Е П Н Р К И
Т Н И У У А А Р Л С Н А Е И Ы О Е
С И К И Н Ж Е Н С Д О П В И П Е Г
М Е Б Е Л Ь И Т Р О Т Н П И Р Д О
П О Е Н П Е Г Ю С Ц У Н У М Л Т Р
Р Т О У О Т Р А С Я И М С Т У О Я
О Е Ф И О Н И Ч Р Е С Т О Р А Н Ч
Б У О И П С В Ю И О З Е Р О Р С А
Н М Т А Е Н Ы Л И Т М Т Т Т А Я
Ы Е О Д И О Й К С Е М И Р Е Е И М
Й Л Е И С И Ф В А И Г О Т О В С А
```

Puzzle 325

```
А З У А П М И И О О А К З У Л Б Р
Л Б А С Й Ы В О З А Р О Н Д О С Е
Е А Б П Т Е Д О С Н Н Л И М Д О З
Х П М Р Н Н О Я Р Л Е Л С Г К В И
Л О Ь Ч Е Р Х С О Е Е Е С Н А Р Н
Е П И Е И В С Т А С Х К С С Г Е О
Б О У Т Д П И Е О В У Ц У У О М В
С Е Е С Е У М А Р С Е И С У В Е Ы
У И И А Р И Б Р Т С Т Я С О Е Н Й
Н Н П П Г Е Е И У У О А И Н Р Н Т
Е Р Е Е Н Е М Б А И Р П Л Р Т А Е
Н Р М О И Е П О О С И А С Ь И Я Н
С Т А Д И Я У С Д Е Л О И У Н Н Т
П Р И Н А Д Л Е Ж А Т Е Д М Е О П
И О О С И У К Л У Б Е С Т М М М Е
```

КОЛЛЕКЦИЯ
СТАДИЯ
ОСТАЛЬНОЕ
ОРЕХ
ПАУЗА
ХЛЕБ
ОДНОРАЗОВЫЙ
БЛУЗКА
РЕЗИНОВЫЙ
ПРИНАДЛЕЖАТ
СОВРЕМЕННАЯ
ДЕЛО
РЕЧЬ
ИНГРЕДИЕНТ
АББРЕВИАТУРА
ИСХОД
КЛУБ
ЛОДКА
ТРЕВОГА
СОБИРАЕТСЯ

Puzzle 326

МНОГО
ЛЕТО
КОПЫТО
ТЕПЛОВОЙ
КОМПЛЕКС
КРАСКИ
ПРИМЕНИТЬ
ГРУСТНО
УСЛЫШАТЬ
КРУГОВОЙ
КРЫШКА
ПРАВИЛЬНО
ОХОТА
ТЕОРИЮ
ЮБКА
ДОСТИЧЬ
СЫН
АТОМНОЙ
ВДОХНОВЛЯЮТ
ИНТЕРВЬЮ

```
К А С К Ф У О Е И И А Т М Р Р Т В
Р С С Р И Т С Л Е Г Ф М Т У Ф Ю И
Ы Т Е У Е Н С Л У Т Л Е Т М П Ь С
Ш М Р Г Е П И Е Ы И У П Е Н Ц В У
К Д Е О Т Ы П О К Ш С Ы Н У Е Р Р
А О Л В О В Ц Н А И А Ф Т Е О Е С
П С Е О М Л Е Т М Н Г Т О Х О Т А
Р Т Т Й И Е А С Е Н Е У Ь Й Н Н Н
И И О О У М У У А О О Н О О Ь И И
М Ч К Н С Ю И Р О Е Т Г А В Л А Н
Е Ь Р М Р Е О Г Ю Б К А О О И Е Е
Н Т А О К О М П Л Е К С И Л В Е О
И М С Т И У И Т Е О Н Ф П П А Н Т
Т Т К А О М Е С И А И Я Т Е Р Т Е
Ь Т И В Д О Х Н О В Л Я Ю Т П С М
```

Puzzle 327

```
Е Р Ь Т А Щ И Щ А З П А П Н П С Р
Р Е Т И К Р Я Д О М О Й Р Е У М А
П Л А Р А В О Р О К Ч Ы Е Д Г М З
Р И В П Д У Е Д Н Н Т Н Д А И Р О
И К А Р Е П Н С Т М А Ь К П Р М Ч
В Р Д И М Е С Т С М Л Л А Е И У А
Е И Е К И М Й О Л З Ь А Л С Е С Р
Т Т Р Р Ч Д О В О Е О Р А Е Л Т О
М И Е Е Е Р Е Т У Б Н Т В Т С В В
О Ч П П С О С Н А И Щ Н Б Ь П С А
Р Е И И К Л С С Ь Т Д Е О В Е Т Н
Е С Е Т А С Ф А И Р Ь Ц С А С У Н
И К В Ь Я Р Р Т О А П С Н Т С П Ы
Р И Л Р Т Р Е У П И У У Я С В А Й
М Й Г Р Е Б Е Н Ь Л И М О О С О А
```

ПЕРЕДАВАТЬ
ПРИКРЕПИТЬ
СООБЩЕСТВО
ГДЕ
ГРЕБЕНЬ
ПРИВЕТ
ЗЛОЙ
АКАДЕМИЧЕСКАЯ
ПРЕДКА
ОБВАЛА
ЦЕНТРАЛЬНЫЙ
ПОЧТАЛЬОН
ЗАЩИЩАТЬ
КРИТИЧЕСКИЙ
ОСТАВЬТЕ
МОТАТЬСЯ
РЯДОМ
КОРОВА
РАЗОЧАРОВАННЫЙ
ДЕНЬ

Puzzle 328

ПРОЙТИ
БУТЫЛКИ
ЕДА
ДВАДЦАТЬ
МОЛОТОК
ДЕСЯТИЧНЫЙ
БЫЛО
ЭКСПОНАТ
ИМ
КОТОРЫЙ
САМЕЦ
ДВЕНАДЦАТЬ
РАСПРЕДЕЛИТЬ
РЕЧНОЙ
КОРЗИНА
НАСТРОИТЬ
РАЗДРАЖЕННО
ПОСЕЛЕНЦЫ
КЛЕТКА
СОПРОВОЖДАТЬ

```
С С П Е О Ф Д Р М Е В Ь Т К И И Е
И К Л Ы Т У Б А Л Т И Т Й О Р П С
Е М Ь И А М У З У М Р А О Т Р И Т
Т С Т Ь Т А Ц Д А В Д Д Н О Е В Т
Д И И М Б Е Е Р Э М К Ж Ч Р В Р Е
М В Л Ы Ы С Ц А К И Д О Е Ы Н О Е
О Т Е Ц Л Е Т Ж С У Е В Р Й Ь Е П
Л Ф Д Н О Н А Е П М С О У З Т Ф Т
О Т Е Е А И У Н О И Я Р С П И И И
Т Л Р Л С Д Л Н Н Е Т П Т Т О Н Л
О У П Е П Н Ц О А Д И О Л Ф Р Е А
К С С С О Н Е А Т А Ч С А П Т И М
И Т А О С Е М И Т Е Н И Е А С Ц Е
И Т Р П И У А Т Т Ь Ы У Н У А Т Н
К Л Е Т К А С Е С Д Й С Т О Н С Т
```

Puzzle 329

```
С С Б О Р К А Д М С Е П П Н Н И О
А О Е Л А И У С Н И Й Т Р Е А А Б
Х Л У И Ф А У А И Ы С О Л П О Щ
А Н Р К Е Р Р У И С В О И И О Р Е
Р С О Е В Е Р Н Ы Й И С З М М С С
Н Д Т Л И А И Ц И А Ч Р В О Н Т Т
Ы Е Й Ы М И Д И В Е Н Е О Н И А В
Й Р Н Т П К М А Д Е Е Д Д А Т Р О
Л Е В О И С Р Н Е И Т Ы И Д Ь Ш М
С В У М Е К У О И И С С Т Н М И О
У О С Н У У Д С К П А С Ь У У Й Р
Р Ч Е С О Ч Н Л Е О З Н Н Ч Р И Т
А С И Т Т Н М Т С У Д М Л И У И В
П У П Т У О П Е Ц М М И О Л М М Т
П Т О Н Ь И У Н К У Т С Л А Г У Т
```

ВЕРНЫЙ
СКУЧНО
ЛИМОНАД
ЕДЫ
ЦВЕТ
СТАРШИЙ
УЧИТЬ
ПАРУС
МОТЫЛЕК
КРОКОДИЛ
УЧИЛ
НАПОМНИТЬ
ПРОИЗВОДИТЬ
ОБЩЕСТВО
СБОРКА
ДЕРЕВО
НЕВИДИМЫЙ
САХАРНЫЙ
ГАЛСТУК
ЗАСТЕНЧИВЫЙ

Puzzle 330

ГОЛОДНОЕ
РОСТА
ОСТАЮТСЯ
УКАЗАТЬ
ЖЕНА
СЕРИЯ
НОУТБУК
ДЕТИ
НАЗВАНИЕ
ДОСТИЖЕНИЯ
МАСКА
ПРЕПАРАТ
ДУШ
ФАКТ
НЕСЧАСТЬЕ
ШАБЛОН
ВЫБОР
ИХ
ТОРТ
ГОРЯЧАЯ

```
Д О О Р Т Л А Т М Д Ф Е П В И Ж А
П О С Е Ь Т С А Ч С Е Н И П У Е П
М Е С Т И П Р П К У Б Т У О Н Н И
П Т Ь Т А З А К У У Е О И Т Н А Н
Л Л Е Х И Ю С И Л Т Ф А К Т А Т Е
Е У Е О Е Ж Т С А О Е А Я Н З С И
И Н И М Н Р Е С С Р О Б Ы В В О И
Е М Л Н И И Р Н Я Т Н Л Л Т А Р Л
Е У Р Е Л У И О И И Д И М Т Н И О
Т Р С П С Ф П Л Е Я О А А М И Ц И
Е С М А И И Р Б И И Л М У А Е Б И
П С С И С Е Е А М Р О Ф И С И Н Я
Ф А С А П У О Ш Т Е Г С М К Н Е Н
Г О Р Я Ч А Я Я У О С Т П Е А Е Е Я
Е С Л Т П Е Т Д П Р Е П А Р А Т Р
```

Puzzle 331

С	И	И	Т	А	С	Р	Е	А	Л	Ь	Н	О	С	Т	Ь	
О	Ф	У	Н	Е	Е	Т	О	Н	Е	Р	Е	В	О	Р	П	Т
А	Е	К	А	О	Ф	П	Ь	Т	А	С	И	П	О	О	Т	М
Д	В	И	Г	А	Т	Ь	С	Я	Н	А	Т	У	У	Б	Р	О
Н	Б	Н	Е	В	И	А	У	Д	А	И	Р	А	А	В	У	Р
М	А	Т	Ц	О	И	Н	С	Я	З	У	И	Т	В	И	И	С
И	И	С	Е	С	О	Т	В	Д	А	Н	Б	Л	А	Н	З	М
Р	Я	А	Н	Т	О	Л	П	Е	Ф	К	О	Е	Р	Я	Б	Р
К	И	Ч	Е	Н	З	У	К	Н	С	С	Ч	И	И	Т	Е	И
И	Д	У	Р	Л	Н	В	У	В	Р	Т	Р	У	И	Ь	Ж	О
Ф	Н	М	С	Т	А	Д	О	С	Е	У	И	Ф	Р	А	А	П
А	Ц	М	М	С	И	Е	Н	И	И	Т	А	Ц	И	И	Т	Е
Р	Т	О	Н	Е	М	Д	Ч	Е	Т	У	А	А	И	П	Ь	Е
Г	Р	У	М	Т	У	Р	О	Н	И	П	Т	Е	И	И	Р	И
О	Е	Т	И	И	Е	А	Т	Т	Р	О	Т	О	У	Т	Н	Ф

СТАДО
ФАЗАН
РЕАЛЬНОСТЬ
КУЗНЕЧИК
ПРОВЕРЕНО
СОВА
ПЛОТНАЯ
ИНВЕСТИЦИИ
ДЯДЯ
УЧАСТНИК
ВНЕ
ОБВИНЯТЬ
ТОЧНО
СОТНИ
РУЧКА
ОПИСАТЬ
ДВИГАТЬСЯ
АВАРИИ
ГРАФИК
ИЗБЕЖАТЬ

Puzzle 332

ПОЖАЛУЙСТА
ПОЛНЫЙ
ОКАЗЫВАТЬ
ПТИЦА
ЧАША
ТЕЛО
ОБЩАЯ
ТАКОЙ
ВДОЛЬ
ОТКЛОНИТЬ
СКОРО
ГРАЖДАНСКИЙ
ОТКРЫТИЕ
ЛИЦО
АВТОБУС
ВЕСЕЛАЯ
МОСКИТНАЯ
ОЦЕНКА
ДОЖДЬ
КРОКУС

О	Е	О	М	Л	Г	Т	О	Т	И	И	Т	С	Е	Е	И	И
К	А	Б	И	Т	У	А	О	Т	А	В	Т	О	Б	У	С	С
А	Р	Щ	В	И	М	А	Е	И	К	О	Р	У	Т	Л	П	Б
З	Т	А	А	Т	Н	Е	Е	М	Н	Л	И	Р	Т	Т	Т	Е
Ы	П	Я	А	Т	С	Й	У	Л	А	Ж	О	П	Т	П	Ц	С
В	Е	Т	С	Ц	М	И	Г	А	В	К	Ф	Н	П	П	Н	К
А	Е	Е	И	Т	А	К	О	Й	Е	О	Н	Л	И	Е	Т	О
Т	Р	Р	А	Ц	Т	С	П	У	С	Т	С	Е	С	Т	У	Р
Ь	О	Т	С	Л	А	Н	О	Т	Е	К	Е	О	Ц	Д	Ь	О
Л	И	Ц	О	А	И	А	Л	Е	Л	Р	П	Е	Я	О	М	Я
О	Т	И	Н	И	У	Д	Н	Л	А	Ы	Д	Р	В	Ж	Ч	М
Д	И	И	И	Б	И	Ж	Ы	О	Я	Т	Д	Р	М	Д	А	А
В	Л	П	Е	А	О	А	Й	А	Е	И	И	О	Т	Ь	Ш	Н
К	Р	О	К	У	С	Р	Д	Е	М	Е	Н	Е	Р	С	А	О
О	Л	У	М	М	И	Г	М	О	С	К	И	Т	Н	А	Я	В

Puzzle 333

```
И А Ф А Р О А Р Ш Р Ф Е Е И П Е П
Р И Я Т Л М А Я Е О К З Е Р Р О Ы
Л С А К С А Р К С Е Н И Р П И П Т
Е М К Р Т Ц Б О Т Ь Е П И И Х И А
М А З С М Ц П С Ь Т Т Е И П О З Е
У Е У Р И И Е А О Н Е О В Р Д А Т
Л Ю Б О Е П С Е С Л Р Ц Р Т И Я С
О Д А Л Ж И В А Т Ь Ю У Е О Т В Я
С П О Р Т О И Г У Б Ы Т О И Б Л А
А С А У Т Т Д Л А А М Е Н Т Д Е Х
Т И Г Р С Н И Т Н В И П Л А Т Н У
А З Е У У У Е И У С Л Б Р И Я И С
О И У С Е Р Ь Е З Н Ы Й М Ф Е Е И
П Р У И М И С И Т А С Р Ю Р И С Т
Е К У Т Т Б М У У И И О У Ц Л У С
```

АБСОЛЮТНАЯ
КРИЗИС
ШЕСТЬ
КРАСКА
ПИЦЦА
СУХАЯ
ТИГР
ПРИХОДИТ
СЕРЬЕЗНЫЙ
ЮРИСТ
ПЫТАЕТСЯ
БОРОТЬСЯ
ОДАЛЖИВАТЬ
РЕЗКОЕ
УЗКАЯ
СПОРТ
ЗАЯВЛЕНИЕ
ЛЮБОЕ
ПРИНЕС
ГУБЫ

Puzzle 334

ХОЛОДИЛЬНИК
ПЛАКАЛ
МОСТОВОЕ
ЛИМОН
ЗАЛИТЬ
РАЗНИЦА
ОБСУДИТЬ
ИДЕТ
ПАРУ
КОШКА
ГРОМАДНЫЕ
ЗЕБРА
БОЛИТ
АТАКА
ЗАРЯД
ЭЛЕКТРИЧЕСКИЙ
ШАМПУНЬ
НАЦИОНАЛЬНЫЙ
ПОЛНОЕ
АВАНТЮРНЫЙ

```
Р А З Н И Ц А Е И В Ш Б Н Л М У Л
П Н Т Ц Т З А Л И Т Ь А О Е М Т М
О Д А Н А М Р А К Е Т Е М Л И И Е
Л И С Ц В Л Б К О Д И И И П И И К
Н О И М И В Е А Ш И Д Е Л Н У Т И
О Р П И У О З Л К У У Т Т О Р Н Н
Е О Р М С А Н П А Т С Т Т В А И Ь
О Е М Ц Д Я Р А З Е Б А А А П С Л
М О С Т О В О Е Л Е О Р Т В М У И
Г Р О М А Д Н Ы Е Ь А Т А Д М М Д
А В А Н Т Ю Р Н Ы Й Н У К В С А О
Р У И С И И Е Т А С Н Ы А С Е И Л
Л Л Ф И У М О Е У И И Н Й Д Г Ц О
Э Л Е К Т Р И Ч Е С К И Й Е У В Х
Е Е С А И А Л Н У М С Р Т Т О М У
```

Puzzle 335

```
Б А Г А Ж Н И К И В К Ю З Б И М Ф
Н М О М М Л М А У Е А Б А Е С М Р
О М А С У Т П М Я Л Т И К Н С П А
Е А А С Е П У Е С О Е Л Л З Л Е Г
В Л А Д Е Л Е Ц Й С Г Е А И Е В М
Ф У Я У О А Ь Р У П О Й Д Н Д У Е
У Т И Т Р О О Т Р О Р Т К О У К Н
Н Т Ф О Н И И Н И Р И Л И В Й Й Т
К Н А К Л О Н Е Т Т Я Ф О Ы Т Е Л
Ц У Р В У У А М Н П Е С Т Й Е Н О
И М Г И Т Е А О Е М Е В А Л И И Р
Ю П О У П У Е М И И И У Т И К Л Н
А О Ф Т Р Д Е О Р Н О Р Е О Р Т И
У М Р Н И Д М С О Л Н О Т Я Я Т Н
О М О К Р О Л И Ч Ь И Е У М П Е Т
```

НАКЛОН
ОРИЕНТИРУЙСЯ
КАТЕГОРИЯ
ФУНКЦИЮ
БЕНЗИНОВЫЙ
МОМЕНТ
ДРУГ
БАГАЖНИК
ИССЛЕДУЙТЕ
КРОЛИЧЬИ
ЗАКЛАДКИ
ВЕЛОСПОРТ
ЛИНЕЙКУ
ЛЕТ
ОРФОГРАФИЯ
ФРАГМЕНТ
ЯРКИЕ
ВЛАДЕЛЕЦ
ЮБИЛЕЙ
ОТВЕТИТЬ

Puzzle 336

ДНЕМ
РЫЧАНИЕ
РОЖДЕНИЕ
ВЕЛОСИПЕД
УЧЕНИЕ
БЛЮДО
ЛЮБОЙ
НЕМЕДЛЕННО
ПРОЕКТ
ТОЧИЛКА
КРИТИКА
НОГТЕЙ
ДОСТИГ
ЧЕРНОЕ
ДВЕРЬ
МНЕНИЯ
ЛАСТИК
ОТВЛЕКАЕТ
КАРТИНКА
ГОТОВ

```
К Р О М Т И Д А Т О Д Ю Л Б Т Р Н
Р О О Н И Т Ц А Л У В Л М Е Г У У
И Ж Р У Н М Ф У Т Ф Е Е О М И И Е
Т Д О В О О Е И Т М Р Л А С Т И К
И Е Р Ы Ч А Н И Е Н Ь Н Н М С Ч К
К Н П У Г И В Р Й Е Т Г О Н О Е А
А И П Т О Е Е Л О Н И М Н Е Д Р Р
К Е А Е Т Т Л Т Б И П Н Н Ц Р Н Т
Л Т И Р О Д О О Ю Я Н П Е Е У О И
И О Е П В И С Е Л Н Е С Л Ч Т Е Н
Ч С С Е Н Ц И Д О А Д Т Д О У Е К
О Н Ф Е Л Е П М М Д И У Е Л Л С А
Т К Е О Р П Е Р Т Н И Ц М И Н С У
Е И В Р И В Д И Г Е Н Н Е С У Е Е
О Т В Л Е К А Е Т М Е Р Н П Р С И
```

Puzzle 337

```
С У К У И И Т С С С Ж Р Е М А А Е
Х О Е Е Т И П Ф И Т Д Е Т Р Л А Ф
О И К И Ч Ь Л А М О А Х У Д З О В
Р Е Ы Р О Б Ы В И М Т Л Н П Х И П
О У У О О У Н О Л А Ь Е У Р О Е О
Ш Н Т Р И В Т Т Н Т Т Г А Л Ж Д
И Н У Е Л М И Е Е О И С П В О Е Д
Й А Е У И У П Щ И Л О Д С А Д Л Е
Д Е Ш Е В Ы Е И Е О Р Б Е Я Н У Р
Ф К А И Р С И Р Ы Г Т А Е Л О Д Ж
С О Л М М Я М И Н А С А Р Д А И К
М Д М Л А Т Р Ч А О П Р А Н Ю И
И М А Е И С В Р Ы Н П Л Е Р И Ы Т
П О Л И Т И К И Б С У Р Н Ф Н О Й
А О Р Н Й Ы Н Д О Б О В С О Е С И
```

ДЕШЕВЫЕ
ВОЗДУХА
МАЛЬЧИК
ПОСТРОИТЬ
СОКРОВИЩЕ
ПОЛИТИКИ
ХОЛОДНО
ЖЕЛУДИ
СВОБОДНЫЙ
УКУС
ДЕЛАЮТ
ПОДДЕРЖКИ
ОБЫЧНЫЕ
СТОМАТОЛОГ
ПРАВАЯ
ХОРОШИЙ
ОКЕАН
ВЫБОРЫ
ЖДАТЬ
БЕДНЫЙ

Puzzle 338

КЛИПЫ
ПРИВЛЕКАТЬ
ТАЛАНТ
РАСПРОСТРАНЕНИЕ
СМОТРЕТЬ
СНЕЖИНКА
ПУСТЫНЯ
ПРЕДЛОЖИТЬ
ПРЕДПОЧИТАЮ
ФРУКТЫ
ВЫГЛЯДЕЛ
РАБОЧИЙ
ВЕДЕТ
ПОЛУЧИТЕ
БОГАТЫЙ
ВАННА
УСТРАИВАЕТ
ЦИКЛ
РАЗВЛЕКАТЬ
МОНЕТА

```
П Ц Ц Т С В Н В С А У Р С Н А Т П
Е Р Й Е У Е Р Т Ы Н Р И Е П Т Ц Р
О П И А С Д У Т Т Г Е Г Е Л Е Е Е
П Р Ч В О Е Е О Р Т Л Ж Л Р У Н Д
П Е О И Л Т Н А Л А Т Я И Е У Е Л
О Д Б А К Е Ф Ь Е Н Е Н Д Н Т И О
Л П А Р Л А К Т Й Н Т Ы Т Е К И Ж
У О Р Т И Р У А Ы А А Т Т Л А И
Ч Ч Т С П И Е К Т В И С Р Д Б О Т
И И В У Ы О Р Е А Ь Е У С Е С И Ь
Т Т Р И С Р Е Л Г Н Е П Р Н Л И Ф
Е А Т Е Н О М В О С М О Т Р Е Т Ь
Т Ю М Т Е У П З Б Ц И К Л В Е Т Е
Т Л Е И Н Е Н А Р Т С О Р П С А Р
М А А Ы Т К У Р Ф С И Р Л Т С О Е
```

Puzzle 339

```
Й Ы Н Ч И Т Н А К Б И Ш О У У О О
У П О А И И И Е И И У Е У Т Х П Е
Т О З П С Е Л И М Л В Ф И А Т О Т
А Ч Е П Г М Л А Н Н И О Т Р Е И Д
М И С У Е Й Е Р У У Д Е Е В Т Т А
Ж Н О Р А А Д Ш С Е Е Е И О Т Д И
И И И Г И В И Н К У Т Е Т У Р И О
Д Т И И О И В Е О А Ь У Ц А Г М Л
К Ь И У И А Н Е Г А Т И В Н Ы Е С
О П С В М Р М Д В А Ж Д Ы О М У Ф
С И Р Н Ь Т И Р Е В О Р П О У О Т
Т О Е И Е С Т И Т Д К Р А Т К О Е
И И Я О И У Е О У С П Е Ш Н Ы Й Р
У С Т А Л Ы Е И О С С Н Е Р Д Т И
Т М И Ц П О С Т О Р О Ж Н О М И Л
```

СЕЗОН
ГРУППА
ПОЧИНИТЬ
ПРОВЕРИТЬ
НЕГАТИВНЫЕ
НАСМЕШКА
УСТРАИВАЙ
АНТИЧНЫЙ
УВИДЕТЬ
УСТАЛЫЕ
НЕ
УСПЕШНЫЙ
КРАТКОЕ
УХОД
ОСТОРОЖНО
ДВАЖДЫ
ДЕД
ВИДЕЛ
ОШИБКА
ЖИДКОСТИ

Puzzle 340

ЛУКОВИЦЕ
ЛУЧШЕЕ
ПОМНИТЕ
ПОСТОЯННОЕ
ДИКАЯ
ВЕЖЛИВЫЕ
ВИДЕО
ИЗНОШЕННЫЙ
ДЕНЬГИ
ПИСТОЛЕТ
РАЗНЫЕ
ПОНЯТНО
ЗДОРОВЬЯ
ПРОЦЕДУРА
ВЫДЕЛИТЬ
СТАТЬЯ
НУЛЕВОЙ
РАСПРОСТРАНИТЬ
ПУНКТ
УПРАВЛЕНИЕ

```
У Р И Т Д Е Н Ь Г И Е О Н М И Н Ц
П В Л У К О В И Ц Е Е Ш Ч У Л У И
Р Л Е Т И Н М О П О С Е Н И И Л Т
А Т У И Т Т У И И Н С Т С А Е Е Ь
В О У У С Я М П М Н Р С А Д Т В Т
Л Л Т М Б Н И И П Я П Т И Т Е О И
Е Р Р М А О Я Ь В О Р О Д З Ь Й Л
Н А О Т И П М И У Т Д И К А Я Я Е
И З У О М Е О Е Е С С М И И И О Д
Е Н У А Р У Д Е Ц О Р П Е Т О А Ы
С Ы П Е И Л А А М П Е Е Ф Т Т И В
П Е Р А С П Р О С Т Р А Н И Т Ь И
В Е Ж Л И В Ы Е П И С Т О Л Е Т Д
И З Н О Ш Е Н Н Ы Й У П Е Н Р Т Е
У У О И С А Н С Р Д Р Н С П А П О
```

Puzzle 341

```
А М Е Т С И С С Т И С Р У С Е Р А
Д И И С И С Р С Т Ы Р А М Ь Л А К
Г Р Н С Т Я О О Т О О З Т А Е Л И
О К А М С Ь Т Е И П В М Я П М Н
К О Л Е О З Т Г О Р Ы И С А М А Д
А Р Е Х В У Р О М Е У В И Д Е О З
Р О Ж Т О Р Е О Ч С Р А Т Ю С И А
В Б Н П Н Д В Д Н К Л Т Н Л В О Р
П К О Р И Д Т Е М М А Ь Е Б Р Н П
Л А П Р И А Е Л П Н Р Р О И У У
У И Т О Н П Ч М Е Е Е М В С Ф О Р
М О И Е Л С М Ф И Е И Е Р Т У В У
Л П С А У Ф И П А Т О М И Н У Я М
П О О Т Ф Е Л П Р И Н Я Т Ь С О Е
Н Е И Р О О Т П Е С Е Г Н О Р И С
```

SAMA
ЕСТЬ
СИСТЕМА
ДРУЗЬЯ
НОВОСТИ
ТОЧКА
РЕСУРС
СТОП
СМЕХ
КАЛЬМАРЫ
КОГДА
ПРАЗДНИК
ПРИНЯТЬ
ИВУ
РАЗВИВАТЬ
ЧЕТВЕРТЬ
КОРОБКА
ЖЕЛАНИЕ
СОБЛЮДАЯ
ГОРЫ

Puzzle 342

НАДЕЖДА
ЗАНЯТА
КАМИН
ДЕРЕВНЯ
ВОДА
БЛЕСК
БУРЕВЕСТНИК
ГОРЯЧЕЕ
КОЛЕНО
НЕЖНО
МЫШЬ
ЦЫПЛЕНОК
СДЕЛАНА
СИДЕНЬЕ
ЭЛЛИПТИЧЕСКИЙ
ФЕРМЕР
ДЮЙМОВ
ХАРАКТЕРИСТИКА
ЧЕТКО
ЗАНАВЕС

```
К Л Т О Р А О Е А С Н Х В Й С В Т
О Н У Д Т У Т Р О Т Е А К И Р С С
Л М У И Е У А Е Т С Р Р И К С А И
Е Е Ч Я Р О Г О Р И И А Н С И И Д
Н И П Т Р М И Е Р И О К Т Е Ч З Е
О Р Н В О М Й Ю Д Е П Т С Ч З А Н
Е М Р О Н А Д Е Ж Д А Е Е И А Н Ь
Т Р Р О Ж С С М Ы Ш Ь Р В Т Н Я Е
Д Б П Р Е М Р Е Ф Т У И Е П А Т С
К Е Л А Н Т Е Б М С И С Р И В А Д
Е А Р Е Е Е Е И Е С В Т У Л Е М Е
П Р М Е С В О Д А П С И Б Л С Л Л
М Е М И В К А А И И А К О Э В Н А
О И Е Т Н Н Н А Т Т Л А Р Л И Р Н
И Е О У И Т Я Ц Ы П Л Е Н О К Р А
```

Puzzle 343

Е	В	У	Н	Н	Ч	Э	К	О	Н	О	М	И	К	А	У	А
С	Т	А	К	А	Н	А	С	Ъ	Е	Д	О	Б	Н	Ы	Е	П
А	А	Ч	Ь	И	С	Т	Й	Л	Е	Д	Ы	Ш	У	У	И	С
Е	М	М	Е	Л	Р	С	Ф	Н	Е	М	М	И	П	Ф	И	Е
Е	И	Е	Т	Н	Р	М	А	И	А	И	У	М	О	Р	Л	
И	П	Н	Р	Е	А	И	И	Я	А	К	С	Т	Е	Д	О	Ь
Н	Е	А	С	С	Е	И	К	С	Т	Н	А	Г	И	Г	В	Д
А	Е	Р	Д	О	Е	Ф	У	И	Е	Ы	К	Е	Т	О	А	Е
М	Я	Ч	М	Е	С	Ц	Е	Д	О	С	Т	У	П	А	Е	Р
И	А	П	У	Е	Н	Т	М	С	С	И	Р	Е	И	Е	О	Е
Н	Т	Е	В	У	И	А	И	Е	Р	У	Е	В	С	О	Й	
О	С	И	В	Р	У	Т	Е	Д	Н	Т	К	Т	В	О	А	И
П	О	В	Е	Р	Х	Н	О	С	Т	Ь	В	И	Т	У	С	А
О	Р	Т	Т	И	Ф	Е	А	М	О	Е	Л	Л	Е	Е	Т	И
Ф	П	Н	Е	С	Т	А	Б	И	Л	Ь	Н	А	Я	И	Ц	Т

СЕЛЬДЕРЕЙ
ДОСТУПА
МЯЧ
СОВЕТЫ
КУРТКА
ПОНИМАНИЕ
СТАКАН
ЭКОНОМИКА
ПАДЕНИЕ
ДЫШУ
РОВ
ПРОСТАЯ
ЧАЙНИК
НЕСТАБИЛЬНАЯ
МОЕ
ПОВЕРХНОСТЬ
ЧЬИ
СЪЕДОБНЫЕ
ГИГАНТСКИЕ
ДЕТСКАЯ

Puzzle 344

ОСТАНОВИЛИСЬ
МЫШЛЕНИЕ
ЧЕРВЬ
ЗАЧАТЬ
ОГУРЕЦ
УГРОЗА
ПОПУГАЙ
ГОРОХ
ГОД
НЕДАВНО
ГУСЬ
ЗНАНИЯ
ВЕТВЬ
ЖЕСТКИЙ
СИТУАЦИЯ
СВЕДЕНИЯ
ДАВАЛИ
ГАРДЕРОБ
УТОЧНИТЬ
ЛАГЕРЬ

С	Н	О	Ж	Н	И	У	Е	У	Е	Ь	В	И	У	Е	З	О
И	Б	О	Р	Е	Д	Р	А	Г	Е	В	И	Е	Р	П	Н	П
П	И	А	Н	С	С	Т	С	Ц	С	Р	И	Е	Ь	Р	А	С
У	С	Т	Р	Д	Е	Т	Я	И	Н	Е	Д	Е	В	С	Н	Т
Г	Г	О	Т	Р	П	Я	К	Р	Т	Ч	С	Е	Т	Е	И	У
У	Ь	Р	Е	Г	А	Л	М	И	У	У	Р	И	Е	М	Я	У
С	У	Д	О	Г	Е	У	Е	П	Й	С	А	Д	В	Н	Г	З
Ь	С	Е	Р	З	О	Г	У	Р	Е	Ц	Е	Ц	М	О	О	А
В	О	А	И	Л	А	В	А	Д	У	А	Н	И	И	Л	Р	Ч
О	С	Т	А	Н	О	В	И	Л	И	С	Ь	Н	Т	Я	О	А
Т	М	Д	И	А	Н	Е	Д	А	В	Н	О	О	И	С	Х	Т
П	О	П	У	Г	А	Й	М	Ы	Ш	Л	Е	Н	И	Е	Р	Ь
У	Т	О	Ч	Н	И	Т	Ь	В	Т	И	П	Е	И	И	Р	Р
А	Д	Р	Т	Н	А	Д	И	С	С	И	Р	Е	А	Т	А	И
О	Р	С	И	Е	Р	Т	Т	Е	У	У	И	Т	П	М	У	И

Puzzle 345

```
Ф А М О Е И И У И А Т М А Ф Н М И
Г О Р А Р М М Д М Е Г С Р И Н Р К
Л У Р Т Ю А В И Ч И Н А Р Г О И Р
А И К Т С И Б К М Е Е М Н Т И Н Е
З П И Я Е Т У О Я П О Л О С Т Ь С
Т Е Н А И П М Л Т Т И Е Н Е Ф В Т
М С В Н Ж Е И Б М Ы М У К А Н И М
Д Н О Г У С Е А Е О С Е С А М Т У
Е Я Ж У Р Т Е И Н Т Т Я С Ф Е А О
Д И Ы Д О Х Т О Е О Р О С М И М И
У П Р Е В Р А Т И Т Ь У Ц О Т И Ц
Ш И К В Е Р С И Я И Т У А И А Н В
К Д О К А З А Т Ь С В Н И З К Ы Е
А М Н Е П И И У Б Р Е И Е Л Н Л И
Т И М А Р А Я М В Ц О Е Л А С С А
```

КРЕСТ
КРЫЖОВНИК
ОГРАНИЧИВАЮТ
ПРЕВРАТИТЬ
ОТХОДЫ
ВЕРСИЯ
ВИТАМИНЫ
ДЕДУШКА
ДОКАЗАТЬ
ВНИЗ
ПОЛОСТЬ
СМИ
ОРУЖИЕ
ПЕСНЯ
МУКА
РАБОТЫ
ФОРТЕПИАНО
БЛОКИ
МОТОЦИКЛА
ГЛАЗ

Puzzle 346

ВСТРЕТИЛИСЬ
РОДИЛСЯ
ТАЙНЫ
ПРОИЗОЙТИ
ПЕРСОНАЖ
ЮРИДИЧЕСКОЕ
ЛОВИТЬ
САМОЛЕТ
РАСПЛАВИТЬ
КОЛИЧЕСТВО
ВО
КОНКУРС
БАБУШКА
ЛАДНО
ПОЛОТЕНЦЕ
ВЕСЕЛЬЕ
ОБМАНЫВАЮТ
ПРЕРВАТЬ
ИНДИВИДУАЛЬНЫЙ
РЕСТОРАН

```
Т А Р Е Р К П Р А С П Л А В И Т Ь
Е А У О У О В Р П И О Е М И А Е П
Л Р Й С И Л П П Е Т У Т Р Е Е О Т
О Е М Н У И Е О А Р Б А Б У Ш К А
М С П Е Ы Ч Р Л Д М В Н Е Ф С С Р
А Т Р Р И Е С О Т Р Н А Ь Н И Е Д
С О О С О С О Т Е Е Е И Т О В Ч В
У Р И Н И Т Н Е Р И А А И Ь Р И Е
Л А З Е У В А Н У У Е О В Е Т Д С
О Н О Т Е О Ж Ц И И О С О С Е И Е
О Н Й У Н Н И Е Р О Д И Л С Я Р Л
Р Р Т Т С Д К О Н К У Р С С Р Ю Ь
Л Ц И Л А А О Б М А Н Ы В А Ю Т Е
С М Ь С И Л И Т Е Р Т С В Т Н И Р
И Н Д И В И Д У А Л Ь Н Ы Й Н О М
```

Puzzle 347

```
Т Ю Г Е И Н Е Р Т О Е А Р Ф К Е О
Е Ю Е Т О Е Т Е Т Т Г Г О У У П Т
В Н И М А Т Е Л Ь Н Ы Й Э Н Х Д В
П Д Н У С К С Р Т Л С Ы Л Д О Е Е
О З Е Н У М И А М С Е Н Ь А Н В Т
Д О Л Е И С И Т Л Р В Ж Ф М Н О Л
А П В У Т Т Р И Н А П Ю У Е Ы П У
Р О А П А М Я Т Ь О Т Л Л Н Й Р У
К У Р Б О Л Ь Ш А Я З О Л Т В О Р
И Е П П О Т Р А Ч Е Н О М А В С Р
И С А И С К У С С Т В О Т Л У Е О
Я В Н О Б Е Щ А Н И Е А И Ь И Г С
Ф И Л Ь М И Л У И Д М С А Н А Н А
Т Е И М А В И Б М М О Ф С Ы И Ф И
О И Е И С Т О Т Е Т Ф У Т Е Е О И
```

РОСА
ФИЛЬМ
ЮЖНЫЙ
ВОПРОС
КУХОННЫЙ
БОЛЬШАЯ
ПОТРАЧЕНО
ОТВЕТ
ФУНДАМЕНТАЛЬНЫЕ
ЗОНТИКА
ПОЗДНЮЮ
НАПРАВЛЕНИЕ
ЭЛЬФ
САЛАТОМ
ВНИМАТЕЛЬНЫЙ
ИСКУССТВО
АНАНАС
ПАМЯТЬ
ПОДАРКИ
ОБЕЩАНИЕ

Puzzle 348

ВАМ
РАКЕТА
МЕНЬШИНСТВО
ДОСТАТОЧНОЕ
ПИК
КРОВАТЬ
ПОЛЕ
МАСТЕР
ФОНТАН
ГОВОРЯЩИЕ
СТРЕЛЯТЬ
ЗАВТРАШНИЙ
ОБЛАСТИ
РЕШЕНИЕ
КАЛИТКИ
ЯЩИК
ХОП
ЯД
РУТИННАЯ
КУЛЬТУРА

```
К И П О М А В Р Е Ш Е Н И Е У Д Е
Р Т В Е Е Л О П Л Р У Т И Н Н А Я
О Т Й И Н Ш А Р Т В А З М А Л Р У
В С Е Ц Ь О Б Л А С Т И И П Н У Е
А Р О Т Ш У О И А Я С Т М Л Л Т Л
Т Е Н И И Л Е Е С Т Р Е Л Я Т Ь И
Ь У Ч У Н И У О П Т Е С А Е И Л Е
Е С О Р С А Т М Ц А Т К У Е И У Ф
П В Т П Т А Д О С П Т И А С В К Н
М Н А Е В У Т Е И Д И Щ Р Р Е С И
Н А Т Н О Ф О Е А У О Я Л М Д И Е
Е М С А Р Т О С С Л Л С Т Ф Е Е Н
Т Д О Т К А Л И Т К И П Е Е Г О Е
П И Д П Е И Щ Я Р О В О Г Р Т И П
П П Е Н Е Р Н Д Е У М Х И Е Н А Т
```

Puzzle 349

```
У Ь Т А З Е Р Ы В К А Н Д И Д А Т
Р О Е И Н Е Ш О Н З И О Р П У Е Е
А И М О Р Г А Н И З О В А Т Ь Р И
Е Р П Д П И О Е Т Ф А Т Т Е Т Т У
Е У Е Ы Н Ч И П И Т Е Р Е Т Н М Е
Й И Р А Т Н Е М М О К У Д Е Р И А
А Т А Ц Й Я В А Н Т Е Л Е С К О П
К М Т С В Б Е С П О К О Й С Т В О
Ю С У И А Е Д У С И З П О М О Ч Ь
Р И Р Н М И З К Р Л Н А И У Р Е У
Т Е А И П Т Е О Т О М С П Е Е У П
И Ц Д Й И Л В Ф Т И С О Т А М Т Е
В С А К Р П Е Е Д Ф А В В У И В С
У Е Е А О Е О С В Т Л Т М С Е Д С
К Р О В О Т Е Ч Е Н И Я М В Л М И
```

ВАМПИР
ЯЙЦА
КАНДИДАТ
КОММЕНТАРИЙ
БЕСПОКОЙСТВО
ТРЮК
ВЕЗДЕ
КРОВОТЕЧЕНИЯ
ВЫРЕЗАТЬ
ПРОИЗНОШЕНИЕ
ОРГАНИЗОВАТЬ
ТИПИЧНЫЕ
СИНИЙ
ПОМОЧЬ
ТЕМПЕРАТУРА
ДИАПАЗОН
РЕДКО
ФОКУС
ТЕЛЕСКОП
ЛЕС

Puzzle 350

РАСШИРЬТЕ
ДОЧЬ
ВЕЩИ
УГОЛ
ГОЛОСОВАТЬ
СОБЫТИЕ
МАГАЗИН
УЛЫБКА
СОГЛАСЕН
ШКОЛУ
ОБЯЗАННОСТИ
ПОДСОЛНУХ
МОТИВАЦИЯ
МИЛЛИОН
ПРИНЦ
ДЕВУШКА
ОБЩЕСТВЕННЫЕ
СТАНДАРТНАЯ
МЕЛКИ
БОЛЬНО

```
Д Т Т Ш К О Л У С Т И А С Л У С Р
В Е О Б Щ Е С Т В Е Н Н Ы Е Г Т А
А Е В С А Е Д Н И Е И И У С О А С
Л Д Щ У Т О Я Е Д Т З И Е Д Л Н Ш
С А И И Ш А И Л Т О А Р Ф Н Т Д И
М Е Л К И К Ц О Т Т Г Т Е С Ф А Р
И Т И С Е Б А М В О А А Д С Т Р Ь
А И Ф М Т Ы В А Е И М Е М Е Е Т Т
Т Н О И Л Л И М П Р И Н Ц И У Н Е
Н И У Ц О У Т А Б О Л Ь Н О У А О
Т Е П П Т Я О С О Г Л А С Е Н Я Т
И О Ф Н С Н М П О Д С О Л Н У Х С
О М И И Т С О Б Я З А Н Н О С Т И
И О Д О Ч Ь Т А В О С О Л О Г И У
Ф У И У П Т А И С О Б Ы Т И Е Л А
```

Puzzle 351

```
З И Р П У М Е О Д Г С А Л Т А Я В
К Е О Н Ь Л Е Т И В Т С Е Щ У С Ы
П О Л М М И Л П М А Е Г У Н У Ь С
Х А Н Е И Б О С О П С Р П Е А Т О
Ы О У Т Н О С А Е О Т А К О В А К
Н Т Р К А Ы Ь С Р Р О В О Б Т Л О
Д О П У А К Й М А П М И Л Х О Ы Е
О А Ф Н У С Т У С И М Т Ы О Р С А
Р А З Г О В О Р Е Н У А Б Д И С Я
О П В Н Е Ш Н Я Я У Т Ц Е И Т Н Е
Н Е О В Н У Т Р И Р Р И Л М Е Л О
З М Е У П Т Л Н Л Т Р Я Ь Ы Т А Ф
А О П Е У И М И Д И С И Т М А Л У
Р С Р Е Н И У П Е М С И У У С Ф Е
Е Н П Р Д Е С Я Т А Я Т У Е Р Т О
```

ПРИЗ
НЕОБХОДИМЫМ
СПОСОБ
РАЗНОРОДНЫХ
СУЩЕСТВИТЕЛЬНОЕ
ЛОСЬ
НУ
АВТОРИТЕТ
ВНУТРИ
ВЫСОКОЕ
ЗЕЛЕНЫЙ
КОНТАКТ
ПОД
ГРАВИТАЦИЯ
ВНЕШНЯЯ
РАЗГОВОР
ДЕСЯТАЯ
ССЫЛАТЬСЯ
ПАУКА
КОЛЫБЕЛЬ

Puzzle 352

СЛАЙД
ВЫМЕРЛИ
СЮДА
ВЕСЬ
ГОЛОСОМ
ОТСУТСТВИЕ
ДОСТАТОЧНО
УПОМИНАНИЕ
МАКЕТ
ТАКСИ
ТЕРПЕТЬ
ЧЕЛОВЕКА
ПРАВО
ИНДЕЙКА
ДАТЬ
ШЕРСТЬ
ДОМИНИРУЮЩУЮ
КАМПАНИЙ
ПРАВОПИСАНИЕ
ВИЛКА

```
П Р А В О П И С А Н И Е Е Р В И Д
У И Т Д Е О И Н В М Н А Е Д Ы Е О
П Т Д Е В У П И Т Ь В Е Ф А М И М
Е Н Ь Р Н И С К А Т Е Т Е Р Е В И
А И О Т М Ц Л У Ц А С Р Р О Р Т Н
Г О Л О С О М К А Д Ь В Л Н Л С И
М У Е И Т Р М Ц А Й И Й Р Ч И Т Р
Н А Н Ь Е Ч Е И Н А Н И М О П У У
Т К К Т И Е У Ш П Л М Н Р Т Е С Ю
Н Й М Е Л Л С О Е С М А И А П Т Щ
Е Е М П Т О И Р Е Е П П И Т Р О У
Е Д Ц Р Т В М Е У С С М О С А А Ю
А Н Е Е С Е О М Л И М А Т О В Р О
О И С Т Т К Т Р И Н П К Е Д О И О
А А Е И Т А Д Ю С Т И Е И Е А Н Ц
```

Puzzle 353

```
П А О Б Е С П О К О Е Н Н Ы Й У К
Э Р Р П Р А К Т И К А Е Т У Н Р А
К Т О Е М Л И С М З А Д А Ч А У Р
О Е Б И Н С А Д У Т Г О В О Р Ю Ь
Н К А Б З Д Р И Т Т Е Х Н И К У Е
О У С Б С В А Б Н Е В А У У М И Р
М Щ С О А С О У Ы Т У С Е У А Р А
И И Е Х А И И Д Й К А Т А Е Т С Я
Ч Й Й Н Н О И Т С Р Р Ц О И М О М
Е Л Н Е Ф Е Р П Е Т И Д О Х Д О П
С О Н Г С Е И М А Ш В Е И И Т А Ц
К С М М Е У У А В Е Л О Р О К А Е
И У Е Т Е И Т Е Л И Т Я С Е Д П Н
Й Р О Т Н Е Н С У М И М П Ф О Р А
П Р Е Д О Т В Р А Т И Т Ь А Р М С
```

OБЕСПОКОЕННЫЙ
ТЕКУЩИЙ
ШЛЯПА
ПОДХОДИТ
ХОББИ
ПРОИЗВОДСТВО
ЦЕНА
ЗАДАЧА
ТЕХНИКУ
БАССЕЙН
АРЕНДА
МУТНЫЙ
ДЕСЯТИЛЕТИЕ
КАТАЕТСЯ
КАРЬЕРА
ПРЕДОТВРАТИТЬ
ГОВОРЮ
КОРОЛЕВА
ЭКОНОМИЧЕСКИЙ
ПРАКТИКА

Puzzle 354

ДОГОВОР
ПОЛУЧАТЬ
ЗЕМЛИ
ДВА
ЗАПИСЬ
ВСЯ
ДЕВЯТЬ
ОБЕСПЕЧИТЬ
БЕЙСБОЛ
БОЛЬШЕ
СГОРЕЛ
МЫЛО
ЧЕТЫРЕ
ЗАМОРОЗИТЬ
ПОРТАТИВНЫЙ
ИДЕАЛЬНАЯ
СПАТЬ
ПОКА
БАЗА
ПЕРЕГОВОРЫ

```
Б У А Д У Е П У Д Т У А Н А З И О
У Е О И О Е О О Л В П Т Р А Е Д Б
О Ы Й Ь М Е М И Р Ь А К О П М Е Е
У Р Я С В У П О Ь Т Я В Е Д Л А С
Т О Т И Б М А Н И И А З А Б И Л П
И В В П В О Т Ф О З С Т Т Р Р Ь Е
У О Т А И Я Л Е Р О Г С И Р О Н Ч
П Г У З Р Б Б Е П Р И М Е В А А И
Ч Е Т Ы Р Е О С О О М П С У Н Я Т
С Р О С О А Л П Л М И У Т Н Д Ы Ь
У Е В М В Е Ь А У А У Е Т Е С И Й
Н П Е Н О Н Ш Т Ч З Е Л И У Е А Р
М С И У Г Л Е Ь А Е У А С А У Л И
Е У У П О Е Н Н Т П М Ы Л О П С И
Е Н У У Д Р И С Ь Т Н О Т Л У С Д
```

Puzzle 355

В	С	С	А	Е	И	С	Э	И	И	А	Я	М	О	С	С	П
Е	Е	И	Ш	Д	У	Х	С	Т	У	Н	И	М	О	О	Ч	Е
С	Л	С	Р	Е	Т	Л	А	В	У	Р	Н	Р	С	Б	А	М
У	Й	Ы	Н	Т	А	К	С	У	М	М	Е	М	В	И	С	Е
О	Т	В	Л	А	Н	О	С	Р	Е	П	Н	Н	И	Р	Т	Е
М	Т	А	Е	Ч	И	К	Л	Е	Е	М	Ж	Е	Р	А	Л	П
Н	У	С	П	Е	Р	У	У	А	В	О	А	И	Т	Т	И	Т
О	Ф	О	Е	В	С	У	Ш	С	Т	Н	Р	С	У	Ь	В	У
Е	Д	Б	Р	С	Ф	Г	А	Ш	Р	Ч	П	Ю	А	О	А	П
Б	Д	Н	Е	Т	С	Е	Т	Р	Е	А	У	Р	Л	М	Я	У
Е	И	П	П	С	М	И	Ь	Т	Е	Л	Б	П	Ь	С	И	Р
О	П	Е	П	Р	Е	Д	М	Е	Т	Б	Ц	Р	Н	С	Т	И
А	Ь	Т	А	В	О	Б	О	Р	П	О	П	И	У	О	У	С
Л	О	И	Е	О	Р	Е	Ф	И	Р	Р	Е	З	Ю	Е	А	Р
О	У	И	М	П	О	Ц	Е	Н	И	О	Н	Р	А	И	Е	Р

ШАГ
СЛУШАТЬ
СЧАСТЛИВАЯ
СТЕНД
ВЕСНА
СВЕЧА
ПЕРСОНАЛ
МУСКАТНЫЙ
СЮРПРИЗ
МИНУТ
ПОПРОБОВАТЬ
УПРАЖНЕНИЯ
ХУДШИЕ
ПРЕДМЕТ
ПЕРЕПЕЛ
ВИРТУАЛЬНУЮ
СОБИРАТЬ
ОБЛАЧНО
ЭТУ
БАРСУК

Puzzle 356

БОИТСЯ
ГРИБ
ПОСЛЕ
СОЛЬ
ВИНА
КАЛЬКУЛЯТОР
ИСТОРИЯ
НЕТЕРПЕЛИВЫЕ
ОТВЕТСТВЕННОСТЬ
МЕЖДУНАРОДНЫЙ
ЦВЕТОК
ИСПОЛНИТЕЛЬНЫЙ
ПРЕДСТАВЬТЕ
ЗНАМЕНАТЕЛЯ
РОК
ВОКРУГ
НЕБЕСА
ВЧЕРА
НЕПРАВИЛЬНОЕ
ПРАВИЛЬНОЕ

В	Е	Т	И	Т	Т	К	О	Т	Е	В	Ц	С	А	Н	Н	Е
Р	Ч	А	Е	Т	Ь	В	А	Т	С	Д	Е	Р	П	Е	И	Н
У	Т	Е	Т	С	Л	М	Н	Л	Р	О	К	Т	У	Б	Г	Т
Е	Л	Е	Р	Р	О	И	И	М	Ь	Е	Е	Т	М	Е	Т	И
Т	О	О	А	А	С	М	В	Т	И	К	Ф	М	И	С	О	С
З	Н	А	М	Е	Н	А	Т	Е	Л	Я	У	И	Ф	А	Р	Т
Т	М	У	Й	Ы	Н	Ь	Л	Е	Т	И	Н	Л	О	П	С	И
М	С	А	У	В	О	К	Р	У	Г	Т	Т	Е	Я	П	Р	П
Н	Е	П	Р	А	В	И	Л	Ь	Н	О	Е	П	С	Т	О	Я
О	Т	В	Е	Т	С	Т	В	Е	Н	Н	О	С	Т	Ь	О	И
Н	Е	Т	Е	Р	П	Е	Л	И	В	Ы	Е	Г	И	Л	Ц	Р
Ф	И	Б	А	П	О	С	Л	Е	А	О	И	Р	О	Я	Т	О
П	Р	А	В	И	Л	Ь	Н	О	Е	М	И	И	Б	Е	А	Т
И	В	У	Л	П	Ф	Т	А	Л	И	И	М	Б	С	О	Ф	С
М	Е	Ж	Д	У	Н	А	Р	О	Д	Н	Ы	Й	У	Р	П	И

Puzzle 357

```
О Д И Н Н А Д Ц А Т Ь М У П И З В
Т Е Л Е Ф О Н Н Ы Е Т Г И И Н А К
Е Ы Д Т А И У И Х Т О Р Р М У М Л
О Б С Л Е Д О В А Н И Я У А М О Ю
Л Л Т И У Р Т Я Р Е И П И О Ф К Ч
С И Н Н Л И Н С Т Д Е Р Ж А Т Ь А
А У А Р Е Е Т Л С У И К Н П И Е Ю
М Б Р А Т Ь Д У Б И Н О Т К Ц У Т
Л И Т С В Е П Н М П И Н Т И Ш Е Я
К О Н Д О Р Л С Т Т Т Е С О М И Т
В Е Т Е Р А И О Л С Р Н Н Р Л Т Н
Р Е О И С Р И Р А С И Г И Т А О С
Е И М С У Р Е П Е Е Е Я Л А А Л З
К О К Т Е Й Л Ь Т И Н Л О П А З Т
Е У Е П С Н Р У М У О С П П Л Е М
```

ЛИСЫ
ЗОЛОТО
ОДИННАДЦАТЬ
БРАТЬ
ГРАФ
ЯГНЕНОК
ЗАПОЛНИТЬ
КОНДОР
ДЕРЖАТЬ
ЗАМОК
МАСЛО
КОКТЕЙЛЬ
ШЕЯ
ВЕТЕР
ПРОСНУЛСЯ
ТЕЛЕФОННЫЕ
ОБСЛЕДОВАНИЯ
КТОНИБУДЬ
СТРАХ
ВКЛЮЧАЮТ

Puzzle 358

КОНТРОЛЬ
ЗАВТРАК
КОМУ
КУПИТЬ
ПОТОМУ
ПОСТАВИТЬ
НАШ
КРОМЕ
КИВИ
ОДИН
ДИРЕКТОР
ОБУВЬ
УЖЕ
ГРУБО
ПОЛЕВКА
НАПОМИНАЕТ
ПРИГОВОР
ИЗМЕРИТЕЛЬНЫЙ
ЛЕГКОСТЬ
СОСУЛЬКИ

```
Г Т У Ь Т И В А Т С О П С И К Е О
Е Р О Т К Е Р И Д Н Е О Б З О Е Ц
Е Ж У М О Т О П Т А О Л Р М Н И И
И Т О Б Т Е Р Е А Ш И Е Е Е Т О К
А Ь Т С О К Г Е Л Е У В И Р Р У И
П Р И Г О В О Р И С К К А И О Т В
П И Е О И С Т П С О О А И Т Л Л И
С О С У Л Ь К И К Г М Е И Е Ь Е Е
М Ц А Н Р В М А З Р У М У Л Е Т Д
Н С М М О У И У Т А О Н Т Ь М С Е
Т Е П Д Е Б У А А И В М С Н И Д О
Н Т Е О Е О У И С Р У Т Е Ы У П П
К У П И Т Ь Л С П С Т Д Р Й С И Д
Н Е С Р В Т Е А Н И М О П А Н Т Д
Н Т Т М О Е Р Н М Л Е Н Н Н К И С
```

Puzzle 359

Р	Е	Т	А	Р	У	А	В	У	Ц	И	Р	Е	Е	Е	М	А
О	У	П	О	Б	О	Л	Ь	Ш	О	Й	И	М	Е	Н	А	Т
С	В	А	Ж	Н	О	А	Л	Л	П	Е	С	И	Т	Т	Ш	Е
К	Р	Е	Е	Ф	И	Т	Е	Т	О	О	К	М	Е	Т	И	И
О	К	М	Т	Л	Н	И	Т	М	Т	Р	Р	И	И	Д	Н	У
Ш	М	Р	М	Т	Е	П	И	Е	А	Д	О	Г	О	П	Ы	М
Ь	Н	И	У	Н	О	А	Л	С	Г	И	С	К	И	Р	Р	О
И	И	Е	О	Г	Т	К	С	Я	З	Ы	К	О	В	О	Й	Г
Ч	У	Л	О	К	Л	М	И	К	А	П	У	С	Т	А	Т	Р
Г	Н	И	Л	О	Й	Ы	Ч	Л	Ь	И	О	Н	О	Р	С	О
Н	Р	П	В	Ф	Р	В	Й	Е	Б	Л	Е	О	Р	Л	Е	М
Т	С	И	Т	Е	О	Ф	И	З	И	Ч	Е	С	К	И	Е	Н
И	Е	Т	У	О	Н	С	А	П	О	З	Е	Б	Е	М	Т	О
И	А	Д	И	Ф	У	Р	Е	А	К	Ц	И	Я	Е	И	Р	Е
И	З	В	И	Н	Е	Н	И	Я	А	У	У	У	О	М	У	А

МАШИНЫ
ЯЗЫКОВОЙ
БОЛЬШОЙ
ОГРОМНОЕ
ГНИЛОЙ
ПОГОДА
ЧУЛОК
КОРОЛЬ
РИСК
РЕАКЦИЯ
ВАЖНО
ФИЗИЧЕСКИЕ
ЧИСЛИТЕЛЬ
ИЗВИНЕНИЯ
БЕЗОПАСНО
КАПИТАЛ
КАПУСТА
РОСКОШЬ
КРУГЛЫЙ
МЕБЕЛЬ

Puzzle 360

ПОЛИЦЕЙСКИЙ
ПУСТОЙ
ДЕВОЧКИ
АКТЕР
ОПЕРАЦИЯ
ФАЗА
СТУЛ
ШАРФ
СЛЕВА
ПРЕКРАТИТЬ
РЕЛИГИОЗНЫЕ
ВАРИАНТ
СЛЕДУЙТЕ
АККУРАТНЫЙ
СЛОЖНАЯ
ЧУВСТВО
НАЧАЛ
ПЛАТЬЕ
ГРУША
ДАЙДЖЕСТ

А	А	О	Е	Е	Г	Н	И	Ф	Р	О	Т	У	И	О	У	Н
Я	З	И	И	Р	У	С	П	Р	Е	К	Р	А	Т	И	Т	Ь
В	А	Р	И	А	Н	Т	Е	А	Ы	А	С	Т	У	Л	В	Д
С	Ф	П	У	С	Т	О	Й	Ш	Н	К	П	Л	М	А	А	Е
М	Л	С	А	Т	М	Т	Л	И	З	К	О	О	Ф	Ч	К	В
Л	И	Е	Л	Т	И	И	Л	М	О	У	С	С	Р	А	Т	О
П	М	Ь	Д	О	П	Т	У	Т	И	Р	Р	Л	О	Н	Е	Ч
Р	Ф	Т	В	У	Ж	И	П	Л	Г	А	Е	С	Е	Р	Р	К
Б	И	А	Т	И	Й	Н	Т	Т	И	Т	У	О	Ч	В	М	И
Р	Р	Л	Е	Т	Р	Т	А	Е	Л	Н	А	Р	У	Т	А	И
И	У	П	Н	М	А	Т	Е	Я	Е	Ы	У	Е	В	Л	Ш	И
Д	А	Й	Д	Ж	Е	С	Т	П	Р	Й	И	Н	С	Т	У	Л
О	П	Е	Р	А	Ц	И	Я	И	О	Н	М	С	Т	У	Р	О
Е	Е	Е	О	И	О	Д	Р	Ц	С	Е	М	Т	В	Е	Г	И
Н	У	П	Н	Й	И	К	С	Й	Е	Ц	И	Л	О	П	У	Ц

Puzzle 361

```
М Г Н О В Е Н Н О Г О И Е У О И А
И Д Е Н Т И Ч Н О С Т Ь Т Е Б С Л
Н Е О С Т О Р О Ж Н О Е М М Н Т Ь
Т Е С Е Б Р П Е Е И Т С У Е О О Т
Т О Е И Н Е Ж О Л О П Ы С У В Ч Е
П У Ф И Р М А Е Л Е М Р Т У Л Н Р
О У Т И А Т Е С И О С А М А Е И Н
П Е Т М С Р У О Н Р Ч Т А М Н К А
Р У О А И П О Т Н П О Н Д Ц И У Т
М Е С У Т Е Ь Т Е Т Е Л О Е Е В И
Т Е Т У И Ь Н У П Ч У М Х Г И Е В
В Ы П У С К Н И К Е К Е Д И О Р А
Б Е З О П А С Н Ы Й М А О Е Р Ь М
Е Л С С Р Е Д И С К А М П И Д Т А
П Р И Р О Д А И Р П Е И Л Ф М Е Н
```

АЛЬТЕРНАТИВА
ИДЕНТИЧНОСТЬ
ПУТАТЬ
РЕДИСКА
МГНОВЕННОГО
УВЕРЬТЕ
ЛЕТЕТЬ
БЕЗОПАСНЫЙ
НЕОСТОРОЖНОЕ
ОБНОВЛЕНИЕ
МАТЧ
ПОЛОЖЕНИЕ
СЫР
ПРИРОДА
ВЫПУСКНИК
ИСТОЧНИК
ПОЛОЧНОГО
ПЕННИ
ПОДХОД
УТЕЧКА

Puzzle 362

СКАЖИ
ОРАНЖЕВЫЙ
ВЫДРА
СОЦИАЛЬНЫЕ
ЗВОНИТЕ
КУРС
ЛОШАДЬ
НАБОР
ЗАПАХ
ШАНС
ПЛОСКИЙ
УВЕРЕН
ЗАМЕНИТЬ
ТРУДОВЫЕ
ГУБКА
ЭКСПЕРИМЕНТ
ПРОДАВЦА
ТОГДА
ШАТКИЙ
КАТАНИЕ

```
Э С О Ц И А Л Ь Н Ы Е И Н Ф М Р Е
П К И Т Й М И И Е И И О С Т П Н Е
И И С Е Ы В О Д У Р Т Л Ш Е О С У
О Б Н П В И И Р Е М И О А У И Д В
В М В Р Е Р И Л У Ц Ж Ш Т М О П Ы
Т А И У Ж Р Т О Г Д А А К Б У Г Д
К У Р С Н П И З Л И К Д И У У Т Р
М Р Р Е А Ф Л М А П С Ь Й В Ц Н А
Е С Т Ц Р С Н О Е М Е Я Е Е П Т Н
Ш А Н С О О М З С Н Е С У Р У П С
Н А Б О Р С Т А Е К Т Н И Е О Р Р
З В О Н И Т Е П О И И У И Н Р П Т
И Т Н Е Е И Н А Т А К Й М Т А Е О
М Н М Т М А И Х Т О М У М Е Ь Е Е
П Р О Д А В Ц А И В С С И И У Е Т
```

Puzzle 363

```
П М В М К М С Е Р И Т С Л У С У Р
Е С Т Ф Л А Р Г И Ы В Л Е П Р Л А
Д П Р И С Е Р Н У И О Ы И О Л Е З
М Р О Т К О Д Т В С Е Ш И И Ф У Р
Н К А А М А Е Т Е Л П А И М Е Л Е
О А Л К Е Ф Н С Т А Т Л С М Р Е Ш
Г К Р И О Н Т С О Д А Р П У И Н Е
О А У И Л Н И У Р Ю Г О Р О Е П Н
Р О Р Л Е Р А Д Ф Л Н А О П Б Р И
А И М Р Ж Л И Т И Б Т П О У Р Е Я
З С Е Т Я И Е И И Р Е Н С И Е А Г
О Е Ы Н Т И Щ А З Е Ц Н Л О С П И
В С Р А В Н И Т Е В Д Е Р Е В Ь Я
Ы Н Е С М О Т Р Я Р Е Б Е Н О К С
Е И Н Е Л М О Д Е В У С А Л И А Е
```

УВЕДОМЛЕНИЕ
ТЯЖЕЛОЕ
СЛЫШАЛ
ДЕРЕВЬЯ
ДРАКОН
ВЕРБЛЮДА
РАЗРЕШЕНИЯ
СРАВНИТЕ
ДОКТОР
КАРТЕ
РАДОСТНО
МНОГОРАЗОВЫЕ
НЕСМОТРЯ
ВЫИГРАЛ
КАКАО
СОЛНЦЕЗАЩИТНЫЕ
ИМЕЛ
ПОБЕГ
РЕБЕНОК
ВСЕ

Puzzle 364

ОЧКИ
ПЯТНИСТЫЙ
МАЛО
УХО
ВЕСЕЛЫЙ
КАНАРЕЙКА
АМУР
МЕДНЫЙ
МЕСТНЫЕ
САМ
КОЙОТ
ПРАЧЕЧНАЯ
МЕСТО
СПАЛЬНЯ
ФОНД
НЕНАВИЖУ
ЖИРАФ
ТОЛСТОЕ
ЛИБО
ИМЕЯ

```
М М Р И Л Л И Р С Р В М П И У М С
А Т О П Р А Ч Е Ч Н А Я Е М И Е А
Л У Л И М О Е О И О К Н У М У С М
О Н С И М Ч Е И Н Р Й Ь Е А Я Т Е
М И М Е В К М Я Е Ц Е Л М В Р Н Е
Ф А Р И Ж И М Л Н М Р А Н Е У Ы Р
О Р М П А М У Р А С А П Е О С Е Н
Н О Е В У М Б С В И Н С Е Т В Т У
Д Н Д Т Е Х Д Л И Т А Л А С Я О О
П Е Н И И С О У Ж Т К О С Л Е Й А
М Т Ы Л И А Е Т У И П Д О О У О И
И И Й П С П Е Л Т М И Т И Т Т К А
Н С Т Д Р Т Р Й Ы Т С И Н Т Я П П
И У И У Ц Е Е Т Т Й Н Н О Е Р Е Е
А У Е Р М У Н О Ц П Р Я У Л И Б О
```

Puzzle 365

```
О Г Р А Ж Д Е Н И Е Ч Т Е М И С У
Д М О Р А Л Ь Н Ы Й Т И Т У Ш У А
О С П О С О Б Н Ы Й О У А С Т Ф Н
Р Д Л Л Н Р Р Н В Е Н А Т Н И Ж Е
О О И О Е Д М О И И Р С Е О И Т У
Г Ж С С И О Г О Н Н Е В Т С Б О С
А Д Т У У Т Ц Т Н Е С Д С А У А О
Ч Л Ь О Г П Р Е Д Л О Ж Е Н И Е С
И И Я С О Е М И А П И Н Л Л С Е О
С В Д О Л Е И Е Т У А С Н Ф О И Б
Т Ы О Е Ь С Т У А Т С Н О Е Л В А
А Й Ы Н С А П О Р С М Р Е Р И Е Я
Я Т В А Н В С С Н Е Е П Р М П И С
О С Т Р О Г О Е Л Р Ф У М Т И С Е
Г Н Т М Г М Д И Р П Д С У Е Р Е П
```

ЧТО
МОРАЛЬНЫЙ
НИЖЕ
ШУТИТ
ДНО
ЛИСТЬЯ
СОЛО
ПРЕДЛОЖЕНИЕ
ОГРАЖДЕНИЕ
ПРЕСТУПЛЕНИЕ
СПРОСИЛ
ОСОБАЯ
ОПАСНЫЙ
СОБСТВЕННОГО
СПОСОБНЫЙ
ОСТРОГО
УГОЛЬ
ДОЖДЛИВЫЙ
ЧИСТАЯ
ДОРОГА

Puzzle 366

ГРУЗОВИК
БЫЛ
ВПЕЧАТЛЕНИЕ
ПРОСЛУШИВАНИЕ
ТОЛЧОК
УЧИТЕЛЬ
ПУБЛИКАЦИЮ
БАРАБАН
ДАЖЕ
СВЕЖИЕ
ДИСКУССИИ
ВОРОВАТЬ
ПРОДАТЬ
РАБОТАТЬ
МЫЛЬНОЙ
ТЕСТ
ДА
ОБУЧЕНИЕ
МОЩНОСТЬ
ВМЕСТЕ

```
Е И У Ц Е Ц Т Е К И В О З У Р Г О
Т Л М Е А О Т И Е И Т Д А Р А Д У
И У Е Т И И Н Р С У Т П С Р Б А У
П У Б Л И К А Ц И Ю Т Е С Т О Ж Л
П Ь Е С И Р С О О Б Е Е Р С Т Е Д
У Т Е Р Н О Л Е Т И С Б О Т А С В
Р А Н Л Д И С К У С С И И Н Т Г П
М В Т Т О Л Ч О К А Н Е Т Е Ь Т Р
Й О Н Ь Л Ы М П Б А Р А Б А Н И О
В Р Щ П Р О С Л У Ш И В А Н И Е Д
М О Д Н Р Н С Ы И Е И Е Н Р Р И А
Е В Р О О О Т Б У Т Д Т У Р Е Ж Т
С У Т Ц М С О Б У Ч Е Н И Е И Е Ь
Т Е И Н Е Л Т А Ч Е П В А Н Т В Р
Е О И А Р Е И Ь Л Е Т И Ч У Т С И
```

Puzzle 367

У	Т	А	Е	Э	Б	Т	О	Л	П	Т	Т	У	М	Е	У	И
В	А	Е	Л	О	Л	Е	Е	В	Б	Д	Ю	Р	А	Т	Т	И
И	И	Р	Т	Т	П	Е	Е	О	О	С	У	Л	С	В	Р	Р
Д	Л	У	Е	Ц	Е	Т	М	Т	Л	С	О	С	Е	А	О	И
Е	С	П	Р	Е	И	С	Т	Е	Ь	Т	А	В	Р	Н	М	С
Н	Е	Р	А	А	О	У	М	Г	Н	И	О	П	Д	И	Ь	Б
Н	П	О	П	Ы	Т	К	А	О	Е	Т	С	Е	А	Н	Т	Е
О	К	Г	Е	Л	А	С	М	В	Ч	С	А	Л	У	Н	А	Й
Е	А	Н	С	Р	К	М	Л	О	Е	У	Ю	Р	Т	О	М	С
О	М	Л	С	Н	И	У	Т	Р	Р	П	С	Е	Н	О	О	С
Н	Е	Н	А	Н	Л	У	С	И	Е	А	Е	И	Р	О	С	С
Я	Н	И	И	Е	Б	Т	И	Т	П	Т	Е	Т	Д	М	Т	О
Н	Н	Н	Е	Л	У	А	У	Ь	С	Ц	Е	Н	А	Р	И	Й
Н	А	У	Т	О	Д	И	И	У	М	И	С	Р	И	П	И	С
И	Я	Г	О	Д	О	В	О	Й	А	Р	М	С	М	И	Т	Д

ЛУНА
СУПА
УТРОМ
ПОПЫТКА
БОЛЬ
ТЮЛЕНЬ
КАМЕННАЯ
АДРЕС
СЦЕНАРИЙ
ПЕРЕЧЕНЬ
ДУБЛИКАТ
УВИДЕННОЕ
ИРИС
ГОДОВОЙ
РВАТЬ
БЕЙ
ЛЕГКО
ЭЛЕМЕНТАРНО
СМОТРЮ
ГОВОРИТЬ

Puzzle 368

БУЛОЧКИ
ТЕЗИС
СОЛНЦЕ
ТЕРРОР
ДЛИННЫЙ
ЛУКПОРЕЙ
БРАК
НЕКОТОРЫЕ
УСТАНОВИТЬ
НОРМУ
ОТКРЫВАЛКА
ЩЕНОК
ГОРОДСКОГО
ГРАНД
ПРИСОЕДИНЯЙТЕСЬ
УЖИН
ЕЗДИТЬ
ОДИНОКО
ЗАПРОС
ОБЛАКО

Л	Б	Д	Л	И	Н	Н	Ы	Й	О	Н	П	Н	С	У	О	И
У	Т	У	С	Н	Е	И	Е	Т	С	О	Р	Е	П	И	И	А
К	Е	У	Л	У	Е	А	П	М	У	Р	И	К	Р	Е	Н	М
П	О	С	Д	О	О	Е	Е	И	Е	М	С	О	Р	П	А	З
О	С	Т	И	П	Ч	У	И	Ц	Е	У	О	Т	Р	О	Р	Р
Р	И	А	Н	Л	А	К	А	Р	Б	Ц	Е	О	Г	Б	Н	М
Е	Р	Н	И	Ж	У	О	И	Е	Л	Т	Д	Р	Р	Л	Т	М
Й	Р	О	О	К	О	Н	И	Д	О	А	И	Ы	А	А	Е	Н
Н	Т	В	Р	С	Н	Е	И	С	С	Ф	Н	Е	Н	К	З	О
У	А	И	А	Р	П	Щ	Н	Ц	В	С	Я	Ц	Д	О	И	Е
А	П	Т	А	М	Е	И	М	Д	В	Р	Й	Н	Р	Т	С	Н
М	И	Ь	Н	Т	И	Т	Е	В	Т	И	Т	Л	О	У	О	Н
Г	О	Р	О	Д	С	К	О	Г	О	О	О	Е	О	Р	И	Н
О	Т	К	Р	Ы	В	А	Л	К	А	П	С	С	Р	М	А	Т
Е	О	Е	М	Т	С	Е	Р	М	Д	Н	Ь	Т	И	Д	З	Е

Puzzle 369

```
П Р И З Н А Т Ь Е О Н Д У Р Т П С
С Л У Ч А Й Н Ы Й И С Е И Т П И О
О Б Р А З О В А Н И Е М С С Р И Т
М И И И Т Ц Р Т У Н Н О К Л А Б Р
Р М И З П Л Р Т Н А С К Е Т Е У У
Е Л Т С В Е Р Н О С И Р И Н С М Д
Ч И И У В Е Р Я С Т Е А В Ы З А Н
К А Т М О Д С Е О Т Е Т И Ч У З И
А А С И Й Т К Т Л О М И Д У Е И Ч
Ж Е О Ы Н С Е У Н О Л Ч О Ч Е С А
Е И Н Р А У К Е А Ы М Е В Е Т Т Т
Т Ь Т И Н С Я Ъ Б О Й С Е Н Ф Н Ь
С Т С С Т Р А Н Н О Е К Р Ы М У И
Я С А С Е А Р Т И М Т И И Й И Т И
Р Е Ч Т Т Р М О Р О Е Й Е И Р Т Е
```

ПЕРЕЛОМ
УЧЕНЫЙ
СЛУЧАЙНЫЙ
КЕКС
ОБЪЯСНИТЬ
СОТРУДНИЧАТЬ
ОБРАЗОВАНИЕ
ДОВЕРИЕ
ИЗУЧИТЕ
ЧАСЫ
СТРАННОЕ
ИЗВЕСТНЫЙ
ВОЙНА
ДЕМОКРАТИЧЕСКИЙ
ЧАСТНОСТИ
ТРУДНО
БАЛКОН
ПРИЗНАТЬ
НАЗЫВАЕТСЯ
КАЖЕТСЯ

Puzzle 370

ВЫДАЮЩИЙСЯ
ИМБИРЬ
ОРБИТА
ОКНО
ЛИДЕР
ПРЕДСТАВЛЯЮТ
НАСИЛИЕ
ПОКАЗАТЬ
ЗУБ
СТРАШНО
ГОСУДАРСТВО
РЕМОНТ
ЛЕСТНИЦУ
ЗНАКОМЫЙ
ЗАЧЕМ
НАЛИТЫЕ
МИР
ВЫТЕСНЯТЬ
ВСТАВИТЬ
ОТДЕЛЬНЫЙ

```
З Н У Ф М А О Я С Й И Щ Ю А Д Ы В
Е Н А В Л И И Р Ь Р И Б М И У Н Ы
Е У А Л В О Р Б И Т А А Л У Е А Т
И С О К И С И У У Н А А С Т Т С Е
Р Л П Д О Т М З М О А З А И Т И С
Т У И У М М Ы П Ф М Е Ч А З Е Л Н
Т В Я И Т А Ы Е Н Е Е Л Л К Р И Я
С Т Р А Ш Н О Й Н Р Ц Л Е В О Е Т
П Р Е Д С Т А В Л Я Ю Т С С Н П Ь
Г О С У Д А Р С Т В О Т Т Т К С Т
И Г Е Н Т Т М М П М И И Н А О Р С
Е М А Д Т М П Н Д Р Ц У И В Е Р М
Е С М Т Т Д М С С С В И Ц И Е Е У
Л И Д Е Р У А С И О Е Е У Т И Т У
О Т Д Е Л Ь Н Ы Й Б У О Е Ь М М У
```

Puzzle 371

```
П А С Е Е О У У С Д О Л Я Н И М Л
О Т У Т Т Р Т Р П З О А И И И П И
О Е О Ц С О Н О С Е У З А К У Т Ш
О Т С Т Л У Е П Е О И Е Е О П Е И
Е Н Л Р Е Е Е М Е П И С И Г Н Р Т
С Р А Д Т С Р О К О В И И Д С М Ь
В С С П О К О Й С Т В И Е А Е И С
З З О З Р Ы С Ь Л И Х О Р А Д К У
Я А Б К А Д О Б Р О В О Л Ь Н Ы Й
Т Б И У Р В К Р У П Н Е Й Ш Е Е Ы
Ь О С С У А О Н Д Л А Р П П И И Н
С Р А Ф П Р Т Е И Н Я О Т С О С С
С Т П И Т А Р И В Е А С Р А У С А
И О С Е А У С И Т А Т А Е С С Д Р
С Е М Е Т И И Н Р Е Л Н Н С У Е К
```

КРАСНЫЙ
ЗАЛ
СПОКОЙСТВИЕ
КРУПНЕЙШЕЕ
РЫСЬ
ПОЕЗД
ДОЛЯ
НИКОГДА
ЗАВОЕВАЛ
СПАСИБО
СОСТОЯНИЕ
ВЗЯТЬ
ЛИХОРАДКУ
ДОБРОВОЛЬНЫЙ
СОКРАТИТЕ
ЗАБОР
СРОКОВ
ЛИШИТЬ
ПАСЕ
ШТУКА

Puzzle 372

ДАЛЕЕ
ФОРМАТ
ПАРЕНЬ
ЧИСТЫЕ
ПЕРЕМЕННАЯ
НЕСЛА
ОПАСНЫЕ
ПРИЗНАТЬСЯ
БЫВШЕГО
ПТИЦЫ
ЕЕ
КОГДАНИБУДЬ
ГЛАГОЛ
ПРИСУТСТВУЕТ
ЛИНИЯ
ЧАШКА
ПРОСТИТЕ
ПРОТИВ
КОРОТКИЙ
ПОЭТОМУ

```
О Д Е Б С К С У Т Р П С П Е Г И Г
Д А Т Ы П Е О Р У Е Т И О Р Л П А
Д У И В М Т П Р Е В И М Э У А Е О
Т Т Т Ш Т У Р П О О Ц М Т М Г Р О
А Л С Е Н Р И Т П Т Ы Р О У О Е Е
М Т О Г О С С М Р Д К С М А Л М Е
Р Т Р О И Р У Б И Ч А И У Т Е Е Ы
О П П Е М Р Т Л З Е А Л Й С И Н Н
Ф Т Н И И Л С И Н Е С Ш Е Л Ч Н С
П Р О Т И В Т Н А И С П К Е И А А
П А Г Б Д Т В И Т Д Т Г Н А С Я П
Ф У И М Т Т У Я Ь Н Е Р А П Т У О
Н С Е Р Р И Е Е С С А С Р Т Ы Л С
Т Е И Ц И Е Т Р Я С Е Т Е И Е А П
К О Г Д А Н И Б У Д Ь Л О Л И Е Т
```

Puzzle 373

```
У Е Е Р У Т Е Н В Е Т Л Ц С П Р С
А Д Т Т М Е И Е Р П У Я В Т О А Б
Л Н И Н О П О М Т У Д Г Е Р Л З Е
Е Е М В О Т К Р Ы Т Ь У Т Е О Р С
О Ф Ж И Л Р П О Е А Д Ш Е К Ж А С
Д М А М У Е Е В Т О Р К Н О И Б М
К У Н М Р О Н Д Р С У А И З Т О Ы
М Р М Н А П Е Н У А Л А Е А Е Т С
М О Е А А У Е Й О В О К О Р Л К Л
И Н И С Л Л О П У С Т Е Л И Ь Е
В Е Н С Л Г Ф У Л С С А И А Н И Н
Т Я Н Б О Д У Н У Р О О Р Ы М Н
А Н Т Т Н О Н Е И О Т Н Л О Е О О
И Н С Т Р У М Е Н Т С С Д И Т О Р
У Ф С И О М П Р О З Р А Ч Н А Я Р
```

РОКОВОЙ
ГЛУПОЕ
УДИВЛЕННО
ЦВЕТЕНИЕ
ЛЯГУШКА
ДУМАЛ
ПРОЗРАЧНАЯ
ПОЛОЖИТЕЛЬНЫЕ
КРЕСЛО
ОТКРЫТЬ
ПОНИ
СТОЛ
БЕССМЫСЛЕННО
УДОБНАЯ
СТРЕКОЗА
ДВОР
НАЖМИТЕ
РАЗРАБОТКИ
ИНСТРУМЕНТ
ОПУСТЕЛИ

Puzzle 374

ТОНКУЮ
ЖЕЛУДОК
ОЛЕНЬ
КНИЖНЫЙ
ФРЕЗИЯ
ОБИЛЬНОЕ
ПЕРЕЦ
ИСПОВЕДЬ
ЧАСТО
СМЕСЬ
ИЗМЕНИТЬ
БУДУЩЕЕ
ПЛОЩАДЬ
НАЗАД
ТЕРМОМЕТР
НОСОК
ПАПА
СВЕРНУТОГО
СЕСТРА
ЗАПОВЕДНИКИ

```
И И О С М Й Ы Н Ж И Н К О П Р С П
А С П И Ю У К Н О Т И Б Б А П В Е
Р Н П Е У Е О А Н С И А И П А Е Т
Д И К О Д У Л Е Ж У О Т Л А Е Р З
Ф Е О О В Ц И И Т Ц Е К Ь С М Н А
Т Р О Р Т Е М О М Р Е Т Н У И У П
У И Ь В Е Р Д Л Т И О Е О И Л Т О
Д Р С Н Р Е Л Ь Т Ф Г С Е С У О В
Я И Е А М П С Е С Т Р А Т Л О Г Е
И З М Е Н И Т Ь Д А Щ О Л П О О Д
З И С У Щ М А У А И Л Т Е О Л У Н
Е М А И М У И У З Т Т С У Е Е А И
Р И Р И Т Е Д Т А С У А П И Н А К
Ф Е М У Л Е И У Н Т Р Ч П И Ь Д И
И П Р П О Е П И Б У А Л Т Д Ц Я Е
```

Puzzle 375

М	М	С	С	Я	Б	Е	П	О	Т	Л	С	Е	М	И	Н	Ф
И	И	А	Т	И	Ь	К	О	Р	С	Р	С	Е	Т	Р	В	И
Ф	О	С	И	Ц	Т	Р	С	В	И	Л	У	Н	Л	Р	П	Р
Б	У	Й	Л	И	И	С	П	Е	Т	Н	С	Д	О	С	Е	М
И	А	Ы	Ь	Л	Б	Т	Е	И	Н	А	Т	Е	Ч	О	С	А
Н	З	Н	И	О	С	И	Ш	Н	Е	Е	С	Р	Л	П	И	Л
Т	А	В	А	П	П	М	И	Р	Т	О	М	С	С	А	Р	У
Е	Л	И	Е	Н	И	Л	Л	Ц	Е	О	Н	Г	Е	Т	Р	Д
Р	Г	С	С	И	И	И	А	О	В	И	О	У	И	А	И	О
Е	Т	С	У	Т	Р	Р	Т	Ч	С	О	А	С	Д	Т	У	Е
С	М	Е	И	У	О	Е	И	О	Е	С	В	И	Н	Ц	А	У
Н	С	Р	М	Н	О	Г	И	Е	Т	Т	Р	О	М	Н	Е	Р
Ы	И	Г	И	Т	Н	У	И	И	Н	Е	Р	Л	Н	М	М	О
Е	С	А	У	Т	О	Р	С	Е	Н	Ф	Н	У	Ж	Е	Н	Е
О	Т	Е	О	Т	А	У	Е	М	У	Ф	Е	И	У	У	Л	Р

СООТНЕСТИ
ИНТЕРЕСНЫЕ
ТОП
ФИРМА
СРЕДНЕЕ
ПОСПЕШИЛ
СБИТЬ
СОЧЕТАНИЕ
ПОЛИЦИЯ
СТИЛЬ
СВЕТ
МНОГИЕ
СРОК
НУЖЕН
СВИНЦА
БАНАН
ПЛАЧЕТ
АГРЕССИВНЫЙ
ГЛАЗА
РАССМОТРИМ

Puzzle 376

ТЕЛЕФОН
СОГЛАШЕНИЕ
ЛЕОПАРД
ВЫЖИТЬ
ДЖЕНТЛЬМЕН
НОСКИ
СТАНЦИЯ
ШЕВЕЛИТЬ
ДВИГАТЕЛЬ
ЗАБРОНИРОВАТЬ
ПАРТНЕР
ЭМОЦИОНАЛЬНО
ПРОДОЛЖАЙТЕ
БРОККОЛИ
ОБЯЗАТЕЛЬСТВА
ОСОБЕННО
КИНО
МЕЧ
ЧАСТИЦЫ
РИС

О	Б	Я	З	А	Т	Е	Л	Ь	С	Т	В	А	Ш	Б	Д	Д
Ь	Т	С	И	Е	В	О	И	Е	П	Е	Е	Т	Е	Р	Ж	В
Т	Я	И	Ц	Н	А	Т	С	Н	С	Е	У	Д	В	О	Е	И
А	О	А	Т	О	Н	Н	Е	Б	О	С	О	С	Е	К	Н	Г
В	С	Д	Л	Ф	С	С	Т	П	Н	Е	Е	А	Л	К	Т	А
О	Ы	О	Е	Е	Ц	О	Й	А	Ь	Ч	Т	Е	И	О	Л	Т
Р	А	Ж	И	Л	У	Г	А	Р	Л	Е	А	И	Т	Л	Ь	Е
И	У	И	И	Е	Р	Л	Ж	Т	А	М	О	С	Ь	И	М	Л
Н	Т	М	К	Т	П	А	Л	Н	Н	Е	А	О	Т	Т	Е	Ь
О	Е	Л	С	Е	Ь	Ш	О	Е	О	Н	И	К	Н	И	Н	Л
Р	Е	Л	О	М	В	Е	Д	Р	И	Т	Т	О	Н	П	Ц	А
Б	И	У	Н	Н	О	Н	О	Д	Ц	Н	Р	Н	Т	Р	Р	Ы
А	С	С	Т	В	С	И	Р	Л	О	Л	Е	О	П	А	Р	Д
З	И	Ф	Е	Р	А	Е	П	Р	М	С	П	О	Л	И	У	Е
П	И	И	Т	С	Д	П	Т	И	Э	Ф	П	М	Т	У	П	Е

Puzzle 377

```
Е М Т Ж Е Ц Р К У Т Р А Ф И Т О О
Л Е Е Д И Р Н А К И Т И Л О П Б П
У Е Е Д Е Р Т Ж П У У И Т К Е Н П
С С М И Л А Р Д С Ф З Е Е О Д А О
Л Т И Ц В Е Н Ы С Ф А У Н Н И Р Н
М П Р М М У Н Й Ф Е П Р В Е В У Е
У Р А К Т М И Н Т А Р Р Е Ч А Ж Н
М Ы Г Л О Б У С Ы Р Е О Л Н Н И Т
И Ж Н О С О Р О Г Й Щ Р А А Е Т П
Е О М У Т Р У У А Р А Е У Я И Ь Р
С К С С С Р П Е И Н Ю С У И У Т И
П Р О В Е Р Я Т Ь Л Т А И И Е А Ш
Ц А А Н У С Е С О У С П Е Х А Р Е
Н С М М Е Т С Т У М П У А И Р Г Л
Е Е Д М Е Ж Д У В У Р И У И Р И Е
```

ИМЕЕТ
МЕДЛЕННЫЙ
ГЛОБУС
ИГРАТЬ
ОБНАРУЖИТЬ
АКТ
УСПЕХА
ДИВАН
МЕЖДУ
ПРОВЕРЯТЬ
ЖИР
НОСОРОГ
ПРИШЕЛ
ЗАПРЕЩАЮТ
ПОЛИТИКА
ОППОНЕНТ
ФАРТУК
ПРЫЖОК
КАЖДЫЙ
КОНЕЧНАЯ

Puzzle 378

ЛЕЧЕНИЕ
ПОКУПКА
ПОДКЛЮЧЕНИЕ
МОТЫГА
ЭКСПОРТ
ВСТРЕТИТЬ
ЗАХОТЕЛ
МОЛОДОЙ
ОБЩАТЬСЯ
ПЛАНЕТ
ПЫЛЬ
СОЗДАТЬ
ВЕРТОЛЕТ
ЗНАЮТ
ИНЦИДЕНТ
СТОЯЛА
ЧЕТВЕРТЫЙ
ФУНТЫ
КИТ
ПОСТЕПЕННОЕ

```
И А Я О Р Т Е Т Ф С И Р Т О П И П
Р Д У Н Д Э П Л А Н Е Т Е Н О Л О
Н П Р И П К З А Х О Т Е Л Т С Ч Д
Ф У Ф С Я С Ь Т А Щ Б О О С Т Е К
Е У С Ц Е П И Ф И Е Т Е Т Н Е Т Л
О Л Н О Т О П Н Б Е Е У Р Е П В Ю
Т Т Н Т Е Р П Е И Н Е Ч Е Л Е Е Ч
О У О И Ы Т Е Ы И О А С В И Н Р Е
М О Т Ы Г А М М Л Р Л К С А Н Т Н
Л Р Л У П М Р М Л Ь Я Е П И О Ы И
Д Т П С И Ь Т А Д З О С У У Е Й Е
В С Т Р Е Т И Т Ь Е Т М Е С К И Т
З Н А Ю Т Н У А Л Л С А И О Е О М
Д Н Л О И И Н Ц И Д Е Н Т Л С И П
М О Л О Д О Й Р Е Т Т Н Ф Е С А Ц
```

Puzzle 379

Е	П	И	А	С	М	В	У	Р	Й	М	Т	У	У	М	О	Ч
Р	Е	У	М	М	У	О	И	А	А	Ы	Ю	Е	З	И	Л	А
Л	М	Л	Л	Е	Д	З	Р	З	Т	О	Л	П	Е	Т	Н	С
У	Е	У	С	Ш	Р	М	Р	Д	А	Л	Ь	П	Р	Э	С	Т
К	У	П	Е	Н	О	О	У	Е	П	Е	П	М	Е	Г	Т	Ы
Р	Т	Р	О	О	С	Ж	Д	Л	О	А	А	Е	Ч	Т	О	Е
Л	А	Т	Р	У	Т	Н	О	Н	Н	Р	Н	Т	Е	Б	У	К
У	Р	С	Т	Ь	О	В	З	Я	Л	О	В	Т	Е	Е	У
Р	Т	И	С	О	С	С	Е	Р	М	Е	Л	М	Е	Д	П	Р
И	Н	О	М	Т	Н	Т	Р	О	Е	П	С	И	Т	К	В	И
Т	Е	О	А	С	Ь	И	Н	М	Е	Е	Е	Е	Е	А	Т
Р	Ц	Н	М	Р	М	Я	Е	М	Н	Т	У	П	С	С	Л	Ь
М	Н	Л	С	О	В	М	Н	П	Т	Ь	Щ	О	М	Е	О	Е
Р	О	П	О	Л	О	С	А	И	О	М	Н	И	Л	Н	Ф	И
Г	К	П	О	М	Н	С	Е	У	Я	Л	И	Т	Е	Т	Т	Е

КОНЦЕНТРАТ
СЭР
ВЕКА
ТЕПЛО
СМЕШНО
ЧЕРЕЗ
ТЕПЛЫЙ
МОЩЬ
МУДРОСТЬ
ТЮЛЬПАН
РАССТОЯНИЯ
СЛОН
ЧАСТЫЕ
ПЕТЬ
ВЗЯЛ
КУПЕ
РАЗДЕЛ
ВОЗМОЖНОСТЬ
ПОЛОСА
КУРИТЬ

Puzzle 380

ПЛЕЕР
ДОСТУПЕН
АВТОМОБИЛЯ
ПЛИТА
ЦВЕТЫ
ТРИ
ТАБЛЕТКИ
ЕЖ
ЮГ
ПОСЕДЕЛИ
МАЛОЛИТРАЖКА
ВЕС
МНОГОЧИСЛЕННЫЕ
ПАН
ПРОСТО
ЗНАК
ФЕРМА
НОЖ
АМБИЦИИ
ФУРГОН

Д	П	Е	Е	С	Е	В	И	К	Т	Е	Л	Б	А	Т	Д	Т
О	О	Л	Ы	Р	Е	Ж	Р	И	М	Т	С	Г	Н	У	Е	Е
С	С	У	Н	О	Е	Ю	Т	Е	Ц	В	Е	Т	Ы	О	Е	И
Т	Е	П	Н	О	П	Г	Н	Е	И	И	П	У	И	У	С	Е
У	Д	Е	Е	Н	Е	А	И	А	Л	Е	Б	Л	С	Н	О	Ж
П	Е	А	Л	Т	А	О	И	У	И	Н	У	М	Е	Т	Л	П
Е	Л	И	С	Я	Л	И	Б	О	М	О	Т	В	А	Е	М	Р
Н	И	Т	И	И	Ф	Е	Р	М	А	Г	И	О	Т	Р	Р	О
У	Н	С	Ч	О	Д	И	У	Е	Д	Р	Е	П	И	Т	Р	С
У	П	М	О	Л	О	Е	О	П	И	У	М	Л	Л	С	А	Т
О	Р	И	Г	А	И	И	Р	Т	А	Ф	М	Н	П	У	А	О
М	А	Л	О	Л	И	Т	Р	А	Ж	К	А	М	Н	П	П	Т
М	Н	И	Н	И	И	У	О	И	А	Т	Л	С	К	А	Н	З
О	Р	С	М	Н	Е	М	М	С	Т	О	О	И	Л	Н	Б	Е
Ц	С	П	С	М	И	Р	А	Е	Р	С	У	Т	И	И	М	Н

Puzzle 381

М	О	Ц	М	А	П	И	Р	П	Р	М	И	У	Н	М	Л	Е
Е	Н	Я	А	К	О	С	Ы	В	О	О	М	Я	И	М	С	Е
Н	Ж	А	Н	Т	Л	Е	З	У	З	Р	П	М	Е	И	П	И
Р	О	З	А	А	Н	М	Т	С	О	Щ	О	И	О	Я	Т	Е
П	В	В	Р	Л	О	Е	О	Е	В	И	Р	С	Р	А	П	Т
П	Е	Л	Т	А	С	Р	О	И	Ы	Н	Т	А	Д	И	Г	Е
Р	Р	Р	Т	П	Т	И	Л	М	Й	А	Д	Е	Т	А	Л	Ь
О	Т	Т	Е	Ш	Ь	Л	А	Д	О	П	Б	И	Р	П	С	Т
Г	М	С	С	М	Ю	Н	У	М	Л	У	С	Е	А	Р	В	И
Р	У	Б	С	Е	О	М	У	Ж	Ч	И	Н	Ы	Д	И	А	Т
А	Л	Л	Т	Д	Л	Т	С	З	А	В	О	Д	У	А	Д	С
М	Н	А	Т	И	У	Н	К	Е	О	Е	У	Д	А	Н	Ь	О
М	О	И	У	О	Н	Ь	Л	А	М	Р	О	Ф	М	Т	Б	Е
У	Н	Е	С	У	Т	Д	С	П	И	Ь	У	Е	И	У	А	Р
И	Е	Р	А	И	А	С	У	Я	У	Н	И	Р	Е	А	С	Е

СВАДЬБА
РОЗОВЫЙ
ПОДАЛЬШЕ
ПЕРЕМОТКА
МУЖЧИНЫ
ДЕТАЛЬ
СЕМЬ
ЗАЯЦ
ЗАВОД
МОРЩИНА
БЕДА
УЗЕЛ
ВЫСОКАЯ
ФОРМАЛЬНО
НА
ПАЛАТКА
ТРЕВОЖНО
ПОЛНОСТЬЮ
ИМПОРТ
ПРОГРАММУ

Puzzle 382

ПРОГУЛКА
СТАРЫЙ
ПОШЕЛ
ГОТОВИТЬ
УРОВЕНЬ
ГИБКИЙ
МАТЕРИЯ
МУДРЫЙ
РОСТ
ВАШ
ОСНОВНОЙ
БИЗОН
МОЛОТЫЕ
ТИХИЙ
ГЛУБОКИЙ
БОЛЬНОЙ
СЛОМАЛ
ДАВЛЕНИЕ
ДЕЙСТВИТЕЛЬНО
ТАЙНА

У	О	Л	И	Н	У	И	М	С	Л	Б	Д	Е	Р	С	Т	Б
И	А	Е	Е	И	И	О	У	А	П	И	Е	И	О	Р	И	О
И	Р	С	У	Ф	С	М	Д	Т	О	З	Й	Е	С	О	У	Л
У	Ш	С	Р	С	У	О	Р	А	П	О	С	Т	Т	Е	Л	Ь
Т	А	Й	Н	А	Е	Т	Ы	Ц	Г	Н	Т	П	И	И	Ь	Н
Н	В	Е	Г	М	И	С	Й	М	Т	И	В	Т	М	Х	Т	О
Г	А	О	Д	А	В	Л	Е	Н	И	Е	И	У	О	П	И	Й
С	Л	Е	С	И	А	Е	У	С	Е	Е	Т	Р	Л	Р	В	Й
А	Е	У	Ь	Н	Е	В	О	Р	У	М	Е	Н	О	О	О	И
А	Ш	С	Б	Н	О	Е	Р	Л	С	А	Л	С	Т	Г	Т	К
Е	О	А	Ф	О	С	В	Е	А	Ц	Т	Ь	Т	Ы	У	О	Б
И	П	И	С	П	К	А	Н	М	О	Е	Н	А	Е	Л	Г	И
Р	Т	Е	Е	С	Е	И	Т	О	И	Р	О	Р	Е	К	М	Г
Е	У	А	Т	О	Б	У	Й	Л	Й	И	С	Ы	О	А	Ф	С
А	А	Е	О	И	У	У	Н	С	С	Я	П	Й	Т	М	О	М

Puzzle 383

```
С У Л М К Я М О Х Е А Е П О Т Р Н
Е Р М О И О П Д Е Л А Я О Ц И У О
А И Е С С Е В О Ж Т Н Т Е Е О Т М
Н П И С Ь М О Б Р У И С З Н С Т Е
Й Ы Н Ж А Л В Н О Ц К У Д И Е М Р
У И Е С У М К А Е Й И А К Т Л Я Н
М Е Ш О С Л И Т Т Я Н Я А Ь Т П Е
О У Е В Н У Т Р Е Н Н Я Я О У Р М
Т П Р Р О А Е Е С Б А Н К И Р М И
Т И З О Т В Ч А О И Д Я М М И А М
Т Р А У Е Л О Р Г Н О Е Е А П О У
Р И Р Н Е Ф Х М О О С А В М Л С Р
Р М О У Н Ф Д И О У О О О Р А Е Н
М Д М О Е И Г Ю К Р У Г А С Е Е У
У А Л А Р У О А С П Р У Д Е И И Н
```

XOMЯК
АРМИЮ
НОМЕР
ОЦЕНИТЬ
ХОЧЕТ
ПИСЬМО
ВЛАЖНЫЙ
БАНК
КОВБОЙ
КРУГ
ЖУК
ПОЕЗДКА
СУМКА
ОСЕЛ
РАЗРЕШЕНИЕ
СОДА
ПРУД
ПОРЦИЯ
ВНУТРЕННЯЯ
ДЕЛАЯ

Puzzle 384

СЕРЕБРО
РЕКОМЕНДУЮ
ГРАД
КОМИТЕТ
СИЛЬНЫЙ
СОБИРАЮСЬ
КЕНГУРУ
СМЕЛЫЙ
ПОКАЗАЛ
СОСТОЯНИИ
ПОТЕРЯТЬ
ДОРОГИЕ
КАЧЕСТВО
БИБЛИОТЕКА
АДМИНИСТРАЦИЯ
ПРИЯТНО
ВЕДЬМА
СЛАБЫЙ
ЯБЛОКО
ЕДИНУЮ

```
С Л А Б Ы Й Ы Л Е М С Я М У И О Т
П А И М И С П Р А Р Ф П Б Е П Е Е
О Д И С Ь Т Я Р Е Т О П О Л Е И Н
К М С О С Д У М И У Р Ю Е С О Н Т
А И И С Ю А Е Я Г Я Е У Т Е Е К П
З Н Л Т А Р Н В О И Т Д И Н Т С О
А И Ь О Р Г У О Р Ю У Н И Д Е Е Н
Л С Н Я И Е В У О П Н Е О О И Р И
У Т Ы Н Б М А И Д С С М С В И Е В
Г Р Й И О Ф Е Е И П Л О У Т И Б О
Е А М И С П И Е Е Е Т О К М С А Р П
О Ц К Е Н Г У Р У Р И Е М Е И О Я
Е И Г И Ц Е Н Д Т О Т Р Р Ч Е Я П
Н Я С О Б И Б Л И О Т Е К А И Л А
К О М И Т Е Т О О Е Т И У К Р Е У
```

Puzzle 385

```
И Т Е У Р И И М Е Н С М Р У Е О В
К Р А С И В Ы Й О Н Щ О В О М Б Е
М Е Д С Е С Т Р А Т О Т Р Л С Л Л
Е И У Т Е А Т И Н С Т Б О И М О И
С В О Б О Д Н А Я Т С П Ы И И Ж К
О Д Д П Т А С Н И Т В И И Ч П К И
О У Р Ф У Е И И И И Е Р У А Н А Е
В Н Т Р Т Т Т Т У Ч И С Д С Ы С
В П Е Р Е Д У Ш Е Л Е М П У Е Д Й
Я Р О С Т Н А Я И Т Н П А М С Р В
Ж И В О Т Н Ы Х Ь Т И Д Е Б У У О
К А Р Т А М Е Е Е С Е Е Т И Е Г Л
Л Л Р С Е О Т Л О Ж И Т Ь Р С И О
У М О М С Ъ Е С Т Ь Р И Т П Т Е С
С Т Р А Н Н А Я М Н Т У И И Р П Ы
```

ЯРОСТНАЯ
КАРТА
ЖИВОТНЫХ
ВПЕРЕД
ОТЛОЖИТЬ
МЕДСЕСТРА
СВОБОДНАЯ
ВЕЛИКИЕ
СВЕЧЕНИЕ
УШЕЛ
СТРАННАЯ
ОБЫЧНЫЙ
УБЕДИТЬ
ОВОЩНОЙ
ВОЛОСЫ
СЪЕСТЬ
ОБЛОЖКА
КРАСИВЫЙ
УДАЧИ
ДРУГИЕ

Puzzle 386

ВЫРАСТИТЬ
РЕПУ
ЛАПКИ
ПРИВЯЗАН
ЯЙЦО
ТОЛЬКО
МИГРИРОВАТЬ
ПРОДУКТ
ЗАКАЗАТЬ
ИНТЕРЕСНО
ЕСТЕСТВЕННЫЙ
НИЧЬЯ
ПРИХОЖАЯ
ПОТОК
ПИЛОТ
ЛЕЧАТ
ЛЕСТНИЧНОГО
СОРТИРОВАТЬ
УМНОЖЕНИЕ
СКРОМНАЯ

```
Е М Ь Р П Е Л И Е Т Н Т Л З Е А П
Н А Т Р И И С Е У И У Н В А Т В Р
С Е А О Р У Л Т Ч Я Л И М К Е Ы И
Т Д В И И И Ь О Е А О С С А Т Р Х
П Р О Д У К Т Г Т С Т А И З О А О
Т Н Р М Т О А О И В Т Р И А Л С Ж
Л Л И Н Т Т В Н Н Р Р В Н Т Ь Т А
Е Е Р А Е О О Ч Г В М Т Е Ь К И Я
О Н Г З А П Р И К П А Л П Н О Т О
П М И Я Ь Ч И Н Г У М Р И Е Н Ь Т
Р И М В Д И Т Т А Ц Р Е Е Т А Ы У
Е Ц Н И С Т Р С И А М И Ф У С С Й
П Е Р Р У А О Е И Н Т Е Р Е С Н О
У М С П О П С Л У М Н О Ж Е Н И Е
И Л Е Ф С К Р О М Н А Я Я Й Ц О Т
```

Puzzle 387

```
Л И М С Д И С К У С С И О Н Н Ы Й
И Р У Е О И С Н Ф Т П И А И П У Ф
Ч И Л А Н Д И Р У С У У Н Ф Е Е С
Н Ц У С Т Е Е Ж З О П Т Ь Т О И
О У М О О Е Д Р М С Е И Л Л Р О Л
Ш И Р О К И Й Ж Т Е Т Я Е У В С
Л Е О Т Е О Т Д Е А Н И Л Д Ш М М
Т Н Ф О И М М Е А Р Т Е И Р К Р К
М Е Д В Е Д Ь С Л У О Ь Ц Т А И О
П Р А Н А П И С А Т Ь Ф Ф У Л Н В
Б Е Л К А Ц И Н Ь Л Е М Г П Р Н Е
П Е Л А У У С Б Р С П Н А У К А Р
Б Л Ю Б Е Л Л А Х У С А З О Р О Д
М У Т Н Р Е Л М Н Е Т Р И Е О Р С
И С Т И Р О М Е Т И Р Е П Е Л Л Т
```

НАПИСАТЬ
ЛИЧНО
НАУКА
САНИ
МЕНЕДЖЕР
СОДЕРЖАТЬ
БЕЛКА
БЛЮБЕЛЛ
ФОРМУЛУ
КОВЕР
ШИРОКИЙ
ТЕТЯ
МЕДВЕДЬ
ДИСКУССИОННЫЙ
ДЕЛЬФИН
ЗАСУХА
ПОЗЖЕ
ПЕТРУШКА
МЕЛЬНИЦА
ДЛИНА

Puzzle 388

МОЖЕТ
СКЛАДКУ
ТАМ
ПРОВОДИТЬ
ТЫСЯЧА
ПЕРЕВОД
ГАЗЕТА
МЕЧТА
ПОМИДОР
ЛЕНТА
СТУДЕНТ
КУРИЦА
ХЛОПОК
ПРОГНОЗИРОВАТЬ
ДЕСЯТЬ
СТРАНИЦЫ
ЦЕНТР
МОРЕ
РАЗМЕР
ЗРЕЛИЩЕ

```
Н М Р И Е С Ц Е Т О Р Т А М Н И Р
Р О Д И М О П Е П У С М И Н У Е А
П Ж Т О М С Д И Н Л О У С П Р И В
А Е О Д У П М Д И Т Н К Т Е М О Б
Ь Т Я С Е Д Ц Т И С Р Д Р Р Е О А
Т С Ч О Р З Т Ы С Я Ч А А Е Л Е Е
С П И Е О Л Р Е И И А Л Н В Н Е Е
П Р Л И М С Т Е Н У Т К И О И П И
К О П О Л Х Н В Л В Н С Ц Д Е Е Д
Л В С Т У Д Е Н Т И И Т Ы О Е О Н
П О Р А З М Е Р Д П Щ К У Р И Ц А
У Д Ф И М П И Т М Л Н Е И В У Т Т
О И П Р О Г Н О З И Р О В А Т Ь Н
А Т Е З А Г Е О Е Е Е Р Т О Р И Е
Р Ь С Р Т Е Т С Р И М М Н М Т Р Л
```

Puzzle 389

С	У	О	Р	М	И	В	О	Н	Ч	А	Й	Т	Е	Е	Н	В
Е	Л	У	Н	И	П	Н	И	А	С	Б	М	Н	Р	И	О	У
С	Т	Е	Д	О	Е	Е	З	С	И	О	Ф	Р	Г	А	Л	Ф
Т	О	Е	Л	Т	И	З	А	Е	С	К	П	А	И	П	В	Р
О	В	М	С	Я	В	А	Д	Л	Т	С	П	Л	А	Н	Н	А
Р	Е	У	С	Д	В	П	Н	Е	С	А	Й	Т	М	Й	Е	Р
О	Л	С	С	О	Е	Н	Ю	Н	С	О	А	М	П	Ы	Т	Н
Н	В	Р	П	Х	Д	О	Ю	И	У	В	А	Ж	Е	Н	И	Е
Ы	С	Р	М	И	И	А	Т	Е	И	Т	О	О	Б	Ь	Т	С
У	И	А	Ы	Р	Т	С	Е	С	П	С	Т	М	Е	Л	О	И
И	Л	Т	Л	П	Е	М	У	О	Т	Е	И	М	И	Ы	Г	Р
Т	Р	О	П	А	С	Р	С	У	Р	Щ	Е	Е	Т	П	И	С
М	Т	Р	Н	С	Д	И	С	В	Т	У	Т	И	М	М	М	О
Р	А	С	С	К	А	З	Ч	И	К	С	П	Ц	Т	М	П	П
П	Р	А	В	И	Л	О	Б	Л	Е	С	Т	Я	Щ	И	Й	О

ПРИХОДЯТ
ЧАЙ
НЕТ
НАСЕЛЕНИЕ
ПЫЛЬНЫЙ
БЛЕСТЯЩИЙ
ВВЕДИТЕ
ЗАДНЮЮ
ФЛАГ
ВНЕЗАПНО
СУЩЕСТВО
РАССКАЗЧИК
ТРАВА
СЕСТРЫ
ПЛАН
УВАЖЕНИЕ
САЙТ
БОКС
СТОРОНЫ
ПРАВИЛО

Puzzle 390

ЛЮБИМОЕ
РАСШИРИТЬ
ШЕСТОЕ
ПОЦЕЛУЙ
ПОСТАВКИ
ТЕМА
ЗАПАДНЫЙ
БЕРЕГ
КОММЕРЧЕСКИЕ
РАЗРУШЕНИЕ
РАЗНООБРАЗИЕ
ЗЕРКАЛО
ШОК
ПАСТЕРНАК
АКТИВНЫЙ
ПРЕКРАСНЫЙ
ПОЧТА
ТЩАТЕЛЬНО
ОСТОРОЖНЫЙ
ОЗЕРО

П	Ф	К	Т	Щ	А	Т	Е	Л	Ь	Н	О	Р	П	Р	У	О
О	У	Е	О	Т	С	Е	Ш	У	Т	О	Р	И	Р	А	Т	С
Ц	И	М	Т	М	А	О	З	Е	Р	О	У	У	Е	З	Л	Т
Е	П	Т	Т	У	М	К	Н	Р	И	В	И	Н	К	Н	Е	О
Л	О	К	А	Н	Р	Е	Т	С	А	П	И	У	Р	О	Р	Р
У	Е	Й	А	Ф	Л	П	Р	И	С	У	Е	С	А	О	А	О
Й	И	О	Ы	У	Е	О	Р	Ч	В	С	У	Т	С	Б	С	Ж
А	С	Л	Л	Н	Н	С	Е	Н	Е	Н	Л	С	Н	Р	Ш	Н
Е	Д	О	И	Ф	Д	Т	О	С	А	С	Ы	Ы	А	И	Ы	
П	О	Ч	Т	А	А	А	С	Т	Т	У	К	Й	Й	З	Р	Й
Ш	О	К	И	М	Б	В	П	Е	Ц	М	Т	И	Г	И	И	У
А	С	Л	Е	Е	И	К	Т	А	И	С	У	У	Е	Е	Т	У
Л	У	Т	М	Т	Е	И	У	О	З	Е	Р	М	Р	С	Ь	Г
З	Е	Р	К	А	Л	О	Е	Н	И	Е	Р	О	Е	А	Л	С
Р	А	З	Р	У	Ш	Е	Н	И	Е	О	М	И	Б	Ю	Л	Н

Puzzle 391

О	О	И	С	И	И	С	Н	М	И	У	Д	Р	Н	И	П	О
О	Я	С	Ь	Т	А	Б	Е	Л	О	К	О	А	А	И	О	Б
П	Д	Л	Я	М	Е	С	Е	Б	Е	М	М	З	О	А	Л	Р
Е	О	А	У	И	Е	Л	Т	Й	Е	О	А	Б	Б	Е	И	А
У	Ь	С	Н	Е	Н	И	Е	Ы	О	Е	Ш	У	О	Е	Т	Т
Л	Т	У	Л	Т	Ш	Т	Е	В	Л	Р	Н	Д	Р	М	И	Н
А	А	Е	Р	Е	А	С	Е	И	И	И	И	О	У	Ч	А
Р	Л	С	Р	Т	Д	О	И	Н	Б	Д	Е	Т	Т	З	Е	Я
И	С	И	С	О	Н	Н	Л	Е	Т	И	Е	Ь	А	Е	С	И
У	И	М	Н	О	А	Б	И	Л	Л	Е	П	Н	У	Й	К	С
Т	Р	С	У	И	Р	О	С	Е	Ц	М	Е	М	И	Е	О	Р
И	П	У	С	Я	А	С	А	Т	А	Т	И	Ц	Ф	Е	Е	У
И	В	Е	М	П	К	О	М	О	Р	К	О	В	Ь	И	И	У
У	У	А	К	С	У	П	А	З	Н	Н	М	О	У	Е	С	О
Н	И	И	О	О	М	С	М	Е	У	С	У	О	Е	А	П	И

ТЕЛЕВИДЕНИЕ
ПРИСЛАТЬ
МУЗЕЙ
ДЛЯ
МОРКОВЬ
СПОСОБНОСТИ
МАМА
ДОМАШНИЕ
ЛЕНИВЫЙ
СЕБЕ
ОБРАТНАЯ
ЗАПУСКА
КАРАНДАШ
КОЛЕБАТЬСЯ
ПОСЛЕДНИЕ
РАЗБУДИТЬ
ЛАССО
НАОБОРОТ
ПОЛИТИЧЕСКОЕ
ЦИТАТА

Puzzle 392

РАССЧИТАТЬ
ЗАЩИТИТЬ
ОТРАЖАТЬ
ПЕЩЕРА
ТОЧНОСТЬ
МИРНО
ОТЕЦ
НИ
НАБЛЮДАЕМЫЕ
ПО
ОДНАКО
ФИОЛЕТОВЫЙ
ПРЕИМУЩЕСТВО
СОЛДАТ
ПОЛЕТ
ВХОД
МОТЕЛЬ
ДОСТИЖЕНИЕ
ШТОРМ
КОРОНА

О	К	А	Н	Д	О	С	Р	П	П	Т	И	И	Д	Ф	О	Н
И	Т	О	С	О	Л	Д	А	Т	Р	О	С	В	О	И	Т	А
Т	П	Р	Р	Т	О	О	Р	В	Е	Ч	П	О	С	О	Е	Б
И	М	Н	А	О	Ф	Х	Е	О	И	Н	Г	Н	Т	Л	Ц	Л
О	Н	М	Р	Ж	Н	В	Щ	Е	М	О	В	С	И	Е	И	Ю
И	О	Е	Ь	Н	А	А	Е	Н	У	С	П	Е	Ж	Т	Н	Д
О	Л	О	Т	Е	С	Т	П	О	Щ	Т	С	П	Е	О	Л	А
Р	Ф	Е	А	Л	М	А	Ь	А	Е	Ь	В	О	Н	В	Ц	Е
Т	М	О	Т	Е	Л	Ь	А	С	С	С	Р	М	И	Ы	Е	М
И	Т	Е	И	Т	И	Д	У	И	Т	П	Ш	И	Е	Й	Ф	Ы
Р	Е	С	Ч	О	У	С	П	И	В	О	М	Т	Е	И	О	Е
Н	Н	Я	С	М	И	Р	Н	О	О	Л	А	О	О	У	П	Л
И	И	М	С	Ф	А	А	И	И	Е	Е	Т	М	Н	Р	Л	П
Р	М	Д	А	И	У	Н	Е	И	О	Т	С	М	Е	Ц	М	М
Т	Т	О	Р	Т	С	Н	Н	А	З	А	Щ	И	Т	И	Т	Ь

Puzzle 393

```
М О Ц У Ф И Т З Б Р О Р А У А Б Е
О Р О Ь Т И Н А Р Х О С Н П И А С
Е Е С Р А О Ц Б И И И О И О Т С Т
Н Е Т А А М Й Ы Н П А З Е Н В К Н
В М Т Е К Н И Л С Т Е А О И Л Е А
Д Ы Б Е Л Ы Й Е Н С Е М П М Л Т О
Ч Т И Ц Е В Я Щ Е Р И Ц А А И Б П
Н Е Ы Н Д У К С И Е Т М Д Л Л О П
Т Ф Р Т С И А А Н Н Ч О Н А У Л Р
Л Н П Е У О И А Е Л О Б Т У Ф Р И
Т О У Е П А Т Т Щ Т П Т О П В О Е
Л К Р Е Е А У Т Б А Л С И П С А М
Т Н И У У С Х Т О Г О Н Д О Х Ы В
О Е П В А Я Е А О И С Т О У Т Е О
О Т Ч Е Т Н Т Р С О Е И М Н И Н А
```

ПОНИМАЛА
ЧЕРЕПАХА
ФУТБОЛ
ОТЧЕТ
СОХРАНИТЬ
СДЕЛКА
СКУДНЫЕ
ВЫ
ВЫХОДНОГО
СООБЩЕНИЕ
ПРИЕМ
ОТ
МИСС
БЕЛЫЙ
ЗАБЫЛ
ЯЩЕРИЦА
ПОЧТИ
КОНФЕТЫ
ВНЕЗАПНЫЙ
БАСКЕТБОЛ

Puzzle 394

ПОВЕСИТЬ
ДЕЛАЕТ
КАК
ОДЕЖДУ
ПЧЕЛА
СЧЕТА
ПРОБКА
ГЛАВНАЯ
СЛАДОСТИ
ВКУС
ЭТИ
КТОТО
ЗИМА
ГАЗ
ОБЕРНУТЬ
КРУЖКА
НАЛОГ
БЕЗОПАСНОСТЬ
ТИП
ПОЧВА

```
Я А Н В А Л Г И Е И У Н А И А О Р
Л П О А К Б О Р П П О В Е С И Т Ь
П Ч Е Л А У Т М Т У Р И Е У Т Е Т
Е П Е Т К Д С Т Е Н П Е И Н Э Н С
О И С Н Т Ж И Е И У О К В Л А И О
Ь Т У Н Р Е Б О Р Т Ч Т М Е А Р Н
Т Л И Н М Д Е Т Р М В О М В Н Н С
С Г С И Т О Е С Е П А Т Т У Н У А
Р Ч А Н И У А Н Е М Т О З И М А П
Т Е Е З П И О Т Р Т Е Е М И И Е О
О И И Т С О Д А Л С Р Р Н У И А З
Р П И С А К Ж У Р К Ф Е М Д У А Е
Т Л Р И О Т С У И Д Е Л А Е Т Н Б
П А С У Т О С Р А И Д С М А Р В Е
Н А Л О Г Е У М У М И М Р Т Е Т А
```

Puzzle 395

```
Р И Е Р М А Е Х И К Й Е П О К З У
В А Д Г О Н И О С И Е Л П Е У А Ч
Ы С С Е Н И З С И Л Е И Е Д К А
Д Е В Т С Е М Я Л З Л Ж А М Р Л С
Е Л И Н Е У А И Е Д Н Р С Т О Ю Т
Р О Д Е Р Н К Н Д М Е А Е И Д Ч И
Ж К И Д И Р И А О Р Н Й Ч У У Е Е
И Е М И М А Т Я В О Е А С О С Н В
В Л О З У Р К Т А Е А С Л Т К И А
А Л Г Е У И Р Е Н Р М Р М Е В Е Н
Е Е О Р Т М А И И Е У Н В Р Т И П
Т О О П И И О Н Я О М Р А С М Р Е
З А П У С Т И Т Ь Н З И Ж Л Е Е Р
П О Д Н И М А Т Ь М З О О П А Р К
Т Е Т Е Т И С М Л У Л С А Т И Е О
```

ЗАКЛЮЧЕНИЕ
ВИДИМОГО
ЖЕЛЕ
КОПЕЙКИ
ВЫДЕРЖИВАЕТ
ЗАПУСТИТЬ
АРКТИКА
УЧАСТИЕ
ЗНАЧОК
ИНОГДА
КОЛЕСА
ЗООПАРК
ХОЗЯИНА
ИССЛЕДОВАНИЯ
ПРЕЗИДЕНТ
РАСТЕНИЯ
ЖИЗНЬ
УМНОЕ
ПОДНИМАТЬ
ДЕЙСТВИЕ

Puzzle 396

ЖЕНЩИНА
НОЧЬ
ГНЕЗДО
ПОСВЯТИТЬ
КЛЮЧ
ЧТОТО
МЯСО
ЛЮДИ
РАССЛЕДОВАНИЕ
ЛОСЯ
ОБЪЯВИТЕ
РЫБАЧАТ
КУКУРУЗА
ОТДЕЛКА
КОФЕ
ПРЕДПОЛОЖИМ
ТРОПИЧЕСКИМ
РАЗЛИЧНЫЙ
КАСАБЛАНКА
УРАГАН

```
Т Т У О П Т М В И У К К Л Ю Ч Р К
Т Т У А Т Р Е У Р Е О У Б У А А А
Р Е С Н Д Д Л Е А А Ф А С С У З С
Л Ю Д И И С Е О Д З Е Н Г М А Л А
Т П Е Щ И П У Л И У У Т С Т О И Б
Р О Т Н М У А Т К О Т Р О Р Р Ч Л
О С Р Е И И М Л Ц А И И У И А Н А
П В И Ж Р Ы Б А Ч А Т У П К Е Ы Н
И Я П Р Е Д П О Л О Ж И М Н У Й К
Ч Т И О Б Ъ Я В И Т Е П И Е О К А
Е И П М Л Ф С Р И О М М Я С О Ч У
С Т А Л И Е О Т Т Т Р Р М О Д М Ь
К Ь М О И С Л И А Ч С Т Л Р И И И
И Р С В У Р А Г А Н И Г И А П М Т
М Р А С С Л Е Д О В А Н И Е И Е О
```

Puzzle 397

П	Т	А	В	П	Р	М	К	И	Р	Е	С	Т	В	К	С	О
И	А	Л	А	Н	Р	У	Ж	Л	Р	П	У	Р	С	О	К	Г
С	Е	Ф	Т	У	Ч	О	Х	М	И	М	Ф	С	П	М	Р	Р
А	И	Р	Е	И	П	Л	С	Е	П	М	Т	Е	Ы	П	О	А
Т	О	О	Щ	Т	П	И	Е	Т	Е	Р	А	У	Х	Ь	М	Н
Е	Н	Н	И	М	Е	О	Е	А	Р	Т	П	Н	Ю	Н	И
Л	И	И	Н	М	З	Е	М	Л	Я	А	У	О	У	Т	Ы	Ч
Ь	И	Б	П	О	Л	О	В	И	Н	А	Н	О	Т	Е	Й	У
Ч	Р	Е	З	В	Ы	Ч	А	Й	Н	Ы	Х	С	Ь	Р	М	С
И	У	Н	Т	Н	Р	И	Ф	М	А	С	С	А	Т	Е	Р	Ь
Е	С	Д	И	А	С	М	О	О	Я	Л	П	А	Ц	В	М	О
В	О	З	В	Р	А	Щ	Е	Н	И	Е	О	А	Р	В	О	И
Р	О	Б	К	У	Ю	Е	П	Р	Е	Л	О	П	Р	Р	А	Е
И	Н	П	И	С	П	О	Л	Ь	З	О	В	А	Н	И	Я	И
П	Л	А	С	Т	И	К	О	В	Ы	Е	А	У	Б	И	С	Н

РИФМА
ОГРАНИЧУСЬ
ХОЧУ
ЦАПЛЯ
РОБКУЮ
ИСПОЛЬЗОВАНИЯ
ПИСАТЕЛЬ
ЖУРНАЛ
ЗЕМЛЯ
ПРОСТРАНСТВО
ВОЗВРАЩЕНИЕ
ПОЛОВИНА
ЧРЕЗВЫЧАЙНЫХ
ВСПЫХНУТЬ
ПОЛА
ПЛАСТИКОВЫЕ
КОМПЬЮТЕР
НИЩЕТА
СКРОМНЫЙ
КЛИМАТ

Puzzle 398

ПУСТЬ
ОБЪЕМ
РУЧНОГО
МАЙОР
РАКОВИНА
ЛЕДИ
ВНЕСТИ
ОТЕЛЬ
РЕШИТЬ
СЕВЕРНЫЙ
ПОСМОТРИТЕ
НЕДЕЛЯ
ВАГОН
СЛОМАННЫЙ
ОСНОВНЫЕ
УДАР
МЕРУ
ЦВЕТА
ВСТРЯХНУЛ
ПРЕДСТАВИТЬ

В	Н	Е	С	Т	И	С	Н	Т	Е	П	А	Ц	В	Е	Т	А
Р	А	Д	У	И	Е	Т	Й	У	М	Р	Н	С	Л	А	О	С
У	У	В	Р	С	Н	И	Ы	Т	Я	Е	И	Т	И	Д	Р	Е
Ч	В	С	Т	Р	Я	Х	Н	У	Л	Д	В	М	И	С	Ф	В
Н	У	Т	Л	А	И	У	Н	Н	Е	С	О	А	О	А	Н	Е
О	М	Р	Е	Р	М	Е	А	Р	Д	Т	К	Т	М	Т	И	Р
Г	Т	Р	И	Н	Е	Р	М	Е	Е	А	А	У	Е	А	И	Н
О	П	М	Е	Р	У	В	О	Р	Н	В	Р	В	Ы	Л	П	Ы
Р	М	У	Р	Е	У	А	Л	У	Е	И	А	У	Н	И	Ь	Й
О	Е	У	С	С	М	Г	С	Р	Т	Т	С	С	В	А	М	М
Й	Ъ	Ш	Е	Т	Т	О	П	Т	О	Ь	Ц	Р	О	М	П	Е
А	Б	П	И	И	Ь	Н	И	Т	И	Т	И	Т	Н	Е	И	Л
М	О	Ф	Д	Т	Ц	И	У	И	Р	С	Е	П	С	Т	Д	М
А	У	Е	Е	О	Ь	Ф	М	И	С	Е	Л	Е	О	М	О	О
Е	А	И	Л	П	О	С	М	О	Т	Р	И	Т	Е	М	Р	О

Puzzle 399

В	О	С	Е	М	Ь	Д	Е	С	Я	Т	Р	Р	О	И	В	М
Е	М	А	У	Т	Т	Л	О	Е	Е	И	Е	З	Д	А	О	О
Л	С	П	У	В	А	Р	О	Н	И	Н	Г	Н	О	С	С	Л
У	Е	А	О	В	М	О	Р	З	Ф	И	Б	Р	О	Ф	Т	О
Р	Т	З	Г	И	Ц	И	Т	И	У	Р	Т	С	И	Н	О	К
Р	Ц	В	Я	А	Н	З	У	Б	Р	А	Т	Р	П	В	К	О
О	Е	М	Е	Ы	Н	Ь	Л	Е	Т	И	Ч	А	Н	З	Ы	И
С	Р	Л	Ц	Р	А	Р	Е	Н	А	Е	И	М	Е	Ц	Н	Й
М	И	С	Т	И	Ж	И	Л	М	А	И	Е	Е	У	Е	Н	Ф
О	П	Д	Ф	Н	Е	Д	Е	У	А	М	Т	Ф	Л	О	А	И
М	У	С	Е	С	Н	Р	А	У	Ч	И	Т	Ы	В	А	Я	У
У	С	М	Н	Н	Е	Е	Н	Ю	У	Я	И	И	Т	С	С	Т
У	У	И	Н	Т	И	Д	А	Е	Т	А	Т	Н	Е	Е	А	К
А	И	М	Л	И	О	Е	В	И	Н	О	Г	Р	А	Д	Д	А
И	П	Р	И	С	У	Т	С	Т	В	О	В	А	Т	Ь	Р	Р

ВОСЕМЬДЕСЯТ
СИДЕНИЕ
ПРИСУТСТВОВАТЬ
УЧИТЫВАЯ
ОНИ
МОЛОКО
МАТЬ
ЗНАЧИТЕЛЬНЫЕ
ЗАПАС
НОС
ВИНОГРАД
ЛЕВ
АРБУЗНАЯ
АРЕНА
БИЗНЕС
ЕЗДА
УТКА
ВОСТОК
УТВЕРЖДАЮТ
ИГРИВЫЙ

Puzzle 400

ВАЛЕНТИНА
ИЛЛЮСТРИРОВАТЬ
УМНОЖИТЬ
ВЕЛИКОЛЕПНЫЙ
ОГОНЬ
КРЕМ
ПОПУЛЯРНАЯ
ОБЫЧНО
КОЛЬЦО
ЧИТАТЬ
ИЗОБРАЖЕНИЯ
ПЛАТИТЬ
ИГРЫ
ЧАС
МИЛЯ
ПЛИТЫ
СУДЬЯ
ОВЦЫ
НЕЗНАЧИТЕЛЬНЫЕ
РАДИО

И	Т	Е	Р	У	С	Р	И	В	П	М	В	К	Р	Е	М	Р
П	У	А	С	И	Р	Т	Г	О	А	П	Л	И	Т	Ы	Д	А
О	Л	И	Е	Л	И	Б	Р	И	К	Л	О	И	В	О	Т	П
М	И	А	Е	Д	Е	И	Ы	Л	О	И	Е	М	О	В	Ц	Ы
С	И	И	Т	Е	И	О	И	Л	Л	О	С	Н	Ь	М	М	Н
М	Е	Л	М	И	И	Е	И	Я	Ь	Д	У	С	Т	О	Я	П
О	И	С	Я	О	Т	У	У	Е	Ц	А	Е	А	А	И	А	И
Н	И	Т	Р	С	У	Ь	О	Т	О	Н	П	Ч	Т	У	Н	У
В	Е	Л	И	К	О	Л	Е	П	Н	Ы	Й	Т	И	М	Р	А
О	Г	О	Н	Ь	Л	И	А	Н	С	Л	Е	И	Ч	Н	Я	Ц
И	Л	Л	Ю	С	Т	Р	И	Р	О	В	А	Т	Ь	О	Л	С
Н	Е	З	Н	А	Ч	И	Т	Е	Л	Ь	Н	Ы	Е	Ж	У	Р
И	З	О	Б	Р	А	Ж	Е	Н	И	Я	И	У	Е	И	П	С
Л	П	Ц	И	Л	Е	Е	П	Л	Л	С	И	П	И	Т	О	Р
О	Б	Ы	Ч	Н	О	И	Д	А	Р	Т	Е	У	Д	Ь	П	А

Puzzle 401

```
М У Ш Т Г Р А Н Ф И Р Т Ф Т Р Т
О Д В У М Л А Е А Е И С А У Ю Е Р
Г А О Е Ь Р Р Т К М Т П К И У И Е
О Л Е У Л М Р О Ф Е Р Т А В Т У
Ж Е Т Н Е И Т М Н Т С И Я Р Т Н Г
О К О С Т М Ч Е Е У Р Г О Т С Ь О
В О Ж Е И С Н Е Ц И У Л К Е Е Г Л
О Ы Е И Д Д У П Н С Н А У Н Щ Р Ь
П Е Б С О Д Ф У Н И И Ш Р Ь У М Н
Е О У Е Р А Р У А Р Е А Н Т С Е И
В Р Е О Р С О Б А К А Е Р Т Н А К
М Т Е Е Л И Т О М И И М И Е П И М
Т Д Т У И И Т С Ч А С Т Л И В Ы Й
И Р Д Р С Р П Е И Ш Й А Ж И Л Б И
У Н И Ч Т О Ж И Т Ь Ь И Н К О Р А О
```

СЧАСТЛИВЫЙ
НАКОНЕЦ
КОРА
ДАЛЕКО
УНИЧТОЖИТЬ
СУЩЕСТВУЮТ
РУКОЯТКА
ВЫБЕРИТЕ
ТОЖЕ
ИСКАТЬ
СОБАКА
ТРЕУГОЛЬНИК
ПРИГЛАШАЕМ
РЕФОРМУ
БЛИЖАЙШИЕ
РОДИТЕЛЬ
УВЕЛИЧЕНИЕ
ТЕНЬ
ШУМ
ОЖОГОМ

Puzzle 402

ОНА
ШТАМП
КЛУБНИЧНУЮ
ВНИМАНИЕ
КРАСИВЕЕ
СМЕЯЛАСЬ
РАСКРЫТЬ
ЖИТЬ
ГРОМЧЕ
МОНИТОР
ЛАМПА
ДОБАВИТЬ
НЕЖНАЯ
ПОДДЕРЖКА
ВЫПЕЧКИ
ВЗРОСЛЫЙ
ПОДДЕРЖИВАТЬ
ВЫСОТА
ЭФФЕКТ
БЛАГОПРИЯТНОЕ

```
М Д Ж И Т Ь И Р Д О Ш А М У А М К
П А О Т У Т У Е В Л Т Т Я Е С О Л
П О Н Б В З Р О С Л Ы Й А Ч В Н У
О Л Д Т А Э Ф Ф Е К Т С Н М Е И Б
Д С Е Д Л В Ф Р Т У Н О Ж О П Т Н
Д А И Е Е В И С А Р К Н Е Р Ь О И
Е О Т А И Р Р Т Т Л С А Н Г С Р Ч
Р О Е И Н Е Ж У Ь Т Ы Р К С А Р Н
Ж Л Р У А М М И В Ы С О Т А Л Л У
К У Е И М П О И В М Т С О И Я А Ю
А П С Т И У В Г И А П М А Л Е О Е
И С У Г Н А А А О Е Т М А У М Д О
Д Т Т У В Т Б Т О У У Ь Е И С Я С
И С В Ы П Е Ч К И И О С Д Д Н И Е
Б Л А Г О П Р И Я Т Н О Е С У У И
```

Puzzle 403

```
С П О И Р Ц Й Д С С Б У Е Ф У Н В
И Е Ь Б А И Ы У О В С О У С А И М
И В С И М Р Н У М Е И М Л Т Н Ф Е
О Н А К Ш А Б У Р Т Д А С Е Е А С
Х О Л М У У О А И Л Е Л Е Р З М Т
П С А Р Р Ц Р О Л Я Т И Р Т О Н О
О Т Т П Д Е П С И Ч Ь Н Е Р Р П И
М Е У У Т О И О С О А О Т О С Т У
О П П У И У Р О Т К Е Й М П П И Ч
Г Е А Е С Л Ф О Т О Г Р А Ф И Я Е
И Н З А Л И Н А Р У Ш А Ю Т П М Н
Т Ь Т А Т Ь Л У З Е Р И У Т О А И
Е У Д Л Р Л И И Н А Д Е Ж Н Ы Й К
Л И Г А О Е Ф Е Е Б Р О С А Т Ь Е
Е Ш Т Р А Ф Е И О В Р О У О Р М И
```

ФОТОГРАФИЯ
ПОМОГИТЕ
ХОЛМ
РУБАШКА
РЕЗУЛЬТАТ
БРОСАТЬ
НАРУШАЮТ
УЧЕНИК
БОЛЕЗНИ
ЗАПУТАЛАСЬ
СВЕТЛЯЧОК
НАДЕЖНЫЙ
СИДЕТЬ
СТЕПЕНЬ
УСИЛИЕ
ВМЕСТО
ПОРТРЕТ
ШТРАФ
МАЛИНОЙ
ПРОБНЫЙ

Puzzle 404

ТЕКСТ
СНЕЖОК
ТРАГИЧЕСКИЙ
СЕМЬЯ
СТЕНА
КОРПУСА
ПОДВИГ
ШВЕД
БУТЫЛКА
ПРИДУМЫВАТЬ
НАКАЗАТЬ
РЫЦАРЬ
РЕАЛЬНЫЕ
ВЕЩЕСТВО
УЧРЕЖДЕНИЕ
ДЕПРЕССИЯ
ЩЕДРОСТЬ
АГЕНТ
ДЫРА
ОЗАБОЧЕННОСТЬ

```
Н О Д У Л Й И К С Е Ч И Г А Р Т У
И А С Ы Р Т И Д Е В Ш М Т Н М У Ч
Е К К С Р Е Ф Е М Ф А С А Е Е Т Р
Т Л О А О А О Л Ь Р М С У Т И А Е
Е Ы Ж Н З Т Б С Я Ц Н Я С С А С Ж
Н Т Е В И А М С И П О Д В И Г М Д
А У Н Н С О Т Л С А С У П Р О К Е
Р Б С М О О И Ь С Ц Г Б И П Л И Н
Е Е С С Т М Л С Е В С Е И Т С М И
А М Т Ь Р А Ц Ы Р Е Р И Н О И Т Е
Л М П Н И И Е Н П У О Н С Т Т Е Н
Ь У Ь Т С О Н Н Е Ч О Б А З О К Е
Н Е И Ь Т С О Р Д Е Щ У С И У С Т
Ы В Е Щ Е С Т В О Р И У Л Е Е Т А
Е П Р И Д У М Ы В А Т Ь Е О Д П А
```

Puzzle 405

```
Н С Е К Р Е Т А Р Ь А П Ц М В С Б
Е А О Е О Н Е Т Ц М Т О Р И О Н У
Б Ж Е Л Т Ы Й С Ф И О О А А У Е Д
О Х О Е У В С Д О Р О Г О Й В Г Е
Н О Ф Л А Е М Т Е Д Я О И Т И К Т
Т Т И М Д И С О С И С К И У П С А
Т Я И Р Т Е Л Р В А У И А Т У Е Н
Д Р П Д А М И Л П Ы Л У О О С Х Т
Т М А Д О В О Р П Е В Н Р Л Т У М
Н Х У Т Е П Н Е С Р Е Е У П Ы Д О
Н У И Р И С Р О М Е Е Е С У Н О О
И Т С О Т Т Е У И О Л И Т Т Е Ж Е
Е А М С Р И Ь Т А Ц Д И Р Т И Н С
Э К С П Р Е С С Р А Б О Т А Т И У
М И И Е П О З Д Р А В Л Я Ю М К Е
```

ДОРОГОЙ
НО
ТРИДЦАТЬ
СОСИСКИ
ХУДОЖНИК
ЭКСПРЕСС
ПУСТЫНЕ
ЖЕЛТЫЙ
ПОЗДРАВЛЯЮ
БУДЕТ
ХОТЯ
ТРАТИТЬ
СЕКРЕТАРЬ
ПРАВКА
ВЫВЕСТИ
СНЕГ
НЕБО
ПРОВОДА
ПЕТУХ
РАБОТА

Puzzle 406

ПАЛКА
БЫВАЕТ
ЗВЕЗДЫ
ЦЕЛЬ
МАТЕРИАЛ
УЧАСТВУЕТ
ВОЛНА
ИСКЛЮЧЕНИЕ
ОРЛА
ИСЧЕЗАЮТ
СЛИВЫ
СТАТЬИ
ФРЕСКА
ЗАНИМАЕТ
ПУСТОТА
СЕБЯ
ПРИМЕР
ОЩУЩАЕТСЯ
ТРАДИЦИОННЫЕ
ДЕРЖАЛИ

```
М В А И Р У У О У Е П Е Т Е У Т Т
А К С Е Р Ф О Ц А Т Ю А З Е Ч С И
Т У П И Ы М П М Е Н У Ц Л Е О Т С
Е Т Е М Д В Р У Н Р С И Д К Е Т М
Р О У И З С И Л А Ж Р Е Д Е А Т И
И Р Я Б Е С М Л С Т А Т Ь И М О С
А А Е О В О Е Я С Т Е А Щ У Щ О К
Л Е Т И З Т Р Б Ы В А Е Т Е Р И Л
А И И Е С С П П А У Е Л У А Е Л Ю
Е М Т А А У Ч А С Т В У Е Т О Е Ч
А Т Л М С М М Р Е П Б Л Е О Ф Е Е
Т Р А Д И Ц И О Н Н Ы Е Л Т С С Н
У Е Л М О П М Н Р Е Я У П С Н Н И
А Р Р Н Ц Е Л Ь А Н Л О В У С Д Е
И Ц О Р Л У У С А З О О У П И Е С
```

Puzzle 407

```
О И В О Д И Т Е Л Ь О Б У В И П О
Л М О Т Н Я Е Т И Т А В Х А З Е Е
М И Е А П Н И Р Т И Г П П И И С Е
В В Е С Т И Н Р Т Р У С Л О В О М
Т У Л А Н Р Е М М Р Д И У О Н О У
Т М У Л Р М Л М С У А И Л А Т О Е
Р Е Ч М Н Б В С Т И Р И С О У И С
Н Ф Ш С И Р О Л А П У У М Е Н И Е
Т О Е Т И А Н Б Б Т Е Е У И Р Р Ц
Д О С Н С Ф А Н Т А С Т И К А П У
О М Р И У О Т О Б Л А С Т Ь Т О И
Л Е Е А Т А С К О Л О Н К И Е Е Р
Ж О М О Ф Ь С А Е Г Н И Ч Е Г О Щ
Е А У Б У И О С Т Р А Д А Т Ь А И
Н Н В Т У Ф В Е И Ш П И Н А Т Н М
```

НИЧЕГО
РАДУГА
СТРАДАТЬ
ЩЕТКУ
ЗАХВАТИТЕ
СЛОВО
УМЕНИЕ
ФАНТАСТИКА
ОБЛАСТЬ
КОЛОНКИ
УПАЛО
ЛУЧШЕ
БОБ
ОБУВИ
ВВЕСТИ
ДОЛЖЕН
ШПИНАТ
ВОДИТЕЛЬ
НОСИТЬ
ВОССТАНОВЛЕНИЕ

Puzzle 408

ПАЦИЕНТ
КОСТЬ
НАБЛЮДАЮ
ПАРК
ДИЗАЙН
ОБИЖАЮТ
РАВНИНЫ
СУММИРОВАТЬ
ХРАБРЫЙ
ДВОЙНОЙ
ИДЕЯ
КОМАНДА
ВИД
СМОРОДИНЫ
НЮХАТЬ
ЛЮБОВЬ
ИГНОРИРОВАТЬ
ВЕРЮ
БАР
ИНДЕКС

```
С Б Т Р О Т Р П М О М М И Л Х Д И
У У А Р П И О Е А Т П И Т Ю Р В М
М А Л С Г У М А Д Ц И С У Б А О Т
М М Е И Я Т П В Н Т И К Н О Б Й О
И Т А С Т П И А А Н Л Е Т В Р Н Б
Р М П П С Ь С И М С И Д Н Ь Ы О И
О И С Н И Т Р И О Т О Н Н Т Й Й Ж
В П Р М У А С Р К Ц Р И Г С Т И А
А А О И О Х Д И З А Й Н М О Е Л Ю
Т Р Ю А Д Ю Л Б А Н Б А Р К И О Т
Ь К Р А В Н И Н Ы Н И Д О Р О М С
И Т Е С О Е Н Е О И Н С И О Р А Т
Р Д В Т И И В Е Н Р С Ц И В М М Л
Е Ф Е И Г Н О Р И Р О В А Т Ь Е И
Ф О Р Я Е Р Е И А У А И С Д Л Т В
```

Puzzle 409

```
П Р И В Л Е К А Т Е Л Ь Н А Я Д П
Н Е С К О Л Ь К О С Т Т Т Е Е П С
Е Е Я Б Е С С М Ы С Л Е Н Н Ы Й И
Э К С П Е Д И Ц И Я Й И Щ Б О У Т
П И Ь Т А Ч А Н Н И И Н У У С Т П
Т Р Т Л Е Т О М С Н С Е О Х А Е У
Ь Т И Ч А Н З А Н О С Ж И А Е Н Ш
А Р Н З И И Т С Ж У Т И Р Т Б О И
С И Е Е Р О К С К Е Т В Т Ь Л К С
А Е Ж О С А У П Р А Л Д М О А Д Т
Е И Е Н А Т Ч У Р Р З А Т С Г Н Ы
Д И А Т А М О Н Е Ц У А Ю С О Г Е
Р И Ф С Р Т С А Ы Е П С Л Д Д Е Т
Р О О А И Е О У Е Е Т Л А Е Т Е У
П О Л Ч И Н О С Т Р А Н Н Ы Й Е Н
```

ОБЩИЙ
ЭКСПЕДИЦИЯ
ПУШИСТЫЕ
ЖЕЛАЮ
ЧАСТНОЕ
ПРИЗРАЧНЫЕ
БЕССМЫСЛЕННЫЙ
НАЗНАЧИТЬ
УТЕНОК
ПРИВЛЕКАТЕЛЬНАЯ
ИНОСТРАННЫЙ
БУХАТЬ
СКОРЕЕ
ДВИЖЕНИЕ
БЛАГО
ЖЕНИТЬСЯ
ЕГО
НАЧАТЬ
СКАЗАЛ
НЕСКОЛЬКО

Puzzle 410

СКОРОСТЬ
ЗАКЛИНАНИЕ
ЖИВОТНОЕ
МИНУТА
КОМПАНИЮ
ПРОБЛЕМА
ПОНРАВИЛОСЬ
ТОЛКНУЛ
СВОБОДА
ТРЕНЕР
ПЛЕЧО
ПОЖАРНЫЙ
ПЛАВАНИЕ
ВКУСНЫЕ
РЫБАЛКА
НЕСЧАСТНАЯ
ГОЛОВА
СТРАНУ
ИЗ
ФОЛЬКЛОР

```
Ф М Е О Р Н Е З Я С У У Л Р А Б Е
О У А М У Н И И А П Е О С Т И Е Е
Л У О Р А У П Ь Н К Л М И Н У Т А
Ь Л А О Е М И С Т Н Л А У Р Е А В
К П Л Е Ч О Р О С В И И В Ф И И О
Л Е Н И Л А К Л А Б Ы Р Н А Т Л Л
О Т М Т Н С В И Ч О Т У И А Н П О
Р О А Д О Б О В С Р Т И Т О Н И Г
С Л М П Е Е М А Е Т О Р Т Н Е И Е
Т К Е Р О М У Р Н У У С Е И П О Е
Р Н Л О О Е Ы Н С У К В У Н И И А
А У Б Ц С П Е О Н Т О В И Ж Е А Н
Н Л О Ю И Н А П М О К С Р Т Р Р С
У И Р Е У Т А У С К О Р О С Т Ь У
О А П П О Ж А Р Н Ы Й О О С А О В
```

Puzzle 411

Т	Б	П	М	А	Ф	Й	Р	Т	С	Т	Ф	Т	П	Н	К	П
Ю	И	С	Р	Л	Л	Е	Ж	С	О	И	И	С	Р	М	Е	Е
Р	О	О	Н	Е	У	Л	Д	Е	П	Е	Ш	Е	О	Д	В	С
Ь	Л	А	И	Д	Д	К	О	Е	Р	У	К	У	С	Я	О	П
М	О	Я	Ф	Т	У	У	С	Р	Р	Т	И	У	Т	И	Л	П
Ы	Г	У	Т	О	Т	Р	П	И	А	А	В	Р	И	Т	Е	Ц
Е	И	Р	И	Л	О	В	И	Р	Р	С	Л	У	Т	О	Ч	О
Т	Ю	Я	Р	О	Т	В	О	П	Е	Т	О	Ь	Ь	П	И	Е
П	О	Г	Л	О	Щ	А	Т	Ь	У	Ж	Т	С	Н	С	Р	П
Р	А	С	П	И	С	А	Н	И	Е	Е	Д	Е	Т	Ы	У	О
Р	О	Д	Н	О	Й	Д	О	Л	Ж	Н	О	Е	Ф	Е	Й	О
Т	Е	У	М	И	С	И	С	Т	А	Т	Ь	Т	Н	О	О	О
И	Е	М	Д	Т	Н	Е	У	П	Г	У	Д	О	У	И	Е	П
И	С	Т	И	Н	Н	О	Е	Р	П	С	Л	О	Н	Е	Е	Ы
А	В	Т	О	М	А	Т	И	Ч	Е	С	К	И	Й	Н	А	Т

ОТДЕЛ
ПОЯС
БИОЛОГИЮ
ПОВТОРЯЮТ
РАСПИСАНИЕ
ОПЫТ
ФИШКИ
ИСТИННОЕ
КЛЕЙ
ЖЕРТВУ
СТАТЬ
ПРЕДУПРЕЖДЕНИЕ
АВТОМАТИЧЕСКИЙ
ФЕДЕРАЛЬНЫЙ
РОДНОЙ
ЧЕЛОВЕК
ПРОСТИТЬ
ДОЛЖНО
ТЮРЬМЫ
ПОГЛОЩАТЬ

Puzzle 412

СУММА
СЕЙЧАС
АМЕРИКАНСКИЕ
ЖИТЕЛЬ
ХОРЕК
ГРАНИЦЫ
РОДИТЕЛИ
КОРОЛЕВСКИЙ
ПОТЕРЯННЫЙ
ИЗМЕРЕНИЕ
МИРУ
ВСЛУХ
КИПЯТИТЬ
КАРМАННЫЙ
КРУТО
ЗЕМЛЕРОЙКА
ПОДНЯТЬСЯ
ОБЕД
СКУТЕР
СНЕГОВИК

У	Л	Л	Т	А	Е	У	М	Й	О	С	О	Е	Д	М	И	Е
П	А	Н	Г	У	О	П	Й	Ы	Н	Н	Я	Р	Е	Т	О	П
Е	Е	О	Я	С	Ь	Т	Я	Н	Д	О	П	Н	Ф	Д	С	И
О	А	О	И	Е	И	К	С	Н	А	К	И	Р	Е	М	А	З
Р	У	М	О	О	У	Е	Д	А	Ь	Л	Е	Т	И	Ж	Ч	М
С	С	У	А	И	Л	Р	Т	М	М	Т	Е	Т	Ф	Е	Й	Е
О	В	С	Л	У	Х	О	Г	Р	А	Н	И	Ц	Ы	А	Е	Р
К	Б	О	С	И	О	Х	Т	А	С	П	Т	Т	С	Л	С	Е
Р	У	Е	И	С	С	М	К	О	Р	И	Е	Я	Е	У	Н
У	И	Р	Д	З	Е	М	Л	Е	Р	О	Й	К	А	П	Р	И
Т	М	К	О	Р	О	Л	Е	В	С	К	И	Й	М	У	И	Е
О	К	И	В	О	Г	Е	Н	С	И	И	Е	Т	М	Е	Т	К
Т	Ф	И	Р	Е	Т	У	К	С	Е	Р	У	М	У	Е	М	Р
Е	Е	Т	Е	У	А	П	Е	А	Л	Р	И	С	С	И	У	И
И	У	И	Е	А	Е	М	О	Р	Р	О	Д	И	Т	Е	Л	И

Puzzle 413

```
С Р Е Д А О О П С О А У О О М У С
Е О У Ф П И Г А М У Б А С Д Е И Т
Е О И А И Ф У Е Ы И И И Р А И О Р
П Ш Е Н И Ц Ы О С А У Ц У Л Е С А
З С Л У Ж И Т Ь Л К С И О П М Ф Т
А З Е И У Р О Т И О У И Т И О А Е
Р А У Н Е Л В О И М Н С О В Р К Г
А П Р Р У З И Н В Б И Ж Л П О Т И
Б А Л И В А С П С А С Р О М З О Я
О С Р Р О В А М Л Й Р О Ц М С Р И
Т А Г С Л М Р Е И Н Е Ж О Л З А Р
А Ю А О И А К У О Е У Е А М М О Н
Т Т О В Т С Ь Л Е Т И В А Р П И В
Ь И Я С Ь Т Я Л В И Т О Р П О С С
И З О Л И Р О В А Н Н Ы Е И Т М Л
```

СМЫСЛ
ПШЕНИЦЫ
ЗАРАБОТАТЬ
ИЗОЛИРОВАННЫЕ
ВОЗМОЖНО
РАЗЛОЖЕНИЕ
СТРАТЕГИЯ
СРЕДА
БУМАГИ
КРАСИВО
ФАКТОР
МОРОЗ
ВНИЗУ
СЛУЖИТЬ
КОМБАЙН
УВОЛИТЬ
ЗАПАСАЮТ
ПОИСК
ПРАВИТЕЛЬСТВО
СОПРОТИВЛЯТЬСЯ

Puzzle 414

ПЕРЕРЫВ
ПОСТ
СИРЕНЕВЫЙ
АККУРАТНАЯ
ПОКОЛЕНИЯ
ТЕ
СДЕЛАНО
ВОЗРАСТ
ВЫШЕ
ШТОРЫ
БАБОЧКА
СЕМЬИ
ПИТАТЕЛЬНЫМИ
РАЗДРАЖАТЬ
ВЕСИТ
ВЗВОЛНОВАННЫЙ
ДАЛЬНИЙ
МЕНТАЛЬНЫЙ
КРАБ
ПРОСТОЙ

```
И Л Я И А П П Л Р У Г И И Р Р С О
О О И Т А И М Ы Н Ь Л Е Т А Т И П
Н В Н Б А Р К Р Н С Л У А З В Ь С
П Ы Е П А Т А О Т Е У О О Д О М Д
Л Р Л В Н Б И Т В У Е С В Р З Е Е
О Е О Е Ы Е О Ш Т И С Е В А Р С Л
Е Р К С М Ш Е Ч Е Р Е И С Ж А М А
Н Е О М Т О Е Т К Р И Н А А С Е Н
М П П Ф С О С М Е А И Т Ц Т Т М О
У Т Е П О И Й И Н Ь Л А Д Ь Т Л С
С Р М И П А К К У Р А Т Н А Я М Р
В З В О Л Н О В А Н Н Ы Й О У Н Т
Т А С И Р Е Н Е В Ы Й Д М О О Ф М
Т М Е И М Е Н Т А Л Ь Н Ы Й Н Ф Т
Д У И Е Р П М М И О Т Л И О М Т Т
```

Puzzle 415

О	И	Ф	Н	Ж	У	Я	С	Т	О	Ч	Н	Ы	Й	Т	М	Д
П	И	М	Е	Р	Ю	Р	Е	Н	У	А	У	Я	П	Р	Е	О
Т	Р	Т	Е	О	Д	Р	С	Е	Е	Е	В	М	О	Е	Д	К
А	О	У	У	Н	У	С	И	О	С	Р	С	Е	П	Т	Т	А
Т	Ф	Н	Е	Р	Т	О	Н	И	Т	Т	Ц	А	Е	И	О	З
К	О	Н	Т	А	К	Т	Н	Ы	Й	Е	Е	М	Р	Й	Ч	А
Е	П	Я	И	В	Т	С	Е	Ш	Е	Т	У	П	Е	М	Е	Т
О	Л	А	Г	У	П	О	Т	И	Б	С	И	У	К	В	М	Е
С	Н	И	Ж	Е	Н	И	Е	И	Д	Е	Р	Е	П	В	Ц	Л
П	О	С	Л	Е	Д	Н	Я	Я	Т	Т	Р	Т	И	И	У	Ь
О	Ь	Т	А	В	А	Л	П	Н	Л	Ь	У	Т	Б	У	Е	С
Р	Т	Ф	А	П	Л	А	М	К	О	Т	А	Т	С	О	Т	Т
У	У	О	Е	И	О	С	О	Т	И	Ф	У	И	Т	Я	Т	В
И	П	М	Т	Е	Е	Т	Т	С	Е	О	Я	У	И	Е	Н	А
П	М	Ш	О	К	О	Л	А	Д	Н	А	Я	Н	О	Г	И	С

НОГИ
ОПАСНО
СЕТЬ
ШОКОЛАДНАЯ
ПУТЕШЕСТВИЯ
ЖЮРИ
ДОКАЗАТЕЛЬСТВА
ТЕННИС
ВПЕРЕДИ
ЧЕМ
ПЛАВАТЬ
ОСТАТОК
СНИЖЕНИЕ
ПОПЕРЕК
ПУГАЛО
ПОСЛЕДНЯЯ
ТРЕТИЙ
КОНТАКТНЫЙ
ЯСТРЕБ
ТОЧНЫЙ

Puzzle 416

ВСЕГДА
ЧУВСТВУЮТ
ЭНЕРГЕТИЧЕСКУЮ
КАТАСТРОФА
ВИДЕНИЕ
ЛЕЖАЛ
АССОРТИМЕНТ
МЯГКИЙ
БЫСТРАЯ
ДОВОЛЬНО
МАКСИМУМ
БЛОК
КРОШЕЧНЫЙ
КОМПАКТНЫЙ
КРИВАЯ
ЗНАЛИ
ПОНИМАЮ
КОЛОКОЛ
АРЕСТ
КОНЕЦ

Р	К	Й	Н	И	Н	Р	Е	Е	И	С	О	М	Д	М	В	У
Ф	А	И	И	У	А	Т	Н	Е	М	И	Т	Р	О	С	С	А
Т	Т	К	Р	О	Ш	Е	Ч	Н	Ы	Й	Е	А	В	О	Е	У
Р	А	Г	Е	У	В	С	Е	Г	Д	А	О	Т	О	Е	Н	Р
А	С	Я	А	В	И	Р	К	Е	Н	Л	Н	Н	Л	А	И	Е
К	Т	М	В	И	Д	Е	Н	И	Е	Н	Е	Т	Ь	Е	Я	Т
О	Р	Т	М	Е	Н	Е	Н	М	О	И	М	С	Н	Р	У	Б
Л	О	О	И	Н	Р	У	Т	Л	В	Ц	И	О	М	Н	Л	
О	Ф	Э	Н	Е	Р	Г	Е	Т	И	Ч	Е	С	К	У	Ю	О
К	А	Б	Ы	С	Т	Р	А	Я	Т	Р	Н	Р	Н	М	С	К
О	С	Е	И	У	Т	А	Т	И	З	Р	О	И	А	И	Е	С
Л	А	Ж	Е	Л	Е	Ф	Н	С	П	Н	К	У	О	С	А	М
Ч	У	В	С	Т	В	У	Ю	Т	Е	О	А	У	Т	К	О	П
К	О	М	П	А	К	Т	Н	Ы	Й	Р	А	Л	Р	А	С	Е
Р	Е	И	И	Т	У	П	О	Н	И	М	А	Ю	И	М	И	И

Puzzle 417

```
И И В Н Т А Н Д О Р Л Л С К И С Р
П Е Т Р А И О О Е Я Р Р Р У Ж У М
Н О Ь Н А П М О К П И О Т П Т П О
Н С Я А К О Р О С Й О А Х И У И Д
И И Р В И И З У Ч И Т Ь О Л М И Е
О В Ц Н Л Т О Е А З С Т Д А Р Н Л
Р Ч И М О Я У Р С О Е И Ь Р Е Е Ь
В Р Е И Р А Ю Т И К Е П Б Л Т Н Н
Е И Р В К Р О Т С К О Р А Д О П Р
А М Е М И О У Е С Э К С П Е Р Т Е
Р Т Н У Н Д Е П Е Я Л Т К У К Л А
А О О Л Е И Н А В О Д Е Л С С И С
Р М Б Е Н Р Т О П Р И Н И М А Я П
Н Е З А В И С И М Ы Е Е И У И Е И
О Е А О У И Е Р П Н С С Е Л Т А М
```

ОЧЕВИДНО
ИЗУЧИТЬ
ИССЛЕДОВАНИЕ
КРОЛИК
ПИТЬ
КУПИЛ
КОЗИЙ
СОРОКА
ПОЯВЛЯЮТСЯ
ХОДЬБА
ПРИНИМАЯ
КУКЛА
КОМПАНЬОН
НЕЗАВИСИМЫЕ
МУЖ
РОБ
РАД
МОДЕЛЬ
ЭКСПЕРТ
ПОДАРОК

Puzzle 418

СРЕДНИЙ
ГОРОД
УВЕРЕННЫЙ
РАССВЕТ
ДРАМАТИЧЕСКИЙ
БОЛЬШИНСТВО
СПУСКАЮТСЯ
ТЕМНЫЙ
ТРАНСПОРТНАЯ
БИТ
ЛОЖКУ
ЛЮБОПЫТНО
ЖАБА
ПОВСЮДУ
ПРИВИЛЕГИЯ
БОГАТЫХ
УХОДЯЩИЕ
БЫСТРО
СОЛНЕЧНЫЕ
ПРИВЫЧКА

```
С П У С К А Ю Т С Я О Р Т С Ы Б Р
Т С Р И Р Л Т И У В Й О О М О О Р
П Р Р Р Е Е Р Б К И Ы П В И Я Г А
О М А Е Ж А Б А Ж С Н В Т Р И А С
В В У Н Д Р Д Л О И М Л С Л Г Т С
С И П Н С Н С О Л Н Е Ч Н Ы Е Ы В
Ю О Т Т И П И О Р М Т Е И П Л Х Е
Д Л Д Т С О О Й Е О Н У Ш Р И И Т
У Е Е У У П Л Р Е О Г С Ь И В Л И
У Х О Д Я Щ И Е Т Т У Ф Л В И Е О
Л Ю Б О П Ы Т Н О Н Н Е О Ы Р М
У В Е Р Е Н Н Ы Й Н А С Б Ч П О Н
О Р И П И Ф С И А О Е Я П К Т Е А
Д Р А М А Т И Ч Е С К И Й А У Н У
Т И И Л Т Р Е Д Л Ф У М О С О О П
```

Puzzle 419

```
К Т Р Е Б У Е Т С Я У М И С А У В
О У О О Н В Я И А Л И Е Л Е О А З
Ш Л В Т О Р О Е П О Р Ы В И П А
Р И У Ь И М Ы В И Л Ч А Д У У У И
О С С Ь Т И В О Т О Г Д О П Е И М
Г Е Н Н С У Л М П П Ц М Л Й У А О
У Р И И Е У Р Е У С У Н А Е П И Д
Е С Н Т В А Т Н П Е Н И Е К Щ Е Е
Д С А Р О Т Т Л Ы П В Т Ф К П Е Й
Б Р Д П Р Е И Д Е Е Р Р И О Н Н С
Е Р Ж Е П П Р И Ч И Н А О Х Д Е Т
П Т А Т Я Б Е Р У М Н Е Е И И Е В
Л Л Р Т Р Т О А У Л И Ч Н Ы Е У И
С О Г В С Т Р Я Х И В А Н И Е Е Е
С Н С И И И Е А Т Е В Р У С И О И
```

ТРЕБУЕТСЯ
ВСТРЯХИВАНИЕ
БРАТ
УЛИЧНЫЕ
ХОККЕЙ
ПРИЧИНА
СИЛУ
ПОРЫВ
УМНЕЕ
ВЗАИМОДЕЙСТВИЕ
ПРОВЕСТИ
РЕБЯТА
ПЕНИЕ
ГРАЖДАНИН
УДАЧЛИВЫМИ
ЕЩЕ
ВТОРОЕ
КУЛЬТУРНЫЕ
ГОРШОК
ПОДГОТОВИТЬ

Puzzle 420

ВОЕННЫЙ
ПАПУ
ВАРЕЖКИ
ОПАСНОСТЬ
ПЯТЬ
СОСТРАДАНИЕ
ОБЪЕКТ
РАССТРОЙСТВО
СЛАДКИЙ
УМ
АФФЕКТ
НАРОД
СТОИТ
ТЯНУТЬ
АВТОМОБИЛЬ
ПЛОХО
ЖЕСТКАЯ
ВЛАГА
МЕДИЦИНУ
КОНЕЧНО

```
О С Т Р А Г А Л В У С Т И А П И П
С Т И Т У В С П В М П Л О У А Н Ф
А О Н Е Т Е Т К Е Ф Ф А А Г П М А
Ц Р Й Ы Н Н Е О В С С С Т Д У Н И
Н Е У О Т Т П М О Р Д У О К У Н
С И Л А С И Е Л Р О Л В И Р А И Е
О Н Ч Е Н О К О Е И Б Т Д А Р П Й
Р А Т И Л А Е Х У И А И И Н М Т Д
А Д С Т О И Т О И М Е Н Л О О Е И
Р А С С Т Р О Й С Т В О О Ь Г И А
А Р В А Р Е Ж К И С У Т Б И Т О С
Н Т О П А С Н О С Т Ь И Ъ Е Т Я У
И С М Е Д И Ц И Н У И Р Е И Р О П
У О Ж Е С Т К А Я Н С О К Л Н М
Т С Т Я Н У Т Ь М Р У У Т О Л Е И
```

Puzzle 421

```
Г С А Р И Б Д Р Е В Н И Е Й Р В Р
И Т У Е У И Ы Н А В Е Р Н О Е Ы А
И Е Т У М А С Л Л Н Т Т О Ш Ы Й Н
П Е Р И М Е Т Р И Д Е Р С Ь Н Т А
Н И Л Т О У Н У Р А С Т У Л Ч И Е
Т У Р Т У И Р В И С С И И О И М Р
С И Н Т Е Р Е С Е О О И Т Б Т М А
А З П Р Ы Г Н У Л Г Ш У Р Е Н А П
Т Ь В С В Р У Т Ц В Л С И Н Е О Р
Т Д Е У У Ц Р А Е И Г А Т Л Д У М
У Е Р Н Ч И У К Т О Л М В Е И С У
И Б М Ф Т А Н Ж В Р С Р Т А О О И
М Е Н Ь Ш Е Т Е П У А О М И О И Е
О Л А М В У У Ь У Р А Ф Т О Е М Л
Д Н И У А З Н А Ч Е Н И Е Ф У Н И
```

MENЬШЕ
ПРЫГНУЛ
ИНТЕРЕС
БЫЛИ
НЕБОЛЬШОЙ
СРЕДИ
ТАКЖЕ
ДРЕВНИЕ
ШОССЕ
НАВЕРНОЕ
ЛЕБЕДЬ
САД
ВЫЙТИ
ФОРМА
ДОМ
ЗВУЧАТЬ
ЗНАЧЕНИЕ
ПЕРИМЕТР
ГЛАВА
ИДЕНТИЧНЫЕ

Puzzle 422

СИГНАЛ
СМЕЯТЬСЯ
ВЗРЫВ
НЕКТАР
ДОСКУ
НАСЛАЖДАЙТЕСЬ
ЭВАКУИРОВАТЬ
ВОСЕМЬ
ВИЗИТ
ЛУГ
КАБИНА
КОНФЛИКТ
КОРИЧНЕВАЯ
КОМНАТУ
НЕРЕГУЛЯРНЫЙ
ПИВО
КОРАБЛЬ
РАССЛАБЛЯЕТ
РВАНУЛА
БЕЗ

```
С У С Е Н У И М С Н С В В В М И М
И Я А В Е Н Ч И Р О К С О И И Е Р
Г Р Н И Р М Е А Е Л М Е Е С З Е Е
Н А И Е Е С М Е Я Т Ь С Я А Е И Е
А С Б П Г И А Е У К С О Д О Н М Т
Л С А П У И Ф С Т С С И Л Н Е Ф Ь
М Л К Л К О Р А Б Л Ь У С К Т Т
П А И Е Я Е И О Н К Е У Г Е Т У О
А Б Е У Р Р Ц С М Т О О И М А Е Е
Н Л О Е Н П И В О И П Н У Е Р У Р
И Я С В Ы Р З В К Б Е З Ф У М М П
Е Е У П Й Р В А Н У Л А М Л Т М Т
У Т Э В А К У И Р О В А Т Ь И М Д
Н А С Л А Ж Д А Й Т Е С Ь Е Н К Ф
Т Н У А Е М В А С Т О П У Т Р У Т
```

Puzzle 423

```
Р Р У А Г О Н П Р И М Е Ч А Н И Е
И Ь Р К А Е Е М Т Л В Р Ц У Г Е М
М Т О Р М Т С И Ф О С Е О У И И П
И И К И Н Ж Е Н С Д О П Щ Т И Ч Р
С Б Р Т П Н А Л Н У И Ф У Ь А Л О
С И Л С Д М У П С А Т А О Я Н Е Т
И С С И Т Т Л Л И М Я А К З И Н И
Я В У О Т Т Т Е Т Д У О Н Р П П Ш
Ш О П Р А К Т И Ч Е С К И Е О Р И
К Р У Р У Е А В Р Е Д М Е П И Н
А О О И Р О Е Е Ц Н Л И С Р Л Н А
Ф Н Н Е Е Т Л Л И И Е И Т С А О М
В А Н Л У О И Ь С Е В В Т Р В С О
Р Е Г У Л И Р О В А Н И Е Л О И Р
И Е Е О Р И Н З У Б Ы Л О Д К Т Е
```

МИССИЯ
НОГА
РОТ
РЕГУЛИРОВАНИЕ
ТИШИНА
БИТЬ
ЧЛЕН
ШКАФ
ПРИМЕЧАНИЕ
ПОПЛАВОК
ВЕЩЬ
ЗУБЫ
ПРИНОСИТ
ВОРОН
СТИРКА
УРОК
РОЛЬ
НИЗКАЯ
ПРАКТИЧЕСКИЕ
ПОДСНЕЖНИКИ

Puzzle 424

КАРТОФЕЛЬ
СЕДЬМОЙ
МЕСЯЦ
ВЕЧЕРОМ
КОЖА
ИМИТИРОВАТЬ
ЖИВОПИСЬ
ТКАНЬ
ПРИНЯТО
ПРЕСС
ПРЕДЫДУЩЕЕ
МЕХАНИК
СЕНСОРНЫЙ
КОТЕНОК
СЕРДЦЕ
КРАСОЧНЫЕ
ШЕЛКОВИСТЫЙ
ЦЕРКОВЬ
РЕКРЕАЦИОННЫЙ
СЛЕДУЕТ

```
П М Е Н И М В П А С И И О В Л Р Ц
С Р Е Л С М Р И Т Л О К Ь М Т Е Е
Р Е Е А В Ш Е Л К О В И С Т Ы Й Р
Е П Н С С Е Р Д Ц Е С Н И Е Е О К
К Р Л С С М У Р Е Н А А П У Н М О
Р Е Р В О Т Я Н И Р П Х О Д И Ь В
Е Д А Е К Р С Т Е М С Е В Е И Д Ь
А Ы Б Ч К О Н Е Т О К М И Л П Е Л
Ц Д У Е С У Ж Ы И О Е О Ж С У С Е
И У Г Р В А М А Й М Л Т И Н Т Ц Ф
О Щ А О М Е С Я Ц Е Т Т К А Н Ь О
Н Е О М Ц Я Б У Е И О О Т В О У Т
Н Е Ы Н Ч О С А Р К С С У Е М Е Р
Ы В В Е У Е С Е Л У У У Е У В У А
Й И М И Т И Р О В А Т Ь Е А А Т К
```

Puzzle 425

У	С	У	Р	М	С	М	Д	Я	У	З	У	С	Т	П	А	О
П	М	П	И	О	И	И	Е	В	А	Т	А	Б	М	У	О	Ж
Д	Р	У	Ж	Е	Л	Ю	Б	Н	Ы	Й	К	Д	Д	Т	А	И
И	Т	Т	В	Й	О	Т	Н	С	Ж	Я	Л	П	А	Ь	О	Д
К	И	Р	В	Ы	Ц	И	Н	Ж	О	Н	А	Н	Т	Т	Р	А
Ц	Т	Ф	Е	Н	С	Д	Д	С	А	И	С	И	О	Е	Ь	Е
Р	Л	О	Ч	Ь	Ь	Т	А	З	А	К	С	Ф	И	М	С	М
Д	Р	Т	Е	Л	У	И	Р	О	Т	Н	О	У	Р	Т	Т	Ы
Ж	Е	И	Р	А	У	Р	И	Е	С	О	С	Е	Д	И	О	Й
Е	Н	Д	И	К	М	О	М	О	Л	Т	И	О	Н	Ж	Й	Ы
У	И	Е	Н	Ы	И	В	М	И	П	М	Т	С	И	Ы	К	Н
Е	И	С	К	З	Т	О	Т	И	Е	Б	Г	Е	Н	Л	А	Н
В	С	Л	И	У	П	Г	О	Г	Р	О	М	Н	Ы	Й	У	О
А	В	М	С	М	П	Р	И	Г	Л	А	Ш	Е	Н	И	Е	С
Т	А	Р	Ф	П	Е	С	Е	Т	Т	И	Т	Н	Е	М	И	В

СОННЫЙ
СКАЗАТЬ
ПУТЬ
НОЖНИЦЫ
ПРИГЛАШЕНИЕ
СТОЙКА
ОЖИДАЕМЫЙ
КТО
КЛАСС
ПЛЯЖ
ЖЕ
ЛЫЖИ
ВЕЧЕРИНКИ
ВЫСТРЕЛ
ГОВОРИТ
ДРУЖЕЛЮБНЫЙ
СОСЕДИ
ЗАДАТЬ
ОГРОМНЫЙ
МУЗЫКАЛЬНЫЙ

Puzzle 426

КАЧЕЛИ
БЕГЕМОТ
ПЕРСИК
НОВЫЙ
ГЛЯНЦЕВЫЙ
ЗМЕЯ
ОПРЕДЕЛИТЬ
ДРАГОЦЕННОЙ
ТРУС
ПОСЕЛИЛАСЬ
УДАЛИТЬ
ЖЕНЩИНЫ
САРАЙ
СУД
КАШТАНЫ
ПРОЦЕСС
ЗДОРОВЫЙ
ЛИ
СПРОС
ПОДРЯД

Е	И	Е	П	П	О	С	Е	Л	И	Л	А	С	Ь	Т	Т	О
С	М	Я	Е	М	З	М	Л	И	А	Д	И	Т	И	О	Ь	О
И	И	О	Р	А	И	С	И	Л	Д	У	Т	Т	И	Е	Т	Л
О	Т	Р	С	С	Е	Ц	О	Р	П	К	А	Ч	Е	Л	И	И
Ж	П	А	И	Б	Е	Г	Е	М	О	Т	Т	И	А	И	Л	Н
У	Е	Р	К	Р	С	Г	Л	Я	Н	Ц	Е	В	Ы	Й	А	О
А	В	Н	Е	П	О	Д	Р	Я	Д	Т	Т	Е	У	Т	Д	В
У	У	О	Щ	Д	Н	И	С	Ц	И	М	Р	Ц	Р	Е	У	Ы
О	О	Т	Р	И	Е	И	М	Л	М	А	П	У	Т	Т	П	Й
Т	С	Е	С	И	Н	Л	С	Р	Р	Р	Й	Я	С	Л	Р	С
Н	Т	С	У	У	Т	Ы	И	О	А	К	А	Ш	Т	А	Н	Ы
З	Д	О	Р	О	В	Ы	Й	Т	А	Д	Р	У	И	И	С	И
Н	У	Г	Н	И	С	Е	И	С	Ь	А	А	А	П	Т	Н	Е
Д	Р	А	Г	О	Ц	Е	Н	Н	О	Й	С	О	Р	П	С	И
Ф	С	И	Р	И	С	У	Д	Т	И	Н	У	Т	В	Е	Е	Т

Puzzle 427

```
Б П В П О М С Е Р Т С А О Л У И О
П Р А П Л С Ь Т А Х Е И Р П М Н У
О Б Ю Р О Г О Н Н Е Л Е Д Е Р П О
Х О С К Т Й А Щ О Р П Т Е А Т Р Б
О Л С О И И О С И Л Г М Ы О М Т Л
Ж Ь Л С Б М Я Ф М М Л У Н И Е П А
И Ш Л Е Г Н А О С Т О П З И Е Р Г
Е И Е П Л Н М П Т Н С И Я А Т И О
Е Е И Т И Е О Н У Т С Т Р Д О М Р
Е А Я В Ь М Е Н С Т А О Г Ф Т П О
М И Ь Т Л Д Р С У Е Р И Т П Н Н Д
М О Н Ь А Н А Л И З И П Л У Т А Н
С Л И С Т Е Л Е К С Й Е Н Р Е Е Ы
У Л В И С И С О Я С П А Р П М С Й
В И С Е Е Д Ш Н А Е Т И С А Л О Е
```

ПРОЩАЙ
БОЛЬШИЕ
БЛАГОРОДНЫЙ
ПАРТИЯ
ЛИСТ
ТЕАТР
ГРЯЗНЫЕ
ПРИЕХАТЬ
СКЕЛЕТ
СТАЛЬ
АНГЕЛ
АНАЛИЗ
БРЮКИ
СВИНЬЯ
ГЛОССАРИЙ
РАНО
ОПРЕДЕЛЕННОГО
ШИТЬ
ПОХОЖИЕ
ПЕСОК

Puzzle 428

ФИНАНСОВЫЕ
КОНКРЕТНЫЕ
ГОРНОСТАЙ
НЕЖНЫЙ
ПОЛЕЗНОЕ
ДУРАК
ВОРОНА
АВТОМОБИЛЬНЫЕ
ЛОЖНАЯ
КОРИЦА
ВЫЗЫВАЮТ
ЗРЕЛЫЙ
КРОВЬ
МОНСТР
ОБНЯЛА
ВСТРЕЧА
СПИСОК
НАПРЯЖЕНИЕ
ПРОМЫШЛЕННОСТЬ
ПАРА

```
Г А У Ф А З В С Т Р Е Ч А С П Т П
О Е А И В А Р А П П С А Н О Р О В
Р Л М Н Т В О Е С П И С О К О И С
Н Е И А О Ц Е С Л Р И Н Е Т М Л Н
О С О Н М В Я И Й Ы Н Ж Е Н Ы О Д
С П А С О Л Е Е Н Е Й Т Е С Ш П И
Т О У О Б Е О О Б Н Я Л А У Л М У
А Л И В И Е С Ж М Л С Р Ц Е Е О И
Й Е О Ы Л Р Т С Н О М И И Д Н М А
М З Е Ь В О Р К А Р Л Р Р Н У Ф
П Н М Е Н М П Е К Е Я С О Н О Р С
И О С Л Ы Р Р И А А И И К И С А У
Т Е Е С Е И Н Е Ж Я Р П А Н Т Р Т
В Ы З Ы В А Ю Т С С М У Т Е Ь М О
К О Н К Р Е Т Н Ы Е П Ф Д Н У Н Е
```

Puzzle 429

```
Г Т Р Ж З А В И С И М Ы Й Н Л В Р
Е Т У Е И Н Е Ш О Н Т О Ы Т Т Т М
О А М Л У С Л У Г И Е Л В Л Л И И
Г Р У Е П А Г О Р Д О С Р Л О М И
Р Р Ф З Ш И Р И Н У О Р Е А Е Ж Е
А У С О У Ф М Т Л У Т Б П Д С Н Ь
Ф С Т А Л К И В А Т Ь С Я Е Ю Н Р
И О О Ф Е Т Ц Л П Е Р Е Х В А Т О
Я В Ы С О К И Й Ы Н Н У Л Л М Б В
П О В Е Д Е Н И Е О Д Т И А У С Ы
Л Т Л И Ч Н Ы Е Н П Ф И У Р Д И З
И А О У А Е Р С Д И М И Н Р Н Е О
Т А Т Т У И У У Н Т О И Ц И У Р В
У И И Л М М И Е И М А М И Е Т С Т
О Б О Р О Н Ы О Ч Е Н Ь Е А Р Е П
```

ОТНОШЕНИЕ
ПЕРВЫЙ
ЖЕЛЕЗО
ЛИЧНЫЕ
ВЫСОКИЙ
ШИРИНУ
ВЫЗОВ
ГЕОГРАФИЯ
ОФИЦЕР
ЛУННЫЙ
СТАЛКИВАТЬСЯ
ГОРДО
ОБОРОНЫ
ПОВЕДЕНИЕ
ДУМАЮ
ЛОЖЬ
ЗАВИСИМЫЙ
ПЕРЕХВАТ
УСЛУГИ
ОЧЕНЬ

Puzzle 430

АНЕМОН
ПРИВОД
МУЗЫКУ
ЗА
ОТНОШЕНИЯ
НАЙТИ
УЛИТКА
ПАЛЕЦ
НЕПРАВИЛЬНАЯ
КОМФОРТ
ОЖИДАТЬ
ЗВЕЗДУ
СТРУКТУРА
ПОТЕРЯ
ЗНАКОМСТВА
ЧАСТЬ
ОПРЕДЕЛЕНИЕ
АВТОР
ПРАВДА
ЛАСКА

```
П Р А В Д А Р У Т К У Р Т С Н Л З
Е Е К К М У О Е Е И Н Д С М Н У А
Е С С А Т У У Т О Е М Н С Л У И Т
О П А В Л И З Е Е Т А А О У У А О
Т Е Л Т И В Л Ы У О Л Й К М Т Я Ь
П И Т С С М М У К Р О Т О У Е И Т
Р Е Р М Ф И Р Е Д У Т И М О О Н С
Т А Д О В И Р П У Л М П Ф П Б Е А
Р Р Е К М Л И С М Т Н А О Ц Ь Ш Ч
Ф Р Н А В Т О Р Р Г Р Я Р Е Т О П
Ц Е И Н Е Л Е Д Е Р П О Т Л А Н Я
З В Е З Д У И Н Е Р С Т П А Д Т И
Н Е П Р А В И Л Ь Н А Я Р П И О М
С О М Т У Е О А С Е С П У И Ж Т У
О У Е В С А Е Н У И Н П Т Л О У Р
```

Puzzle 431

```
В Н И Е Р И Ь Е У О Е Ц У Н С О Г
И У Н Н Т Н Т И С Е Б Н С Д А С О
Н У В П С О С И Т И Н Е О С Я Т В
О Е А Г Н Т О Я А Ц Т П З С Е Р О
В Ф С Т У И М М Л Т Е Р Л Ь И О Р
А Р С М О М И Е И И А Н У А Я В И
Т А Л Е М Й О В Ы Б Р А Т Ь П Н М
У В З А Б Ы Т Ь Р Е Б Е Н К А Р А
Ю Н О Т С Л С Н О В А М К М Е П Е
Ф Ы Л И С И И Е У Д И М У Р У Т П
М Х А В Д М А Ц Д Т У Е О О И И И
Й У Г Р О Т П Р О Ф Е С С О Р К М
В Е Т Т А Л А С С С Е Р К У Е Т Е
Л П О У Р Е К П О Г И Б Н Е Т И С
А Е Е И У В А Ж Е Н А Т У Ю П М У
```

СИЛЫ
ГОВОРИ
ПРОФЕССОР
МИЛЫЙ
ВЫБРАТЬ
СНОВА
ЗАБЫТЬ
РАВНЫХ
РЕБЕНКА
ВОЛК
ОБЕЗЬЯНА
ЖЕНАТУЮ
КРИК
ПОГИБНЕТ
ТОРГУЙ
ОСТРОВ
КРЕССCАЛАТ
ВИНОВАТУЮ
СТОИМОСТЬ
УСТАЛИ

Puzzle 432

ИСПОЛЬЗОВАТЬ
ОСЕНЬ
БЕСПЛАТНЫЙ
ВИШНЯ
МЕТОД
СОБСТВЕННОСТИ
ДЕРЖАЛ
ПУТЕШЕСТВИЕ
ИСПУГАННЫЙ
ВЗГЛЯД
СИДЕЛ
ПОЗВОЛЬТЕ
ЛЕД
РЕЗУЛЬТАТ
ЗУБНАЯ
СПЕШИТЬ
КРЫТАЯ
ПИЩЕВОЙ
ХОРОШО
ГАЗОН

```
Е Ь П З Е Ц И Н Д С М И Н Т Р Ь Н
И Т Н И У Р М У С О Е О В И Ш Н Я
Т А С У Щ Б С Т С Б Т О Е Р В Е А
Р В И П П Е Н Т Т С И Р А Н А С Т
В О И Е Е Ф В А Ь Т И Ш Е П С О Ы
Й З М Е Т О Д О Я В Д Е Р Ж А Л Р
Ы Ь Г П И А Е У Й Е Д Е С Р Р Х К
Н Л А Л Т А Л У С Н П Т И Е Ф О Т
Н О Н Р Я Т У О И Н И О Д У У Р У
А П М У Е Д Т П М О А Т Е Р О О А
Г С Й Ы Н Т А Л П С Е Б Л Л Т Ш И
У И Р О Л С О Е Т Т А У О Р О О Е
П О З В О Л Ь Т Е И Л М И А Р Л Р
С Т С П У Т Е Ш Е С Т В И Е И М О
И Г А З О Н Р Е З У Л Ь Т А Т У И
```

Puzzle 433

```
Й П А Б Б Р Е В И А Т У Р А И О О
И И Т Е Р У И В Р М Т И Р И И И
К Н Е А К Н Е Ц О Д Р С Р Т И Е Р
С С З О Е Е П А З И Ц М Д О Б Б А
Е А А Р Т Б У Е И Н Е М У Л Р Е Е
Ч Е Г Е И Е Е Д Р Ь Н А М С А О Л
И О П Ф С И Ц П С Р И О О Е Т Т
Т Е В Н У А Е С О А И К Ч О В Е Д
П Й И Ч О Б А Р И Л Л К И Ф А Р Г
И Е Д К У П И Л Е И В А О Н Р О И
Л А С Е Ф Ц Р Д Я Л Г З В Н О М Е
Л Л А Н И А Е И Н Е Ч Ю Л К С И Р
Э У Г Р Я И К П Н С Л О В И Т Ь Т
И М М Р Р В Л Т Т О Н О О М Н Р А
У Ч А С Т В У Е Т П П Т В Е У Р Л
```

АББРЕВИАТУРА
ФАКТ
ГРАФИК
ОЦЕНКА
РАБОЧИЙ
ЭЛЛИПТИЧЕСКИЙ
ПЕСНЯ
ЛОВИТЬ
ПРИЗ
НЕБЕСА
ДЕВОЧКИ
ГАЗЕТА
ИСКЛЮЧЕНИЕ
УЧАСТВУЕТ
УМЕНИЕ
ВИД
КУПИЛ
ПОСЕЛИЛАСЬ
ПЕРСИК
ВЗГЛЯД

Puzzle 434

СЕГОДНЯ
УПРОСТИТЬ
ДЕНЬГИ
КАЛЬМАРЫ
РАСШИРЬТЕ
ВЫСОКОЕ
ИЗМЕРИТЕЛЬНЫЙ
КОМУ
ПОПЫТКА
ГРАНД
СПАСИБО
ФУРГОН
ГОТОВИТЬ
КЛИМАТ
ЗЕМЛЯ
ОГРАНИЧУСЬ
ВЫСОТА
ИДЕНТИЧНЫЕ
КОМНАТУ
ПРИГЛАШЕНИЕ

```
П Н Р А Ф Г Е О С О Р Д У П Е Е О
И Е С Р Н О Г Р У Ф И О У С Н С Л
У Е Ц Е А Т О С Ы В О Е Т И У И О
С О Т У М О К Л И М А Т Е Н М Е Е
О Е Т Ф О В К А Л Ь М А Р Ы Ц У И
Г О Г Р И И П Р И Г Л А Ш Е Н И Е
Р К П О И Т И Д Е Н Т И Ч Н Ы Е О
А О М О Д Ь Т И Т С О Р П У А Е М
Н С П У П Н М В И М К Д Е Н Ь Г И
И Ы С Н Д Ы Я Л М Е З О Г Р А Н Д
Ч В М М У И Т Т Е М С Е М С Е О Р
У О О П Е У Р К А Н Е Е А У Т И Е
С К О М Н А Т У А С П А С И Б О И
Ь Р А С Ш И Р Ь Т Е С У С М Н Т А
В Т И З М Е Р И Т Е Л Ь Н Ы Й С Л
```

Puzzle 435

```
Л Е О М Р П Р И Б Л Д Е О Д А Р О
С О Д А Е П П Е А Е Р И М Е Е М С
Х Е С И Т Е У О З Д У Е Л Д У И Т
Ц О И Т М А С Н А И Г М О О Е А А
М Т З И О И Й Ы Н Р О С Н Е С Р Л
Т Л А Я А Р Н Н Е Р Е Е Ж В И Я Ь
М У Е Н И Д Е С О С Е П О Е Е А Н
Ц О Е И О Н О Т И А Е Л Р Ж У Н О
А Д И Т С Л А К А Л П А О Л П Т Е
П У У Е У Р К Н Е П Б В Т И М А О
А И С Ш Т О С У С С Р А С В Т Р С
Д У О Е У Р Е П И Р Е Т О Ы Е Б Р
Н А Е И А В Р И И М Г Ь Л Е А О Т
Е П А Т С У Ф З Д О Р О В Ы Й С М
П О Д Д Е Р Ж И В А Т Ь И У О И О
```

ОСТАЛЬНОЕ
ДУШ
ПЛАКАЛ
ДРУГ
ДЕД
ОСТОРОЖНО
ПУНКТ
ВЕЖЛИВЫЕ
БАЗА
СОДА
ОБРАТНАЯ
ХОЗЯИНА
ЛОСЯ
ЛЕДИ
ПОДДЕРЖИВАТЬ
ФРЕСКА
ПЛАВАТЬ
СЕНСОРНЫЙ
СОСЕДИ
ЗДОРОВЫЙ

Puzzle 436

ПОВЕРХНОСТЬ
БОЛЬШАЯ
ТИПИЧНЫЕ
СПОСОБ
СПАТЬ
ГРУБО
ДОЖДЛИВЫЙ
РВАТЬ
СОСТОЯНИЕ
КРУПНЕЙШЕЕ
ВЫЖИТЬ
ШИРОКИЙ
СТРАНИЦЫ
ПРОВОДИТЬ
РАЗБУДИТЬ
ОРЛА
ДОЛЖЕН
ОБЕД
СОРОКА
ЖИВОПИСЬ

```
Е И Т И Н О Е Е А Е И Я С Р Б И Ж
Е М И И Е И А Е Е Н Н Т Е И О Е И
К Р У П Н Е Й Ш Е Е С И А Т Л Н В
С П А Т Ь Р И И Р Р Е П Р О Ь О О
С И Ь Т И Д О В О Р П И Б Е Ш У П
О Й О Т И Р Д Т У Е Е Ч О О А С И
И И Е Т С А К О Р О С Н С Б Я Т С
У К М Ь Р О Р Т Ж И С Ы О Н Е С Ь
С О С Т О Я Н И Е Д О Е П Н А Д Р
Т Р И А Л Р О Х О М Л Е С Т Л Ь Е
М И М В Е И Н Н Р Ы Ц И Н А Р Т С
О Ш В Р П П И П А Е О А В Л И И М
Р А З Б У Д И Т Ь Е В Т У Ы Т Ж П
С А Л И Е Н П Н Е Ж Л О Д А Й Ы В
В П М М Н Г Р У Б О Т И П С Н В Е
```

Puzzle 437

```
Ф С В О В О Щ Н О Й В И Ф С М Е Г
Т Е Р О Ь Т С О Н Ч О Т М А Ы Т О
С Н П С С Е З М И С С В Е Ш С Р
П Л А О И С О А Р Т А Е М О Л У Ш
О З Е Р Д Е Т Г Е Г Т В Ф Е Е У О
Л О К Д И И Е А Й Ы М О К А Н З К
О Н О Н У Н Й Ы Н С А Р К Р И Ж С
В Т И М У Е Р Е Е О Г П Е А Е Е И
И И П И П Л Т И М С В А М Е С Л Т
Н К П А Л В А Т У Т Е Л Л Е С Т М
А А У Н И О Д У С У М С Е С Т Ы Е
И И Е А Е Н Л М Е В В Р У Н Т Й Л
Т А Н Ф Т Б О Н С Е Р Е Т Н И У У
Е У О С В О С У С Т А Л Ы Е Т Е К
М О У Н Е О Б Х О Д И М Ы М Т Б Н
```

ГАЛСТУК
ОКЕАН
УСТАЛЫЕ
МЫШЛЕНИЕ
ЗОНТИКА
НЕОБХОДИМЫМ
ОБНОВЛЕНИЕ
ЗНАКОМЫЙ
КРАСНЫЙ
ОВОЩНОЙ
ИНТЕРЕСНО
СОЛДАТ
ТОЧНОСТЬ
ПОЛОВИНА
ЖЕЛТЫЙ
ВОССТАНОВЛЕНИЕ
ГОРШОК
ПРОВЕСТИ
СЛЕДУЕТ
ГАЗОН

Puzzle 438

КРИТИЧЕСКИЙ
ЗЛОЙ
ЭКСПОНАТ
СТАДО
ГОРОХ
БЛОКИ
АРЕНДА
ЦЕНА
ШЕЯ
ЛИБО
КОГДАНИБУДЬ
ОСОБЕННО
ПЕТЬ
РАЗНООБРАЗИЕ
МЕРУ
ЛЕВ
ВИНОГРАД
ТЮРЬМЫ
БИТЬ
ЗАДАТЬ

```
Е П Ш О С О Б Е Н Н О У И И У К Т
И И Д Е Р Г Е М Н А Б Р Л И Л Р И
З О Ф И Я О Е И Е Л И А У А У И Н
А Л Е Т У Р Е М С М Л У И Л Е Т Т
Р С О Е З О Т О Л Г Р И Е У Р И Г
Б А Т Й А Х Э К С П О Н А Т П Ч М
О П Н Е Д А Р Г О Н И В У Ь Т Е П
О О Т М А Н Б И Т Ь С И Д О Ю С О
Н Я О А Т Е С Т С У Р О С А Р К И
З Е Т П Ь Ц И Т И А Т У Т Ь И О
А Р Т Л И Л А И А Б Л О К И М Й М
Р Т П Е Т У Н А Е Д У Л А П Ы У П
А Ц М В И П А О Е Т О И А И Т У В
К О Г Д А Н И Б У Д Ь Ф М И Ф У Р
С М С Е А Р Е Н Д А И А А Р Е А Т
```

Puzzle 439

Н	П	И	П	О	Т	Е	И	Т	И	Т	С	Е	В	В	Д	Ш
В	О	Г	Е	П	Н	Е	Л	Л	Е	М	А	Н	Р	Е	В	Е
Н	Н	Г	Ф	И	У	А	В	А	Р	Т	Б	Я	Д	П	О	С
У	Н	Р	А	У	О	Т	С	О	Р	П	А	И	Е	А	Й	Т
Т	Е	И	Р	У	Т	А	Т	Е	В	Ц	Й	Н	Р	У	Н	Ь
Р	Л	У	Г	М	У	К	Е	А	Т	О	И	А	М	Ь	О	И
Е	Д	Д	А	М	И	А	Я	О	О	В	Н	Н	Р	И	Й	И
Н	Е	З	А	В	И	С	И	М	Ы	Й	А	З	С	Е	Р	У
Н	М	Р	В	Н	А	Е	С	У	Р	Р	П	Р	Т	О	П	М
Я	Е	Е	Ы	М	М	М	Л	М	Т	Л	М	И	Е	А	О	Л
Я	Н	Н	П	Ф	П	С	М	Ф	Е	Т	А	В	Ж	Ж	С	А
Э	Т	У	Е	И	В	С	И	Ф	В	С	К	И	О	С	К	С
С	И	Д	Ч	Е	Л	С	М	О	П	С	Е	Т	М	Е	Т	И
Е	М	М	К	И	Ф	А	У	А	М	Т	Н	И	У	Е	С	А
У	У	Р	И	У	Е	А	Л	П	И	И	А	С	А	В	Е	С

ШЕСТЬ
АТАКА
НЕМЕДЛЕННО
ЗНАНИЯ
КАМПАНИЙ
ЭТУ
ГРАФ
ИМБИРЬ
ПРОСТО
ВНУТРЕННЯЯ
МОЖЕТ
ТРАВА
ЦВЕТА
ВЫПЕЧКИ
ВВЕСТИ
ДВОЙНОЙ
ЕГО
ВАРЕЖКИ
НОГА
ЗАВИСИМЫЙ

Puzzle 440

РЕЗКОЕ
ПРОЦЕДУРА
ВОКРУГ
НЕТЕРПЕЛИВЫЕ
ЧУВСТВО
ОРАНЖЕВЫЙ
УВИДЕННОЕ
ОБЛАКО
НОРМУ
ЧАСТНОСТИ
КИТ
ВКУС
ПРОБКА
ВАГОН
ИЗОБРАЖЕНИЯ
ШУМ
ПЛЯЖ
НОЖНИЦЫ
ПОВЕДЕНИЕ
ВИШНЯ

Р	С	У	Д	О	С	У	У	О	Б	Л	А	К	О	У	Н	И
Д	П	О	М	М	У	Ы	В	С	И	Т	Р	И	Ш	Г	И	З
У	А	П	У	Р	Р	Ц	И	П	Р	О	Б	К	А	У	В	О
У	И	Д	У	Т	О	И	Д	Т	О	И	В	А	Р	Р	М	Б
Е	П	Р	М	Е	И	Н	Е	Д	Е	В	О	П	У	К	О	Р
К	И	Т	И	И	Т	Ж	Н	В	П	В	О	Н	Д	О	Р	А
Ч	У	В	С	Т	В	О	Н	И	Л	М	Т	Е	Е	В	А	Ж
М	М	И	У	С	У	Н	О	Ш	Я	О	О	И	Ц	Т	Н	Е
Р	Е	З	К	О	Е	О	Е	Н	Ж	Т	Н	Р	О	Р	Ж	Н
П	В	И	В	Н	О	Р	О	Я	О	Л	Т	У	Р	П	Е	И
А	П	Т	У	Т	Ц	И	Е	Е	Ц	Г	М	И	П	У	В	Я
Б	И	А	Д	С	С	С	Е	Е	А	Е	А	Л	Е	И	Ы	И
А	У	Т	Т	А	В	М	О	Н	М	П	Т	В	Л	Л	Й	Е
М	С	О	Е	Ч	Н	Е	Т	Е	Р	П	Е	Л	И	В	Ы	Е
Р	У	Е	Р	П	О	М	М	И	И	Н	С	П	У	П	Ц	Л

Puzzle 441

И	А	Р	О	Б	Л	А	С	Т	Ь	Ф	Т	Т	М	О	П	М
С	Я	А	Н	Ч	А	Р	З	О	Р	П	М	Д	С	Б	Р	А
К	И	С	Б	П	О	И	С	К	Р	Е	У	Н	И	Н	И	Ш
У	Н	С	О	О	И	Н	З	Е	Л	Е	Н	Ы	Й	А	В	И
Ч	У	Л	У	С	Р	С	Р	А	Е	Л	С	У	Е	Р	Ы	Н
Н	М	Е	И	И	Н	Г	А	М	Т	А	М	И	З	У	Ч	Ы
О	А	Д	Ю	Б	К	А	А	М	К	Д	С	С	М	Ж	К	Р
У	М	О	Е	Е	У	С	О	Н	Ю	Л	У	П	Р	И	А	И
Т	А	В	Е	У	О	Т	И	С	И	Р	Е	А	Н	Т	С	Л
П	Н	А	Е	Я	Д	Н	О	Е	Г	З	И	Й	И	Ь	И	С
С	П	Н	О	С	Т	У	И	Д	О	Е	О	О	М	И	Ц	О
И	Е	И	Н	Е	Ч	У	Б	О	Л	Б	Т	В	Н	Р	Ц	У
Е	Р	Ы	Н	Ч	Е	Н	Л	О	С	Е	Н	А	И	П	В	
И	Д	Е	А	Л	Ь	Н	А	Я	И	М	Е	Е	И	Т	О	У
Ф	А	Р	Т	У	К	У	Р	У	Б	А	И	И	В	Е	Ь	Т

ЮБКА
СКУЧНО
ОРГАНИЗОВАТЬ
ЗЕЛЕНЫЙ
ИДЕАЛЬНАЯ
МАШИНЫ
САМ
ОБУЧЕНИЕ
ДАЛЕЕ
ПРОЗРАЧНАЯ
ФАРТУК
ОБНАРУЖИТЬ
ЗИМА
РАССЛЕДОВАНИЕ
ОБЛАСТЬ
КЛЕЙ
БИОЛОГИЮ
ПОИСК
ПРИВЫЧКА
СОЛНЕЧНЫЕ

Puzzle 442

ОПИСАТЬ
ГУСЬ
СЛУШАТЬ
ОБСЛЕДОВАНИЯ
ГНИЛОЙ
ДЕРЕВЬЯ
ОЛЕНЬ
ПОДАЛЬШЕ
НОМЕР
ОТ
ИСПОЛЬЗОВАНИЯ
СТРАНУ
СКОРОСТЬ
БУМАГИ
ВЕСИТ
МЯГКИЙ
КУКЛА
КОЗИЙ
ДРЕВНИЕ
КТО

Т	Т	Е	С	О	У	И	Е	О	У	О	Р	Г	С	В	П	П
Е	И	Я	И	О	Н	У	О	Д	Р	У	У	А	Т	Н	С	И
М	Я	И	Н	А	В	О	Д	Е	Л	С	Б	О	Р	У	К	О
У	Н	Н	Е	Л	Т	Н	В	С	М	Й	Л	Т	А	Л	О	П
И	И	А	Ц	К	О	О	Д	Е	Н	О	О	Л	Н	О	Р	И
А	О	В	Р	У	А	К	П	А	С	Л	Л	Е	У	Т	О	С
Е	О	О	Л	К	Т	И	О	О	М	И	Ц	Е	Е	М	С	А
Н	Д	З	Р	Д	У	Б	Р	З	У	Н	Т	Ш	Н	У	Т	Т
Д	Е	Ь	Л	Р	О	У	Е	И	И	Г	Р	Ь	У	Ь	Ь	Ь
Р	Р	Л	И	Е	С	М	А	М	Е	Й	О	Л	О	С	Т	У
Е	Е	О	О	О	И	А	У	С	Л	И	И	А	А	У	А	Н
В	В	П	О	С	А	Г	И	И	Т	К	И	Д	Ц	Г	Ш	О
Н	Ь	С	К	Т	О	И	Т	О	М	Г	И	О	И	И	У	М
И	Я	И	У	Н	Е	О	А	И	А	Я	М	П	Н	У	Л	Е
Е	Е	М	С	И	А	М	С	Л	С	М	И	Т	А	Е	С	Р

Puzzle 443

```
Д Е Д У Ш К А И Е З Е Б Н С Т О В
Н Е Л Д Е П П Н П Л Р Т Е Т Е У Т
И И Ф П У Е О Н Ж Е Н Е А У Е Е Л
Е Й Ы Л Г У Р К О М Е М Л Л С И Е
П Н Е У У Е Ц Ф Е Н Т М М Ы И Е Б
Е И Е П Л Е И К Ь Л У С О С Й Е Ы
Н А И П Е А Я Т Л А К С У П А З С
К О Л И Ч Е С Т В О О Т Е Ф Т Р Т
Р Е З У Л Ь Т А Т Т Л Р А О М Е Р
Р Ф К О Н Е Ч Н О Т Е И О Р И У О
Ж И Д К О С Т И Л О С В Т Р Е Е Н
Е Т Я Р А И С Е А И А У Ц С О Р Н
П Т М Е О С О В Р Е М Е Н Н А Я Е
Е П Е М О Т Е Л Ь Ф Л П Н С Н Н И
П О З Д Р А В Л Я Ю А Л Е Л У В О
```

СОВРЕМЕННАЯ
ЦВЕТ
ЖИДКОСТИ
НЕЖНО
ДЕДУШКА
КОЛИЧЕСТВО
СОСУЛЬКИ
КРУГЛЫЙ
СТУЛ
ПОРЦИЯ
ЗАПУСКА
МОТЕЛЬ
КОЛЕСА
РЕЗУЛЬТАТ
ПОЗДРАВЛЯЮ
БЫСТРО
КОНЕЧНО
БЕЗ
ЛУГ
ЗРЕЛЫЙ

Puzzle 444

УКАЗАТЬ
МАЛЬЧИК
ВСТРЕТИЛИСЬ
ФОНТАН
КАНАРЕЙКА
ДЛИННЫЙ
ОТДЕЛЬНЫЙ
МОРЩИНА
РАЗМЕР
ЛЮБИМОЕ
ЛЕНИВЫЙ
ВЫХОДНОГО
КЛЮЧ
СЛОМАННЫЙ
РЕФОРМУ
ПРИДУМЫВАТЬ
ПРОВОДА
ИНДЕКС
ИЗОЛИРОВАННЫЕ
ВЫСТРЕЛ

```
И С И И С Л С Р А З М Е Р К И А Л
Р Е Ф О Р М У Е О М Н Р У А А С Н
А Г С С В Н М Т У Л Й Ы Н Н И Л Д
С Л О М А Н Н Ы Й Е И О А А Д Ф М
Ь М Е И Н Д Е К С Н П У Т Р Е Т О
Т Е У Р С И Т Л Ц И Е Л Н Е О Т Р
А И О Й Т Л Е И С В С А О Й Т С Щ
В Р М Ы Ц С Ю С С Ы Е А Ф К Б Е И
Ы Н М Н Я В Ы Б Л Й М У И А Т Е Н
М А Л Ь Ч И К В И У К А З А Т Ь А
У Р С Л Ю О У И Е М Р Е Т О И А А
Д А У Е Л Е Т О О Г О Н Д О Х Ы В
И Е Т Д К Ь С И Л И Т Е Р Т С В Р
Р У Е Т У И М Е П Р О В О Д А С А
П С И О И З О Л И Р О В А Н Н Ы Е
```

Puzzle 445

П	С	Е	М	Й	М	А	Л	О	Л	И	Т	Р	А	Ж	К	А
И	Т	И	Е	Ы	И	Р	Ф	У	О	Е	И	Е	Ф	П	И	Е
С	А	И	Р	Н	А	Й	Т	И	Д	Ю	Л	П	Р	Е	И	М
Ь	Р	И	Б	У	Б	С	О	О	И	И	И	А	Е	Т	Е
М	Ы	Н	И	О	О	М	А	П	О	Л	Н	О	С	Т	Ь	Ю
О	Й	Т	М	С	Е	У	Е	Ж	Г	О	Р	О	Д	У	П	У
С	Е	И	М	О	О	Ф	И	Ц	Е	Р	М	Н	Т	Е	Е	Н
У	Р	И	А	П	У	Е	У	Е	В	И	И	У	М	О	Р	Ь
А	О	Ц	С	В	А	Н	Н	А	И	С	И	Р	Т	Е	Л
А	В	Т	О	Б	У	С	П	Е	У	П	С	Л	Р	Р	М	А
О	Щ	У	Щ	А	Е	Т	С	Я	И	Д	И	Е	У	И	Е	У
Е	И	Т	О	И	Е	У	Н	Л	Е	Т	Я	И	Л	Е	Н	Т
М	Н	В	О	Л	Р	Ч	И	С	Л	И	Т	Е	Л	Ь	Н	Р
В	Е	Л	И	К	О	Л	Е	П	Н	Ы	Й	И	И	И	А	И
У	В	Е	С	Д	О	Ч	Ь	Т	А	Щ	И	Щ	А	З	Я	В

ЗАЩИЩАТЬ
АВТОБУС
ВАННА
ДОЧЬ
ВИРТУАЛЬНУЮ
ЧИСЛИТЕЛЬ
СПОСОБНЫЙ
ПЕРЕМЕННАЯ
МАЛОЛИТРАЖКА
ПОЛНОСТЬЮ
СТАРЫЙ
ПИСЬМО
ЛЮДИ
ВЕЛИКОЛЕПНЫЙ
ОЩУЩАЕТСЯ
ЖАБА
ГОРОД
МИССИЯ
ОФИЦЕР
НАЙТИ

Puzzle 446

РАЗДРАЖЕННО
НЕВИДИМЫЙ
ШАБЛОН
НАКЛОН
УСТРАИВАЙ
ОДИН
МЕБЕЛЬ
ПЕННИ
ПРИСУТСТВУЕТ
СРЕДНЕЕ
ПИЛОТ
САЙТ
ДОМАШНИЕ
ДЛЯ
ШПИНАТ
КОЛОКОЛ
АВТОМОБИЛЬ
РОЛЬ
КАРТОФЕЛЬ
НАПРЯЖЕНИЕ

М	Р	Н	А	П	Р	Я	Ж	Е	Н	И	Е	Л	Т	О	П	Ф
Т	А	Н	И	П	Ш	О	Я	П	Ц	Т	Н	И	М	В	Р	Е
Й	З	О	И	С	А	Р	У	Т	И	И	Т	Н	С	А	И	П
А	Д	Л	Д	Д	О	Й	Ы	М	И	Д	И	В	Е	Н	С	И
С	Р	К	О	М	О	Ь	Д	Р	Ф	Т	Н	Н	П	П	У	Л
Н	А	А	М	Е	И	Ь	Л	Е	Ф	О	Т	Р	А	К	Т	О
С	Ж	Н	А	Б	П	Ш	Я	О	Е	Е	Н	Д	Е	Р	С	Т
Т	Е	В	Ш	Е	О	А	М	И	Р	И	Р	М	И	Е	Т	И
И	Н	Р	Н	Л	М	Б	С	Т	Л	Т	И	Т	Р	П	В	Р
П	Н	У	И	Ь	Л	И	Б	О	М	О	Т	В	А	У	В
И	О	Л	Е	Л	И	О	Е	Н	К	У	И	М	П	Т	Е	М
Г	И	Л	Ц	М	С	Н	И	О	О	Т	Р	М	А	О	Т	Е
У	С	Т	Р	А	И	В	А	Й	Л	О	А	М	Л	Я	И	С
М	С	Н	И	Б	П	И	У	Т	О	Р	Е	И	Т	С	О	Т
И	А	Р	Т	А	И	Е	М	Л	К	О	И	И	Е	М	М	Н

Puzzle 447

Н	Д	С	О	Т	Р	У	Д	Н	И	Ч	А	Т	Ь	С	П	О
Е	И	Н	А	Н	И	Л	К	А	З	Л	Р	Р	Л	Р	О	М
Т	В	Я	М	О	Х	О	М	Я	К	Я	М	В	Е	Р	Д	А
И	А	М	У	О	Т	Н	О	С	Б	Г	П	У	Т	Р	Д	А
В	Н	У	Л	А	Т	В	Т	С	Т	У	П	П	И	О	Е	И
Я	А	Т	И	Й	Т	А	Е	Р	О	Ш	Т	Е	Д	С	Р	У
Ъ	Е	Н	М	А	Л	Н	Т	Т	Л	К	Т	Н	О	Й	Ж	Ч
Б	О	Р	О	Т	Ь	С	Я	Ь	И	А	У	И	В	Ы	К	Е
О	Е	Ц	С	С	П	Д	И	А	С	Т	Н	Е	Е	Н	А	Н
Л	У	И	Г	О	Т	Р	Е	И	П	Я	Ь	С	Т	Й	О	Ы
Е	Д	В	М	Н	И	М	А	С	К	Р	О	М	Н	А	Я	Й
А	Е	Л	М	Р	С	Й	Ы	В	О	З	О	Р	Е	Ч	Л	Т
П	И	Ф	А	О	Е	А	У	Н	К	Н	Н	М	Е	У	С	И
Т	Е	Е	Н	Г	Л	У	О	И	М	А	М	М	В	Л	И	У
Н	Е	Р	Е	Г	У	Л	Я	Р	Н	Ы	Й	Р	Р	С	И	Е

МОТАТЬСЯ
БОРОТЬСЯ
ОТВЕТИТЬ
СОТРУДНИЧАТЬ
СЛУЧАЙНЫЙ
УЧЕНЫЙ
ЛЯГУШКА
ДИВАН
РОЗОВЫЙ
ХОМЯК
СКРОМНАЯ
ОБЪЯВИТЕ
НОС
ПОДДЕРЖКА
ПРАВКА
ВОДИТЕЛЬ
ЗАКЛИНАНИЕ
ПЕНИЕ
НЕРЕГУЛЯРНЫЙ
ГОРНОСТАЙ

Puzzle 448

ОТВЛЕКАЕТ
РЫЧАНИЕ
ВО
ФОКУС
СТЕНД
ИСПОЛНИТЕЛЬНЫЙ
АЛЬТЕРНАТИВА
ШАНС
ДУМАЛ
НОСОК
ЗАКАЗАТЬ
ЗАДНЮЮ
ЧАЙ
ПРОСТРАНСТВО
ТЕКСТ
ПРИВЛЕКАТЕЛЬНАЯ
ЖИТЕЛЬ
ПРАВИТЕЛЬСТВО
САД
ШЕЛКОВИСТЫЙ

Е	С	П	У	Л	М	Е	Е	О	Р	П	С	Т	Е	Р	С	Ш
Т	А	И	Р	И	Р	Н	С	Н	Е	Т	О	А	А	Ы	Т	А
А	Д	Ю	К	О	С	О	Н	Ц	М	М	О	Р	А	Ч	Е	Н
А	О	Ю	Е	В	С	У	К	О	Ф	Е	Е	П	И	А	Н	С
Й	Ы	Н	Ь	Л	Е	Т	И	Н	Л	О	П	С	И	Н	Д	Ж
А	А	Д	А	С	У	Т	Р	Е	И	Р	Е	Л	Е	И	А	И
Ч	Д	А	П	Е	Н	В	Н	А	И	И	М	Н	Т	Е	Т	Т
С	Р	З	Е	А	В	И	Т	А	Н	Р	Е	Т	Ь	Л	А	Е
З	А	К	А	З	А	Т	Ь	Р	Т	С	Т	Е	Е	Т	О	Л
Ш	Е	Л	К	О	В	И	С	Т	Ы	Й	Т	Е	У	Т	А	Ь
Т	П	И	Л	Т	У	О	Д	У	М	А	Л	В	К	С	Р	М
П	Р	А	В	И	Т	Е	Л	Ь	С	Т	В	О	О	С	Р	Р
П	Р	И	В	Л	Е	К	А	Т	Е	Л	Ь	Н	А	Я	Т	И
Е	А	О	С	С	У	О	Н	О	Т	В	Л	Е	К	А	Е	Т
Т	Р	А	Т	О	Г	О	С	А	А	С	С	А	Ф	А	Н	М

Puzzle 449

```
Н У Р Ф Н В И Д Е О П У Б О Р У Ф
И Н Л Н П Т И Е У Ф Р В Е Р У С И
Н Л Н У Р Т Т Т О Д Е Е Г У И П Ф
И Б Д П О С А П А З П С Е Т О Т Р
Е Ы Н И М А Т И В О А Н М В Е С С
Я С С О Ы П О О Е Е Р А О Е Ц У И
А К Б И Ш О Т Р Р Н А О Т Р О И Р
О Н Е Н Л И Б Б П О Т Е У Ж П Т Е
Д И Р И Е М И Н О Б Н А В Д О И Т
Р В Т Т Н О З Е С Е Т Ы Е А Л Т Г
Е О С У Н Д П В А М П И Р Ю О У О
П О Я М О П Е Т Р У Ш К А Т С А Е
С И У Ц С Н Е К О Т О Р Ы Е Т О С
Т А Ц Ь Т А Ж Р Е Д О С Т Т Ь Р Т
Т Е Т Д Ь Т А Р Г И И З У Ч И Т Ь
```

ПРЕПАРАТ
ОШИБКА
СЕЗОН
ВИДЕО
ПОЛОСТЬ
ВИТАМИНЫ
ВАМПИР
ВЕСНА
НЕКОТОРЫЕ
ИГРАТЬ
ПЕТРУШКА
СОДЕРЖАТЬ
СТОРОНЫ
УТВЕРЖДАЮТ
ЗАПАС
ЯСТРЕБ
РОБ
ИЗУЧИТЬ
БЕГЕМОТ
ПРОМЫШЛЕННОСТЬ

Puzzle 450

СЕРИЯ
ВЕСЕЛАЯ
КАРТИНКА
БЛЕСК
ОСТАНОВИЛИСЬ
КАЛИТКИ
КРОМЕ
ЗАВТРАК
УХО
ОБЯЗАТЕЛЬСТВА
ШЕВЕЛИТЬ
РАССТОЯНИЯ
МЕНЕДЖЕР
ОТЕЦ
ОДЕЖДУ
ЗАПУСТИТЬ
ИГРИВЫЙ
ИЛЛЮСТРИРОВАТЬ
КРАБ
ВЕЧЕРИНКИ

```
И О С С П З Б У Е О М Р Р И И К Р
К Л С М Ц Я А Л Е С Е В А Н Г А А
Т О Л Т Е Е Р П У Д У Л Н Н Р Р С
И Т С Ю А Р К О У Д Ж Е Д О И Т С
Л Е Е И С Н У И И С И А У И В И Т
А Ц С Ь Р Т О Е К Н Т Л У Р Ы Н О
К Л В Т Р У Р В Н О И И О Т Й К Я
С Е Р И Я Е И И И М И Е Т А З А Н
М И Е Л Ф И И С Р Л Н Т А Ь А А И
М Р О Е М О Р К Е О И Р Т Ц В Л Я
А Р Л В Е Н А П Ч Т В С М Т Т Р А
М Е Н Е Д Ж Е Р Е Н О А Ь А Р У И
Е С Р Ш Н С Д Т В О Н Р Т С А П О
Б Л Е С К М Н О У Х О Н С Ь К И Н
О Б Я З А Т Е Л Ь С Т В А Е И У М
```

Puzzle 451

```
О И И Р И Т О С М Т Е У И У А Л Е
Г С О У Н И С К И У В И Х Р Е Р Т
С А Н О Р О К А О Н С А П О З Е Б
А Р Я О Н С А З Б О А К Д З Е О П
Е С И А В Ф Т А И Н М П А А О О Е
М И С К У Н Е Т К Е Ф Ф А Т Е М Н
О Е Е Д А С Ы Ь Р М Р П Л У Н И Т
З А Х О Т Е Л Е О А Е О Т М И Ы И
М Е Д Л Е Н Н Ы Й И Н С Р О А Ф Й
Е Я С Ь Т А В И К Л А Т С Т Р П У
О И Т Е Е Ь Н Р Е У Р Т Э Д И Е
У И Е Ы Н Н Е Л С И Ч О Г О Н М Ф
Д А В Л Е Н И Е О Д У И А П А Г М
И Е Р У У Е Е Л Д Г У Т Н Е Р Н Т
У В Е Л И Ч Е Н И Е У Ь Т Ы Р К С
```

СКРЫТЬ
ЛОДКА
ИХ
ПОСТРОИТЬ
ИВУ
МУСКАТНЫЙ
БЕЗОПАСНО
УГОЛЬ
ПОЭТОМУ
МЕДЛЕННЫЙ
ЗАХОТЕЛ
МНОГОЧИСЛЕННЫЕ
ДАВЛЕНИЕ
ПОЕЗДКА
КОРОНА
ОСНОВНЫЕ
УВЕЛИЧЕНИЕ
АФФЕКТ
СКАЗАТЬ
СТАЛКИВАТЬСЯ

Puzzle 452

ДЕЛО
ПРОИЗВОДИТЬ
ВЫДЕЛИТЬ
ИНДИВИДУАЛЬНЫЙ
МЕНЬШИНСТВО
ГРИБ
ПРИЗНАТЬСЯ
БЕССМЫСЛЕННО
ПОЛИЦИЯ
ПЛЕЕР
ВАШ
ДОРОГИЕ
ИНОГДА
ЖУРНАЛ
НЕДЕЛЯ
ПРОБЛЕМА
СДЕЛАНО
ЧУВСТВУЮТ
ДРАГОЦЕННОЙ
МЕТОД

```
Ч О Й М Г А А М Т О Д Б М Е Т О Д
У И Ы Е И Р И У А Е Р Е Е Л П И Е
В В Н Н Н П И О И М А С Т И У Л М
С Е Ь Ь О Е Т Б М В Г С И О И С Р
Т А Л Ш Г И Т М Е Н О М Е А У Д Н
В А А И Д Ф У Е Т И Ц Ы Д М П Е И
У И У Н А В С Е Р Н Е С Е Е Р Л Е
Ю А Д С Т П Ы И О В Н Л Л И А Т
Т Т И Т С Е Д Д А А Н Е О Б З Н Р
Н М В В Н И И Ц Е Ш О Н П О Н О Е
О Е И О Н Е М Д А Л Й Н Е Р А Е Л
С Т Д Ь Т И Д О В З И О Р П Т Р П
В И Н Е И Г О Р О Д У Т И О Ь О Л
А Е И И Л Ж У Р Н А Л Я Ь С С О Р
О М Т А И Я И Ц И Л О П Е И Я У Е
```

Puzzle 453

```
М У Е С Т Р Т Е У В А Ж Е Н И Е П
Ф И О У А А С И А Л Е Д Т О Т Т У
С Л Т Н Р У О Н М И Ь У Т Р М Т Ш
М Е Л Т С Р Т А Р Й В Е Р О М Е И
С О Б А К А Р В С И О К И В Е Т С
А Ф О Ц О Т Л И А К Р У У И О С Т
У С П Е Х А М Ш Е С К У Т С Р С Ы
Т Н И Н А Н С У С В Р И Л Б Н Т Е
О И Ц О Й О Л А Е Б У В У И Ы И
Н И Д К С А Т С М Л У И М Т Н Л Е
К С У Р С Т Н О Г О Н Ь Т Ы Т У И
У Е О С А Е И Р Т Р В Т С Л Н Ю И
Ю О И И Е С А П Е О О С И К Е В Г
Р Ц Т Е Т М Р С А К С О Л И Н У Т
С Е Д Ь М О Й Ф Е С И К Т М О Р Т
```

БУТЫЛКИ
СОТНИ
ПРОСЛУШИВАНИЕ
ТОНКУЮ
УСПЕХА
ЮГ
ТАЙНА
УВАЖЕНИЕ
ОГОНЬ
СОБАКА
КОСТЬ
ПУШИСТЫЕ
ВКУСНЫЕ
КОРОЛЕВСКИЙ
КОНЕЦ
БИТ
ВОРОН
СЕДЬМОЙ
КРОВЬ
ЛЕД

Puzzle 454

ОДНОРАЗОВЫЙ
БЫЛО
ПЛОТНАЯ
ОБЫЧНЫЕ
СОВЕТЫ
РАСПЛАВИТЬ
РЕДКО
КОРОЛЕВА
ОБЕСПЕЧИТЬ
МАТЧ
ЧАСТИЦЫ
ПОЛИТИКА
ПЛАН
МОНИТОР
СВЕТЛЯЧОК
ИСЧЕЗАЮТ
ШТОРЫ
СЛАДКИЙ
ПОДСНЕЖНИКИ
ОБОРОНЫ

```
Е Б Р С У Л М С Е А О С Е А Т С О
М О Н И Т О Р Н Л С И Р О С И О Д
С В Е Т Л Я Ч О К А Ш Т О Р Ы В Н
О Р С О М С А У Д П Д Т Ы М Н Е О
П Б Е Ы Н Ч Ы Б О Л О К Ц Е О Т Р
Л П Е Д Л И Ц О Л О Е Н И Н Р Ы А
А О У С К Ф Е Е Ы Т П И Т Й О Е З
Н Л У Р П О Д С Б Н М А С Т Б П О
О И О М М Е А О Е А И Н А М О Т В
С Т Н Е И И Ч Ф А Я В М Ч А А С Ы
У И Н С С С Е И К О Р О Л Е В А Й
А К О Т М Ц О Ь Т И В А Л П С А Р
И А Н И А Е М У А Ь Л Е Е Е И У У
У С Н П Т Ю А З Е Ч С И О А Л Л В
Е И Р С Ч П О Д С Н Е Ж Н И К И П
```

Puzzle 455

Н	М	С	Е	Т	Р	Ю	К	Е	Н	Д	О	Л	Я	Я	Т	Е
С	О	Н	С	О	Э	Е	О	П	У	Н	П	Е	Н	Р	А	А
К	М	С	О	Я	С	Т	Ю	А	К	С	У	П	С	Е	С	Н
Н	Р	Р	К	Е	М	О	Е	У	Ф	О	И	Т	Т	С	Р	Р
Е	Т	Е	Е	И	Н	А	Л	Е	Ж	С	О	Р	С	У	У	М
А	А	В	С	И	Е	Е	Б	Л	Е	И	Н	И	Р	У	Н	Е
П	Б	О	О	Л	У	У	И	А	М	П	С	Ь	О	И	Ф	Т
Ц	О	К	П	И	О	В	Л	О	И	Н	С	Н	Ь	У	Ь	И
Е	К	А	У	С	Н	Т	С	Т	Н	У	Н	Е	Т	М	Т	Ь
Н	С	О	Т	Е	Е	Е	Т	Е	И	Р	Ы	Б	А	Ч	А	Т
О	О	Р	Р	С	С	М	Ы	С	Л	Р	А	Е	З	И	В	А
К	Е	И	Т	Е	О	Р	И	Ю	И	У	Т	Р	А	Т	Р	Р
А	Р	А	Т	Р	Т	О	Л	П	Д	Л	Т	Г	К	П	Е	Б
Н	О	У	Е	М	А	Т	Е	Р	И	Я	Б	М	О	Р	Р	Ы
П	О	С	Т	О	Я	Н	Н	О	Е	Н	О	Е	Д	Р	П	В

ТЕОРИЮ
ГРЕБЕНЬ
ПОСТОЯННОЕ
ЖЕЛАНИЕ
ДОКАЗАТЬ
ПРЕРВАТЬ
ТРЮК
ДОЛЯ
КРЕСЛО
НОСКИ
СЭР
МАТЕРИЯ
КОВЕР
БОКС
РЫБАЧАТ
НАКОНЕЦ
НО
СМЫСЛ
СПУСКАЮТСЯ
ВЫБРАТЬ

Puzzle 456

ПАЛЬТО
ДОСТИЧЬ
ПРАВИЛЬНО
ПОЧТАЛЬОН
САХАРНЫЙ
ОТКЛОНИТЬ
ДОГОВОР
СОБИРАТЬ
ИСТОРИЯ
ЛЕГКО
ОРБИТА
ДОБРОВОЛЬНЫЙ
ПАПА
ОППОНЕНТ
ТЕПЛО
СЛУЖИТЬ
ЭКСПЕРТ
НОВЫЙ
КОРИЦА
ЛОЖЬ

А	П	А	П	И	О	И	В	Т	Д	П	И	А	И	У	Е	Е
Ь	Ж	О	Л	П	Т	Н	С	Ф	Л	И	Е	С	С	А	П	И
Т	И	С	Ч	А	Й	Ы	Н	Ь	Л	О	В	О	Р	Б	О	Д
И	Ь	Ч	И	Т	С	О	Д	Л	Е	Г	К	О	У	У	О	О
Ж	В	Е	Т	Е	А	Ц	И	Р	О	К	О	Д	Е	М	С	Г
У	И	Ц	Р	Л	Л	И	У	Н	Т	М	О	М	Е	Ц	О
Л	У	Е	Л	И	М	С	Ь	Т	И	Н	О	Л	К	Т	О	В
С	А	Х	А	Р	Н	Ы	Й	О	Н	Е	О	Н	И	Е	П	О
Ф	Е	И	С	Т	О	Р	И	Я	Н	Н	А	Р	О	Р	Е	Р
Е	Э	К	С	П	Е	Р	Т	И	У	О	Е	М	Б	В	Т	С
П	Р	А	В	И	Л	Ь	Н	О	Е	П	Л	Н	М	И	Ы	Л
У	С	О	Б	И	Р	А	Т	Ь	О	П	П	И	О	Р	Т	Й
П	А	Л	Ь	Т	О	Т	Е	П	Л	О	А	Е	Е	С	Е	А
П	Д	М	Т	П	У	П	С	И	Т	Е	О	Р	А	Е	С	Р
П	Л	М	И	М	У	О	Д	И	М	И	И	Р	А	Ц	О	О

Puzzle 457

```
Ч О Я У О Е С Р Н И Ф И Н М Е Б К
У А Т Л Т Л Р Е Т С Р М С У Н Р О
О У Ш С Р О С Р А Н Т С Е О Е Е Т
Ч А С А Е С Р С Г С Т С М М В Т О
К Р Ы Ш К А Ю У Д Н Е М О К Е Р Р
Е О Н Р И О М П С Т Н И Л И Ф И Ы
П У С Т Ы Н Я А П Ф И Р П Н В И Й
В А Т И Л Ы Б У У Д Н Д Й О У О З
Н А Д М П Р Е Д М Е Т С Ы О А О Р
И М У М Ц М И Г Р И Р О В А Т Ь Е
З И Т А Т В И Е И Н М У И Е П Т Л
У С Ц С Е И Е Л О Р П Л С Р О Е И
П М И П М А Т Т Н Т И Е А И Б С Щ
Л О Р У А П Р Ф Ы О Т У Р Е Е Р Е
У Р О В Е Н Ь Л А Т Е Д К Н Г С И
```

SAMMИТ
КРЫШКА
КОТОРЫЙ
ЧАША
ПУСТЫНЯ
ПРЕДМЕТ
ПОБЕГ
СУПА
ЦВЕТЫ
ДЕТАЛЬ
УРОВЕНЬ
РЕКОМЕНДУЮ
КРАСИВЫЙ
МИГРИРОВАТЬ
ЗРЕЛИЩЕ
ТЕМА
ЧАС
ВНИЗУ
СЕТЬ
БЫЛИ

Puzzle 458

РЕЗИНОВЫЙ
КЛЕТКА
СОВА
ВСЯ
СЧАСТЛИВАЯ
АККУРАТНЫЙ
ПРИЗНАТЬ
БЕДА
МУДРЫЙ
ЦЕНТР
БЕЗОПАСНОСТЬ
ОТЕЛЬ
ВАЛЕНТИНА
БЛИЖАЙШИЕ
ТРЕУГОЛЬНИК
БЫВАЕТ
РЕБЯТА
ГРЯЗНЫЕ
ЗАБЫТЬ
ЗУБНАЯ

```
П О У С С И С Н О Т У Т П Б Б О С
Е Р Р Т И Ч М И Е М А Ц Р Л Е И А
И И А Е Ц Р А Т Я Б Е Р И И З Р Г
И О Е У З У И С М Д Е Е З Ж О А Р
Р Р Е Н Е И М Е Т С Т С Н А П К Я
Е И А Р А Р Н С Я Л У И А Й А К З
Р О Б У В А В О С С И О Т Ш С У Н
А Н И Т Н Е Л А В Е У В Ь И Н Р Ы
Т О Д Ь Т Ы Б А З Ы Л У А Е О А Е
О М Т Л Б Ы В А Е Т Й Е У Я С Т У
Д Т Р Е У Г О Л Ь Н И К Е У Т Н Н
И В Ф Т Т А Р Б Е В Е Е О М Ь Ы Т
С И И О Н Т Р Е М У Д Р Ы Й М Й П
Е Р С С Е Е Н Д З У Б Н А Я Л И С
Л Р Р Е М С Ц А К Т Е Л К О Р В И
```

Puzzle 459

```
А Д М И Н И С Т Р А Ц И Я И И Л М
С К Е Л П М О К А Е Е О О Д Н У Г
А И А Е У Т Д Н С Т Т Р М И Д Ч Н
У В Е Р Е Н Н Ы Й О Н Д О Р Е Ь О
Т Е И Т Б Л И С И М М У Н П Й И В
Е Е Р П А П М М Т Е О Ь Р К О Е
К Р А С К И А С И Н И Т Л О А Л Н
Ф О Р М А Т К М Л Н С Я Е Г У Ц Н
И Т С Д С С Л Ы И А У Н Т Р И О О
П О Е Л Т Т Д Л П Р Й Т А А С Е Г
У Л Л С Е П Е Ь А У Т Д Щ М М У О
Д О О Р О Т Р Н У Ф И А Т М О И А
У З Е М У Н С О Р П О В Е У Р И М
О О И М А С Н Й О Б Ю Л О Е С Т А
Р А З О Ч А Р О В А Н Н Ы Й С Ф И
```

КРАСКИ
КОМПЛЕКС
РАЗОЧАРОВАННЫЙ
ЛЮБОЙ
КАМИН
ЧЬИ
ВОПРОС
ИНДЕЙКА
СЛАЙД
МИНУТ
ЗОЛОТО
МГНОВЕННОГО
МЫЛЬНОЙ
БРАК
ФОРМАТ
ПРОГРАММУ
АДМИНИСТРАЦИЯ
ТЩАТЕЛЬНО
РОДНОЙ
УВЕРЕННЫЙ

Puzzle 460

ГРУСТНО
СКОРО
ЗАЯВЛЕНИЕ
УХОД
ПАУКА
ПОДХОДИТ
ПОГОДА
ГРУША
МЕСТНЫЕ
ЕЗДИТЬ
ЗАВОЕВАЛ
РАССМОТРИМ
КРУГ
КОЛЬЦО
НАРУШАЮТ
ТРАТИТЬ
ТРЕТИЙ
СНИЖЕНИЕ
КАБИНА
ГЛЯНЦЕВЫЙ

```
Т П Л Е С О Р Е И У В И И Ц С П А
Т Р Д О Х У А У Е Ы Н Т С Е М О К
С Р Е Н В Н С Ш Е С У Р И И У Г О
И С И Т М А С М У С О А А Н О О Л
О Р Н С И С М П Е Р Р Т У Е Е Д Ь
Й Р Е У Е Й О И О И Г И Р Л А А Ц
Ы Ф Ж Р Т И Т М Р Д Р Т Е В А К О
В Е И Г М Е Р Н О С Х Ь У Я Р У И
Е В Н Р И Т И И К Е Т О Н А С А Е
Ц Л С Р У Е М А С Ь Т И Д З Е П В
Н А Р У Ш А Ю Т И И У П С И Р О Н
Я З А В О Е В А Л У О М М М Т Т Р
Л А А Л Т О П Р А Е М О М Р О Л М
Г Р О С О И Е У О У И О Р П Ф Р А
Н С П К А Б И Н А К Р У Г М Е Е О
```

Puzzle 461

```
Н У Е Е С Е Н Е Ж У Н Е С О Т М Т
И Ф М О Л О Д О Й И А Т М Е У Р У
Р О Е И С У У Р А Н З У О С Е Е Р
В Д Н Н И М Е Т Р А Н П Т О О Д У
Г О Р Я Ч А Я Р А Ч А А Р М Т И Е
Р У Р Д Ф О И Ц С А Ч Е Е У У С В
У Б Е Д И Т Ь Л У Т И О Т И В К Т
В О А М Т И Н Т Ю Ь Т Н Ь И А А Р
И О И Е Р Т Я А С Б Ь Т И М Р Р Е
М А З О К Е Р Т С О О О Е У У М И
Е Т О Р Х М Л И А У М В Г Р А О Е
И О Е У А С У П Р О К И Ь Т М П Р
Р Х П М П С И Т И О Р Ж О П Л А П
Д О Е А А Т Т А Е П Н Ц Р Т Р С Р
Л Е Е Е З У Р Ф Н Ц Е С У Р С Е Р
```

ОХОТА
ГОРЯЧАЯ
СМОТРЕТЬ
РЕДИСКА
ЗАПАХ
АМУР
ПАСЕ
СТРЕКОЗА
НУЖЕН
МОЛОДОЙ
УБЕДИТЬ
КОРПУСА
ЛЮБОВЬ
НАЧАТЬ
НАЗНАЧИТЬ
ЖИВОТНОЕ
ВОЗРАСТ
РОТ
САРАЙ
СТОИМОСТЬ

Puzzle 462

ТРЕВОГА
НЕСЧАСТЬЕ
РОСТА
ЖДАТЬ
НЕ
ОГРАНИЧИВАЮТ
СОБЫТИЕ
ДВА
ОДИННАДЦАТЬ
ПУСТОЙ
ТЕРМОМЕТР
ОБЕРНУТЬ
НОЧЬ
ОНИ
ДОБАВИТЬ
ПОНРАВИЛОСЬ
ВЗАИМОДЕЙСТВИЕ
ГЛОССАРИЙ
ТЕАТР
КОНКРЕТНЫЕ

```
В Н Н Ь Т А Ц Д А Н Н И Д О Т У Н
З О Т О О Е М Е С Е А И О О И Е М
А Ч Е О Е О А Т Н Ф Н Я Б Т Т Е Р
И Ь О Б Е Р Н У Т Ь Н У А Е Л Н И
М С Н Г Л О С С А Р И Й В Р Т В А
О О Ф Е Р Р М О Ф Т О У И М П О Н
Д Л Е Ф С С И А Т А С И Т О Е О Е
Е И Т Ы Б О С М Е Е Н О Ь М С Ж М
Й В М Е Т А Л И С Т С Р Р Е О Д Р
С А Н Е С Ч А С Т Ь Е А Т Т Г А И
Т Р Е И Р О Т Р Е В О Г А Р М Т Ф
В Н Д Р Е Ы Н Т Е Р К Н О К Е Ь Н
И О Н В Е О Е И П У С Т О Й Р М Л
Е П Е С А О Г Р А Н И Ч И В А Ю Т
У Ц Н И М М С Ф О Е О Р О Ц А Р И
```

Puzzle 463

```
Р Р Э Е У И С О Т Я С Л Я Е Р Н Т
А И Т К У М Т Е С А Н Е Р А У И А
З Ь Л О С И У Р Ф Н П И Б Н К К Б
В Ф М Ш П В А Н Д Б Н С Е О О Л
Л А Е П Ф Н О Н М О А Д С У Я Г Е
Е У У Е Л Е Р Р Т Б Р Е Р А Т Д Т
К Д Е Л Ь Ф И Н Т О У Л Е Р К А К
А О У Ь Р В О Е Н В М С И А А И И
Т С П Т Н М У Н Е С Р О Е Л Т Е П
Ь Е Г А Е О Н Т Я И Р П О Г А Л Б
Р У М Х С В Л А Д Е Л Е Ц У Л Т Е
У У У Е И Н Е Ж О Л О П Л А Е И М
А М М И Т Й О З И О Р П Р И У Я О
С А М Р П О П Р О Б О В А Т Ь В П
И Р Н П Е Т С Т О Р А Е О У С И Т
```

ВЛАДЕЛЕЦ
РАЗВЛЕКАТЬ
РОВ
ПРОИЗОЙТИ
ПОПРОБОВАТЬ
СОЛЬ
ПОЛОЖЕНИЕ
НИКОГДА
ЭКСПОРТ
ТАБЛЕТКИ
СВОБОДНАЯ
ДЕЛЬФИН
ШОК
ПОСЛЕДНИЕ
СЕБЕ
АРЕНА
РУКОЯТКА
БЛАГОПРИЯТНОЕ
ОПАСНО
ПРИЕХАТЬ

Puzzle 464

НЕЗАВИСИМОСТЬ
КОРОБКА
РОСА
ПРИРОДА
ПРЕДЛОЖЕНИЕ
НАЗЫВАЕТСЯ
ВСТАВИТЬ
РЕМОНТ
РАЗДЕЛ
ФЕРМА
НА
НИ
ГРОМЧЕ
БУТЫЛКА
СТЕНА
НЮХАТЬ
КРУТО
МЕНЬШЕ
ВЕЩЬ
ПЕРЕХВАТ

```
Р Е У П В О Л И У Т Р Т И Н П И У
О Л Б Р А Т Т И Р Р А И Е Е Е Т И
С Н У Е Ч М О Р Г С А К Б О Р О К
А С Т Д И Е Я Е О И Е М Г А Е И Д
Д Н Ы Л И М Д И Д Е А И У С Х И Е
О Н Л О Т У Р К В И Ф В П Т В С Т
Р Ц К Ж А Т Я С Т Е А В Ы З А Н Е
И Н А Е Е Т И М Ь Щ Е В Е И Т Е Л
Р Н М Н Ц Л Н Е Ь Т А Х Ю Н Н А О
П У Р И Р А З Д Е Л И И В Л О Т И
А Р Е Е Н А Н Е Т С С В Т М М Л Л
М С Ф Ь Т С О М И С И В А З Е Н М
Р О С Д Д У И О Л Т У С А Т Р И Ц
У Я Т Ф М Ф П И Ф Т У У Л М С А У
М Е Н Ь Ш Е У У У И И Е У Е Н Е В А
```

Puzzle 465

```
Ф Т И О Е И Е Е Д С Я Л Р Т М У М
У П Т Е Р Е Л М М И Ь Ч И Л О Р К
Ф О Е Л А Л В Р И Д Т С Е Е Ф И П
Р А З Д Р А Ж А Т Ь А М О И А Т Е
Л И Н И Я Е Т Ь В А Т С Д Е Р П Р
П Р О Б Н Ы Й Е С Т С И И О Т Ь Е
З В О Н И Т Е И Ш Д У Х Р С Ш Т Л
Т Е Р У Е Я А Н Б О Д У Л О А А О
П Р И В Е Т Д У М С Т О И Д В Щ М
М В Р Е И М Ф Ц О Т П С М Е Р О Н
Н И Т П О С И П С Н И Н О Р Т Л Г
Р Ж Е Н Щ И Н Ы М П Т У Н Т Г Г И
О Е У Т Л В И О О Т И П Е И Е О С
С Р Ь Т А В О В Т С Т У С И Р П Ц
Т Б Е З О П А С Н Ы Й С Т И С Е И
```

ПРИВЕТ
ЛИМОН
КРОЛИЧЬИ
СТАТЬЯ
ЯД
ХУДШИЕ
ПРЕДСТАВЬТЕ
БЕЗОПАСНЫЙ
ЗВОНИТЕ
ДА
ГОВОРИТЬ
ПЕРЕЛОМ
ЛИНИЯ
УДОБНАЯ
ПРИСУТСТВОВАТЬ
ПРОБНЫЙ
ШТРАФ
ПОГЛОЩАТЬ
РАЗДРАЖАТЬ
ЖЕНЩИНЫ

Puzzle 466

ПРИНАДЛЕЖАТ
ФРАГМЕНТ
ПОЛЕ
ВЕЗДЕ
ОТСУТСТВИЕ
ТЕЛЕФОННЫЕ
ПРОСНУЛСЯ
ЛЕГКОСТЬ
КОЙОТ
БАНАН
ПРОВЕРЯТЬ
ПЫЛЬНЫЙ
БЕЛЫЙ
КОЛОНКИ
ИДЕЯ
НАБЛЮДАЮ
ПУГАЛО
НЕКТАР
ГОРДО
ДЕРЖАЛ

```
М С И И У Ф Е О Т П С Р Ф Т Т Т О
У И Е Е С Е М Ц Р О О Е П Ф Ф И И
И М У Т Е А С Р У Л М Л Г Е М О П
И Д Е Я С Л У Н С О Р П Е П О С О
О Т С У Т С Т В И Е П Ы Л Ь Н Ы Й
Г О Р Д О Т Р А Т К Е Н Б С В А С
Л Е Г К О С Т Ь Ж С Т Т А Н Е Ь И
М Е И Е Л У Е А Т Е М И Н Н З Т Р
У Е И М А Е Ю А Д Ю Л Б А Н Д Я П
Т Н Е М Г А Р Ф И Т Р Д Н Е Е Р О
И П М Е У К О Й О Т О Л А Ж Р Е Д
У С Н О П К О Л О Н К И Р Н П В У
Т Е Л Е Ф О Н Н Ы Е О Е О М И О У
Л Е М Т Т У И М А Л И Е Б И Р Р
Л Б Е Л Ы Й У О У А И В С Т П П П
```

Puzzle 467

П	Р	О	И	З	В	О	Д	С	Т	В	О	С	П	Т	Е	М
Н	А	Ф	О	Р	М	А	Й	С	И	Г	Н	А	Л	Е	Е	И
У	Д	А	Ч	Л	И	В	Ы	М	И	С	Л	Р	Р	С	У	У
Г	И	В	Е	А	Н	Е	Н	П	Ь	Р	А	Ц	Ы	Р	О	И
Д	С	Т	П	З	П	Т	Ч	Т	А	Л	У	Н	Я	Е	Р	Е
Е	Л	С	О	А	С	У	И	Р	И	К	О	Р	А	Д	О	П
Н	О	М	И	К	Т	Т	И	Р	У	С	М	Н	Н	Б	Е	
Е	Н	О	И	О	Р	Н	Я	У	И	Т	Ф	Е	Т	И	А	А
Р	У	К	Р	П	У	М	С	П	У	С	Е	И	И	Й	Н	Т
Л	Н	А	С	Е	К	Т	Е	В	Е	М	Е	Р	К	Н	Р	Е
Е	Т	Н	Е	М	Т	С	Д	Н	О	Щ	А	Г	С	У	Е	О
Е	А	З	У	Л	У	О	Ц	Е	Т	И	Е	У	О	Л	Е	Е
Р	Р	Т	И	Р	Р	И	М	С	И	Н	У	Р	М	Р	И	О
Р	У	О	Т	Н	А	У	О	Т	А	Р	Т	А	А	М	Т	А
Е	И	П	П	А	В	В	Л	И	Ф	О	Л	Ь	К	Л	О	Р

ГДЕ
ДЕСЯТИЧНЫЙ
МОСКИТНАЯ
ВНИЗ
АНАНАС
ПРОИЗВОДСТВО
НАБОР
СЛОН
ПОКАЗАЛ
ПЕЩЕРА
ВНЕСТИ
РЫЦАРЬ
ФОЛЬКЛОР
ПОДАРОК
СРЕДНИЙ
УДАЧЛИВЫМИ
ФОРМА
СИГНАЛ
ЗНАКОМСТВА
СТРУКТУРА

Puzzle 468

КРУГОВОЙ
КРАСКА
АНТИЧНЫЙ
ДАВАЛИ
ВЕЩИ
ССЫЛАТЬСЯ
ГРУЗОВИК
СПОКОЙСТВИЕ
ЧАШКА
ПАЛАТКА
СУМКА
ЯБЛОКО
КАРАНДАШ
СЧЕТА
КРОШЕЧНЫЙ
ПРИНИМАЯ
ПЛОХО
ВЫЙТИ
ЛИ
ХОРОШО

И	О	Г	М	И	О	К	Н	Л	С	Р	И	Р	И	Е	С	О
Р	Е	О	О	Ц	Т	Р	А	К	Т	А	Л	А	П	Е	П	У
И	Р	Р	А	Е	И	П	Н	Р	Т	Е	А	К	М	Н	О	О
Д	Т	С	Р	У	Л	Р	Е	Ч	А	Т	В	М	Е	Р	К	С
С	С	Ы	Л	А	Т	Ь	С	Я	А	Н	А	У	Ц	Т	О	Ч
П	Р	И	Н	И	М	А	Я	Р	И	Ш	Д	С	И	Л	Й	Е
А	К	Р	О	Ш	Е	Ч	Н	Ы	Й	В	К	А	О	И	С	Т
К	Н	И	Т	Ф	П	Р	И	А	У	Н	Р	А	Ш	Н	Т	А
С	И	Т	М	Т	Е	О	К	Р	У	Г	О	В	О	Й	В	Л
А	Т	М	И	Щ	Е	В	Т	М	А	Т	К	О	Р	Р	И	П
Р	И	Л	Т	Ч	Е	Т	М	С	А	Ф	О	Д	О	Р	Е	О
К	А	Н	Й	С	Н	У	У	У	Р	Е	Л	Р	Х	Т	Р	У
И	Е	Н	Ы	Т	Л	Ы	Р	Л	И	Е	Б	П	Л	О	Х	О
С	Т	Т	В	А	Р	О	Й	У	Ц	Д	Я	Т	С	Н	Б	Е
С	Т	П	Д	Я	А	Г	Р	У	З	О	В	И	К	Ц	М	Л

Puzzle 469

```
И Г С С У М Н О И Л А С Ы Б У Г М
Д Ю Й М О В И Р У Т О Л Е Г Е Н З
Р У А Е С С Т П Т Р П У Ы М К Й А
Я К Н А Б Е У О Ы Д О Х Т О О С Х
А С Е Н У И Л У Л Т И К Н О П Е В
Н Е О С Т О Р О Ж Н О Е У Д Е Е А
Ч Ч О Л Ф Т О Т Е И Е О Ф И Й П Т
Е И О Р И Н Т И Т М Н Б П С К М И
Н Т В Е П И К Н С И Е Ю С У И З Т
О Е Л О М Б О Л У И Т Л Р Е С А Е
К Г Ш М С Т Д О Б Ы Ч Н О Р Е Б У
Л Р В К С У М М И Р О В А Т Ь О С
С Е У Р О О Б М А Н Ы В А Ю Т Р Т
О Н Ь С А Л А Т У П А З У О В Т С
Р Э У Р П П У Т Д С Н Р С Е А Т Н
```

ГУБЫ
ЛЮБОЕ
ДЮЙМОВ
ОТХОДЫ
ОБМАНЫВАЮТ
ШКОЛУ
НЕОСТОРОЖНОЕ
ДОКТОР
БЕЙ
ЗАБОР
КОНЕЧНАЯ
ФУНТЫ
БАНК
КОПЕЙКИ
ОБЫЧНО
ЗАПУТАЛАСЬ
ЗАХВАТИТЕ
СУММИРОВАТЬ
ЭНЕРГЕТИЧЕСКУЮ
УРОК

Puzzle 470

ОБСУДИТЬ
НОГТЕЙ
ГЛАЗ
РАБОТЫ
КТОНИБУДЬ
КОРОЛЬ
ВЕСЕЛЫЙ
СВИНЦА
ЛЕОПАРД
ВЛАЖНЫЙ
МЕДВЕДЬ
КОЛЕБАТЬСЯ
СТЕПЕНЬ
БУДЕТ
БОБ
ВЕРЮ
ВСТРЯХИВАНИЕ
ВИЗИТ
ПРИМЕЧАНИЕ
ПАРА

```
О Б С У Д И Т Ь У А Е Д Д А И Е
К О Л Е Б А Т Ь С Я Р М И Р Ц О Т
В В Л Т О П И П Р И М Е Ч А Н И Е
И С Л П Б А З С С М К В Ф П И Р Л
О У Т А Г Р И П Т Е Т Е Е О В М У
Е Л И Р Ж А В Н Е Д О Р У Е С Е М
И Р Р А Я Н О О П В Н Ю Е Л Е С О
Е Е П Н Е Х Ы С Е Е И Б И А У Т И
С М М О Е Ф И Й Н Д Б У О У Е Т Т
Т Н О П Л Ф С В Ь Ь У Д Р К Е А Е
И Л О И С Л И Р А С Д Е Н О И А Т
З А Л Г И О Л Ф И Н Ь Т Т Р У А У
О Т В Ы Т О Б А Р А И С М О У И И
Н С Р О Е Е М Д Т О М Е Т Л Н Д М
Н Р И М М И Й Ы Л Е С Е В Ь С М Е
```

Puzzle 471

Б	П	Я	А	Н	Ч	Е	Ч	А	Р	П	Л	И	А	У	П	О
Д	А	Р	Е	Т	Ю	Ь	П	М	О	К	Р	А	Р	О	О	Т
Р	Т	Г	И	С	Л	С	У	У	Р	Е	П	Е	О	С	Ч	Д
О	И	Д	А	С	М	У	Т	Н	Ы	Й	Т	Т	Д	Ф	В	Е
О	Й	Й	Х	Ж	О	У	С	М	М	С	Т	У	Г	К	А	Л
О	Ы	Ы	У	Т	Н	Е	Д	И	З	Е	Р	П	Т	Е	А	К
О	Н	В	Д	А	Т	И	Д	У	Н	И	М	Е	Е	Т	С	А
И	В	О	З	С	С	У	К	И	И	С	А	П	И	И	К	Е
В	И	Н	О	В	А	Т	У	Ю	Н	Р	Б	У	И	Т	У	Е
Р	Т	И	В	Н	Е	Ж	Н	Ы	Й	Я	И	У	В	А	Д	Н
Н	А	З	А	И	Р	А	И	Л	Ы	У	Й	Е	М	Р	Н	Д
М	Т	Н	С	Л	В	Т	Д	С	Н	И	И	Т	У	К	Ы	Т
Л	Р	Е	И	Н	Е	Д	И	В	Н	Л	Т	П	Е	О	Е	П
У	О	Б	Т	А	М	А	А	Б	О	О	М	Р	Ф	С	А	Н
И	П	И	И	Н	Т	П	А	У	С	П	Е	С	С	Н	Ь	И

ПРЕДКА
БАГАЖНИК
БЕНЗИНОВЫЙ
ВОЗДУХА
МУТНЫЙ
ПОРТАТИВНЫЙ
ПРАЧЕЧНАЯ
ПРИСОЕДИНЯЙТЕСЬ
СОКРАТИТЕ
ИМЕЕТ
СКУДНЫЕ
ПОЧВА
ПРЕЗИДЕНТ
ОТДЕЛКА
КОМПЬЮТЕР
ВИДЕНИЕ
РАД
СОННЫЙ
НЕЖНЫЙ
ВИНОВАТУЮ

Puzzle 472

КОПЫТО
ПРИВЛЕКАТЬ
УСПЕШНЫЙ
ТОЧКА
КРЫЖОВНИК
ДОСТАТОЧНОЕ
КАЛЬКУЛЯТОР
ИСТОЧНИК
ГЛУПОЕ
СБИТЬ
ПЫЛЬ
СВАДЬБА
ПОЛИТИЧЕСКОЕ
ВНЕЗАПНЫЙ
ЗНАЧОК
ПУСТЬ
СНЕЖОК
ОБУВИ
ПОНИМАЮ
БРЮКИ

Е	Т	Е	А	Т	А	П	Т	Т	Ь	Г	О	А	И	Ц	И	К
С	Н	Е	Ж	О	К	У	Ц	Е	Ц	Л	У	Т	С	С	Л	Р
Н	П	О	Е	И	Л	С	А	М	Е	У	Ы	И	П	Е	Й	Ы
У	Р	И	Е	О	Е	Т	Р	И	П	П	У	П	О	И	Ы	Ж
Б	И	О	Е	А	К	Ь	О	И	К	О	Ч	А	Н	З	Н	О
Т	Р	М	Н	О	И	Ь	Т	А	К	Е	Л	В	И	Р	П	В
О	Т	Ю	И	С	Н	Т	Ы	У	Т	У	Я	Б	М	О	А	Н
Ч	Т	А	К	А	Ч	Ч	П	П	С	Р	П	П	А	О	З	И
К	И	Е	Т	И	О	Р	О	У	Р	Н	А	И	Ю	И	Е	К
А	С	Р	И	У	Т	С	К	Т	А	В	О	Е	Л	М	Н	Н
Е	С	П	Р	Е	С	Е	Е	Р	А	А	Б	Ь	Д	А	В	С
И	Е	М	О	Д	И	В	У	Б	О	Т	О	А	Е	И	С	Б
К	А	Л	Ь	К	У	Л	Я	Т	О	Р	С	И	У	Т	Т	И
П	О	Л	И	Т	И	Ч	Е	С	К	О	Е	О	Р	М	Т	Т
И	Ц	Р	С	У	У	С	П	Е	Ш	Н	Ы	Й	Д	С	Р	Ь

Puzzle 473

```
Ч Е Т Р Е Ч Б Р О С А Т Ь Л О Т Л
А О С Т Е И Л И В Е П С Л И П Р Е
С О М Е Ч Б Е Е Л У К Т О Ч Р И С
Т Ф У У Л Е Е О Н А Р Р Е Н Е Д Т
Ы Ь Т А Т С Н У О И А Р О Д Ц Н
Е Ш С Т И И Ь К Р В Н М В С А И
О К И И О С Е Л А А А Н И Т Т Т Ч
Е И И О Р И Ц А К Д Я О С С А Ь Н
В И У Т Р О И М Е О О Е Р Е В П О
Т М Н У Р И С Р О Р Л М Б Щ Л М Г
М М Е С У В У О И А Р Ы Р Е Я У О
И Е С И Е В И Ф Т Н И Т Б В Ю М И
В Е Л О С П О Р Т О Р С А Е Т Е Р
Ж Е Л У Д О К И С Т Ф Л Е Е Л Е Т
Ф П Е И Т Е М И Е П А А И П У Ь Р
```

ВЕЛОСПОРТ
КОЛЫБЕЛЬ
СТРАННОЕ
ПРЕДСТАВЛЯЮТ
ЖЕЛУДОК
ЧАСТЫЕ
ФОРМАЛЬНО
ЛЕСТНИЧНОГО
ЛИЧНО
БРОСАТЬ
ВЕЩЕСТВО
ТРИДЦАТЬ
СТАТЬИ
ФИШКИ
ТЕ
ЧЕМ
КРИВАЯ
НАРОД
ЧЛЕН
РЕБЕНКА

Puzzle 474

ПРОЙТИ
ФАЗАН
ДЕШЕВЫЕ
ТЕЛЕСКОП
НАЧАЛ
СОЛНЦЕЗАЩИТНЫЕ
СПАЛЬНЯ
МИР
ПЕРЕЦ
МЕЧ
ЛЕЧЕНИЕ
ЖУК
ОБЛОЖКА
ФЛАГ
ОТРАЖАТЬ
ЧИТАТЬ
КОРА
ПОЯС
ПИТАТЕЛЬНЫМИ
КАШТАНЫ

```
П Ц Г Е Л С О Е Т Н Т С Л Н Е М С
Д Е Ш Е В Ы Е Е Е П Р О Й Т И Ц О
Н Р П П А А И У Л Н Ч О Е И Е С Л
М Е И И А А И Д Е А М И М Е Т С Н
С П О О Т Т С Ч Р И Т И П И Ц
Е П Ж У К А Р О К А П И Г А Л Ф Е
Ь Т А Ж А Р Т О О Л Л Л М А Т И З
Е Ф К Л Е Р У Е П П О Я С С Т Ь А
Е А Ж Е Ь М А М Л И М Р Е Р Е Л Щ
С У О У С Н Е С О Ь У Л И Е Р С И
С Т Л С С А Я С М Ы Н А Т Ш А К Т
П Н Б С С З А Р Р Т Н Ы Д А М М Н
Ф Л О О А А О У С Е И Т М А И М Ы
Т Я И М Р Ф Р Г Т А Т Т П И Р Е Е
О О Л Е Ч Е Н И Е Р Е С Е И С Ч Т
```

Puzzle 475

```
Л Е К С И Ф П Т Н Т О П М Р Н В К
Е Т Н А Л А Т М Е Е Н А У Т Б Ч Р
Е Л И Р Ж Е С Р Т С У Т Я И Е Е А
Б Л Ю Д О Д О Б У Х А Т Ь Н С Р С
С Е Й Ч А С Ы Р О Г И Е Р Р О А О
Е М М О А Д С Й И И П Д Ь А Д И Ч
С Т А А С О Й И Н Ш А Р Т В А З Н
П О Я В Л Я Ю Т С Я Р А И Н Н У Ы
Х О Л О Д И Л Ь Н И К Р Т И Р С Е
С Т А Т Ь Ш М О Р О З Р Я Н Е О А
О С О Б А Я Л О Ц Е Е Е В Ы О И Е
Я У Р И Л Е С Я П Е О Н С Л У Н Е
С Л А Б Ы Й М М П Й О В О Д О Г П
Е И П Ц С Т И Т У А Р Е П Е У Е М
Л Л И И Т Л Я А Р У И Р Р У А Е Р
```

ХОЛОДИЛЬНИК
БЛЮДО
ТАЛАНТ
ГОРЫ
СМИ
ЗАВТРАШНИЙ
ШЛЯПА
ВЧЕРА
ОСОБАЯ
ГОДОВОЙ
КАЖДЫЙ
СЛАБЫЙ
ПОСВЯТИТЬ
РАВНИНЫ
БУХАТЬ
СТАТЬ
СЕЙЧАС
МОРОЗ
ПОЯВЛЯЮТСЯ
КРАСОЧНЫЕ

Puzzle 476

МНЕНИЯ
СТОМАТОЛОГ
СВОБОДНЫЙ
ПОЛИТИКИ
СИДЕНЬЕ
МЫЛО
ПРАВИЛЬНОЕ
РЕАКЦИЯ
ЛИШИТЬ
ОТКРЫТЬ
ОЦЕНИТЬ
МЕЛЬНИЦА
ГАЗ
ЭТИ
УЧАСТИЕ
ТРАДИЦИОННЫЕ
ПОДНЯТЬСЯ
КАТАСТРОФА
ВТОРОЕ
КОНФЛИКТ

```
Р И И Е А Е Т Р С Л Л Б О Л М И И
Е Н Е Р Ф И П С Е З И И О С Ы М В
С В О Б О Д Н Ы Й А М Т Ш П Л А Р
Т Т Л Е Р К С И Е Г К Э И И О А М
И М А У Т О Т У Ы Н Е Ц Р С Т И Е
Т Я С С Н О О Н И О Н И О Е Ь Л
В Ь Е О А Ф М М Н Е Н И Я Я Г П Ь
А Т И И Т Л А У О Ь Ь Н Р И Т О Н
Л Ы О О А И Т С И Н Л О Т У О Д И
У Р Т Р К К О О Ц Е И Е И Д Ц Н Ц
П К А И О Т Л Т И Д В Е Д И Е Я А
Д Т О Ц Я Е О А Д И А Л В И Н Т И
У О Т Т Р И Г У А С Р А С П И Ь У
П О Л И Т И К И Р С П О О Т Т С О
У Ч А С Т И Е Ц Т Е О Т Т А Ь Я Р
```

Puzzle 477

```
П О П У Л Я Р Н А Я С К Д Е П З Д
Е И Л П Е И И Т М А С Р Е П Е В В
Л Р С И А М Ж У Н О Е А П Е У Е И
Н А П Р А В Л Е Н И Е Т Р С И З Ж
Е И Л Ц И Н М Ц Е Е У К Е Д Д Д Е
О П Е А С А И О Ы М Е О С Ь Е У Н
Е О А С Т Ш Й Т Щ П О Е С И Т О И
В В Е Д И Т Е Е Ь Н Л У И Р Ц Я Е
У М Т П М М К Л Т М О Е Я И М З П
Н Т О Н М О К И И А С С Н О И Н И
Т Р А Н С П О Р Т Н А Я Т О И А Р
Е Р М Е У Б Х У И Ц Е Е Р Ь К Ю У
Т Т Е Л Н О Р П Щ О С П М В Е Т Е
У М М Д С Я Б М А Е С А Т Т И Р О
П О Ч Т А А М М З О Р Т О С Т Н Н
```

ЛЕТО
ИДЕТ
КРАТКОЕ
ЦЫПЛЕНОК
НАПРАВЛЕНИЕ
НАШ
СОЛО
МОЩНОСТЬ
ЖИР
ЗНАЮТ
ВВЕДИТЕ
ПОЧТА
ЗАЩИТИТЬ
ПОПУЛЯРНАЯ
ДЕПРЕССИЯ
ДВИЖЕНИЕ
ТРАНСПОРТНАЯ
ХОККЕЙ
ПЯТЬ
ЗВЕЗДУ

Puzzle 478

НУЛЕВОЙ
ИЗНОШЕННЫЙ
КУХОННЫЙ
ДЕВУШКА
БЕЙСБОЛ
ОПЕРАЦИЯ
МНОГОРАЗОВЫЕ
РАСШИРИТЬ
ПО
РАССЧИТАТЬ
РАДИО
КРЕМ
ХОТЯ
ДЕРЖАЛИ
ВСЛУХ
ПРИЧИНА
ЗНАЧЕНИЕ
ТИШИНА
ОЖИДАЕМЫЙ
ТРУС

```
И З Н О Ш Е Н Н Ы Й Х В Р Е Е А К
Р А С Ш И Р И Т Ь Е О С А А О С У
Р А С С Ч И Т А Т Ь Т Л Д О Т В Х
Л К Р О У Е Г Н С С Я У И В Т Л О
И Р Я Р Е И Н О Т Т П Х О А О А Н
Р Е Ц И А П Т И Е Л О Б С Й Е Б Н
О М О О П Е Р А Ц И Я О Р Т З Н Ы
Р Ж М Н О Г О Р А З О В Ы Е Н У Й
А Н И Ш И Т П С К Л М Е Д А А Л Е
Н С Р Д Т Р У С Ш О Л Т Е И Ч Е Л
И У Б П А У Л Н У Е С И Р О Е В И
Ч Е И Р Т Е И С В С Т С Ж Я Н О Е
И П М Н Е Н М И Е В А П А Е И Й И
Р Л Я Н Д Е Р Ы Д Е Л И Л Е Е И Р
П Т У Н Т И Л О Й У М М И Т М П И
```

Puzzle 479

```
У Ь П А Р У Т Ь Л У К Р Н П М Е И
Е Т Р О П С В Е И И У А Е Р Т И И
М И Е К Д У М И М П И З Е О А Н О
М С Е О Н К Е А Д М С Н А Д С А Н
Г О Б Н Б О Л Т Р Е А Ы Е У О С П
К Н Ф И О Р С Ю П С Т Е И К О И Т
И Л П Д Л Д Е У Ч В У Ь И Т Л П У
С М У О Ь Т Р У Д Е Д А Л Е К О З
О Т У Б Ш У Е О Н Г Н Е Н М Т В Е
Л Е И А И Л О М О М В И А С Т А М
Е Ы Н Н Е В Т С Е Щ Б О Е С М Р Л
О Б И Л Ь Н О Е П У П М П Е М П И
С Л И Т О П И Н Е С Т П И О М С Е
М Н О У С С П Р О С И Р Р Р П Е И
С У У Н Л И С Ы Р О В О Г Е Р Е П
```

КЛУБ
СПОРТ
УВИДЕТЬ
РАЗНЫЕ
КУЛЬТУРА
ОБЩЕСТВЕННЫЕ
ПРАВОПИСАНИЕ
ПЕРЕГОВОРЫ
ЗЕМЛИ
ЛИСЫ
ДНО
ОДИНОКО
ОБИЛЬНОЕ
РИС
ПОДКЛЮЧЕНИЕ
ПРОДУКТ
ДАЛЕКО
НОСИТЬ
СПРОС
БОЛЬШИЕ

Puzzle 480

ПРОВЕРИТЬ
ФЕРМЕР
МОТОЦИКЛА
ВЕСЕЛЬЕ
КИВИ
СЛОЖНАЯ
РАБОТАТЬ
СЦЕНАРИЙ
ВЕКА
УЗЕЛ
БЕЛКА
ПРАВИЛО
ВНИМАНИЕ
ПОРТРЕТ
ОЗАБОЧЕННОСТЬ
ИЗ
ХОРЕК
ШОКОЛАДНАЯ
ОПРЕДЕЛИТЬ
ВЫЗОВ

```
Д М П У Е И Т О Е Е Т Р У Т М М Р
М П Н Р С Ц Е Н А Р И Й Ц В И М А
О И Ь С О П О Р Т Р Е Т Я Е Е С У
Т А Т Н Л В О З Ы В Е К А С Г Н И
О Р С И Л О Е И Т У С Е Н Е Е Д Т
Ц В О Е Л М Ж Р С О Т Т Д Л Е З У
И И Н С С Ц Е Н И В И К А Ь У Р И
К И Н Б Е Л К А А Т Н Е Л Е О О М
Л Ф Е Р М Е Р Л М Я Ь Р О Р В И О
А Д Ч В Н И М А Н И Е О К М Д У Е
И М О Р А Б О Т А Т Ь Х О Р И Е М
Н И Б Р У У И Ц Т С О А Ш О С И Н
С Б А Р А У Н О П Р Е Д Е Л И Т Ь
Р Т З Т М Е Д Я Д Т У С Е И А Р С
С У О У И У О Т И Н П Р А В И Л О
```

Puzzle 481

```
Б Т И Т С И Б С Л И Р С К У Т Е Р
Е Р Р И И Е Р Е Р Н О Ф Е Л Е Т Л
С А Р Е С М А Е Е П Б Т Е А И Е И
С З О У Б Т Т С О И К Н Е Е Ь С М
М Р Е М Н У Е Ц П О У О Л Н Т И О
Ы А О М О И Е Р И Ы Ю Р Е Р И Т Н
С Б У М А Ц О Т Е Д Л Е М К Ж Т А
Л О Б А Л К О Н С Т Г И Т С О Д Д
Е Т П Е У П Л Ц П Я Р З С М Т Р Е
Н К О С И И Е Л Т П С М С М Ч Е С
Н И Д Ф И О Т О У Р О Е А Т И А Н
Ы И Р У Р Е Б П А Е Н Т И Н М М
Й Е Я И М М А Л О У И И М М У И О
О Т Д Е Р Т Л Т И Е Ы Т О Л О М Т
Э Ф Ф Е К Т Е С И П И Ь Т И Ж Е Е
```

ЛИМОНАД
ТЕЛО
ДОСТИГ
МАЛО
БАЛКОН
РАЗРАБОТКИ
ИЗМЕНИТЬ
СРОК
ТЕЛЕФОН
МОЛОТЫЕ
РОБКУЮ
УНИЧТОЖИТЬ
ЭФФЕКТ
ЖИТЬ
БЕССМЫСЛЕННЫЙ
СКУТЕР
БРАТ
ТРЕБУЕТСЯ
ПОДРЯД
СИЛЫ

Puzzle 482

ПРИХОДИТ
ПИЦЦА
АВАНТЮРНЫЙ
ЗАКЛАДКИ
ВЕТВЬ
ВЕРСИЯ
ПОКА
ЗАМОРОЗИТЬ
ОГРОМНОЕ
СПРОСИЛ
ИЗВЕСТНЫЙ
СОЧЕТАНИЕ
РАКОВИНА
СМЕЯЛАСЬ
ЗАНИМАЕТ
ИГНОРИРОВАТЬ
ГЛАВА
ТАКЖЕ
ДУРАК
ОТНОШЕНИЯ

```
З Е О Н М О Р Г О Т Т Е Л Е О Р Ь
А Т П Т М И А Л Ф П Е С Е Ж К А Т
К Е Е Л Н Т О Е И И А Е И О У К А
Л П Е И Ф О С Е И Н У О У З Р О В
А С И И Т М Ш Е Т Т Ь О И А Н В О
Д И У Ц Е И М Е С Н С Е З Н О И Р
К Т Т О Ц Р О Р Н М А В В И С Н И
И С О А К А Р У Д И Л Е Е М О А Р
З А М О Р О З И Т Ь Я Т С А Ч К О
С П Р О С И Л Т Н Р Е В Т Е Е О Н
П Р А Н В Е Р С И Я М Ь Н Т Т П Г
И П Л А Т И У Ц П Л С С Ы П А И И
А В А Н Т Ю Р Н Ы Й Н П Й И Н О О
Г Л А В А П Р И Х О Д И Т С И И И
М И Т И П М Е Е Н У Е Т У Л Е Е Е
```

Puzzle 483

```
Г Н Ь Т И Ж О Л Д Е Р П Т П П Ж Р
Р Р И С Е Е С М Е Я Т Ь С Я О Е А
И У О В Б Л Ш Т Р У Е Е О У П Н С
И А В М А Е К Н Е Т Ф М У Т У Щ П
У Е И Д А Т А О П Т О Ч Н О Г И Р
Ж У М Е С Д Ф У В Т А Д А З А Н Е
И К Ч Н У А Н Е С А Л Г О С Й А Д
Н Ж Н И И Р Е Ы К П Т Р Л Р Л К Е
И О Е А Л Г Р И Е Р Т Б Е И Е Т Л
И Л Е И Р Е И Б У С У О Л Н Е О И
А Т И Р С Е Е А Л Д Н Ж И Л Л М Т
И Т Я О Д И И А М Т Е Я К Е П Е Ь
П Е Т А П А Р У Н С Б Е Т А О Р М
О О Т Р Т Я А Н Ь Л И Б А Т С Е Н
М У Т У У Е Е У У У У А С Е О С П Н
```

РАСПРЕДЕЛИТЬ
УЧИЛ
ТОЧНО
ГРОМАДНЫЕ
ПАРУ
ПРЕДЛОЖИТЬ
НЕСТАБИЛЬНАЯ
ПОПУГАЙ
СОГЛАСЕН
УЖИН
НАЗАД
ПЕРЕМОТКА
ГРАД
ВПЕРЕД
КРУЖКА
ЖЕЛЕ
ЖЕНЩИНА
ЛОЖКУ
СМЕЯТЬСЯ
ШКАФ

Puzzle 484

ПРИМЕНИТЬ
ПАРУС
СМЕХ
БЕСПОКОЙСТВО
РАЗНОРОДНЫХ
СКАЖИ
СРАВНИТЕ
СМЕСЬ
СТОЯЛА
ТИХИЙ
ПРОГУЛКА
СИЛЬНЫЙ
ПРИЕМ
ПЧЕЛА
КУКУРУЗА
ОЖОГОМ
ОБИЖАЮТ
ЖЕЛАЮ
ЗЕМЛЕРОЙКА
ЛЮБОПЫТНО

```
Л О И Е Т У И М К У К У Р У З А Б
П Ю П Р И М Е Н И Т Ь А П Ц Е Л Е
Р А Б М Е Е Р Р И П Ф О С П Т Я С
О Л П О Ц О С А С У Р А П А И О П
Г Е Е Г П М И Ф К Т И Х И Й Н Т О
У Ж А О Н Ы И У А Ю И Р П Д В С К
Л Л К Ж С Е Т Р Ж А С И И Е А Р О
К У Й О Ф И С Н И Ж В С А П Р Н Й
А Е О Е П С Н О О И И У Ф Р С М С
Е Н Р У П Т И А Л Б Т Л Л И М Е Т
И С Е С О С Д Л И О Ф М М Е Е О В
И Ц Л П П М У Е Ь С Е М С М Х Е О
П Д М Е Р Е Н Ч Е Н А П М П О В Е
Е Е Е Е О О И У П Р С Ы О М Б И Е
Р А З Н О Р О Д Н Ы Х Й И С И Н Р
```

Puzzle 485

```
П Е И Н Е Л М О Д Е В У В А А С Т
А И Н М И Е Я Т У И И И П П И И С
С В Е В Н П С С Е Д А И П П Е С Л
Т Т И Д Е Е О С А Р А Ь Т Я В Е Д
Е С М Т Л Р С У Д Т О Р И Л И Р С
Р Й С Ц П Е Ц Е Е С О Л Ц Т И Т Е
Н Е Е С У П М Р Р И Е У А Е С У У
А Д Ц У Т П О Г И Б Н Е Т В С Е Т
К Т А Н С М Е О Н Е К Н И С П М Т
В О Л К Е А С Л Л И А Ч А Д А З Е
П П Я Ф Р Т С А С П Р Т К Е К С А
И Е Н Е П Р Н Н И У Т С И Т И О У
Т Т Б Е С И И А Л Т А Л П Л И И Ц
Л И О П Р И Н Я Т О У О М Д П У Р
Е О У Е М О С Т О В О Е Т С Е И Т
```

ВНЕ
ПТИЦА
МОСТОВОЕ
ЗАДАЧА
ДЕВЯТЬ
ПЕРЕПЕЛ
УВЕДОМЛЕНИЕ
ПРЕСТУПЛЕНИЕ
КЕКС
ПЛИТА
КАРТА
ПАСТЕРНАК
НАЛОГ
ДЕЙСТВИЕ
МЯСО
УДАР
ПРИНЯТО
ОБНЯЛА
ПОГИБНЕТ
ВОЛК

Puzzle 486

СОБИРАЕТСЯ
АТОМНОЙ
ОТКРЫТИЕ
ПОНИМАНИЕ
ДЕСЯТАЯ
СЛЕДУЙТЕ
СЛЫШАЛ
НЕНАВИЖУ
ТЕСТ
ПОСПЕШИЛ
САНИ
ДОСТИЖЕНИЕ
СИДЕНИЕ
МАЛИНОЙ
НАКАЗАТЬ
МАТЕРИАЛ
РАЗЛОЖЕНИЕ
СИЛУ
БЛАГОРОДНЫЙ
ПРОЩАЙ

```
Т Е С Т В У У А И П И О Г У О С Р
С Е О А С М И М В М Е И Н Н Е И А
Е А О Т М Е Л И Ш Е П С О П И Д З
Р Л Н Т К М А Н И Л С О А Т С Е Л
Е Р А И Л Р Ш У Е А Е У М С Н Н О
П Р О Щ А Й Ы М А Т Е Р И А Л И Ж
И У Ц Я А С Л Т А Т О М Н О Й Е Е
Р Е Е П И Е С У И О В Н Г С Р Л Н
М Е Е М И И Е И Н Е Ж И Т С О Д И
С О Б И Р А Е Т С Я А Т Я С Е Д Е
Б Л А Г О Р О Д Н Ы Й Л Т Р М Р О
Н А У Я М А Л И Н О Й Е М М Д О С
П О Н И М А Н И Е Т Й У Д Е Л С Н
Н А К А З А Т Ь У Т М Т И О Р Е С
И И С И Л У Ж И В А Н Е Н А Р В Т
```

Puzzle 487

П	О	Л	И	Ц	Е	Й	С	К	И	Й	Ш	Е	О	О	Е	А
О	Б	Е	З	Ь	Я	Н	А	Р	Е	И	Й	Т	Б	С	Т	Ц
Л	Е	Т	Е	Б	А	Р	А	Б	А	Н	Ы	Р	А	Л	Т	Т
П	Р	Е	Д	У	П	Р	Е	Ж	Д	Е	Н	И	Е	М	О	М
Н	Т	А	А	О	У	А	Р	Т	Л	Н	Т	Т	Н	Т	П	К
А	Х	Л	О	П	О	К	У	С	О	П	К	М	И	Р	Н	О
Д	Л	Т	М	Ц	А	А	Ч	Я	М	И	А	Ц	И	Р	У	К
Е	С	С	У	Т	Е	К	К	С	Е	Р	П	П	У	Я	Ф	М
Ж	Р	Т	Н	О	А	Ш	А	Т	Е	Е	М	И	Е	Т	Д	Р
Н	В	Е	Ч	Е	Р	О	М	Ю	И	М	О	С	М	О	И	И
Ы	К	Р	О	Л	И	К	А	Л	Е	Е	К	Р	У	Т	Е	О
Й	Ы	Н	Ч	Ы	Б	О	Т	Ь	Ч	Е	Т	В	Е	Р	Т	Ь
С	Е	О	Н	М	О	Р	Р	П	Ч	Е	Л	О	В	Е	К	А
И	Н	Е	Т	Е	Т	У	С	А	В	П	У	И	П	Е	С	И
Т	Е	Е	Т	П	Р	А	Н	Н	С	С	С	И	Р	Р	Е	А

РУЧКА
КОШКА
ЧЕТВЕРТЬ
МЯЧ
ЧЕЛОВЕКА
ПОЛИЦЕЙСКИЙ
БАРАБАН
ТЮЛЬПАН
ОБЫЧНЫЙ
ХЛОПОК
КУРИЦА
МИРНО
ШТАМП
НАДЕЖНЫЙ
ПРЕДУПРЕЖДЕНИЕ
КОМПАКТНЫЙ
БЛОК
КРОЛИК
ВЕЧЕРОМ
ОБЕЗЬЯНА

Puzzle 488

ВДОХНОВЛЯЮТ
БОЛИТ
КРИТИКА
УСТРАИВАЕТ
СТАКАН
ЛАДНО
ДАЙДЖЕСТ
ШУТИТ
СМОТРЮ
ПОЕЗД
СТИЛЬ
МИСС
НИЩЕТА
ПЕТУХ
ХРАБРЫЙ
МИНУТА
МИРУ
СИРЕНЕВЫЙ
ТОЧНЫЙ
СОБСТВЕННОСТИ

И	У	Е	М	Е	С	А	И	Е	О	У	Н	В	Х	У	Н	С
О	У	Е	И	Р	Т	И	Т	У	Ш	Т	Ц	Д	Р	С	А	О
Р	А	Ю	Р	И	А	Т	Е	Щ	И	Н	Р	О	А	Т	Н	Б
И	Ц	Р	У	Е	К	Е	Т	П	С	Е	С	Х	Б	Р	И	С
П	Е	Т	У	Х	А	Б	О	Л	И	Т	Т	Н	Р	А	М	Т
Н	А	О	К	Н	Н	Л	О	Н	А	Д	И	О	Ы	И	И	В
С	Ц	М	Р	Р	Е	И	В	Д	А	Л	В	Й	В	С	Е	
Е	И	С	М	Н	И	С	Е	Н	Г	А	Ь	Л	Л	А	С	Н
М	Т	Р	Е	Т	С	Т	И	С	М	В	Л	Я	Е	Е	У	Н
И	С	У	Е	Р	Н	Т	И	А	Р	О	И	Ю	Е	Т	Т	О
Н	Е	И	А	Н	И	У	И	К	А	У	М	Т	У	Е	П	С
У	Н	Н	С	М	Е	Е	Е	Л	А	Т	О	Ч	Н	Ы	Й	Т
Т	Е	Е	Т	И	С	В	Л	У	Е	Л	П	О	Е	З	Д	И
А	Н	И	С	С	У	Н	Ы	Д	А	Й	Д	Ж	Е	С	Т	М
Ц	М	Ф	И	Е	Л	Р	Ф	Й	М	С	П	С	С	Д	Е	О

Puzzle 489

```
Ю П Р Е К Р А С Н Ы Й И Б С М Н С
Е Ж У Ч И Т Ы В А Я И Ц Р Т Е А С
Ф В Н Т Е М Н Ы Й О И Н О И Д Ж И
Ч И Л Ы П Р А К Т И К А К В Н М Е
И Е Е Т Й У Д Е Л С С И К Ы Ы И А
Т И Р Р Е У Е Н М С Е А О Д Й Т П
П Щ О В Т О Н М С Т О К Л Р Д Е О
Е Я У П Ь И У Е А М М Я И А И И Д
П Р Р И Р С У Р У П Р И И Н Л А Е
Ф О У Е Е Р Е С Г Р С Д С С Е Т Р
П В С О П Р О В О Ж Д А Т Ь И Ч М
Л О О С Т Р О Г О И С Т М Е Н С У
Р Г У О И О Е М М И А С Р О Е Л Т
Д Ч У Л О К О Н Е Н Г Я Н У Ч И А
П Р Е И М У Щ Е С Т В О У О У У И
```

СТАДИЯ
СОПРОВОЖДАТЬ
ИССЛЕДУЙТЕ
УЧЕНИЕ
ЧЕРВЬ
ЮЖНЫЙ
ГОВОРЯЩИЕ
ПРАКТИКА
ЯГНЕНОК
ЧУЛОК
ВЫДРА
МЕДНЫЙ
ОСТРОГО
НАЖМИТЕ
БРОККОЛИ
ПРЕКРАСНЫЙ
ПРЕИМУЩЕСТВО
УЧИТЫВАЯ
УЧЕНИК
ТЕМНЫЙ

Puzzle 490

ДИКИЙ
ДВАДЦАТЬ
ДНЕМ
ПРАВАЯ
ПРОИЗНОШЕНИЕ
МИЛЛИОН
ВИЛКА
ТЕРПЕТЬ
СЮРПРИЗ
ПОЛЕВКА
ПОДХОД
ДИСКУССИИ
ЗАПОВЕДНИКИ
ОТЛОЖИТЬ
ГНЕЗДО
РОДИТЕЛЬ
ХОЛМ
НЕСКОЛЬКО
БОЛЬШИНСТВО
НИЗКАЯ

```
Е П И М Н Е М Я С О Е Т Т А И Т П
Е О И О О И И М Н О Л М Н Д П Е Р
Е Р Н И З К А Я Е В Е А Н И Р Р А
А Е Е И И М Ф Е П Т В С Т С Е П В
У Ь Т А Ц Д А В Д С Я С О К И Е А
Е Л Ф Л Е Е И С Т Н Е Т С У Д Т Я
Е Е И Н Е Ш О Н З И О Р П С И Ь Т
Я Т Е Е А И Т Е У Ш У С П С К С М
Т И О С У У И С А Ь Е Е Т И И Ю И
Р Д А К Л И В С И Л М С С И Й Р Л
О О Д О Х Д О П П О Л Е В К А П Л
Е Р М Л О Х Н Д О Б Р Р Н Е Г Р И
Т С С Ь П У Е У Р Г Н Е З Д О И О
Т М А К О Т Л О Ж И Т Ь Е Н У З Н
И Е А О З А П О В Е Д Н И К И И Е
```

Puzzle 491

```
Т М Щ Н А У П И Д Р Л Р Т Е Д Т Н
С И Е О О С С И О Е И Е О Д М Ф Т
С С Н Т И С С Й П В С Е Ч И Т С И
И И О Н Т Е Р О С И Т Й И Щ Б О А
П У К Е Н Ц У В Р Н Е Т Л А Ж Е Л
Т У М У У О С О Р Т Е О К Ю Ц А И
У К Р А П Р Е Л Е С И С А У П Е Р
С И А Р Р П Р П З Т М М Л Т Л С И
С С У Н Ф Е Р Е У Р М И Е А У К С
Т О У Т Ь Р О Т Л Е Д О О Н О Л И
Р И У Т О Е С А Ь Л Р Т Л Е Т А О
Е У У П А У А Е Т Я П Т А Ж У Д И
Р А Д О С Т Н О А Т С Н М Н О К Р
Р У Ф С О М А Е Т Ь Р А Р О Е У Т
И Т У Ц А П Л Я Р И С К И И Т Е И
```

ТЕПЛОВОЙ
ТОЧИЛКА
РЕСУРС
СТРЕЛЯТЬ
РИСК
РАДОСТНО
ЩЕНОК
НЕСЛА
РЕПУ
СКЛАДКУ
ЦАПЛЯ
ПАРК
ОБЩИЙ
АССОРТИМЕНТ
ЛЕЖАЛ
ТКАНЬ
ПРОЦЕСС
ЛИСТ
ЖЕНАТУЮ
РЕЗУЛЬТАТ

Puzzle 492

УЗКАЯ
ПОМНИТЕ
ЛАГЕРЬ
МАСТЕР
ПРАВО
ШАТКИЙ
ПЯТНИСТЫЙ
ЛЕСТНИЦУ
ВЕЛИКИЕ
СЛАДОСТИ
МИЛЯ
ФАНТАСТИКА
БАР
ПОРЫВ
ЭВАКУИРОВАТЬ
ПРАКТИЧЕСКИЕ
ЖЕЛЕЗО
ОЖИДАТЬ
НЕПРАВИЛЬНАЯ
ОСТРОВ

```
Е М Т И Е П Л А Г Е Р Ь Т Е П У Е
Ф Е С М Л Т Р Е Т С А М Ш С О Е О
Э А О В А Р П А У Т Р У А Е Е М Е
В У Н П Л Т У Я К Б А Р Т Т Я П И
А Е Г Т И Л Ц А Т Т Е И К И Л Е В
К Л Т М А У И К Т Н И Т И Т И Т Ы
У Р Е О С С Н З Е О И Ч Й С М О Р
И У Е Н Р О Т У М С Т С Е В У Е О
Р У И Р Л С С И Е Е С Е Т С С М П
О З Е Л Е Ж Е Т К Е О Р И Ы К С У
В О Р Т С О Л Я О А Д А Н Р Й И Т
А И Т У И И О Р Р Ф А Д М Т Я Т Е
Т Р О У Н М А И М Д Л Т О Ф М П О
Ь Т А Д И Ж О У Е М С Л П Е А Т Т
Н Е П Р А В И Л Ь Н А Я У Б В П Р
```

Puzzle 493

```
О П Ц Г И К В О Я А К С Т Е Д Д К
Т У М Л Н Л Н Р У Б У О И Р Я С Р
С У Л А У У А А Е Л Р Р Н И Т Я О
Р А У Г Ц Б С Я С Ь Т А Щ Б О И В
У Н Н О О Н Т П М О К Е Р Р С Е А
Ф О Н Л А И Р Р П М А Т Я Н А З Т
П Т И Ц Ы Ч О И Л Т Л С Е Р С Т Ь
П А И О Е Н И Н Ц С У Ф Л С М О Г
С С О В А У Т Е Т Е Л С О П У Л У
О Е О У Т Ю Ь С Ф Р Р П П Е К К Б
В Ы Д Е Р Ж И В А Е Т К Е П А Н К
Л Р У О И С Д У Т Т Е И О С Н У А
К Л А С С Г П О О Н Ц М Н В О Л Р
И О Т Т У М Р Р Р И Н М Е Е Ь К И
З А С Т Е Н Ч И В Ы Й И М С У М И
```

НАСТРОИТЬ
ЗАСТЕНЧИВЫЙ
ПРИНЕС
ЗАНЯТА
ДЕТСКАЯ
КУРТКА
МУКА
КРОВАТЬ
ПОСЛЕ
ГУБКА
ГЛАГОЛ
ПТИЦЫ
ОБЩАТЬСЯ
ВЫДЕРЖИВАЕТ
КЛУБНИЧНУЮ
ТОЛКНУЛ
ИНТЕРЕС
ЦЕРКОВЬ
КЛАСС
ПЕСОК

Puzzle 494

СОТРУДНИК
ТОРТ
ОСТАЮТСЯ
РОЖДЕНИЕ
СИСТЕМА
ПРОСТАЯ
ПОЛОТЕНЦЕ
САМОЛЕТ
АКТЕР
ЭКСПЕРИМЕНТ
ИМЕЯ
ИРИС
АГРЕССИВНЫЙ
ЗАБРОНИРОВАТЬ
ГЛУБОКИЙ
СПОСОБНОСТИ
ПОВЕСИТЬ
СРЕДИ
МЕСЯЦ
ЗМЕЯ

```
Г О Т И С Е Н Ц И Р И Т Т З А С У
У Л С У Р А С Я Е У Р У И А Г А П
Р Г У П О В Е С И Т Ь С У Б Р М О
С О Т Б У Ф Г Е Я Д М О Е Р Е О Л
О С Ж И О С Л М С У Е Н Н О С Л О
Т О Т Д Я К Т М И Н Е Р И Н С Е Т
Р И Ф У Е А И Е Р Л А И С И И Т Е
У О У П Т Н Л Й И О Р Л Л Р В И Н
Д З М Е Я Р И Е С У Л И Т О Н И Ц
Н А Я И П А М Е Т С И С О В Ы М Е
И П Р О С Т А Я И Е А Т Р А Й Е Р
К Т Е О С Т А Ю Т С Я Е Т Т Т Я Н
С Т Т И А С У У Т У Б Е С Ь М У Е
П И К Ф Р В Э К С П Е Р И М Е Н Т
Е Н А С П О С О Б Н О С Т И М С Р
```

Puzzle 495

Н	Е	С	М	О	Т	Р	Я	И	Т	С	М	Н	С	С	У	Ф
У	Н	Е	З	Н	А	Ч	И	Т	Е	Л	Ь	Н	Ы	Е	М	У
О	Д	А	Л	Ж	И	В	А	Т	Ь	А	Ь	А	Р	О	Е	Н
К	А	С	А	Б	Л	А	Н	К	А	Л	Т	Н	М	П	Т	Д
Е	В	И	Д	Е	Р	Е	Л	С	Ф	У	С	А	А	Л	А	А
А	В	С	Р	Ф	Н	Е	С	И	У	У	О	Т	О	Т	К	М
Ф	А	К	Т	О	Р	С	И	О	С	А	Н	Е	Ж	Д	Й	Е
Е	Д	Р	И	А	В	С	Н	Е	О	И	Ж	К	У	О	О	Н
И	Ю	Ф	М	Н	П	О	Л	И	Л	Е	О	Р	Ц	А	Т	Т
А	С	Т	Ь	О	О	Ш	И	П	И	Н	М	И	У	И	С	А
Е	И	У	Л	О	Е	Л	Я	Т	В	С	З	И	П	М	Ю	Л
М	Г	А	Е	Р	И	В	О	Й	Т	С	О	Ф	Т	В	Е	Ь
Т	Р	У	Д	О	В	Ы	Е	Е	Ц	О	В	Ц	М	М	М	Н
А	Т	Р	О	Я	И	Ф	А	Р	Г	О	Ф	Р	О	Е	А	Ы
Р	С	М	М	С	Е	К	Р	Е	Т	А	Р	Ь	И	Е	У	Е

ЖЕНА
ОДАЛЖИВАТЬ
ОРФОГРАФИЯ
ФУНКЦИЮ
ФУНДАМЕНТАЛЬНЫЕ
СЮДА
ТРУДОВЫЕ
НЕСМОТРЯ
ЕЕ
ВОЗМОЖНОСТЬ
ОСЕЛ
ЯЙЦО
КТОТО
КАСАБЛАНКА
НЕЗНАЧИТЕЛЬНЫЕ
СЕКРЕТАРЬ
ФАКТОР
МОДЕЛЬ
ШОССЕ
СТОЙКА

Puzzle 496

РЯДОМ
ПОСЕЛЕНЦЫ
ГОЛОДНОЕ
ДЯДЯ
ВИДЕЛ
ЛУЧШЕЕ
НУ
УТЕЧКА
СЫР
ОБЪЯСНИТЬ
ВЫДАЮЩИЙСЯ
ЭМОЦИОНАЛЬНО
ПОЛОСА
ПОСЕДЕЛИ
УМНОЖЕНИЕ
ЧЕРЕПАХА
СУДЬЯ
АВТОМАТИЧЕСКИЙ
СУММА
ЛАСКА

У	Ц	Р	О	Д	Е	П	И	А	М	С	Е	В	А	С	П	Т
Н	Т	Н	Т	Т	Я	Л	О	И	Ц	О	Л	Ы	В	У	О	Р
Р	Т	Е	Е	О	Н	Д	О	Л	О	Г	Ф	Д	Т	И	Е	Р
Н	Е	О	Ч	У	П	С	Я	Е	О	О	Г	А	О	Н	Т	У
М	Ф	О	С	К	Т	Е	И	Н	Н	С	П	Ю	М	М	Е	И
С	А	И	Е	И	А	Т	Н	Е	Ь	Г	А	Щ	А	Н	Н	Н
Л	С	Т	М	У	К	Н	Т	М	Л	П	Х	И	Т	А	А	О
Л	Д	Л	И	Р	С	Р	И	Т	А	О	А	Й	И	Л	Р	Б
Р	Ы	С	И	В	А	А	Р	У	Н	И	П	С	Ч	У	С	Ъ
Я	Е	Н	А	Р	Л	У	П	Т	О	У	Е	Я	Е	Ч	О	Я
Д	П	О	С	Е	Д	Е	Л	И	И	Т	Р	Е	С	Ш	И	С
О	В	И	Д	Е	Л	С	Р	И	Ц	Е	Е	Т	К	Е	И	Н
М	С	У	М	М	А	Н	Е	П	О	А	Ч	Р	И	Е	Р	И
У	Е	Е	И	Н	Е	Ж	О	Н	М	У	Е	Р	Й	И	И	Т
П	О	С	Е	Л	Е	Н	Ц	Ы	Э	С	У	Д	Ь	Я	А	Ь

Puzzle 497

П	Р	Т	М	А	У	О	В	Л	Р	О	Г	А	М	П	П	И
Т	У	Е	М	Е	Т	Р	Ы	Ц	В	О	У	Е	Л	О	Ф	Г
Е	Л	Б	Т	Ы	И	У	В	Д	У	Л	С	М	У	Л	С	О
И	У	С	Л	Н	О	Ж	Е	Л	О	М	О	С	Т	О	У	В
Н	М	И	А	И	Л	И	С	И	А	Р	Т	О	И	Ж	Щ	О
Б	Р	У	Т	Ч	К	Е	Т	Е	Н	С	О	Н	Ь	И	Е	Р
Ц	О	П	И	Ж	Е	А	И	Л	В	У	С	Г	Т	Т	С	И
Н	Ф	Е	П	У	В	М	Ц	И	О	С	М	О	А	Е	Т	Н
Ф	И	И	А	М	И	Н	Р	И	Т	Е	П	Е	Д	Л	В	Е
Л	Е	Р	К	С	И	Р	М	С	Ю	В	Р	Т	А	Ь	У	О
Н	И	Ц	И	У	Е	Н	Т	Е	С	И	С	П	Р	Н	Ю	Т
З	А	Ч	Е	М	Е	Е	О	М	А	С	К	А	Т	Ы	Т	Г
С	И	Т	У	А	Ц	И	Я	У	Л	Л	О	Е	С	Е	Л	Е
В	З	В	О	Л	Н	О	В	А	Н	Н	Ы	Й	Н	М	М	Т
Т	Е	О	П	Ф	Л	И	Ч	Н	Ы	Е	Р	С	П	И	М	И

ИМ
МАСКА
СИТУАЦИЯ
ОРУЖИЕ
КАПИТАЛ
ДОРОГА
ПУБЛИКАЦИЮ
ЗАЧЕМ
ПОЛОЖИТЕЛЬНЫЕ
МУЖЧИНЫ
ФОРМУЛУ
НЕТ
ЛАССО
ОВЦЫ
СУЩЕСТВУЮТ
ВЫВЕСТИ
СТРАДАТЬ
ВЗВОЛНОВАННЫЙ
ЛИЧНЫЕ
ГОВОРИ

Puzzle 498

КУЗНЕЧИК
ХОРОШИЙ
ХОЛОДНО
ДВАЖДЫ
ГРУППА
ВНЕШНЯЯ
ОБЕСПОКОЕННЫЙ
ЗАПИСЬ
БРАТЬ
УЖЕ
МЕСТО
МОТЫГА
ДЛИНА
ЗАПАДНЫЙ
РАЗЛИЧНЫЙ
ЛУЧШЕ
ИЗМЕРЕНИЕ
ГРАЖДАНИН
КОЖА
ГОВОРИТ

И	Т	Е	И	С	К	О	У	И	О	Я	З	Р	И	Л	Т	М
Н	П	Й	И	Ш	О	Р	О	Х	Т	М	А	Г	Ы	Т	О	М
М	Е	И	Т	И	Ж	Е	У	Л	У	Р	П	Е	Р	Е	А	Е
Т	У	О	У	И	А	Д	Е	Т	Б	Н	А	О	А	А	И	К
И	Т	Р	М	У	Б	И	Л	У	Т	И	Д	И	З	И	У	И
Р	Е	З	Т	Р	Е	Р	Е	И	Т	И	Н	Т	Л	Е	А	Ч
О	Н	Е	А	Л	Т	У	А	А	Н	Т	Ы	А	И	У	Ж	Е
В	О	Ш	И	П	У	И	С	Т	О	А	Й	М	Ч	У	Л	Н
О	С	Ч	Л	С	И	Т	И	Н	Ь	О	О	Т	Н	М	Е	З
Г	Р	У	П	П	А	С	Д	В	А	Ж	Д	Ы	Ы	О	И	У
Х	О	Л	О	Д	Н	О	Ь	М	Е	С	Т	О	Й	Р	М	К
Г	Р	А	Ж	Д	А	Н	И	Н	Т	М	С	М	Е	У	И	У
И	З	М	Е	Р	Е	Н	И	Е	Е	Ф	У	Е	Ц	Е	Т	У
О	Б	Е	С	П	О	К	О	Е	Н	Н	Ы	Й	П	А	О	Н
В	Н	Е	Ш	Н	Я	Я	С	С	Е	С	У	Р	Р	Е	Р	О

Puzzle 499

```
К А Т С А Т И Д Ы Ш У З А Л И Т Ь
О Д Д О М А Е О Д С И П А Я Ф И Р
Н Г Б О С Н С О У Р К И И А И М Е
Е О О Н И У Е М У Е П О С К С А Л
Т Т В Е Д О П Т Р Н Р П Р С И С И
У Е Ф О Ш Е Р С Т Ь И Р Ф Е У А Г
Р И Х П С М Н Т Р Н Х О Е Ч Е В И
Р Г М Н Т Т А Т А Д О В Т И С Т О
У О Н Р И Е И П У Е Ж Е А М Е О З
О Н Ц В Е К О Л Е Д А Р О Е С Р Н
П М П Р О И У И П И Я Е Т Д И И Ы
Т У О Е Р А М А Й О Р Н О А У Т Е
М М И О А Т А С У С Т О Н К Л Е С
Д О С Т У П А Д Н А М О К А Г Т Р
У Т Л В У М Т Т К О Н Ф Е Т Ы Р Л
```

АКАДЕМИЧЕСКАЯ
ПРОВЕРЕНО
ЗАЛИТЬ
НОВОСТИ
ВОДА
ДЫШУ
ДОСТУПА
АВТОРИТЕТ
ШЕРСТЬ
ТЕХНИКУ
РЕЛИГИОЗНЫЕ
ТОГДА
МНОГИЕ
ПРИХОЖАЯ
КОНФЕТЫ
МАЙОР
КОМАНДА
СКОРЕЕ
УТЕНОК
ДОМ

Puzzle 500

НАПОМНИТЬ
РАЗНИЦА
ВЕЛОСИПЕД
ГОРЯЧЕЕ
МОЕ
МОТИВАЦИЯ
РОК
ВМЕСТЕ
БЫЛ
ЕЖ
УДАЧИ
СОРТИРОВАТЬ
ЕСТЕСТВЕННЫЙ
СЕВЕРНЫЙ
ПАЦИЕНТ
ПЛАВАНИЕ
СВОБОДА
КРАСИВО
ПОСТ
ЗУБЫ

```
С М Н О Е И Н А В А Л П У П С Д М
Е Т О И Е С У У О Р И Е Д И В Е О
В И М Т Т Ь Т И Н М О П А Н О Ж Е
Е О Т С И Т Н Е И Ц А П Ч У Б П У
Р Е Н О Я В Т Т С Т П Т И Е О С Н
Н Е А П И У А И А Т Н Н С М Д И Р
Ы Е Л Н М О Р Ц Ц Г В О Н Т А Р У
Й Р Р И М Е И П И Е О Е С М С Р Ц
Р Е С Л М С Н Е Н Я С Р Н И У У К
У Е Я Е С Ы Б У З Р Т И Я Н О У Р
С О Р Т И Р О В А Т Ь И Ф Ч Ы Т А
Т П Л С А Е С С Р У А С Б М Е Й С
Р Н В Е Л О С И П Е Д Р Ы Т У Е И
И Р Л М Б И О А У И Т О Л А Р Е В
М Л Е В Л И Р У У М П К А У И Е О
```

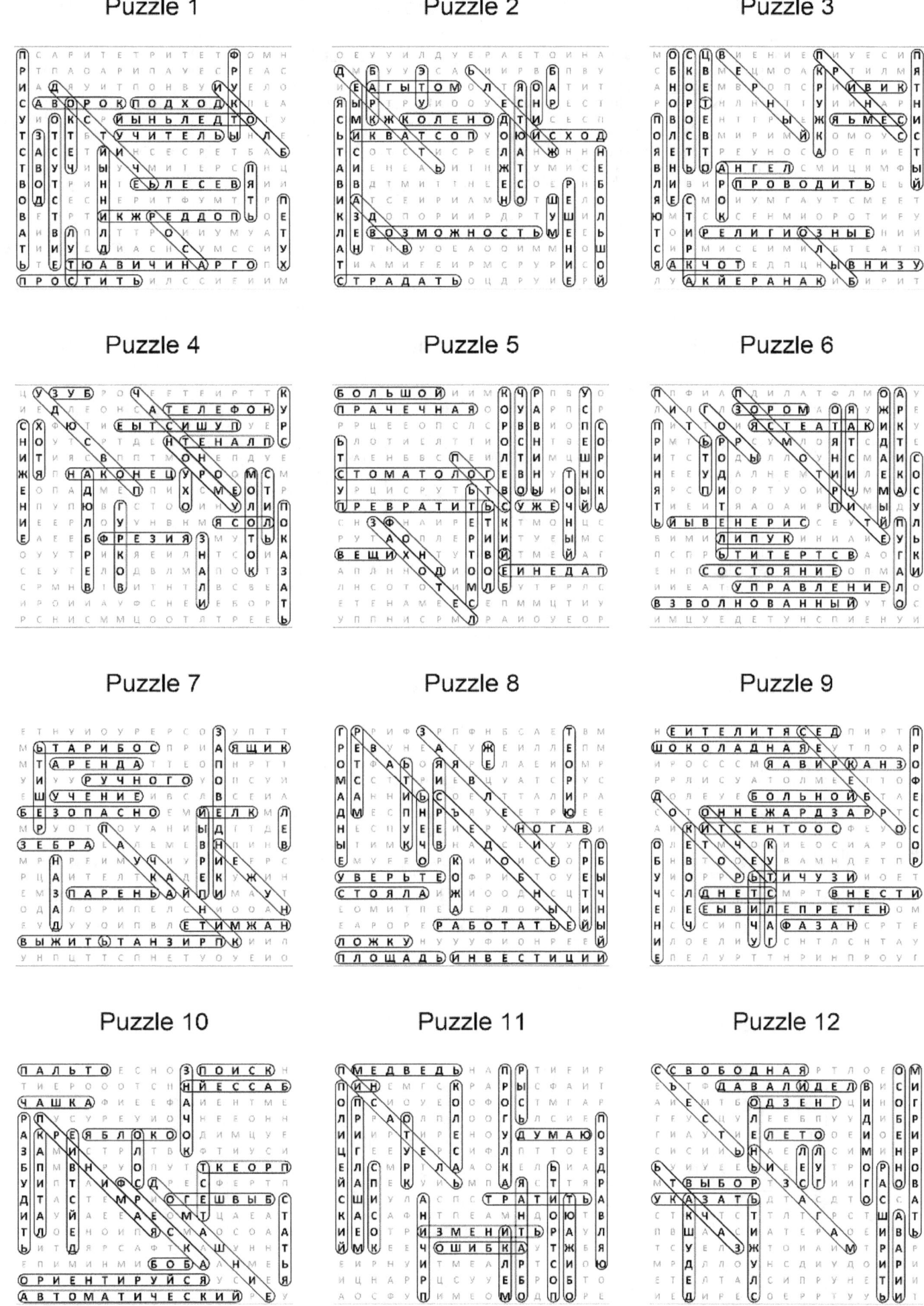

Puzzle 1

Puzzle 2

Puzzle 3

Puzzle 4

Puzzle 5

Puzzle 6

Puzzle 7

Puzzle 8

Puzzle 9

Puzzle 10

Puzzle 11

Puzzle 12

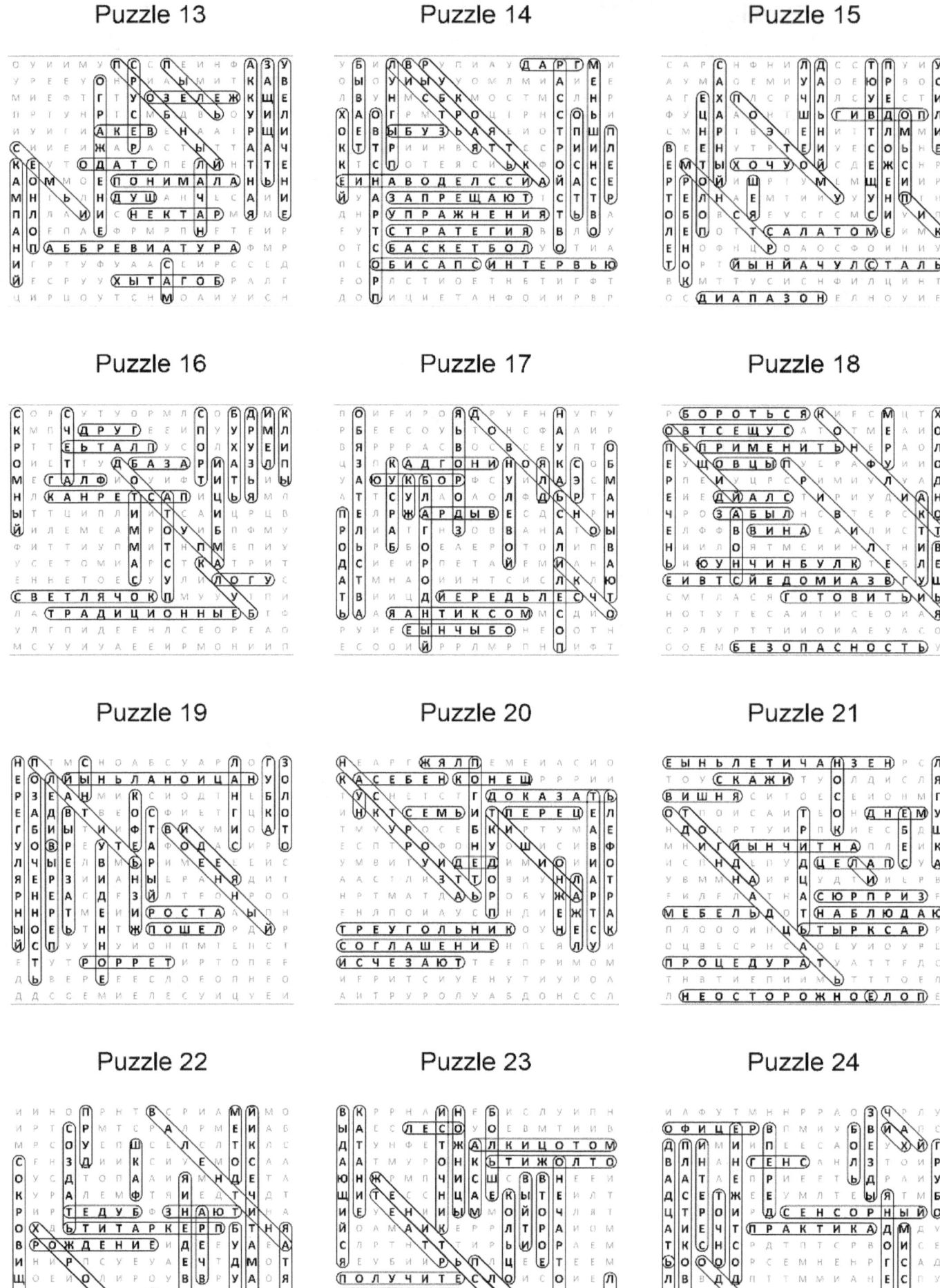

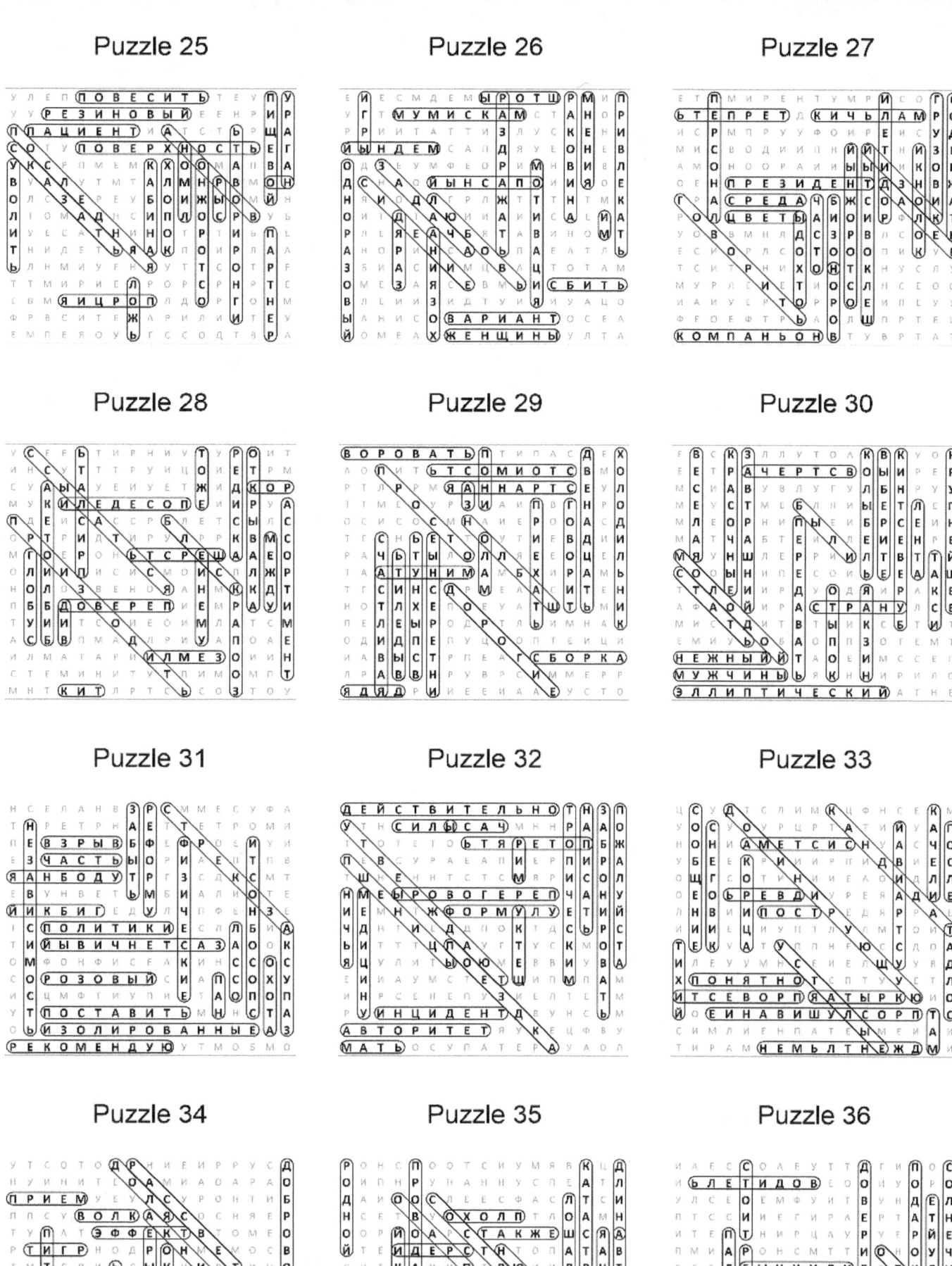

Puzzle 25

Puzzle 26

Puzzle 27

Puzzle 28

Puzzle 29

Puzzle 30

Puzzle 31

Puzzle 32

Puzzle 33

Puzzle 34

Puzzle 35

Puzzle 36

Puzzle 37

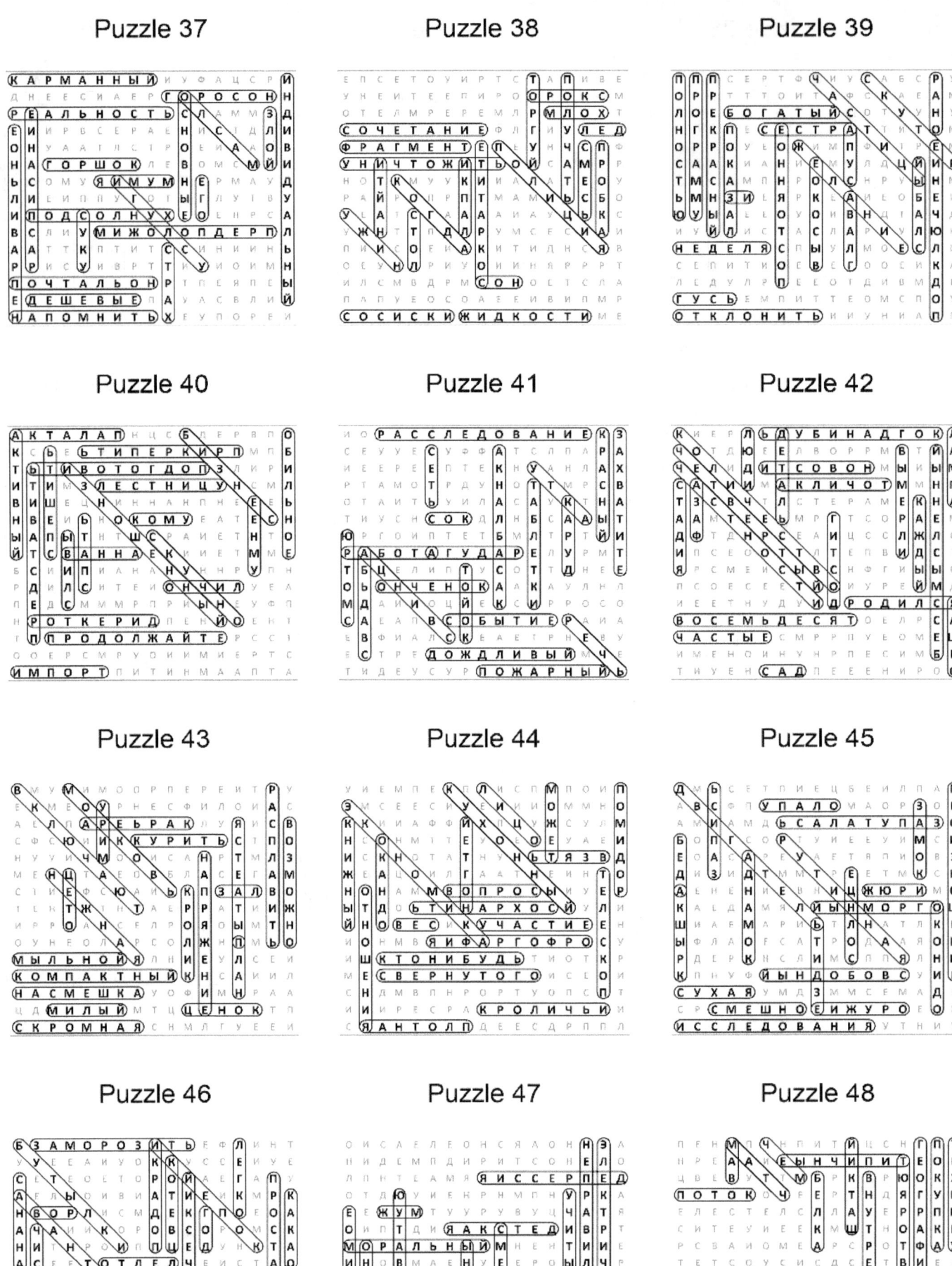

Puzzle 38

Puzzle 39

Puzzle 40

Puzzle 41

Puzzle 42

Puzzle 43

Puzzle 44

Puzzle 45

Puzzle 46

Puzzle 47

Puzzle 48

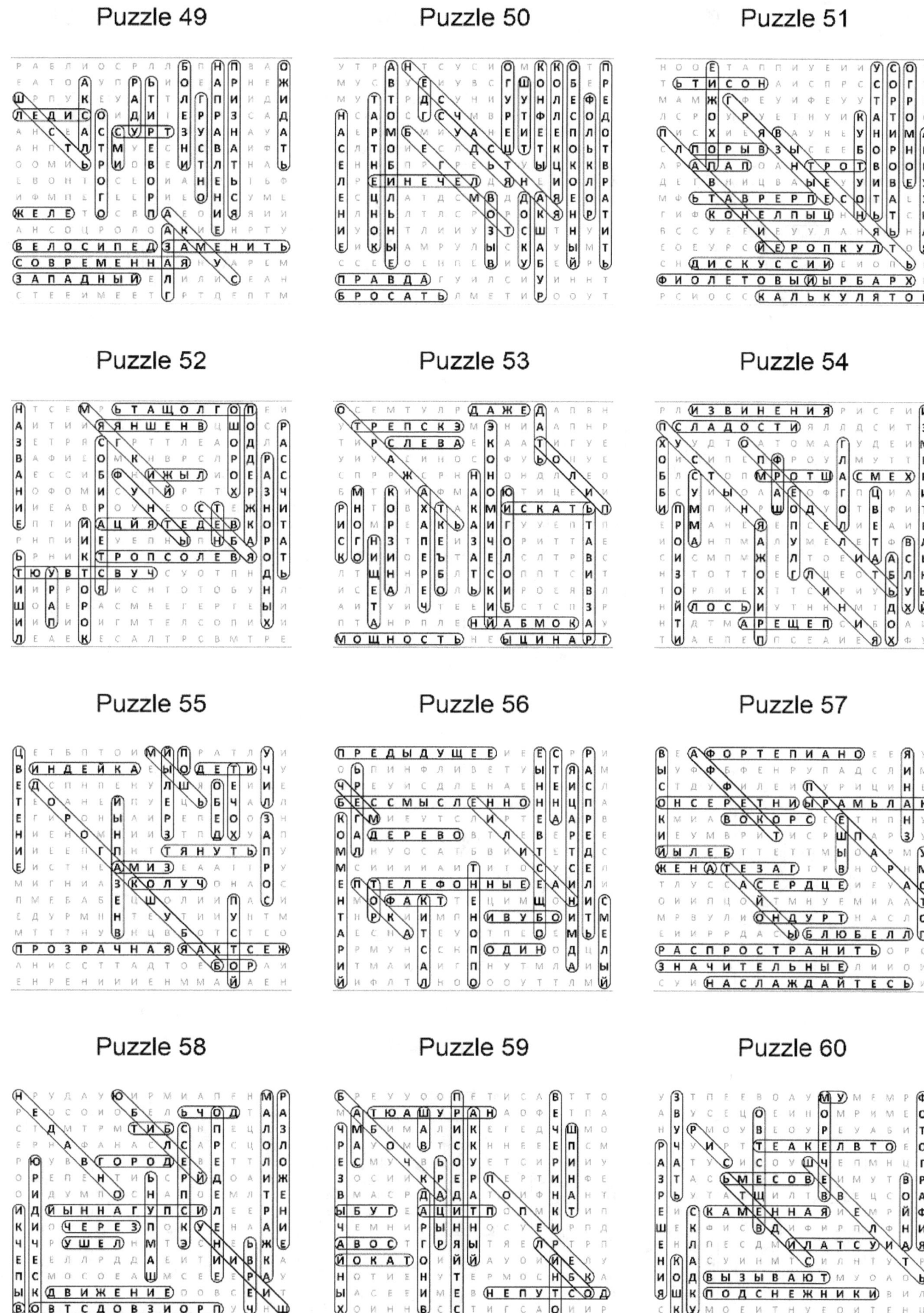

Puzzle 49

Puzzle 50

Puzzle 51

Puzzle 52

Puzzle 53

Puzzle 54

Puzzle 55

Puzzle 56

Puzzle 57

Puzzle 58

Puzzle 59

Puzzle 60

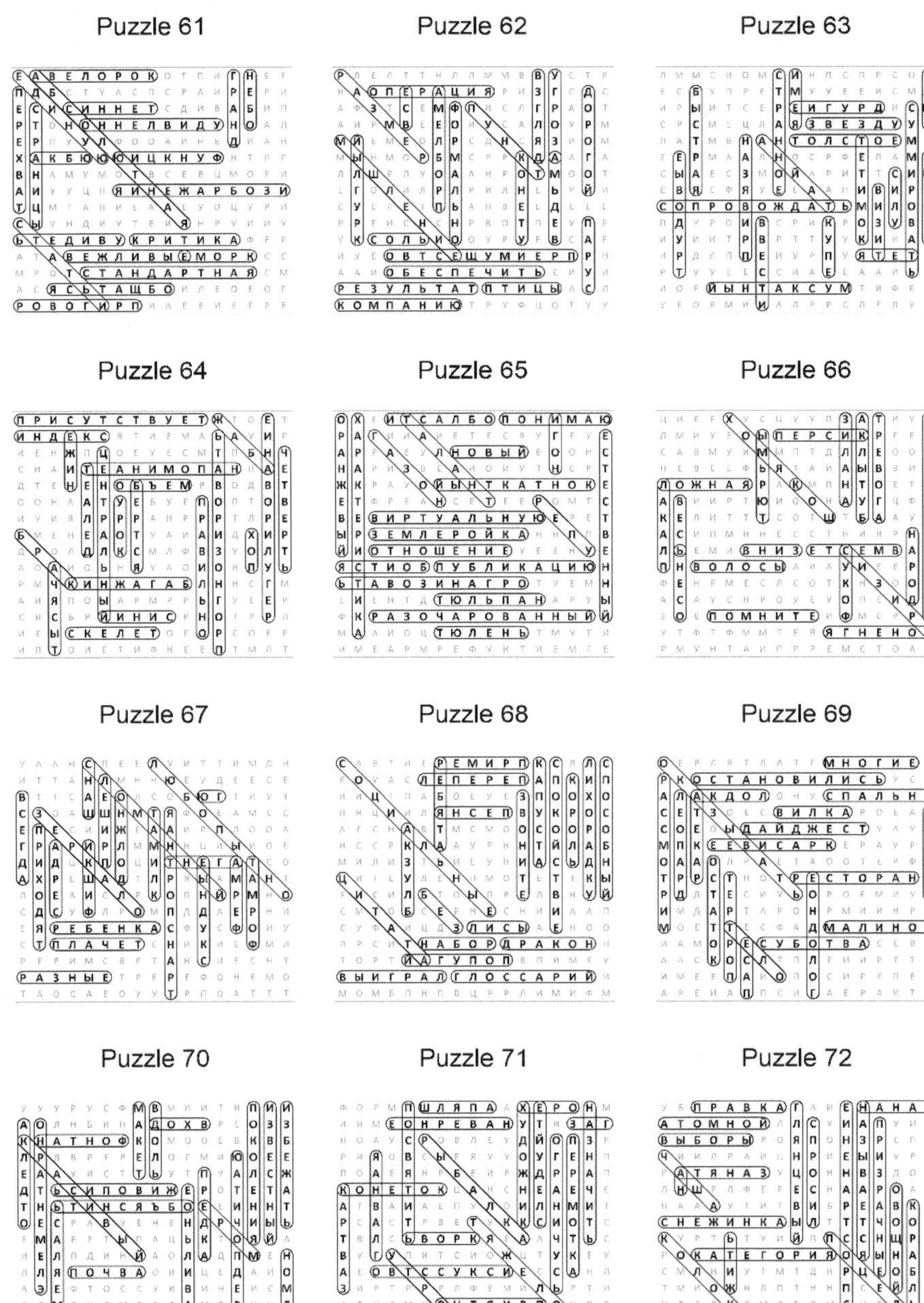

Puzzle 61

Puzzle 62

Puzzle 63

Puzzle 64

Puzzle 65

Puzzle 66

Puzzle 67

Puzzle 68

Puzzle 69

Puzzle 70

Puzzle 71

Puzzle 72

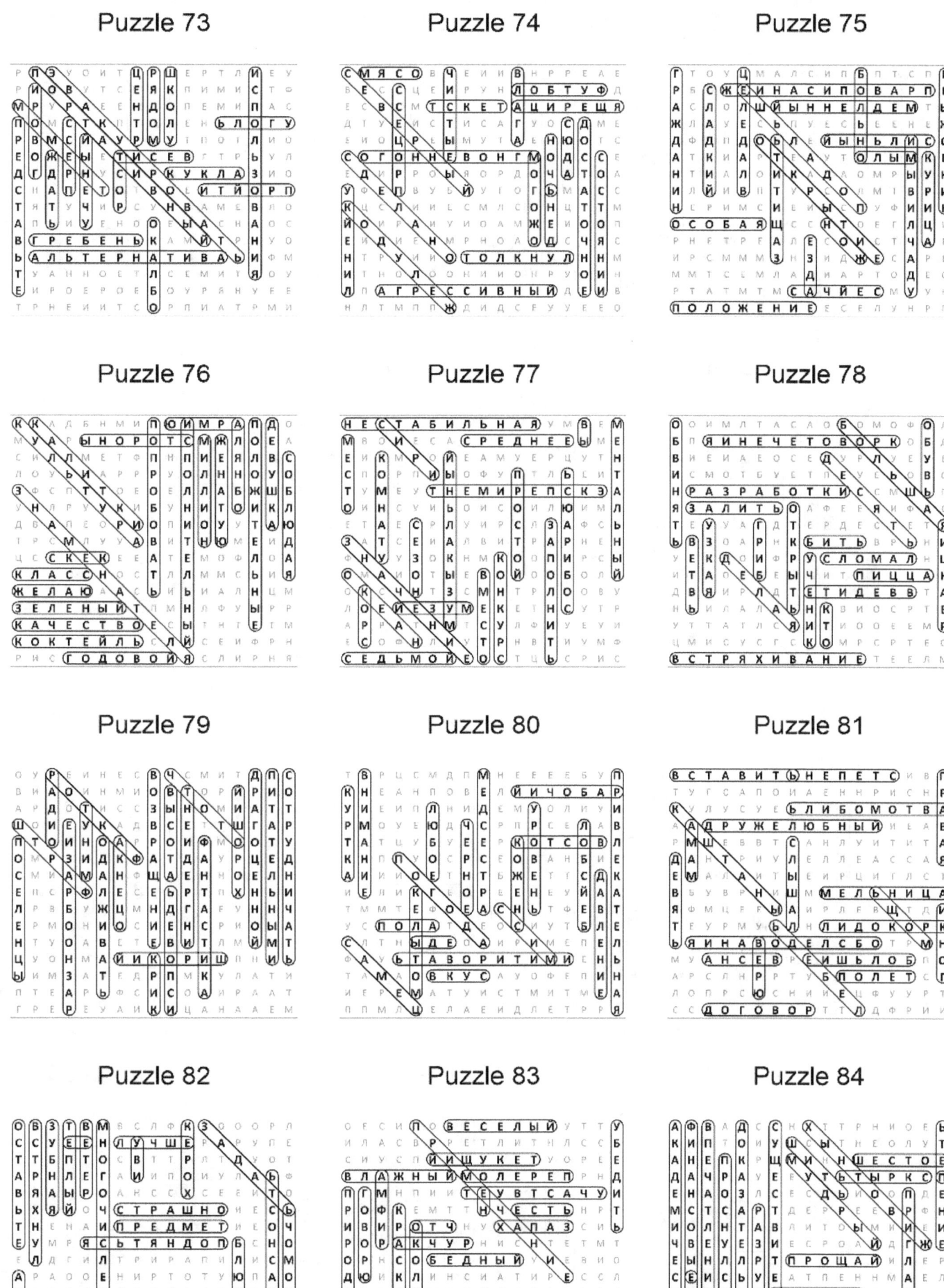

Puzzle 73

Puzzle 74

Puzzle 75

Puzzle 76

Puzzle 77

Puzzle 78

Puzzle 79

Puzzle 80

Puzzle 81

Puzzle 82

Puzzle 83

Puzzle 84

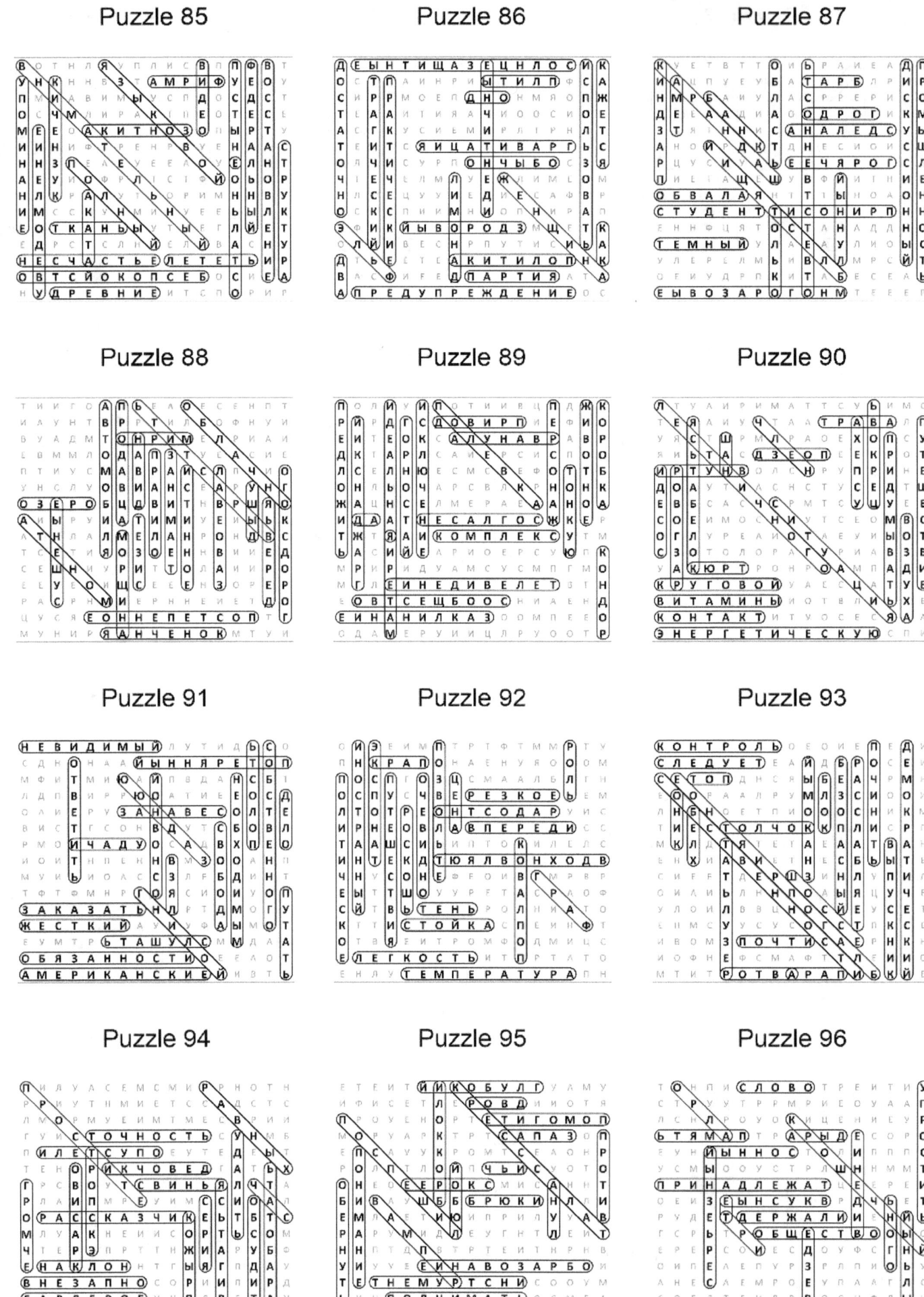

Puzzle 85

Puzzle 86

Puzzle 87

Puzzle 88

Puzzle 89

Puzzle 90

Puzzle 91

Puzzle 92

Puzzle 93

Puzzle 94

Puzzle 95

Puzzle 96

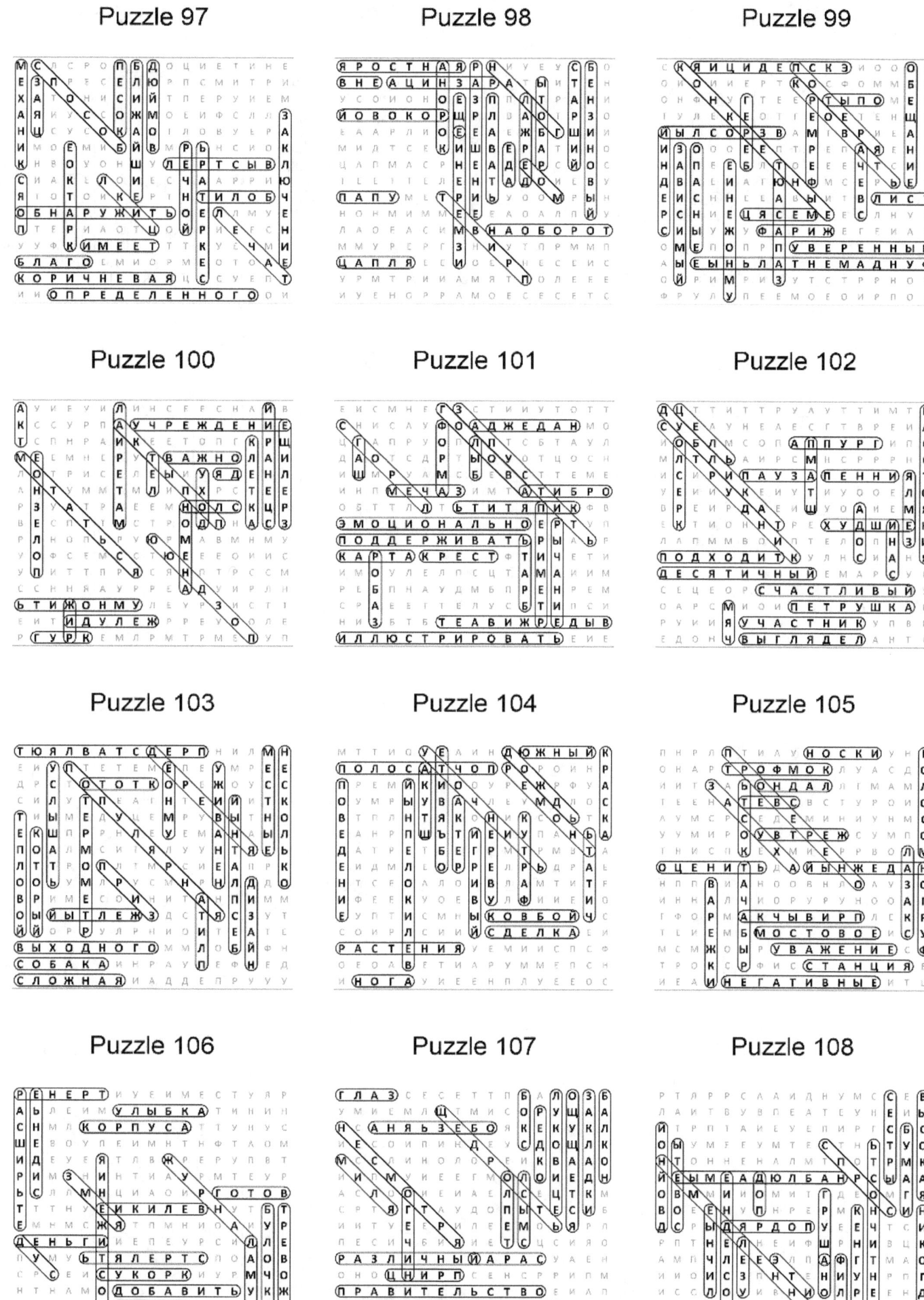

Puzzle 97
Puzzle 98
Puzzle 99
Puzzle 100
Puzzle 101
Puzzle 102
Puzzle 103
Puzzle 104
Puzzle 105
Puzzle 106
Puzzle 107
Puzzle 108

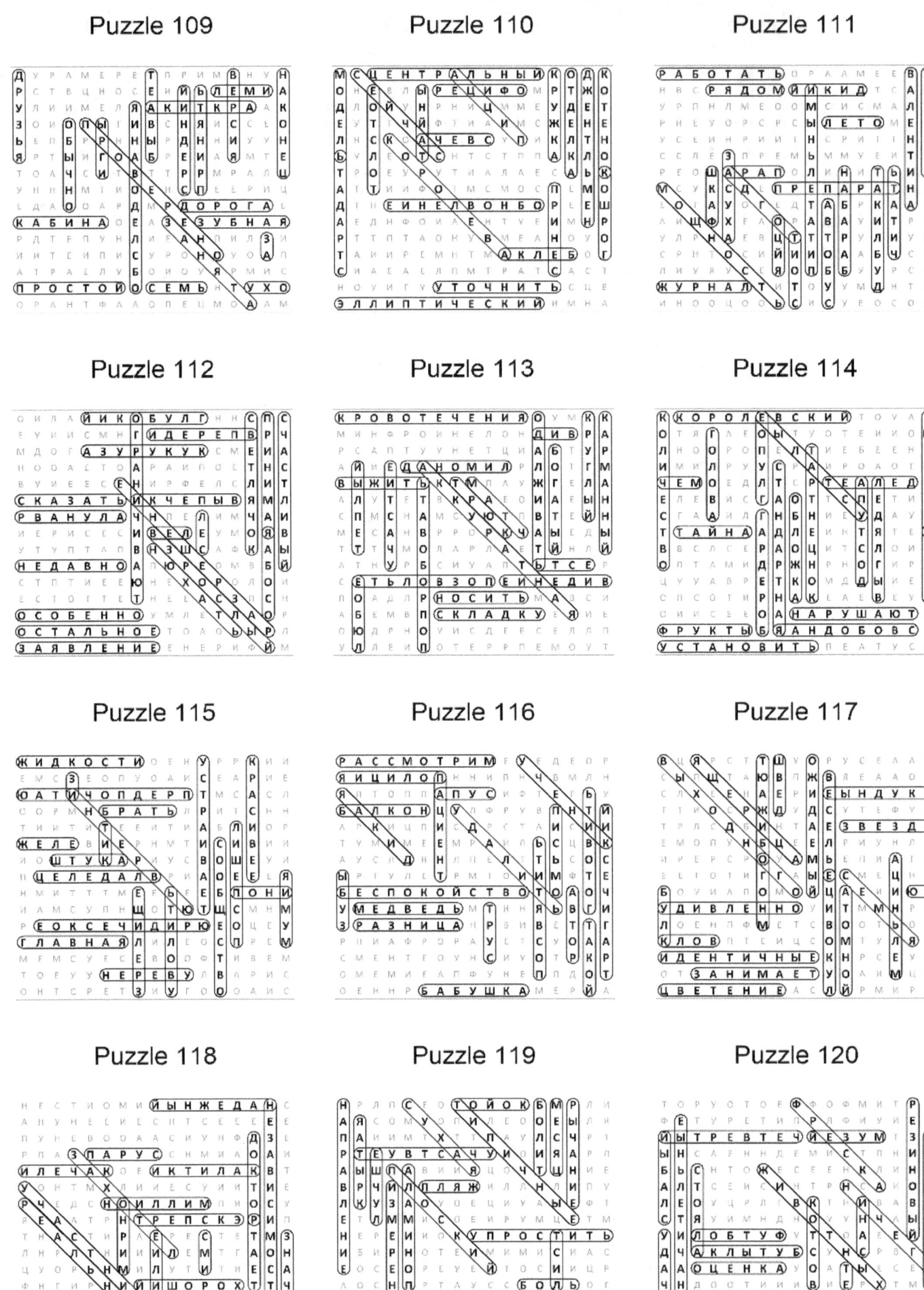

Puzzle 109

Puzzle 110

Puzzle 111

Puzzle 112

Puzzle 113

Puzzle 114

Puzzle 115

Puzzle 116

Puzzle 117

Puzzle 118

Puzzle 119

Puzzle 120

Puzzle 121

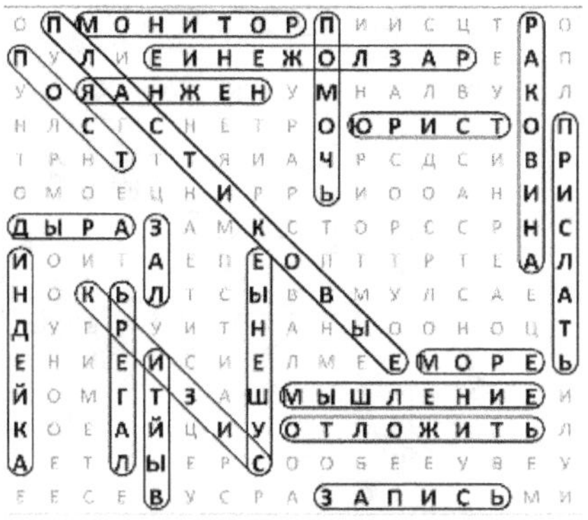

Puzzle 122

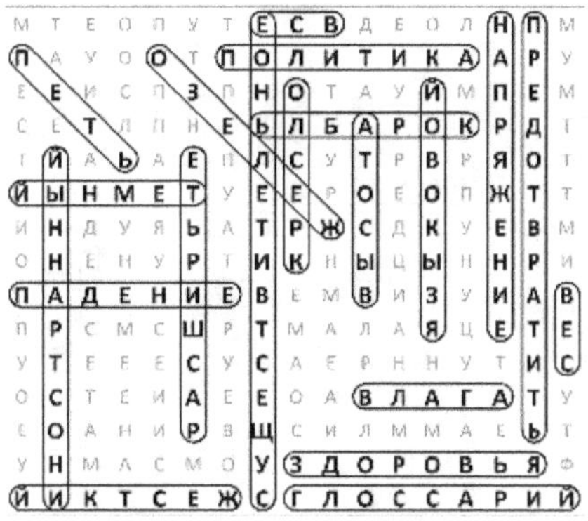

Puzzle 123

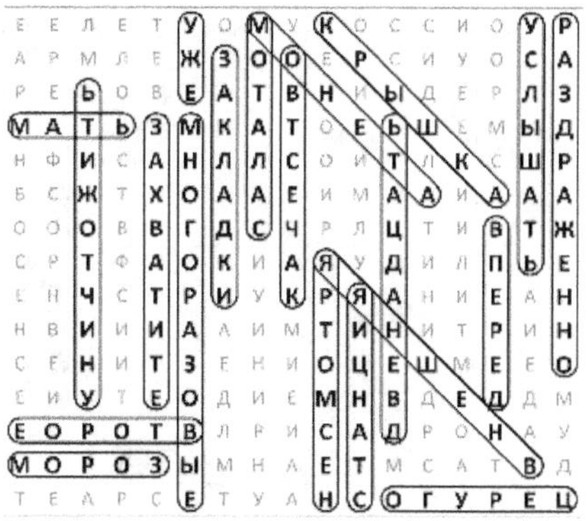

Puzzle 124

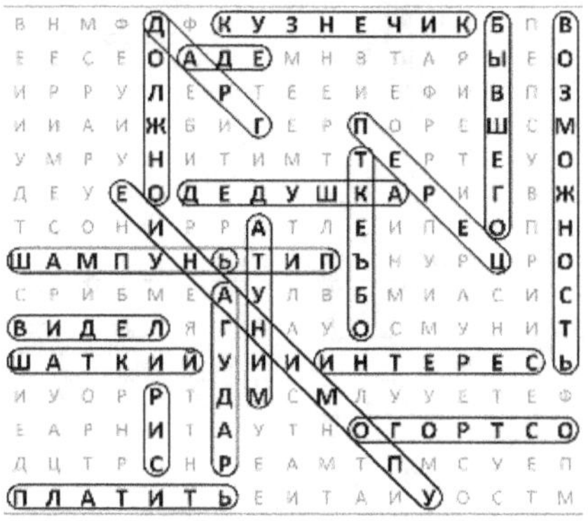

Puzzle 125

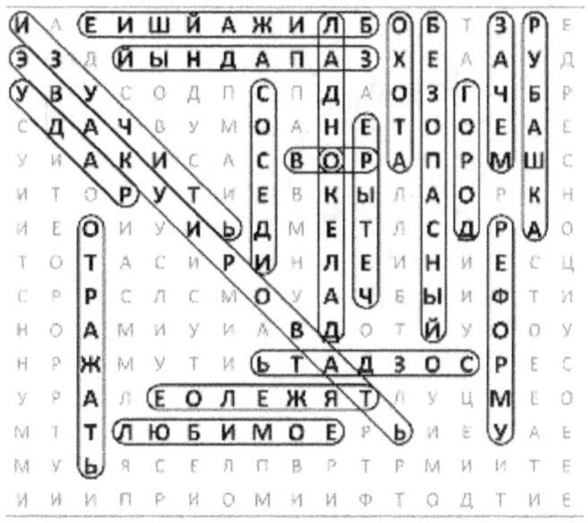

Puzzle 126

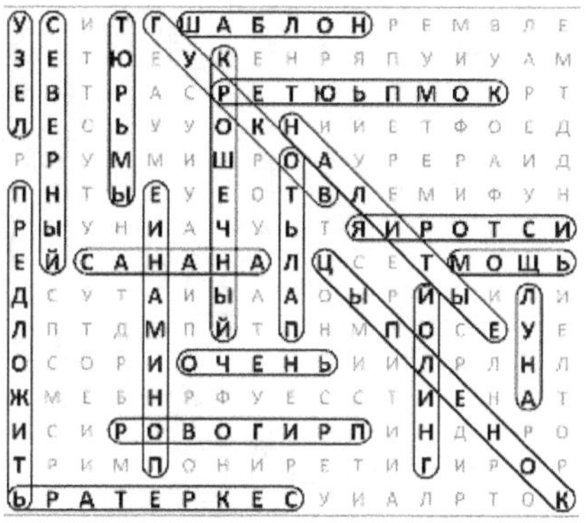

Puzzle 127

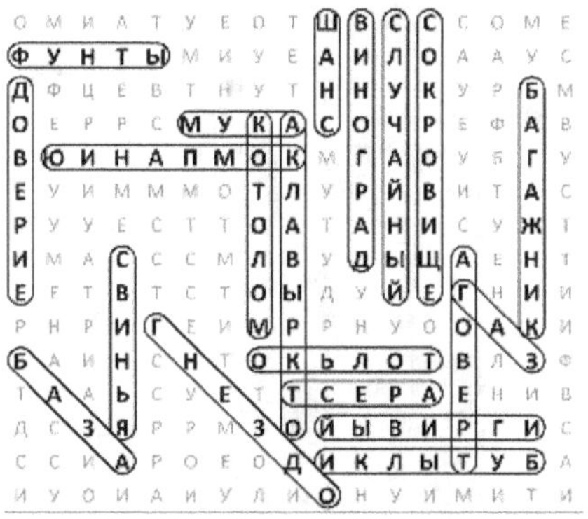

Puzzle 128

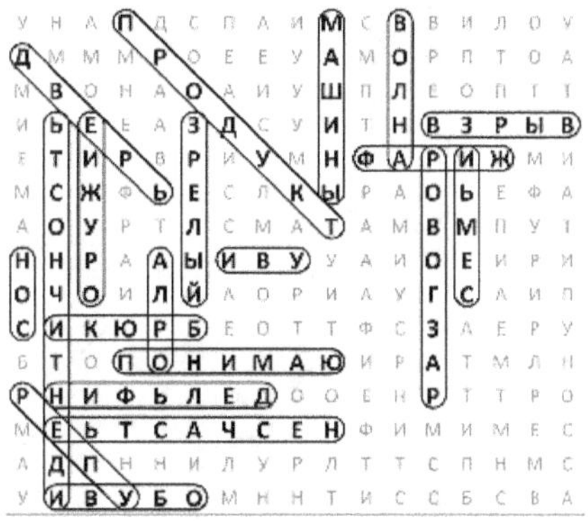

Puzzle 129

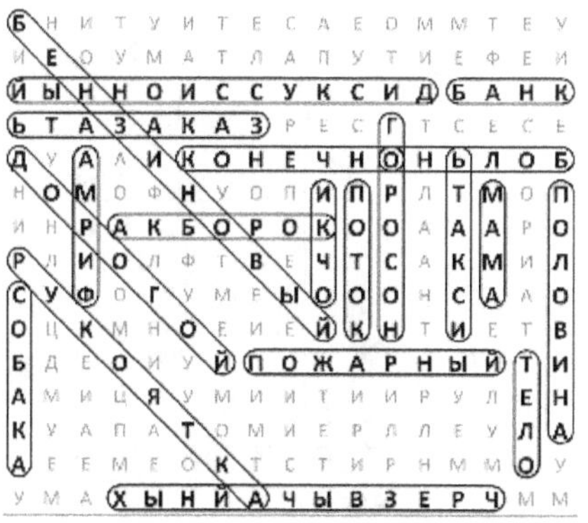

Puzzle 130

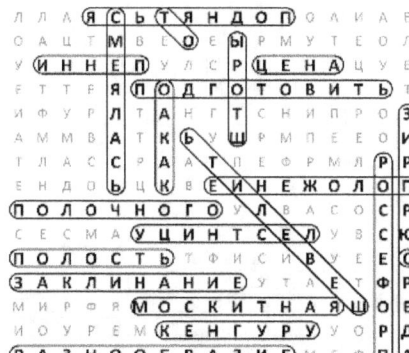

Puzzle 131

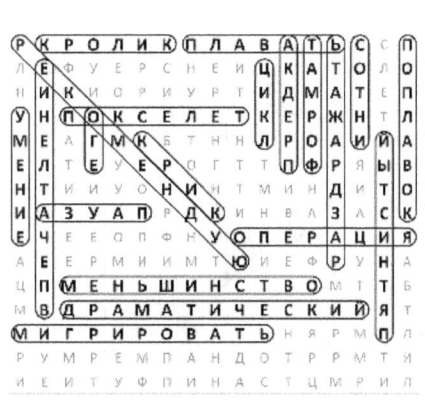

Puzzle 132

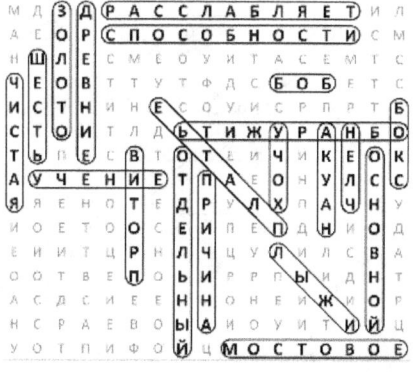

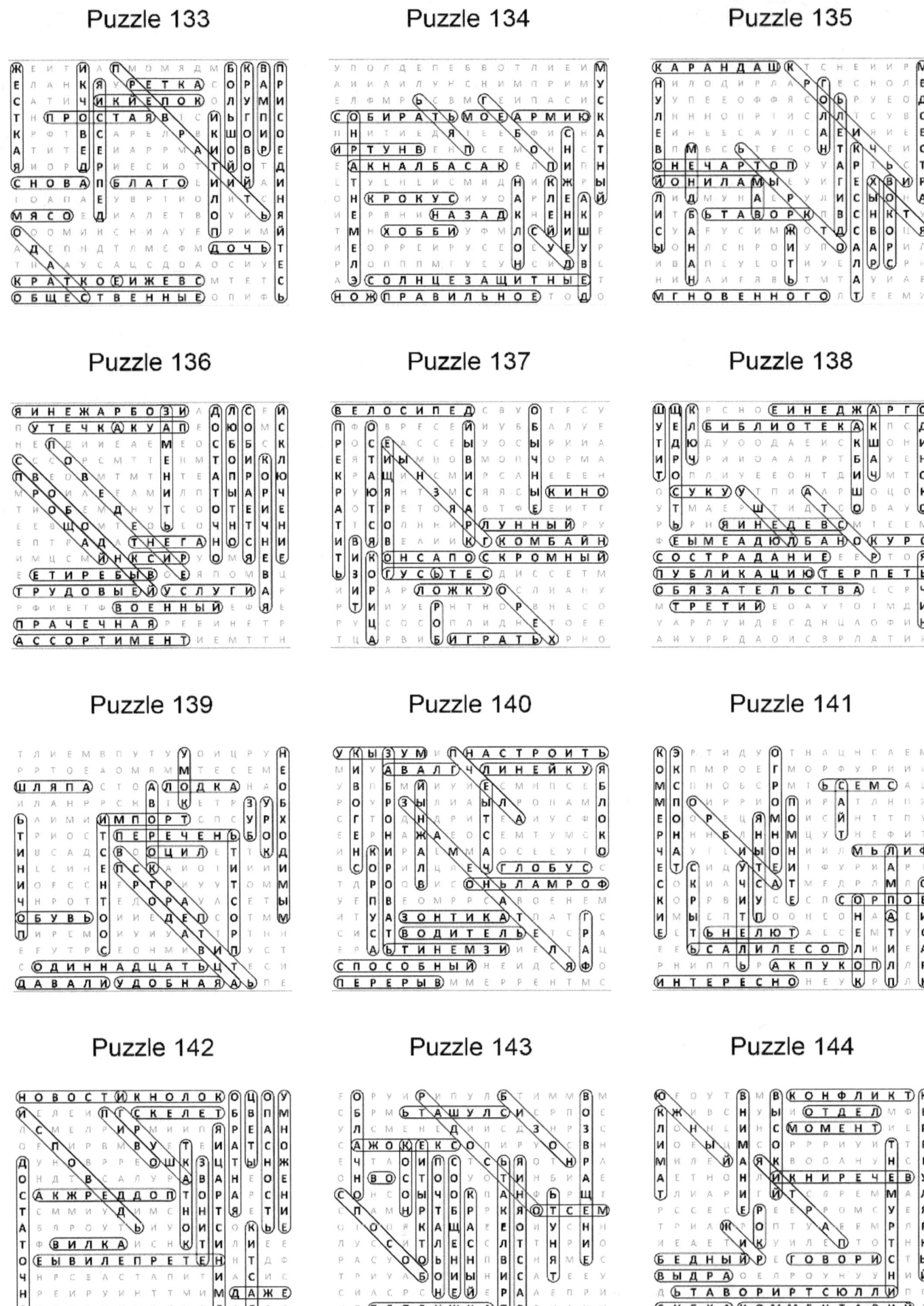

Puzzle 133

Puzzle 134

Puzzle 135

Puzzle 136

Puzzle 137

Puzzle 138

Puzzle 139

Puzzle 140

Puzzle 141

Puzzle 142

Puzzle 143

Puzzle 144

Puzzle 145

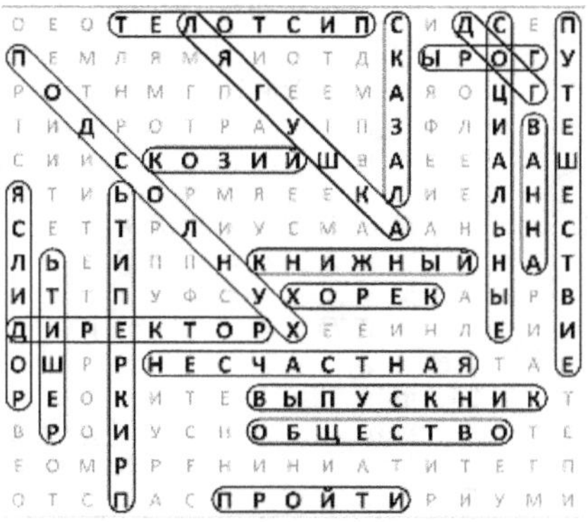

Puzzle 146

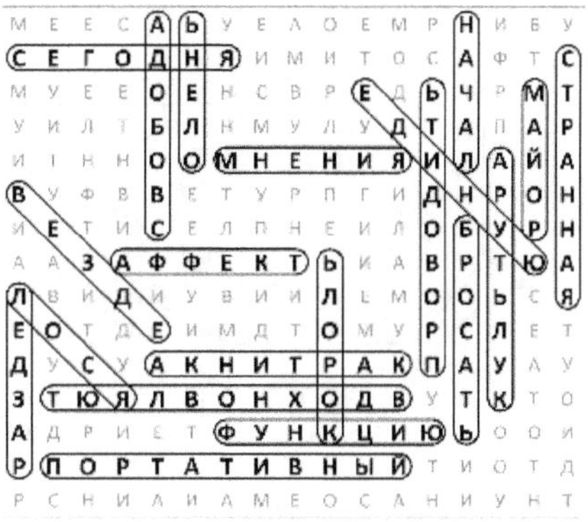

Puzzle 147

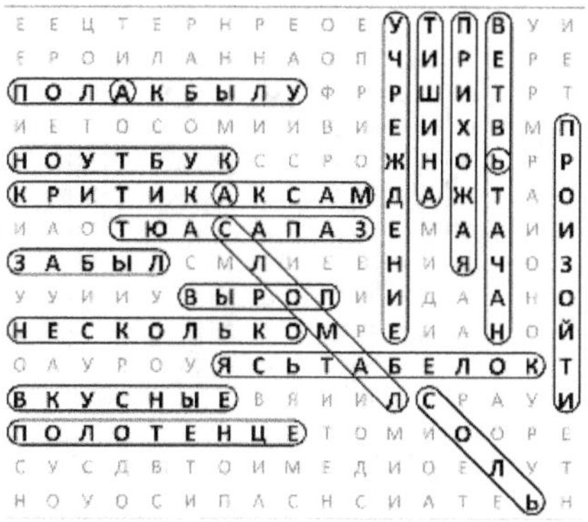

Puzzle 148

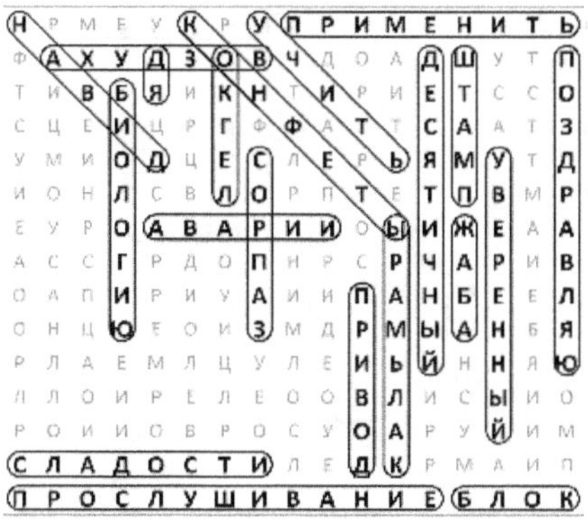

Puzzle 149

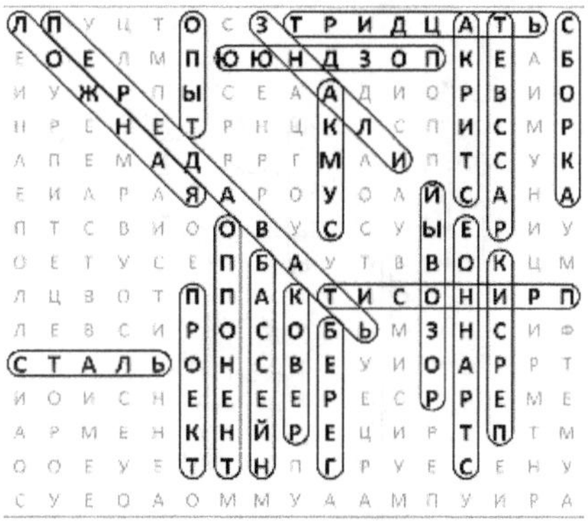

Puzzle 150

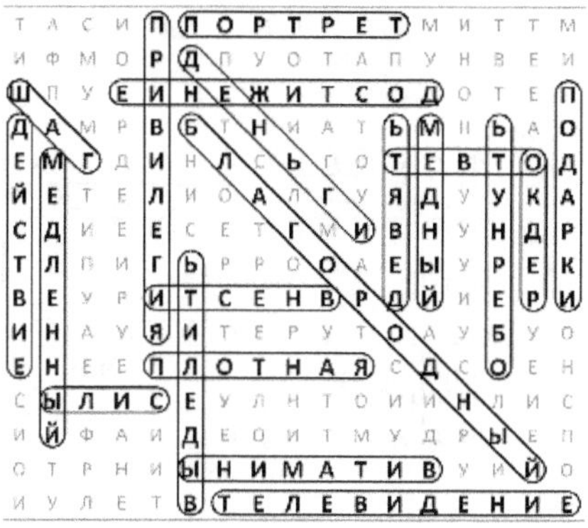

Puzzle 151

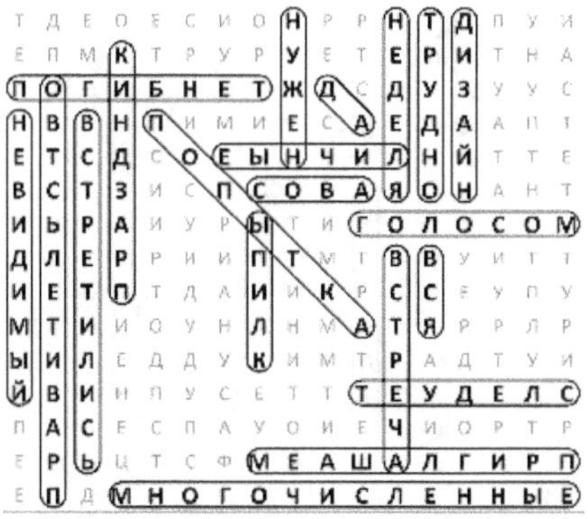

Puzzle 152

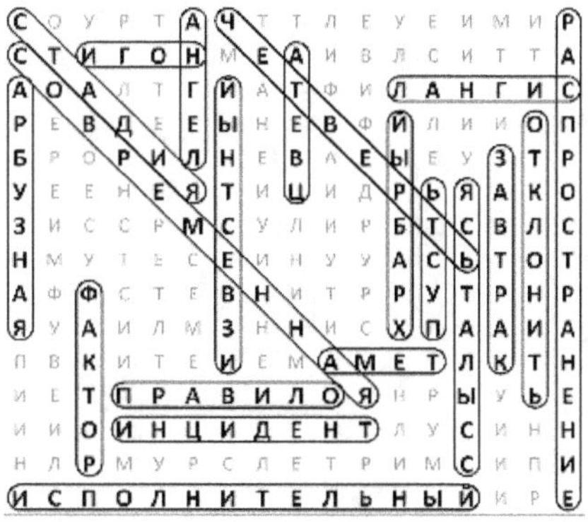

Puzzle 153

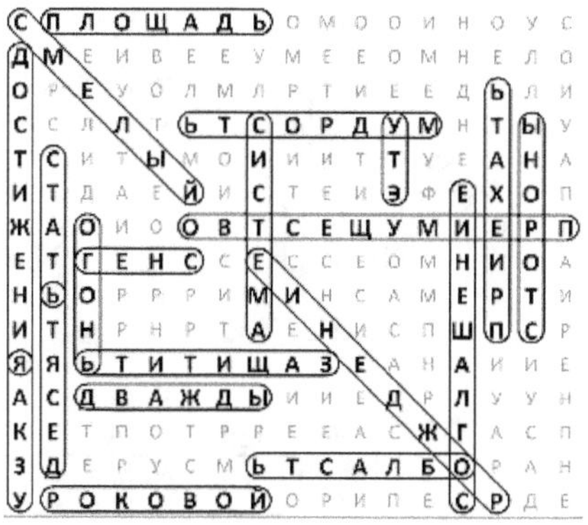

Puzzle 154

Puzzle 155

Puzzle 156

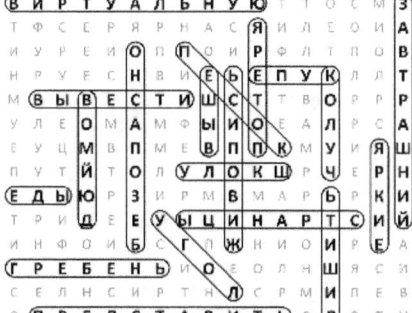

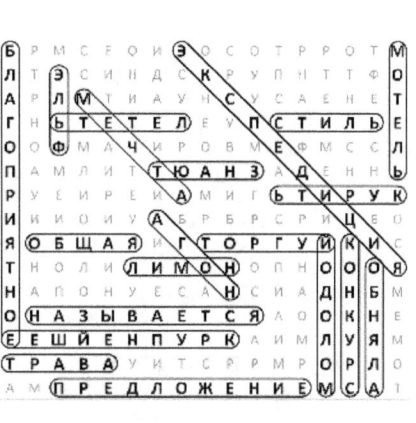

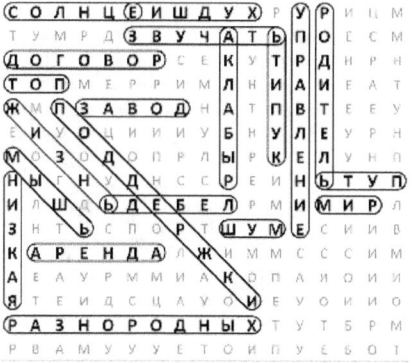

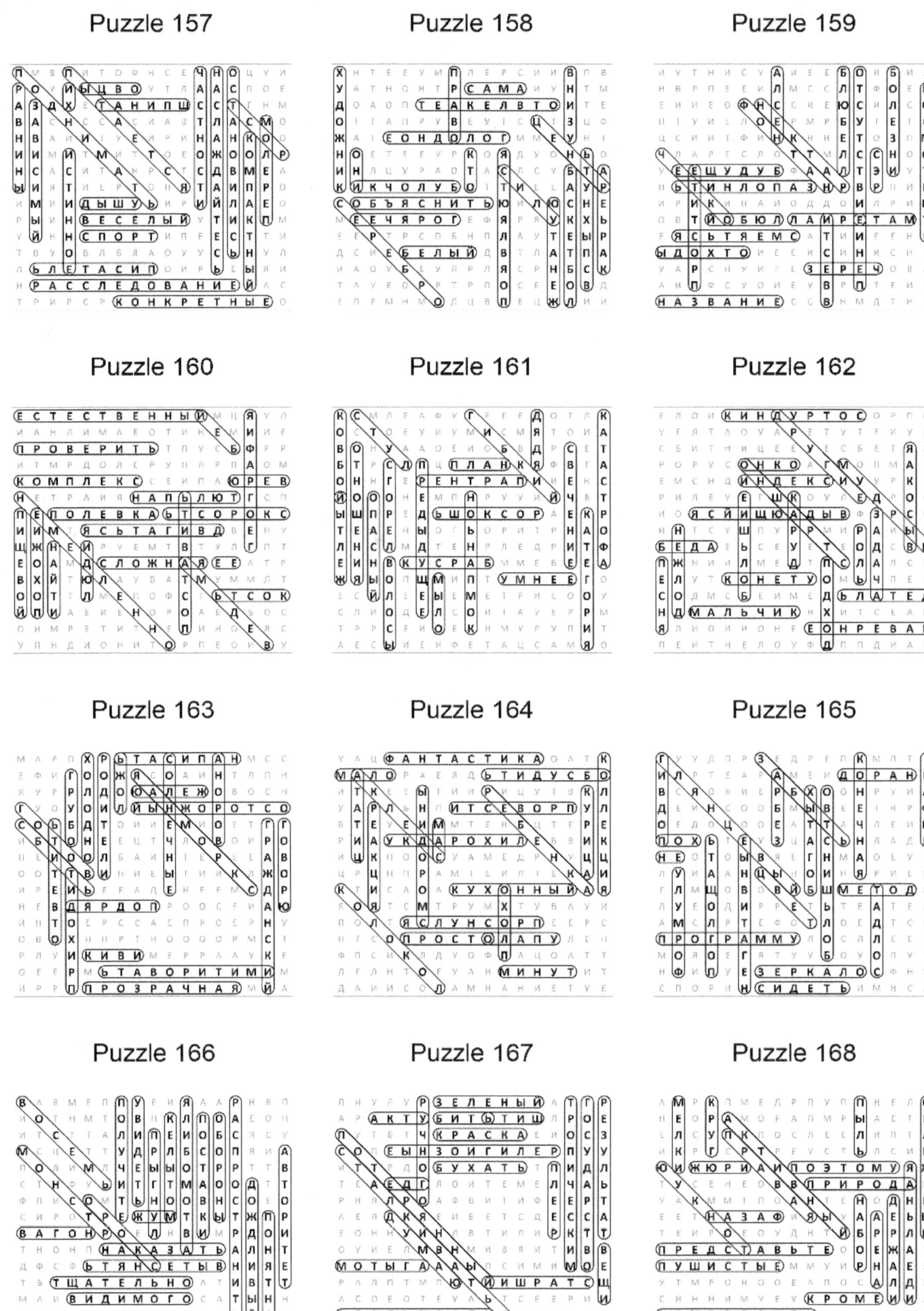

Puzzle 157

Puzzle 158

Puzzle 159

Puzzle 160

Puzzle 161

Puzzle 162

Puzzle 163

Puzzle 164

Puzzle 165

Puzzle 166

Puzzle 167

Puzzle 168

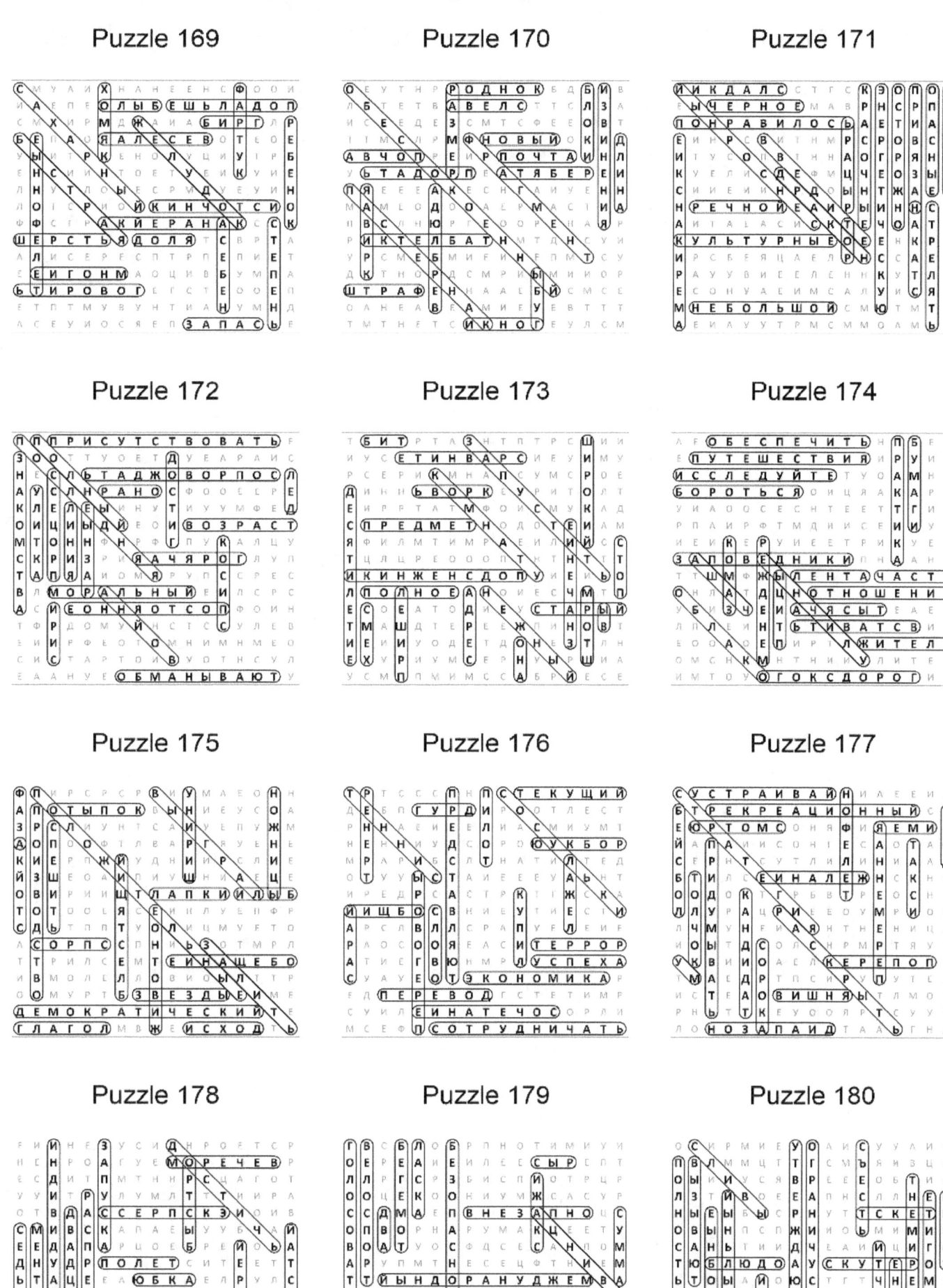

Puzzle 169

Puzzle 170

Puzzle 171

Puzzle 172

Puzzle 173

Puzzle 174

Puzzle 175

Puzzle 176

Puzzle 177

Puzzle 178

Puzzle 179

Puzzle 180

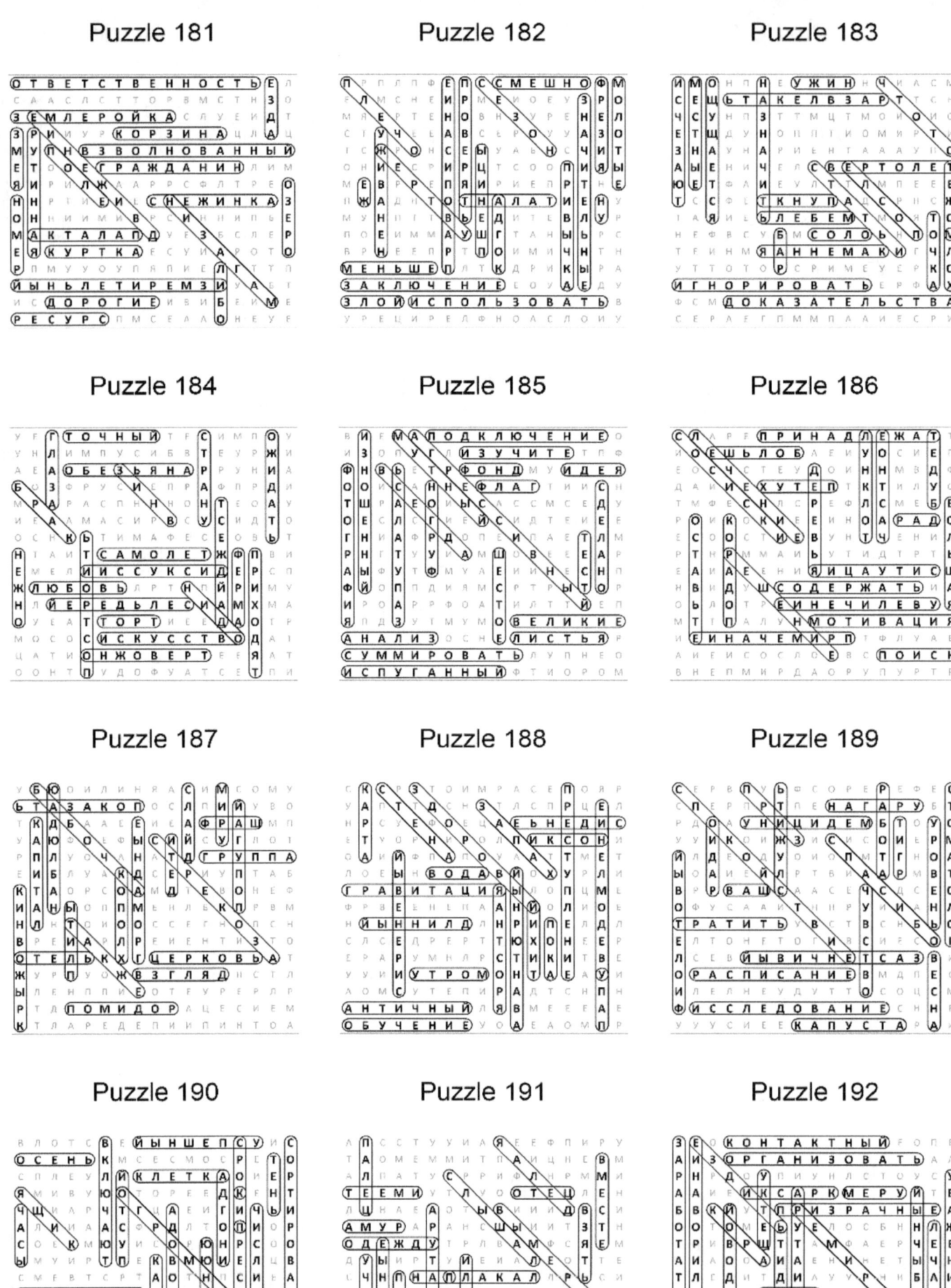

Puzzle 181

Puzzle 182

Puzzle 183

Puzzle 184

Puzzle 185

Puzzle 186

Puzzle 187

Puzzle 188

Puzzle 189

Puzzle 190

Puzzle 191

Puzzle 192

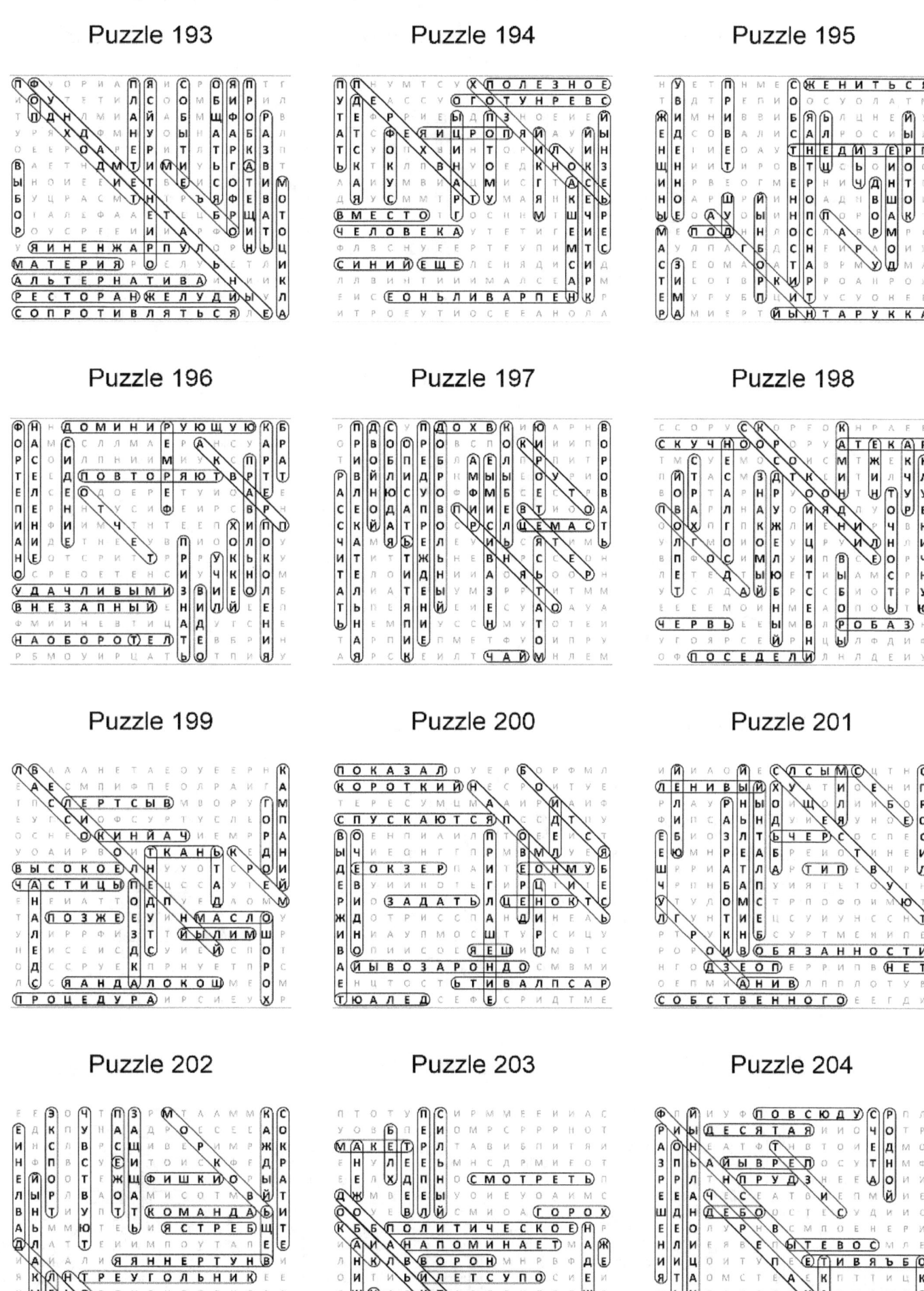

Puzzle 193

Puzzle 194

Puzzle 195

Puzzle 196

Puzzle 197

Puzzle 198

Puzzle 199

Puzzle 200

Puzzle 201

Puzzle 202

Puzzle 203

Puzzle 204

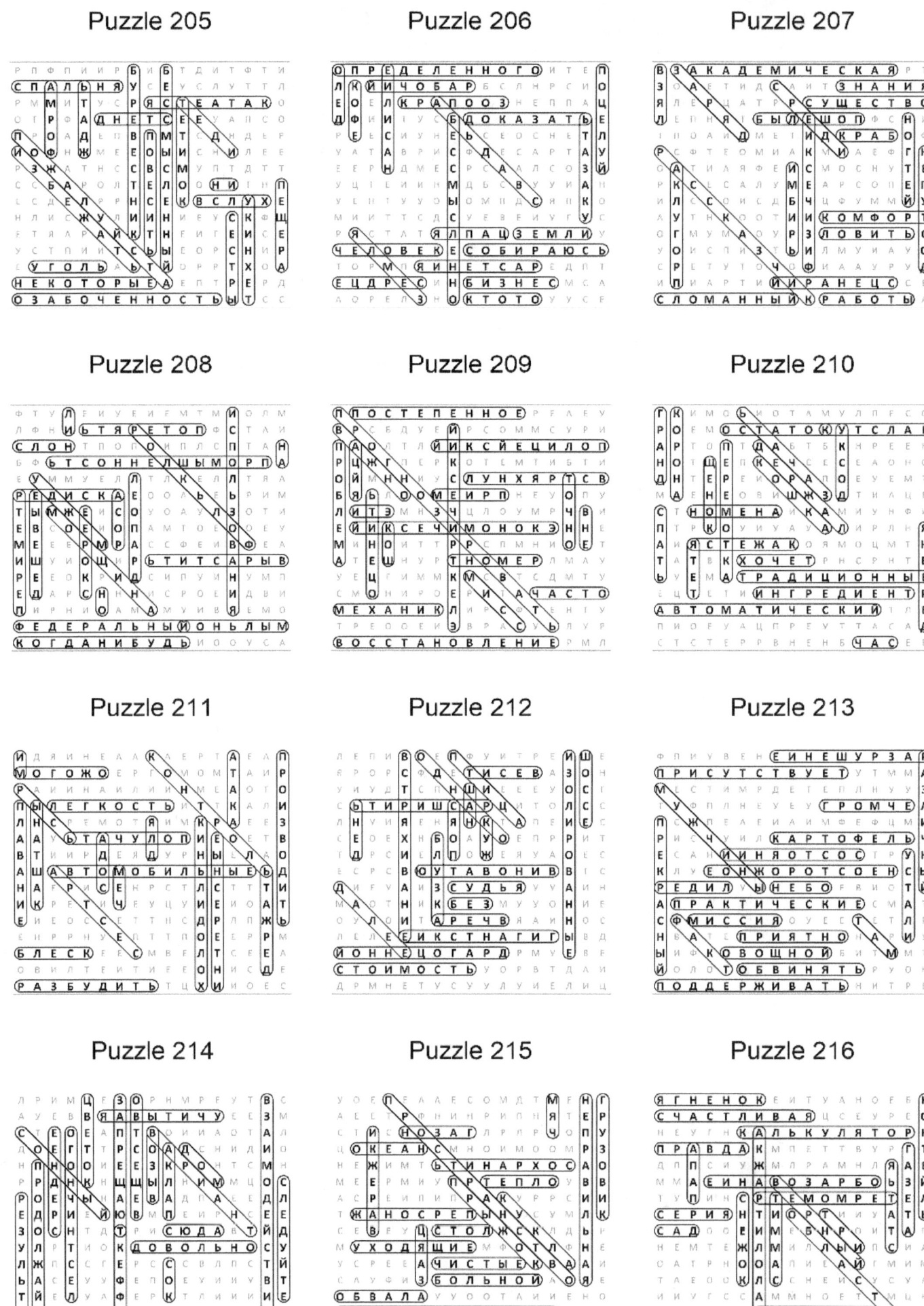

Puzzle 205

Puzzle 206

Puzzle 207

Puzzle 208

Puzzle 209

Puzzle 210

Puzzle 211

Puzzle 212

Puzzle 213

Puzzle 214

Puzzle 215

Puzzle 216

Puzzle 217

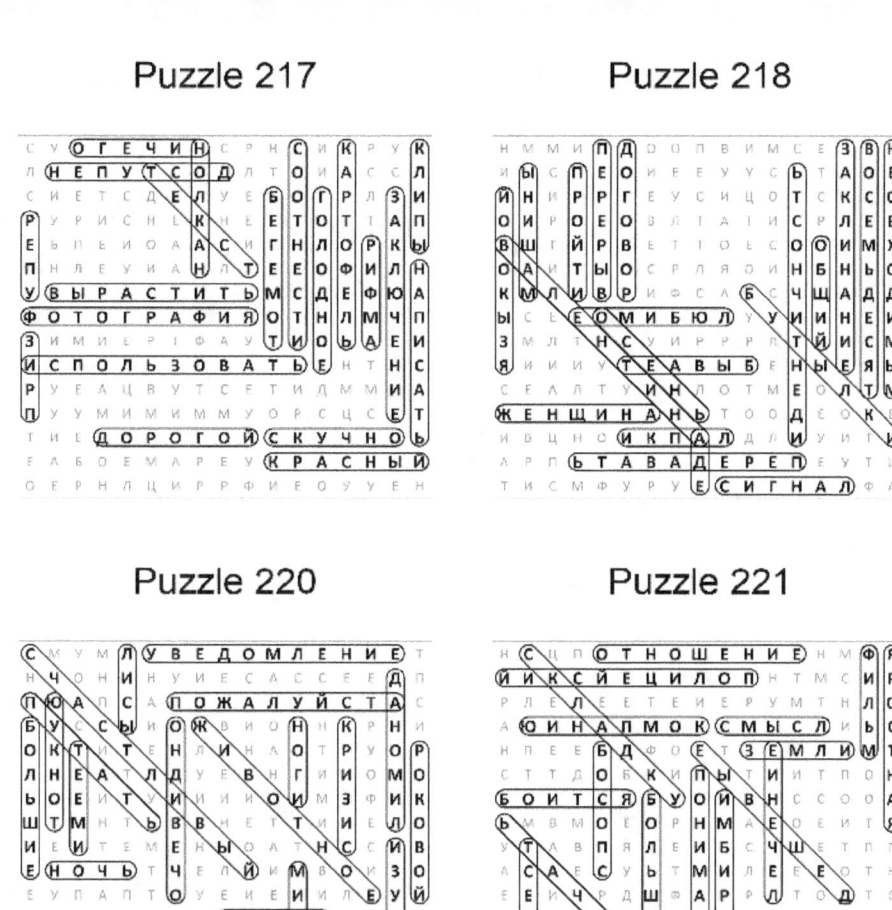

Puzzle 218

Puzzle 219

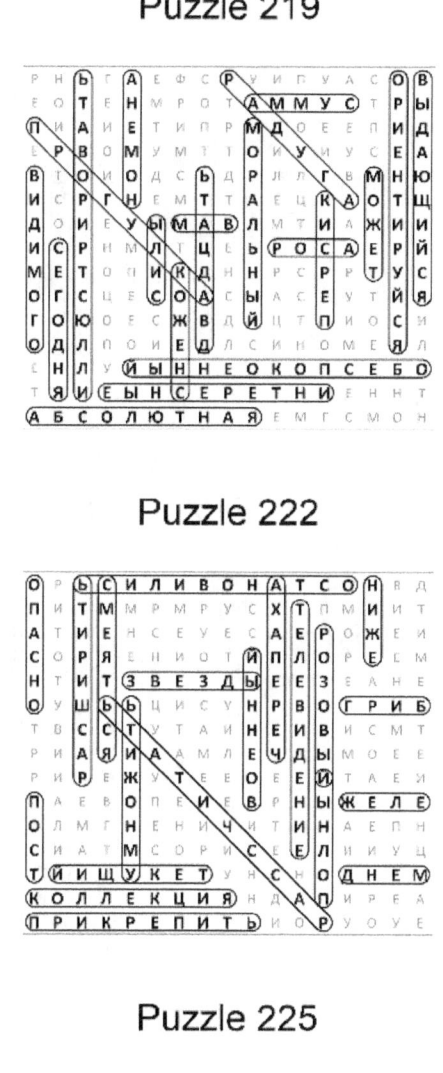

Puzzle 220

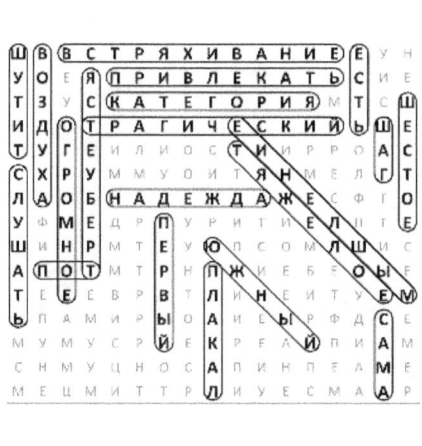

Puzzle 221

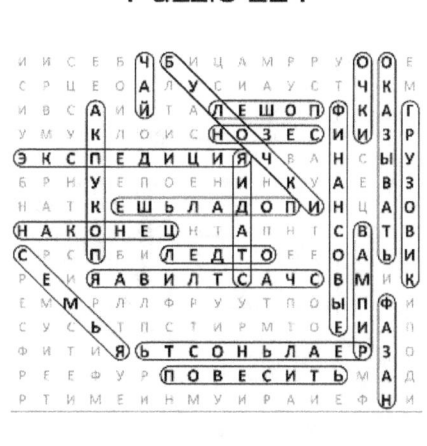

Puzzle 222

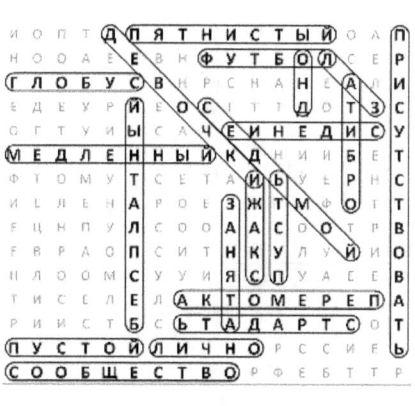

Puzzle 223

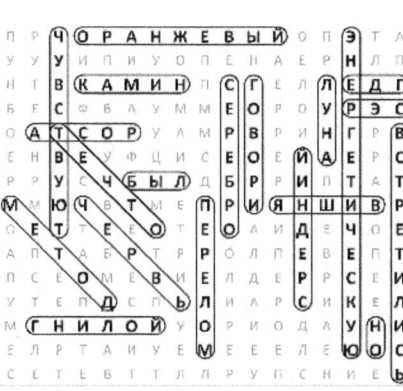

Puzzle 224

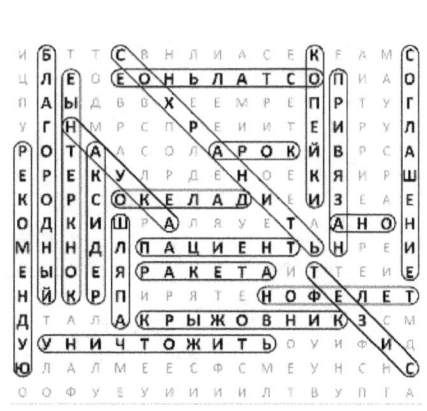

Puzzle 225

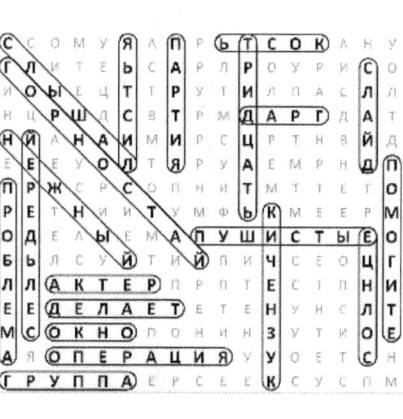

Puzzle 226

Puzzle 227

Puzzle 228

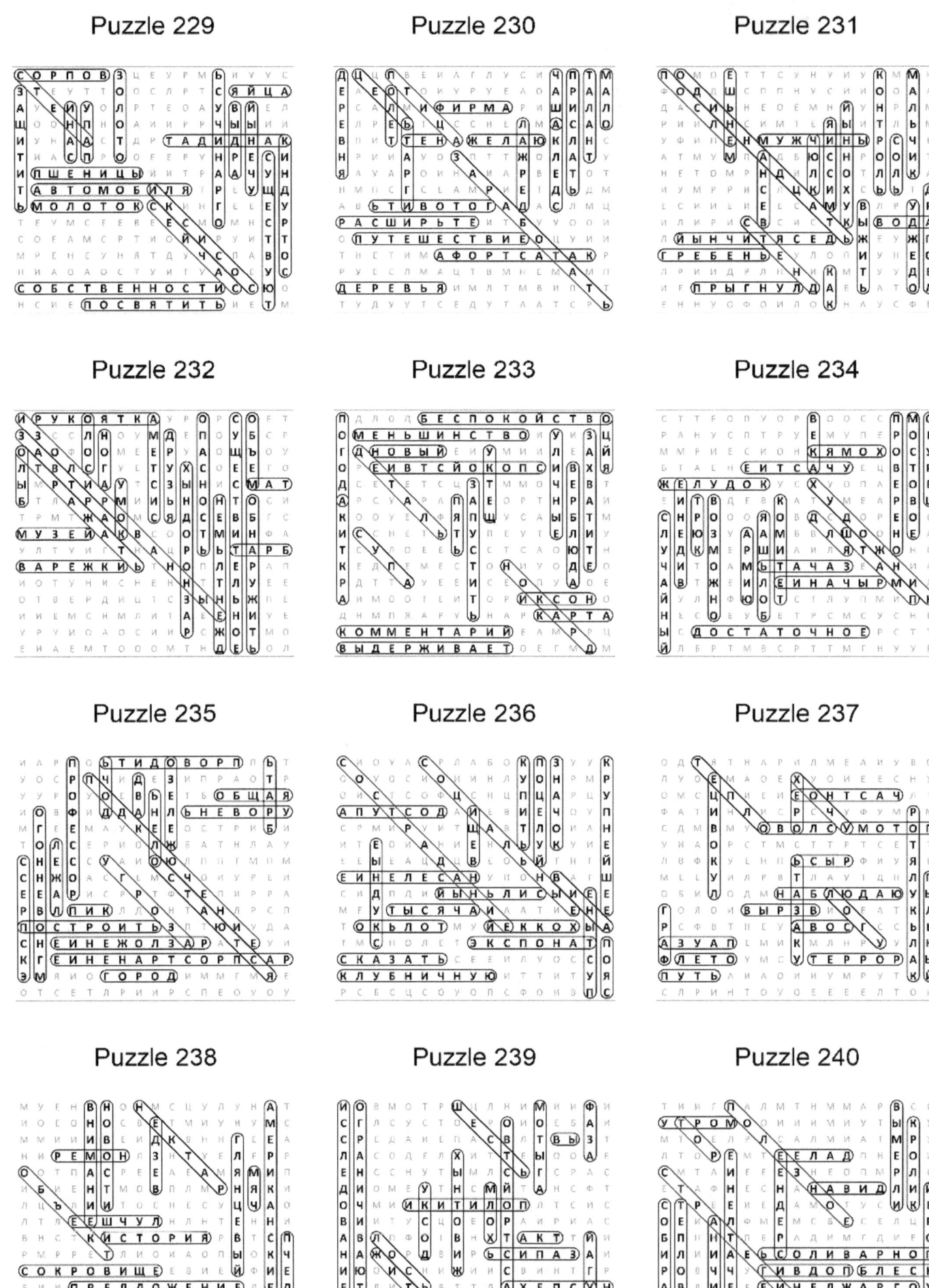

Puzzle 229
Puzzle 230
Puzzle 231
Puzzle 232
Puzzle 233
Puzzle 234
Puzzle 235
Puzzle 236
Puzzle 237
Puzzle 238
Puzzle 239
Puzzle 240

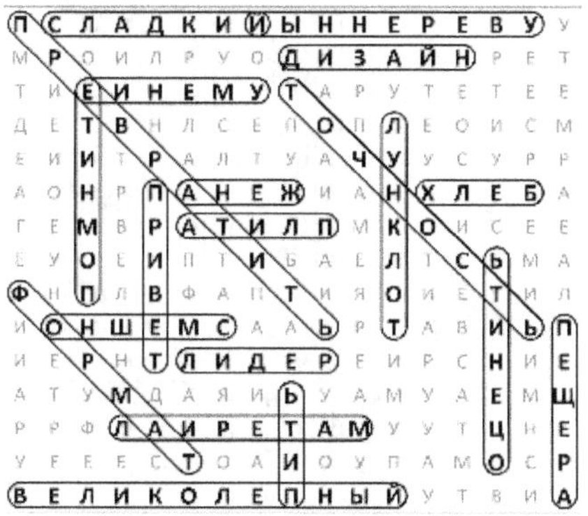

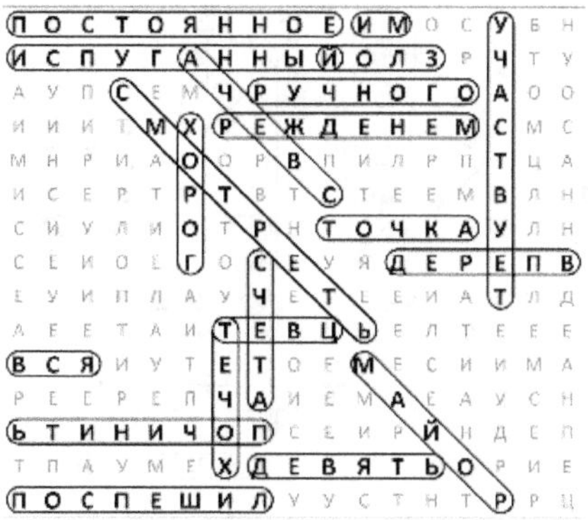

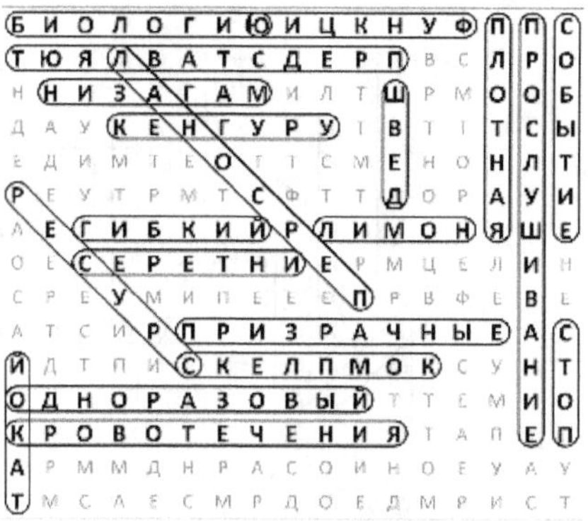

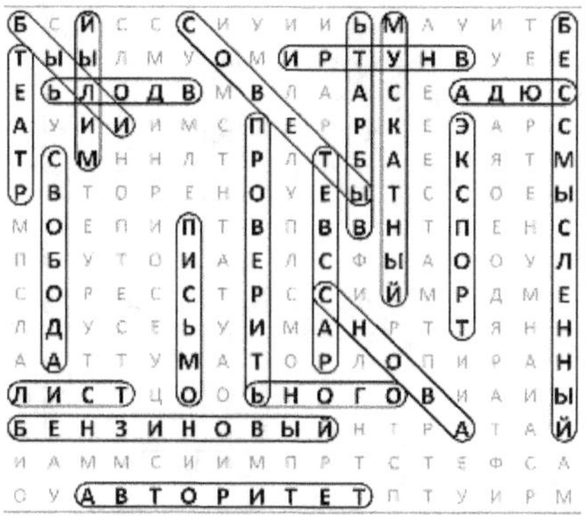

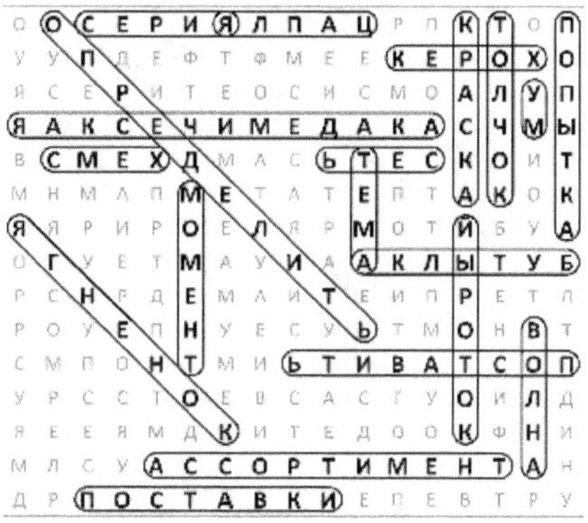

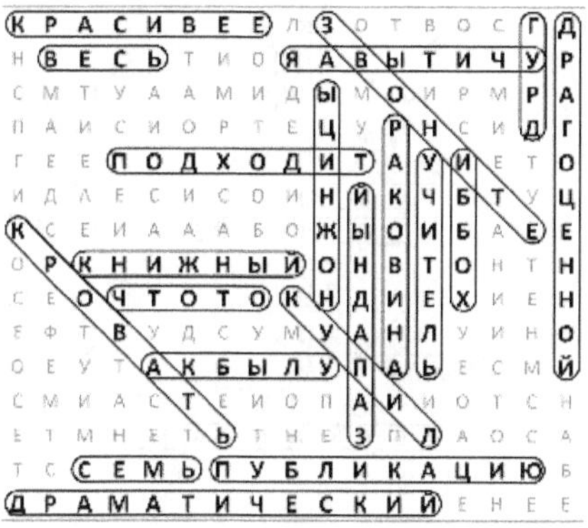

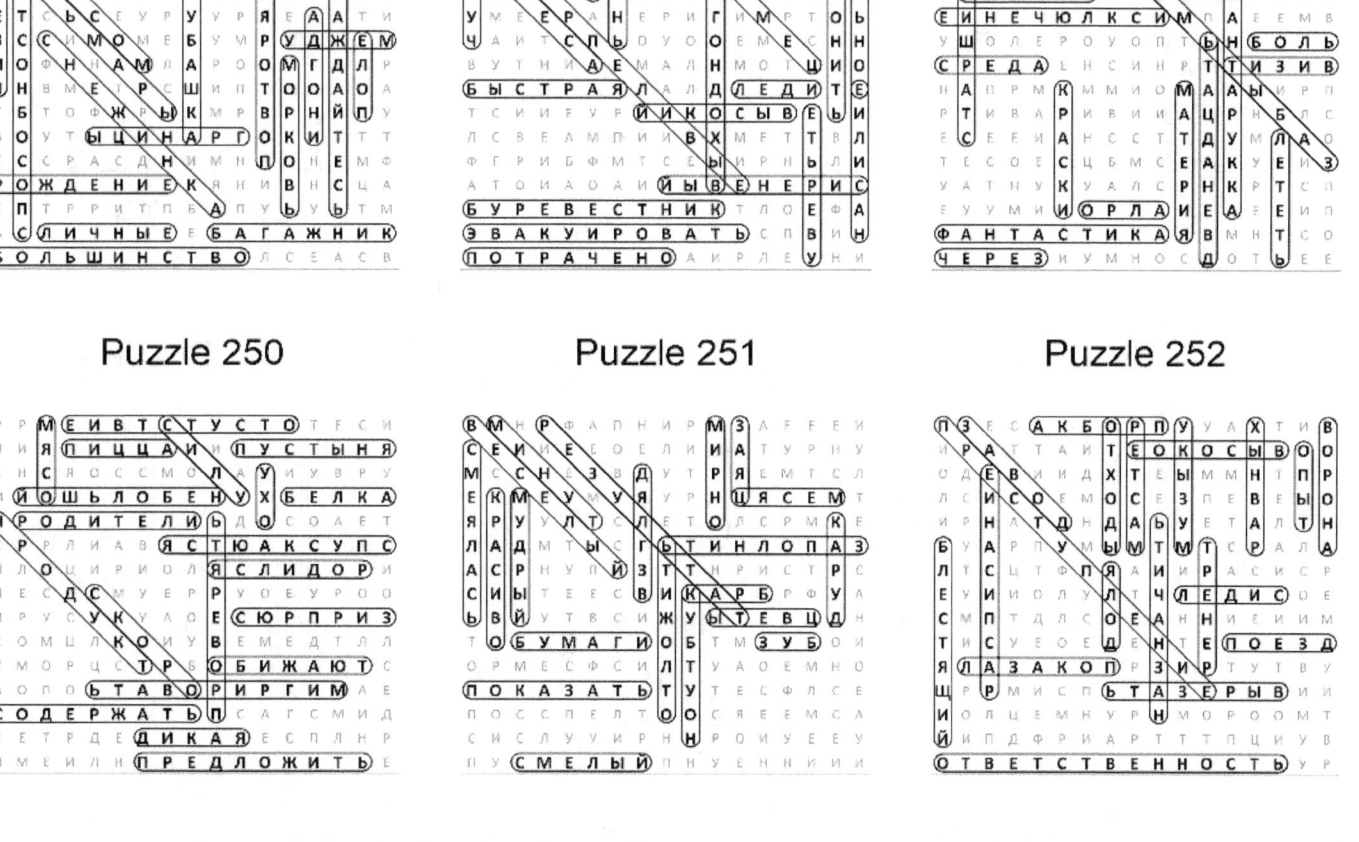

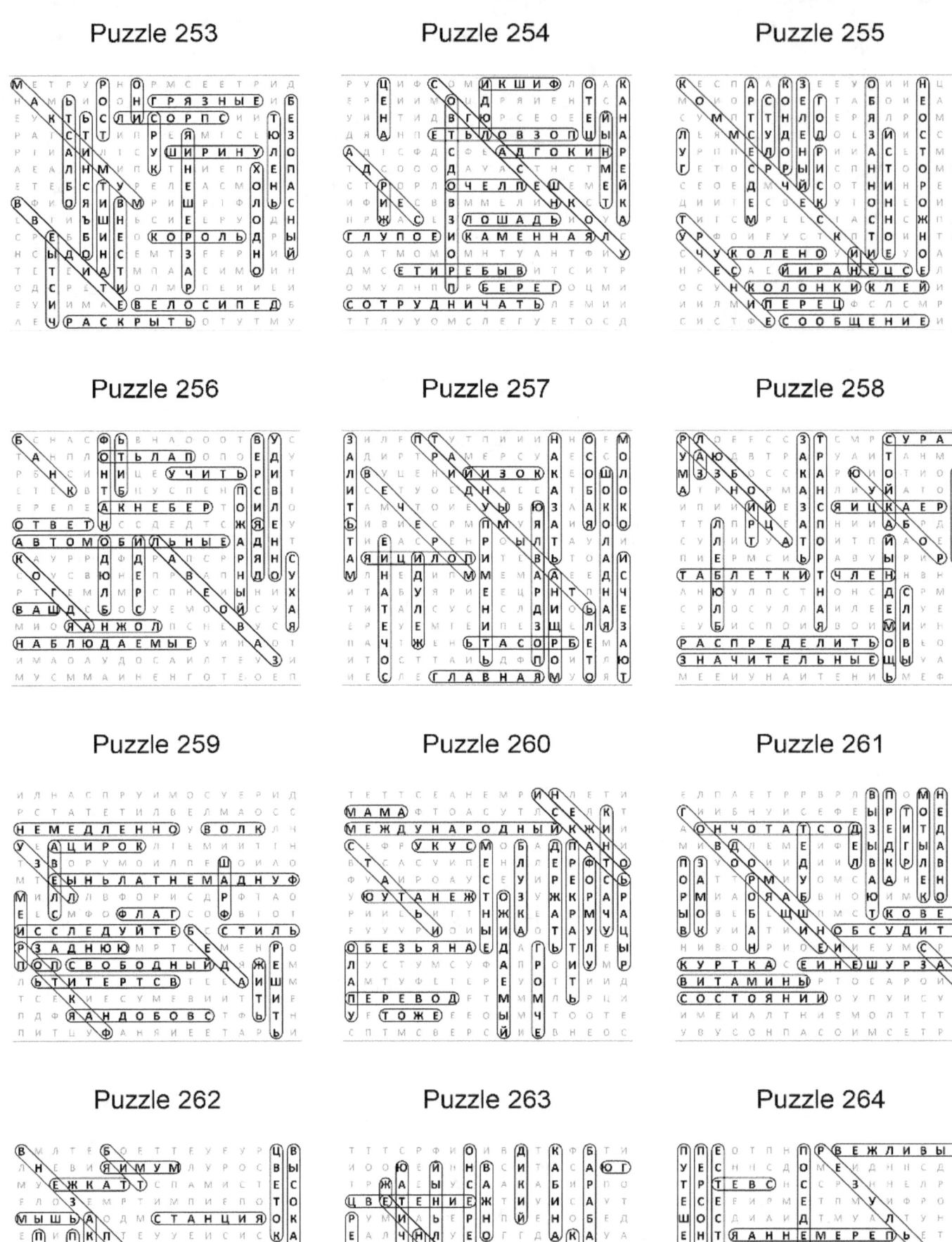

Puzzle 253

Puzzle 254

Puzzle 255

Puzzle 256

Puzzle 257

Puzzle 258

Puzzle 259

Puzzle 260

Puzzle 261

Puzzle 262

Puzzle 263

Puzzle 264

Puzzle 265

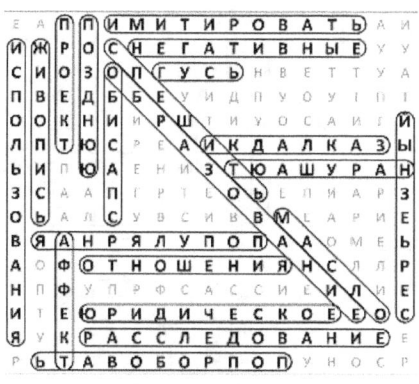

Puzzle 266

Puzzle 267

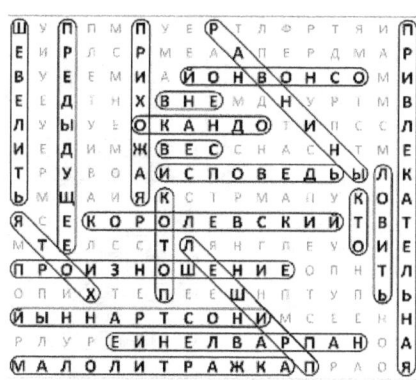

Puzzle 268

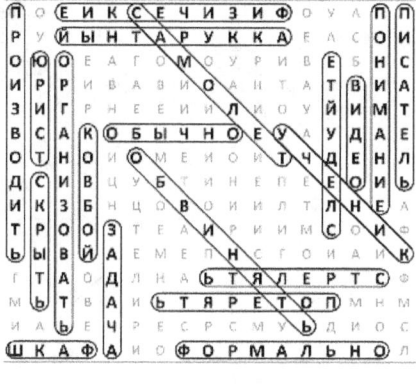

Puzzle 269

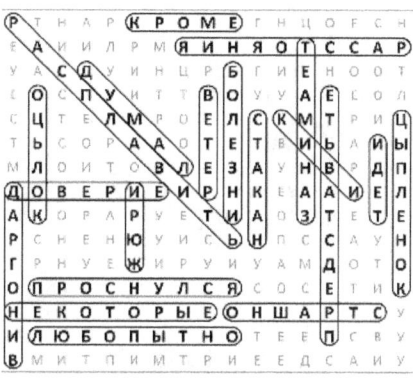

Puzzle 270

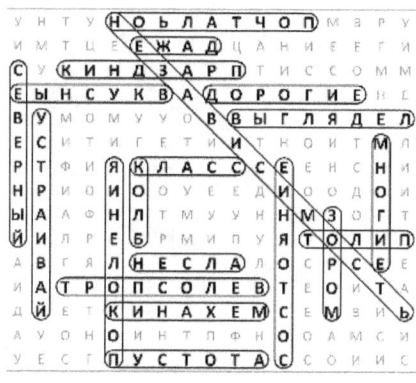

Puzzle 271

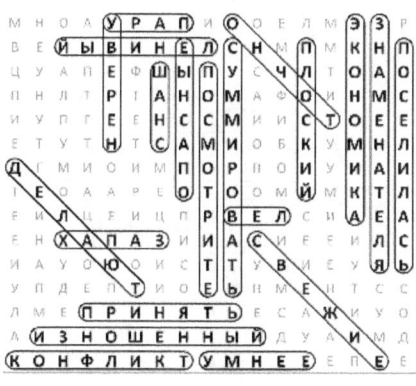

Puzzle 272

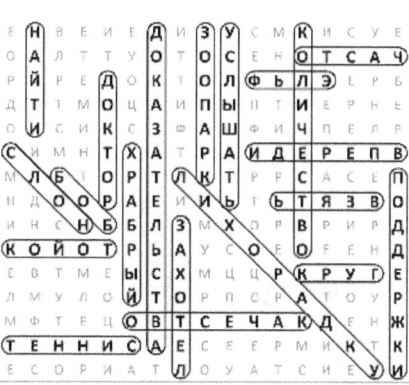

Puzzle 273

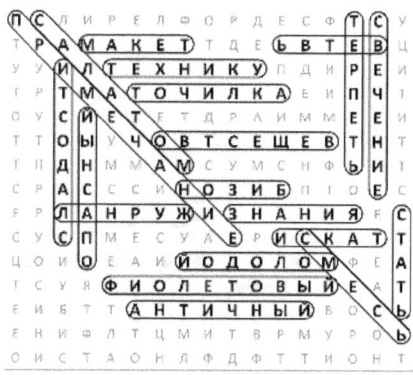

Puzzle 274

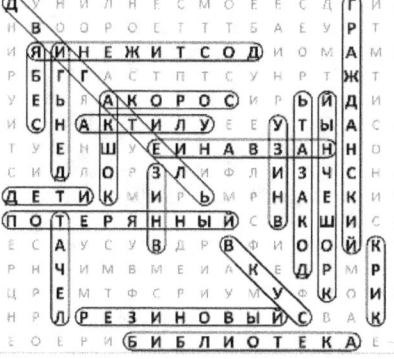

Puzzle 275

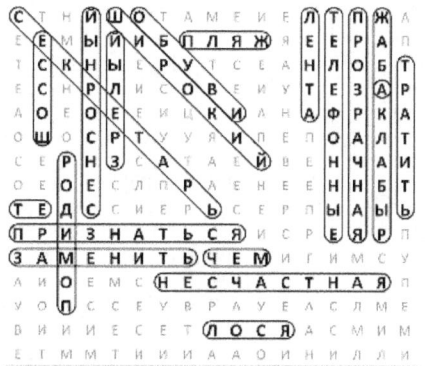

Puzzle 276

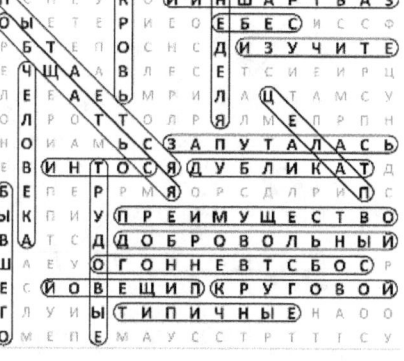

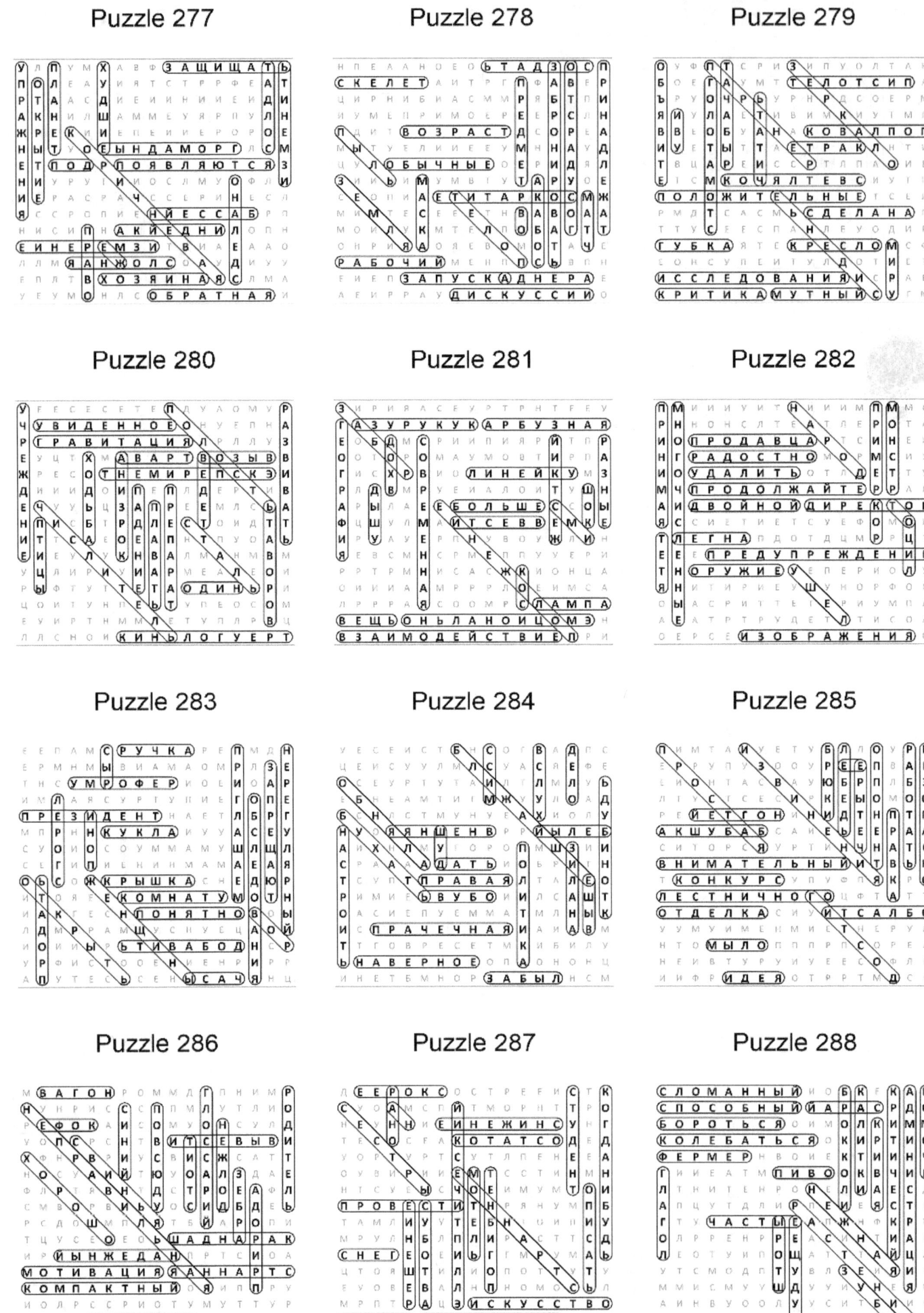

Puzzle 277

Puzzle 278

Puzzle 279

Puzzle 280

Puzzle 281

Puzzle 282

Puzzle 283

Puzzle 284

Puzzle 285

Puzzle 286

Puzzle 287

Puzzle 288

Puzzle 289

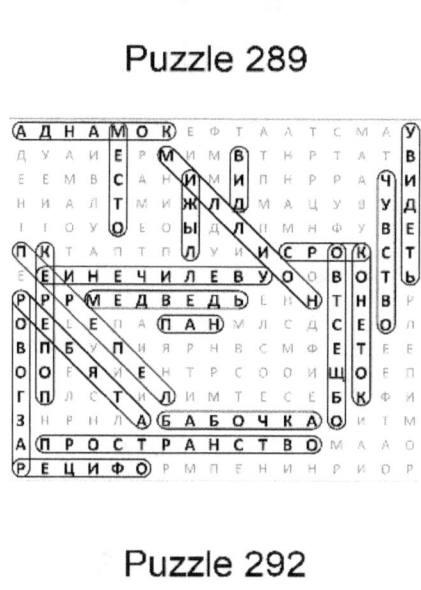

Puzzle 290

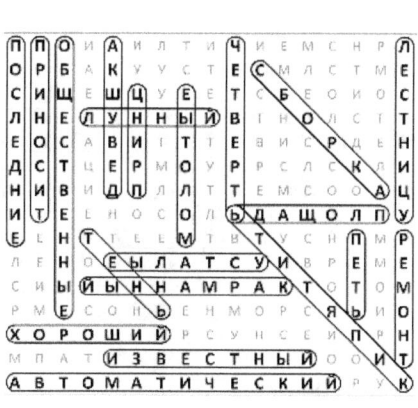

Puzzle 291

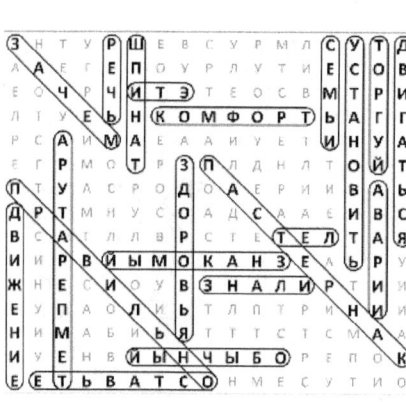

Puzzle 292

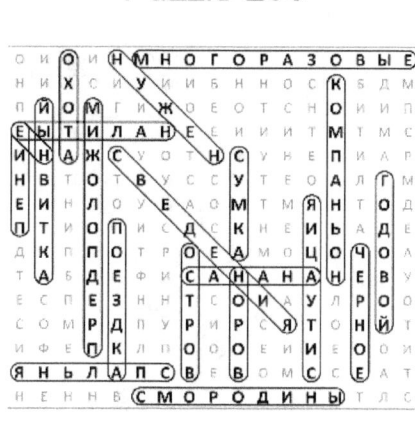

Puzzle 293

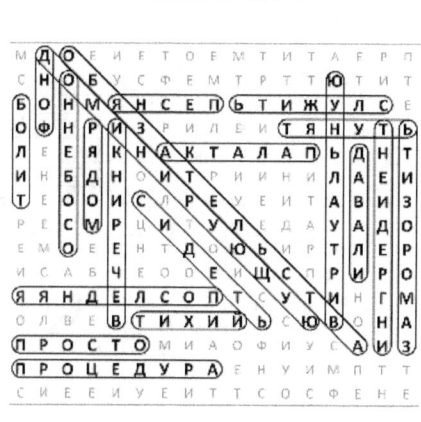

Puzzle 294

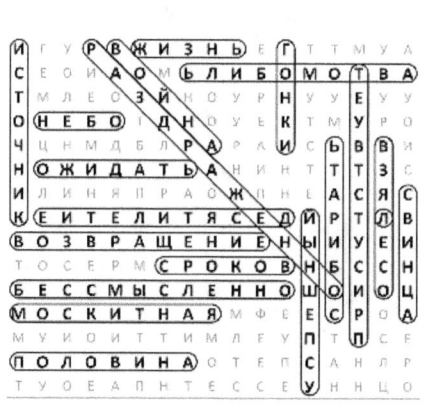

Puzzle 295

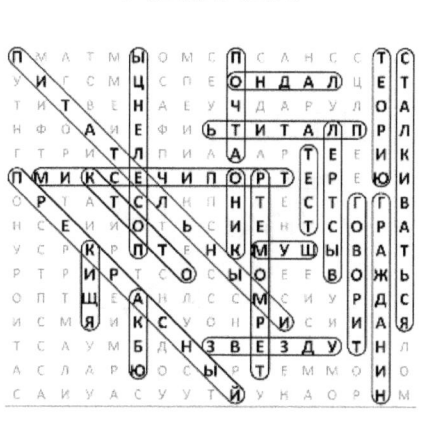

Puzzle 296

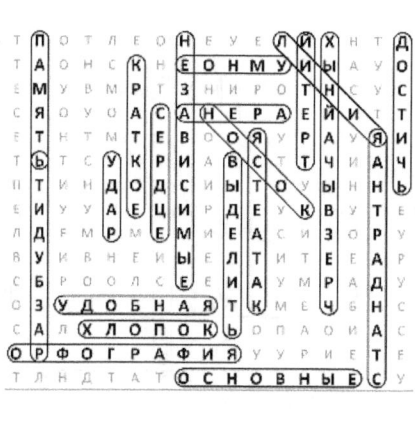

Puzzle 297

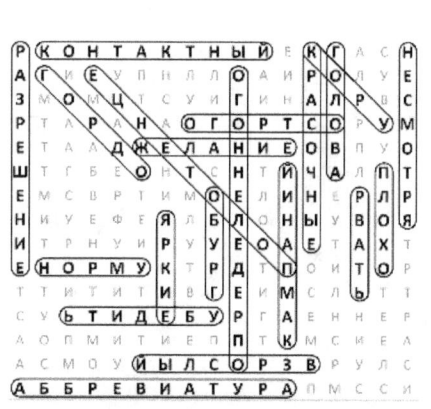

Puzzle 298

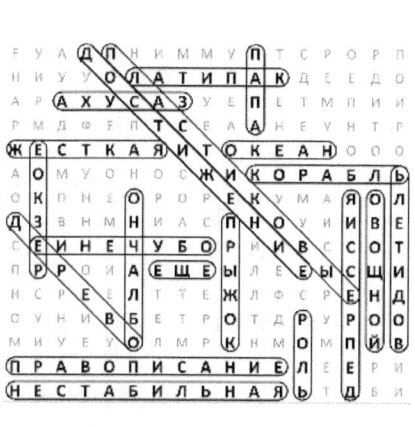

Puzzle 299

Puzzle 300

Puzzle 301

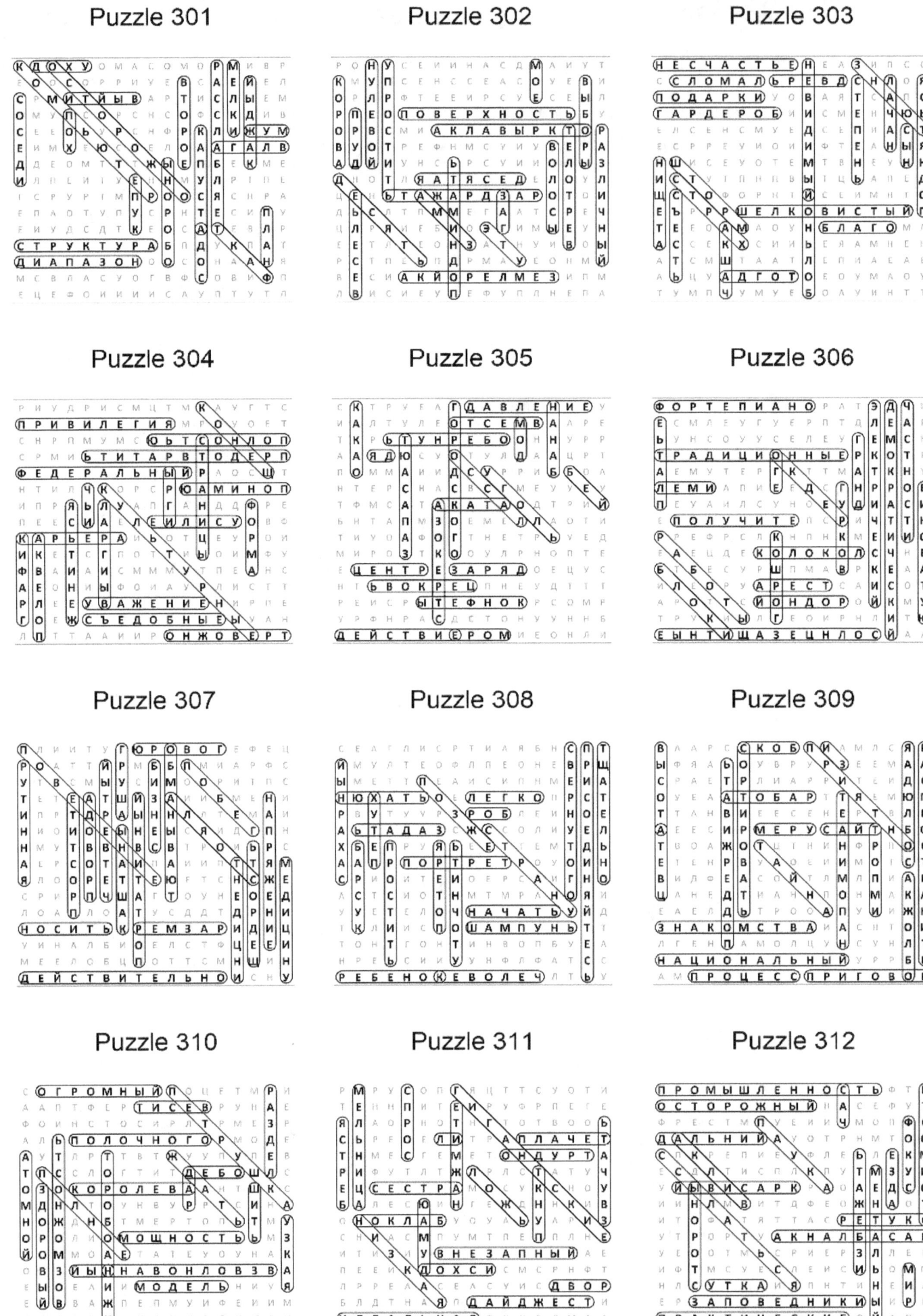

Puzzle 302

Puzzle 303

Puzzle 304

Puzzle 305

Puzzle 306

Puzzle 307

Puzzle 308

Puzzle 309

Puzzle 310

Puzzle 311

Puzzle 312

Puzzle 313

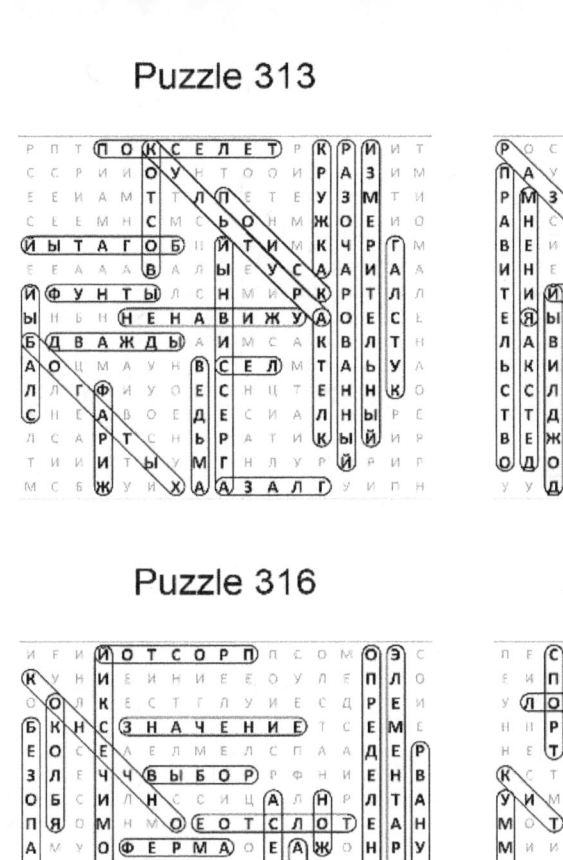

Puzzle 314

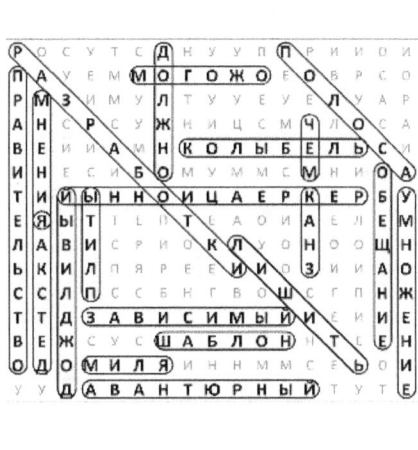

Puzzle 315

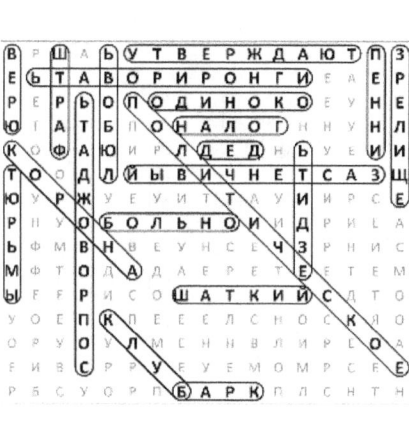

Puzzle 316

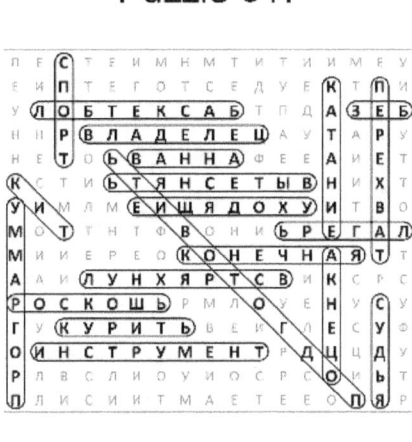

Puzzle 317

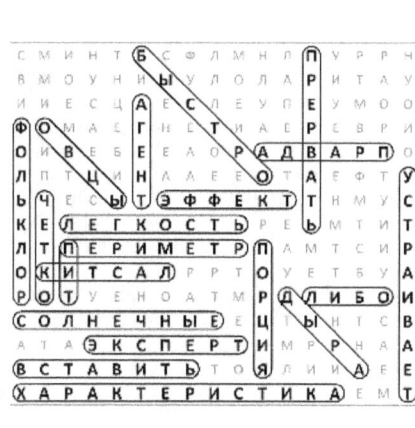

Puzzle 318

Puzzle 319

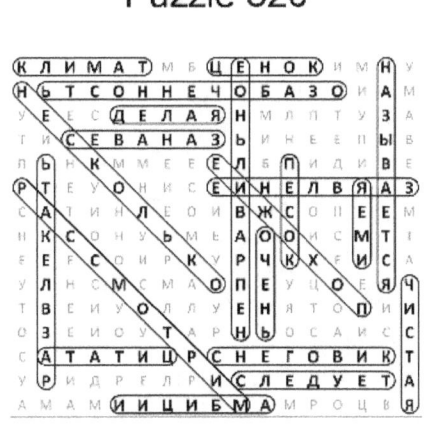

Puzzle 320

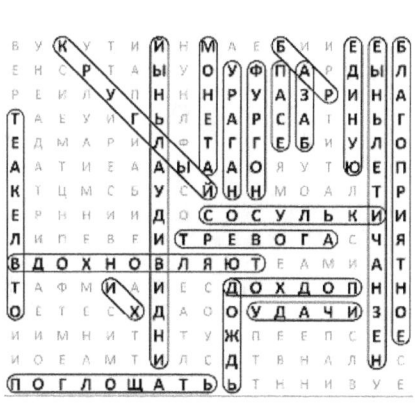

Puzzle 321

Puzzle 322

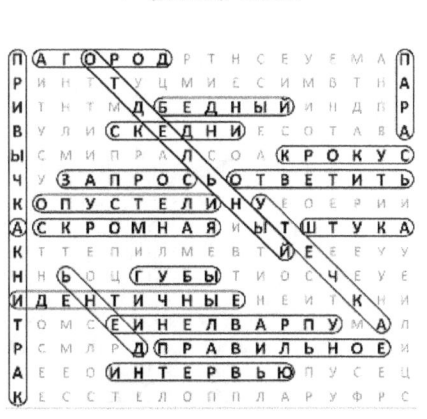

Puzzle 323

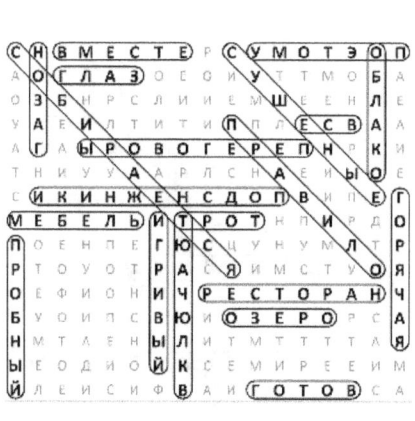

Puzzle 324

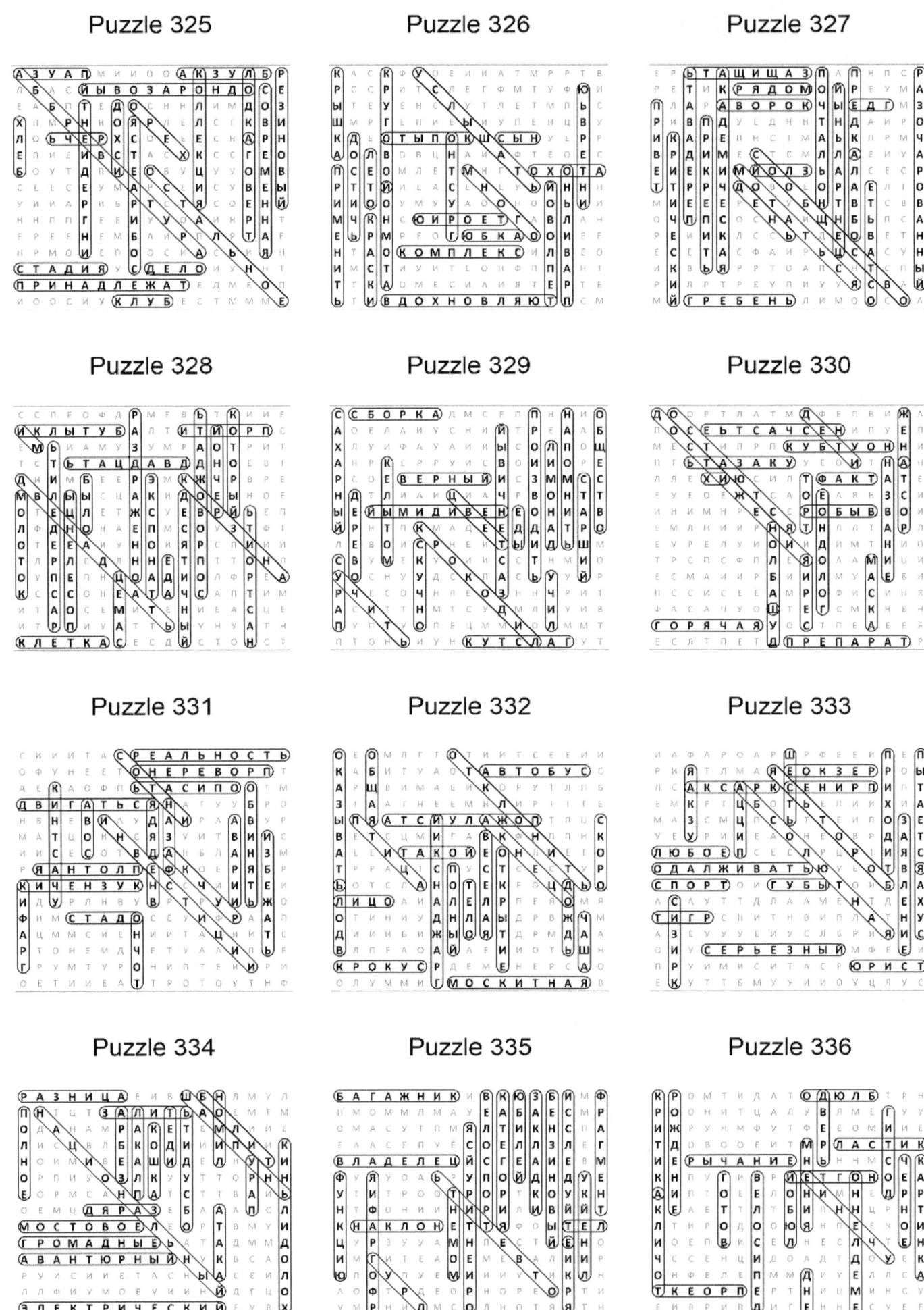

Puzzle 325

Puzzle 326

Puzzle 327

Puzzle 328

Puzzle 329

Puzzle 330

Puzzle 331

Puzzle 332

Puzzle 333

Puzzle 334

Puzzle 335

Puzzle 336

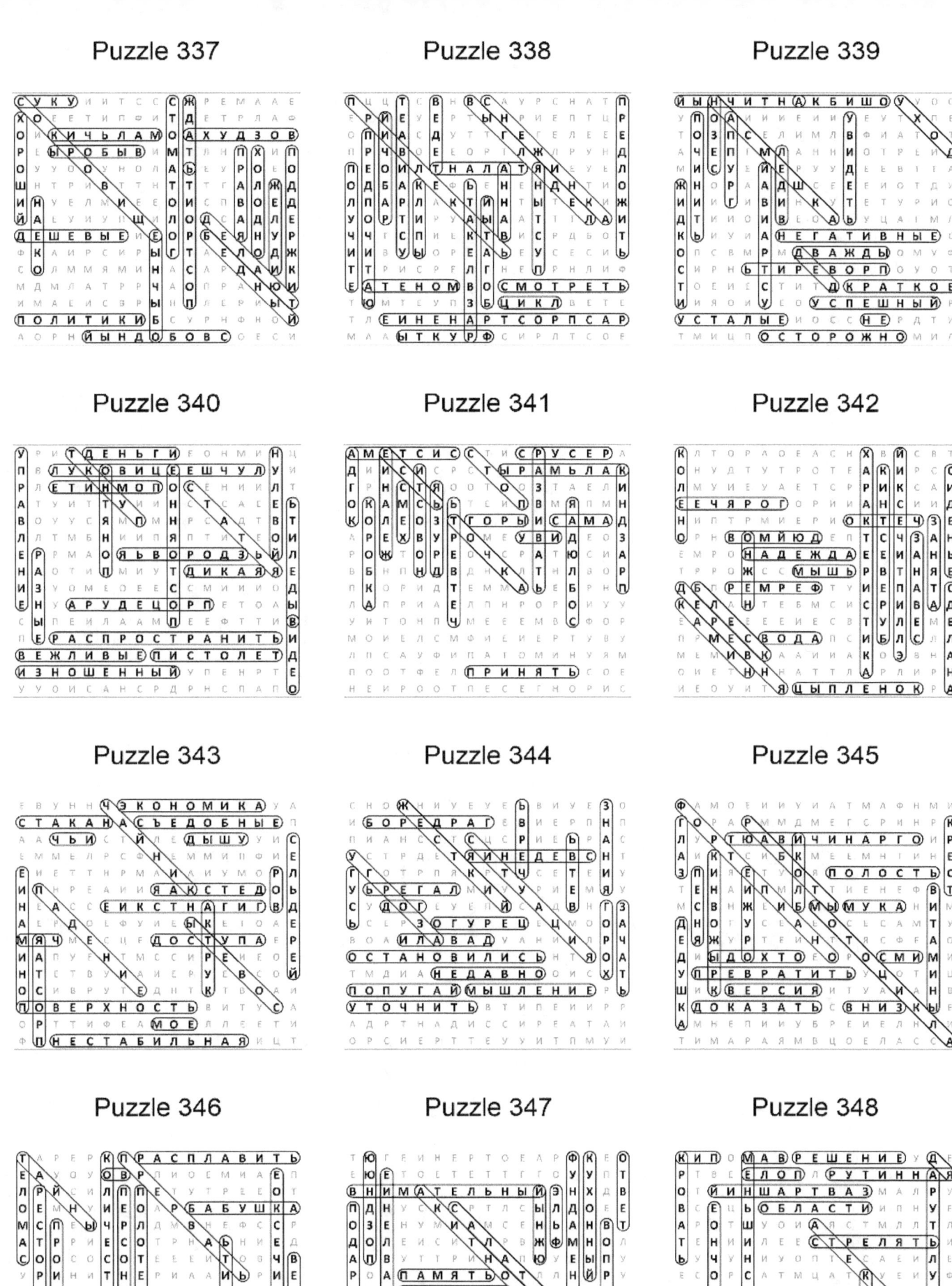

Puzzle 337

Puzzle 338

Puzzle 339

Puzzle 340

Puzzle 341

Puzzle 342

Puzzle 343

Puzzle 344

Puzzle 345

Puzzle 346

Puzzle 347

Puzzle 348

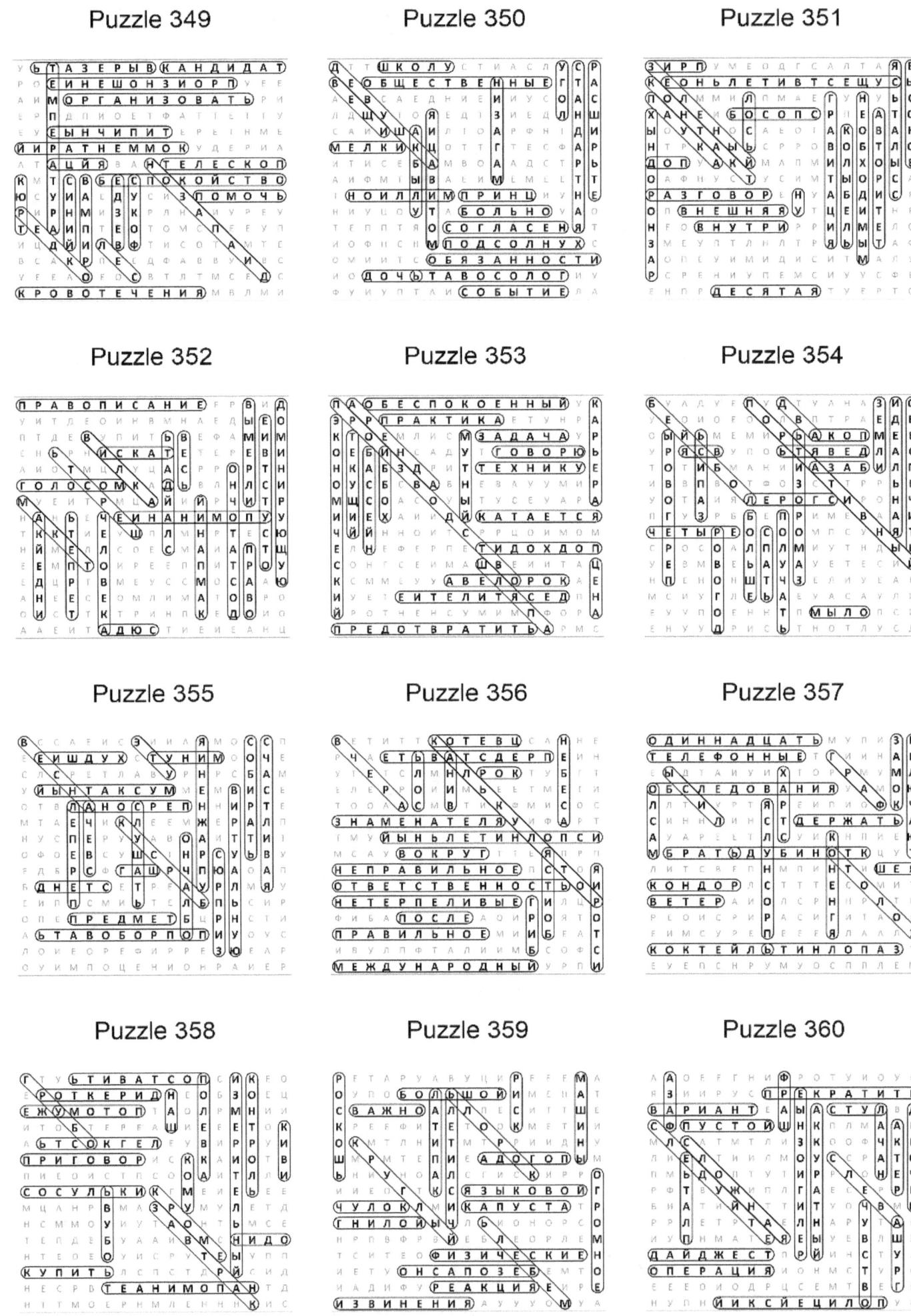

Puzzle 361

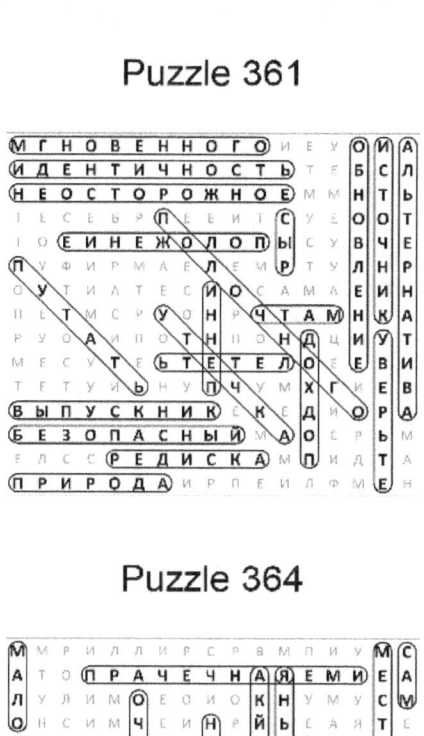

Puzzle 362

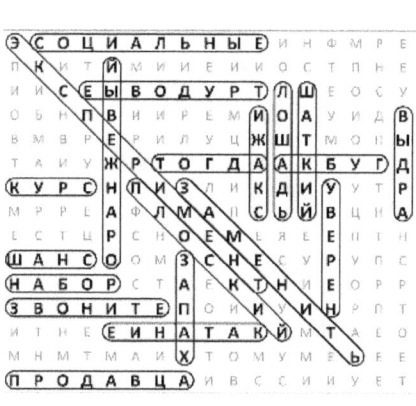

Puzzle 363

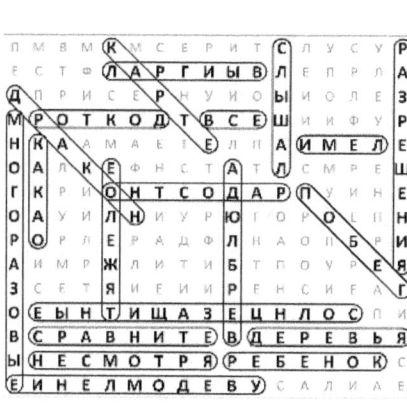

Puzzle 364

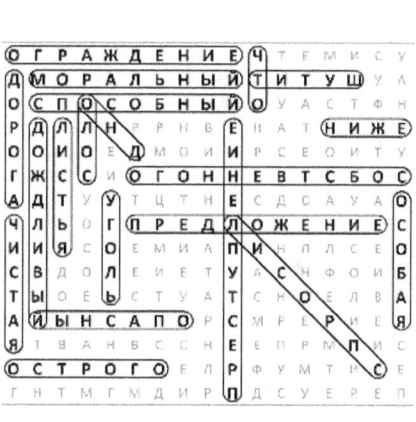

Puzzle 365

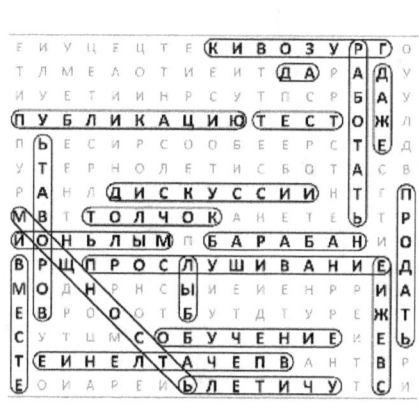

Puzzle 366

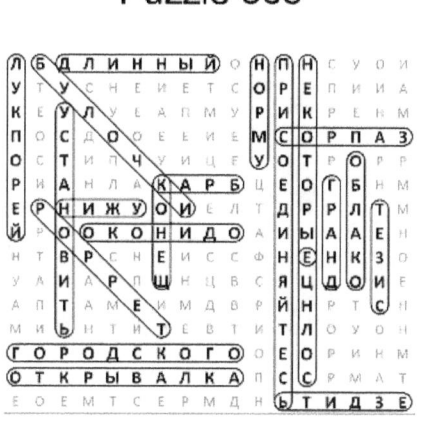

Puzzle 367

Puzzle 368

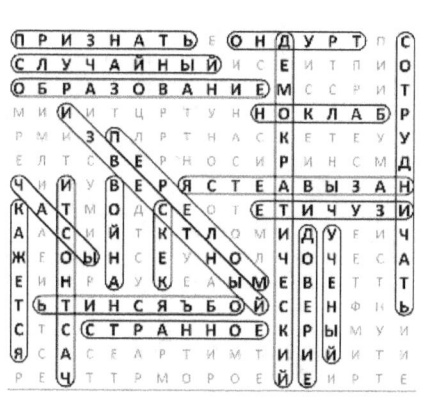

Puzzle 369

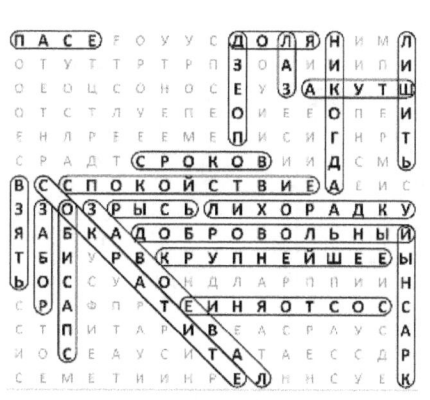

Puzzle 370

Puzzle 371

Puzzle 372

Puzzle 373

Puzzle 374

Puzzle 375

Puzzle 376

Puzzle 377

Puzzle 378

Puzzle 379

Puzzle 380

Puzzle 381

Puzzle 382

Puzzle 383

Puzzle 384

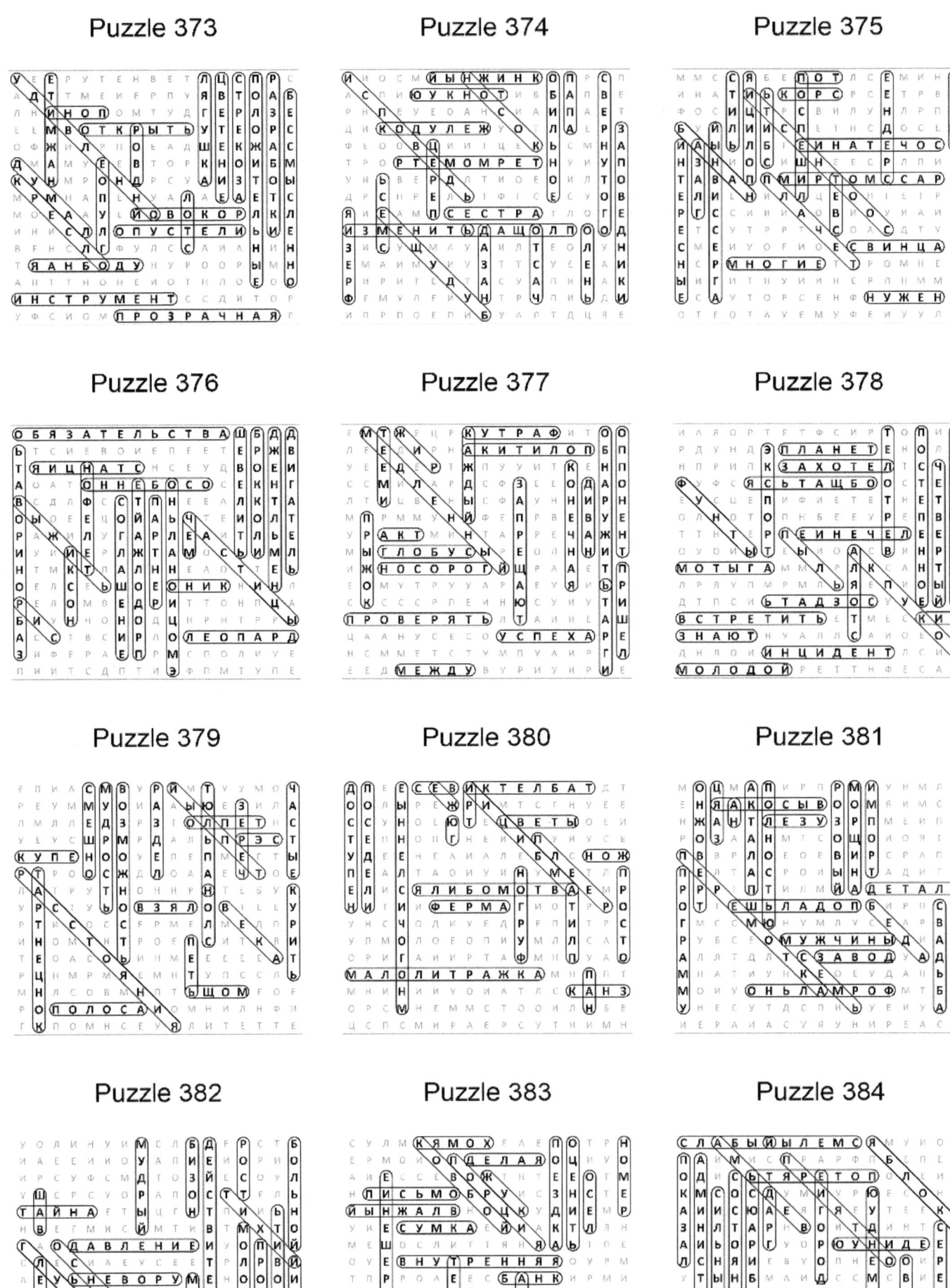

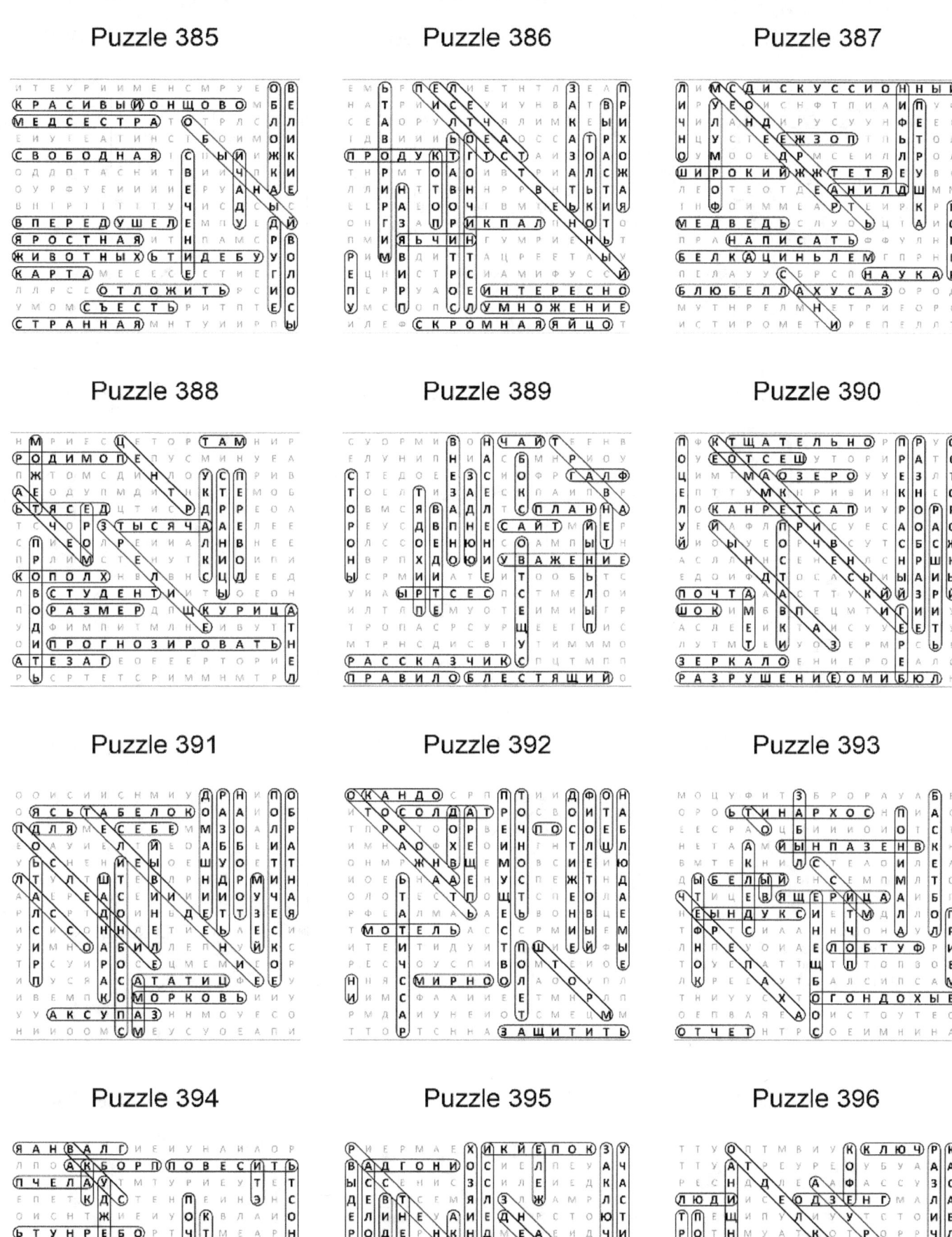

Puzzle 385

Puzzle 386

Puzzle 387

Puzzle 388

Puzzle 389

Puzzle 390

Puzzle 391

Puzzle 392

Puzzle 393

Puzzle 394

Puzzle 395

Puzzle 396

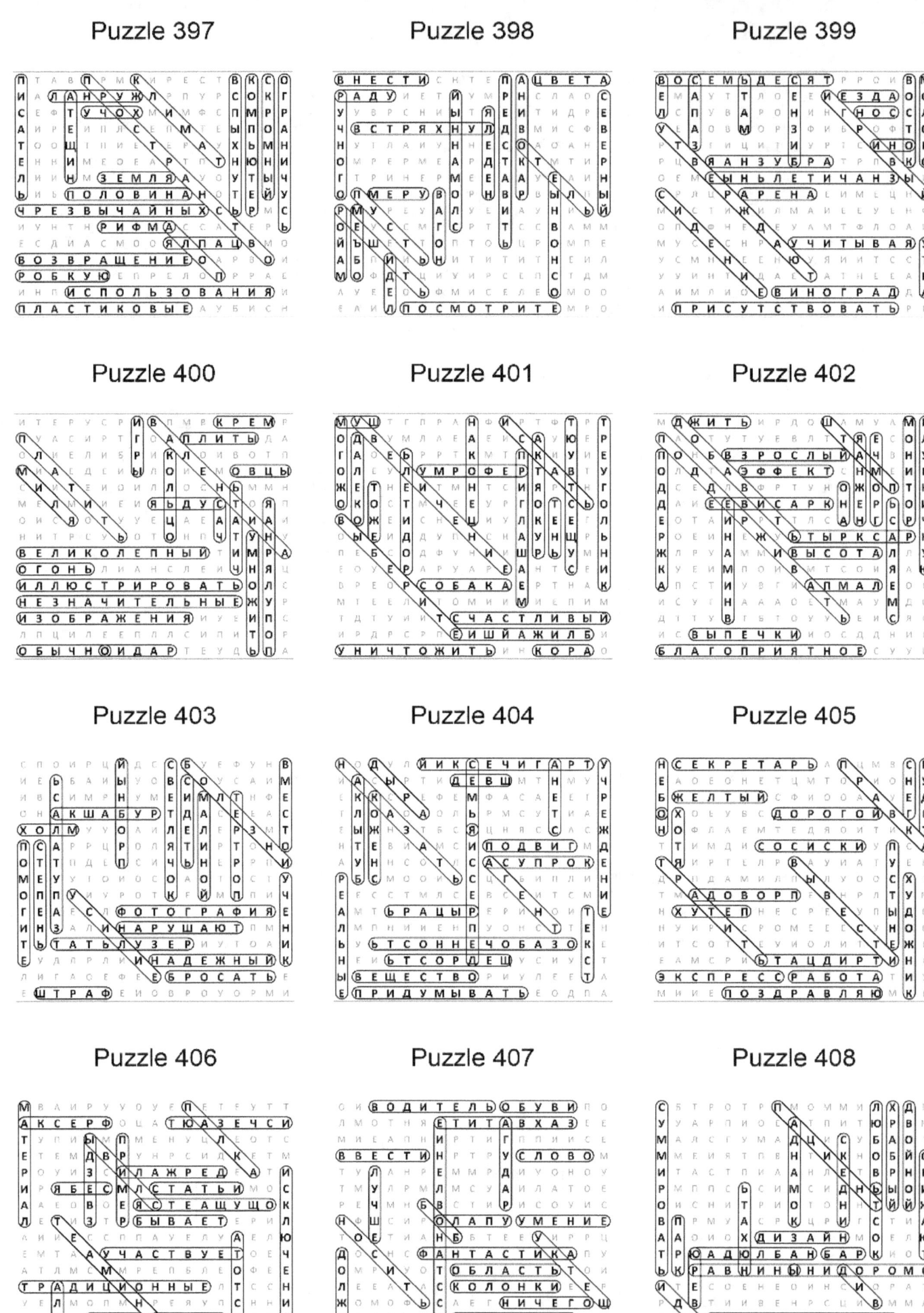

Puzzle 397

Puzzle 398

Puzzle 399

Puzzle 400

Puzzle 401

Puzzle 402

Puzzle 403

Puzzle 404

Puzzle 405

Puzzle 406

Puzzle 407

Puzzle 408

Puzzle 409

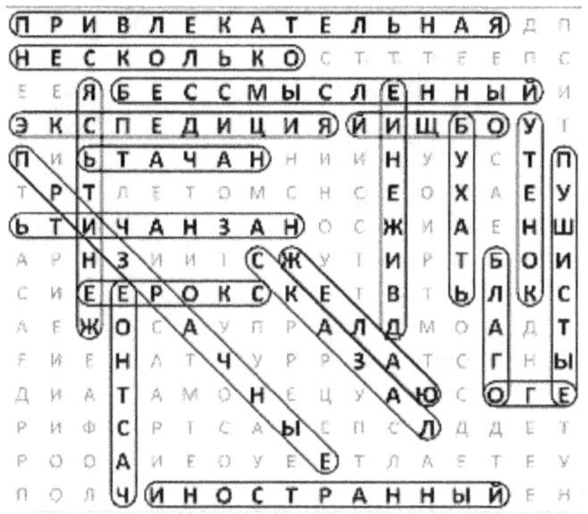

ПРИВЛЕКАТЕЛЬНАЯ
НЕСКОЛЬКО
БЕССМЫСЛЕННЫЙ
ЭКСПЕДИЦИЯ
ТАЧАН
ТИЧАНЗАН
ЕРОКС
ИНОСТРАННЫЙ

Puzzle 410

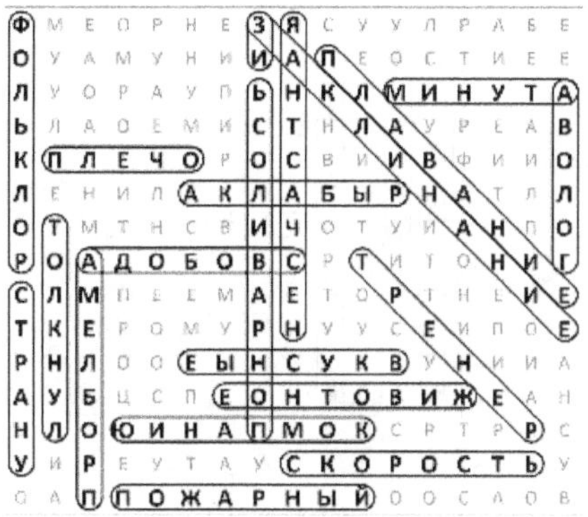

ЗЯ
НКЛ МИНУТА
ПЛЕЧО
АКЛАБЫРНА
АДОБОВ
ЫНСУКВ
ЕОНТОВИЖЕ
ЮИНАПМОК
СКОРОСТЬ
ПОЖАРНЫЙ

Puzzle 411

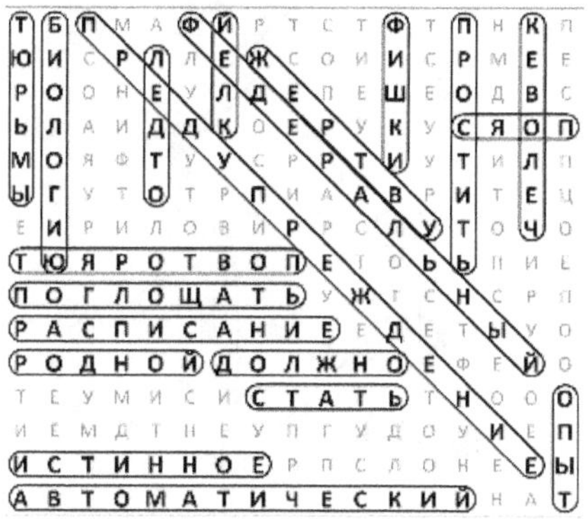

ФИ
ГОЯРОТВОПЕ
ПОГЛОЩАТЬ
РАСПИСАНИЕ
РОДНОЙ ДОЛЖНОЕ
СТАТЬ
ИСТИННОЕ
АВТОМАТИЧЕСКИЙ

Puzzle 412

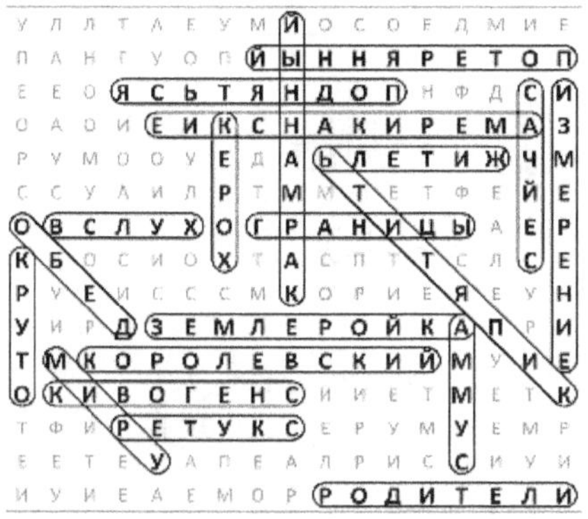

ЙЫННЯРЕТОП
ЯСЬТЯНДОП
ЕИКСНАКИРЕМА
ВСЛУХ ГРАНИЦЫ
ДЗЕМЛЕРОЙКА
КОРОЛЕВСКИЙ
ЖИВОГЕН
РЕТУКС
РОДИТЕЛИ

Puzzle 413

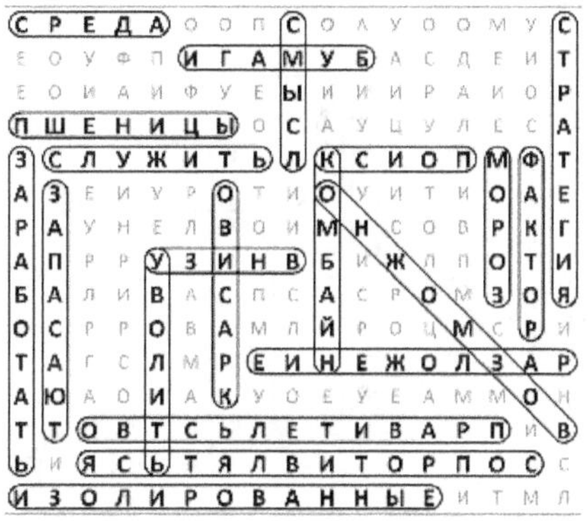

СРЕДА
ИГАМУ Б
ПШЕНИЦЫ
СЛУЖИТЬ КСИОП
УЗИНВ
РЕИНЕЖОЛЗАР
ОВТСЬЛЕТИВАРП
ЯСЬТЯЛВИТОРПОС
ИЗОЛИРОВАННЫЕ

Puzzle 414

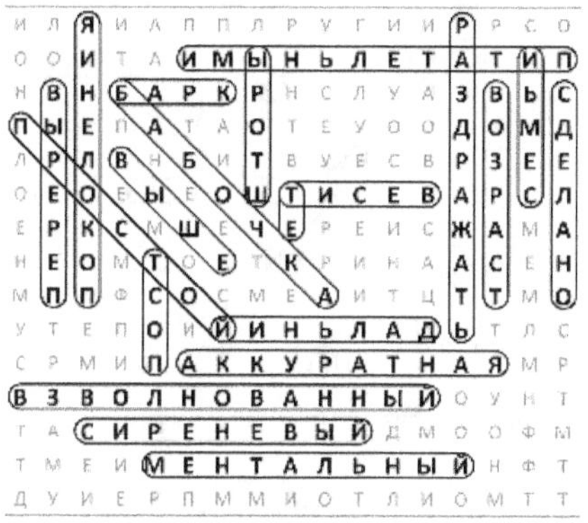

ИМЫНЬЛЕТАТИП
БАРК
ТИСЕВ
ЙИНЬЛАДЬ
АККУРАТНАЯ
ВЗВОЛНОВАННЫЙ
СИРЕНЕВЫЙ
МЕНТАЛЬНЫЙ

Puzzle 415

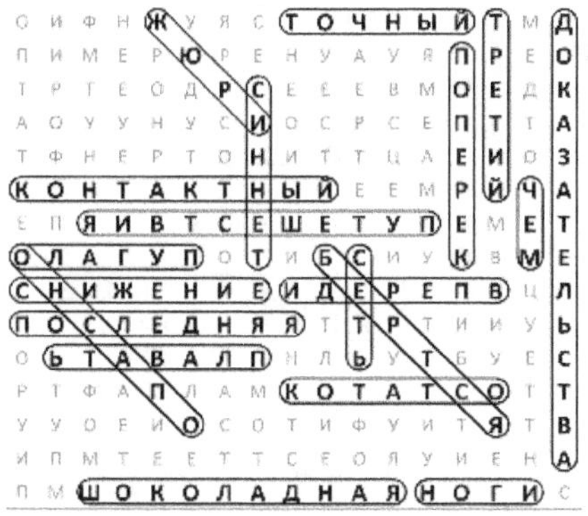

ТОЧНЫЙ
КОНТАКТНЫЙ
ЯИВТСЕШЕТУП
ОЛАГУП
СНИЖЕНИЕ ДЕРЕВ
ПОСЛЕДНЯЯ
ТАВАЛП
КОТАТСО
ШОКОЛАДНАЯ НОГИ

Puzzle 416

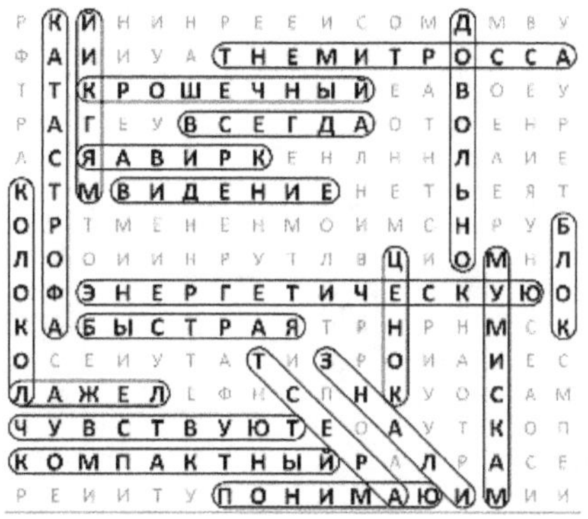

ТНЕМИТРОССА
КРОШЕЧНЫЙ
ВСЕГДА
ЯВИРК
ВИДЕНИЕ
ЭНЕРГЕТИЧЕСКУЮ
БЫСТРАЯ
ЛАЖЕЛ
ЧУВСТВУЮТ
КОМПАКТНЫЙ
ПОНИМАЮ

Puzzle 417

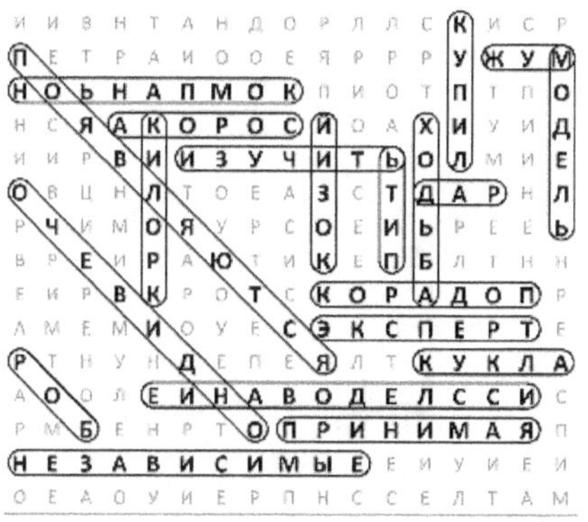

КУ
НЬОНАПМОК
АКОРОСЙ
ВИЗУЧИТЬ
ДАР
КОРАДОП
ЭКСПЕРТ
ЕИНАВОДЕЛССИ
НЕЗАВИСИМЫЕ КУКЛА
ПРИНИМАЯ

Puzzle 418

СПУСКАЮТСЯ ОРТСЫ
ДАЕЖАБА
СОЛНЕЧНЫЙ
УХОДЯЩИЕ
ЛЮБОПЫТНО
УВЕРЕННЫЙ
ДРАМАТИЧЕСКИЙ

Puzzle 419

ТРЕБУЕТСЯ
ВТОРОЕ ПОРЫВ
ИМЫВИЛЧАДУ
ЬТИВОТГОДОП
ПЕНИЕ
ПРИЧИНА
УМНЕЕ
УЛИЧНЫЕ
ВСТРЯХИВАНИЕ

Puzzle 420

АГАЛВ
ТКЕФФА
ЙЫННЕВО
ОНЧЕНОК
СТОИТ
РАССТРОЙСТВО
ВАРЕЖКИ
ОПАСНОСТЬ
МЕДИЦИНУ
ЖЕСТКАЯ
ТЯНУТЬ

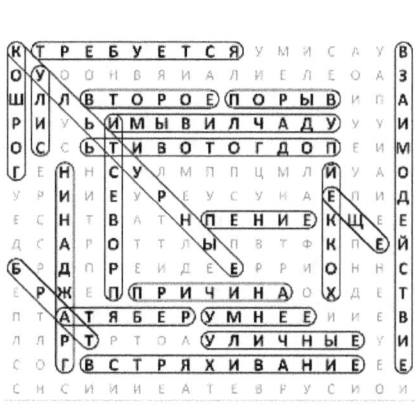
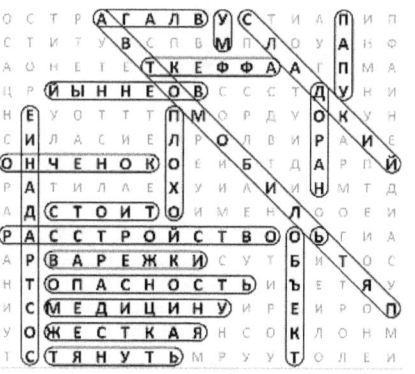

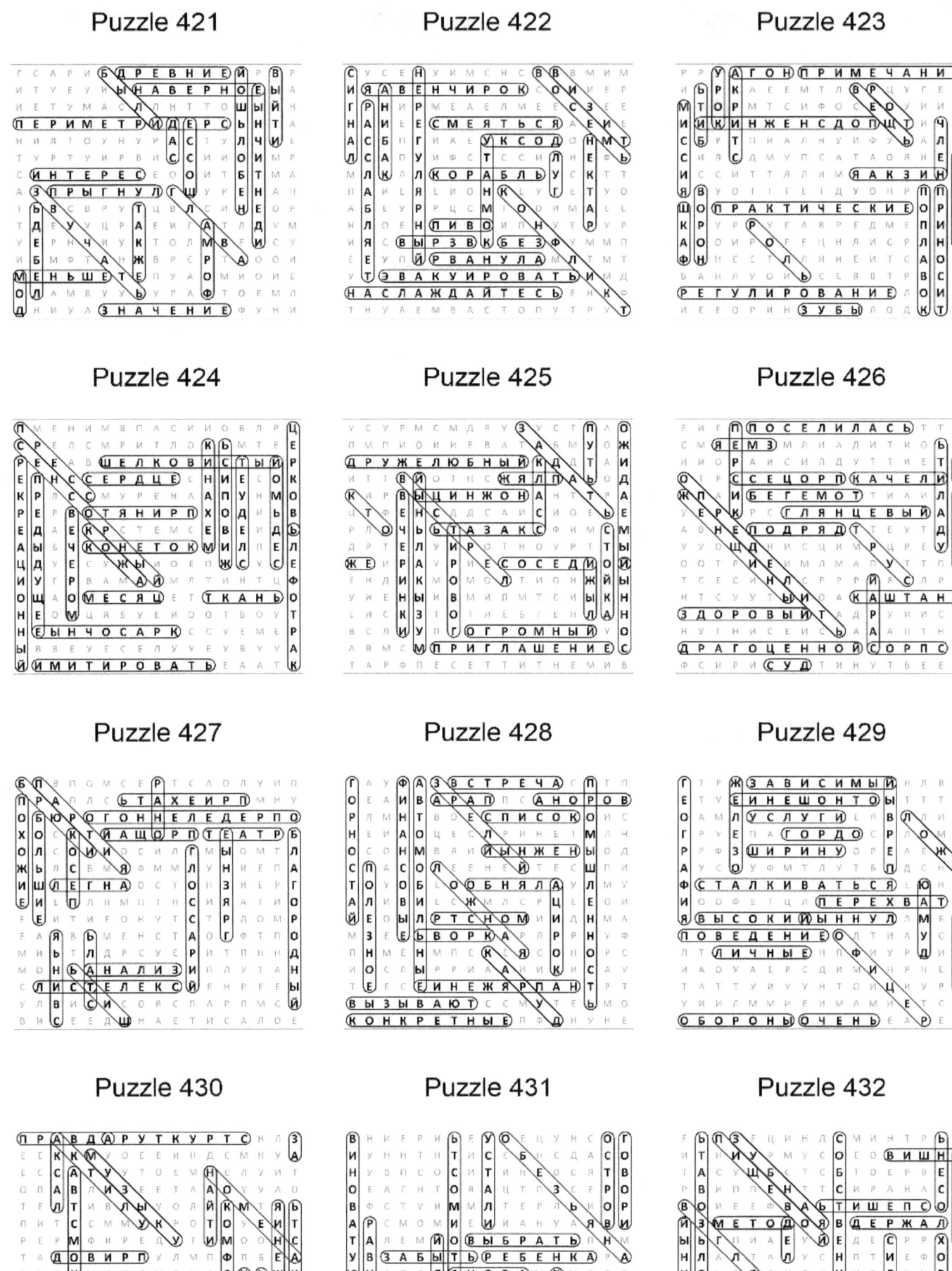

Puzzle 421

Puzzle 422

Puzzle 423

Puzzle 424

Puzzle 425

Puzzle 426

Puzzle 427

Puzzle 428

Puzzle 429

Puzzle 430

Puzzle 431

Puzzle 432

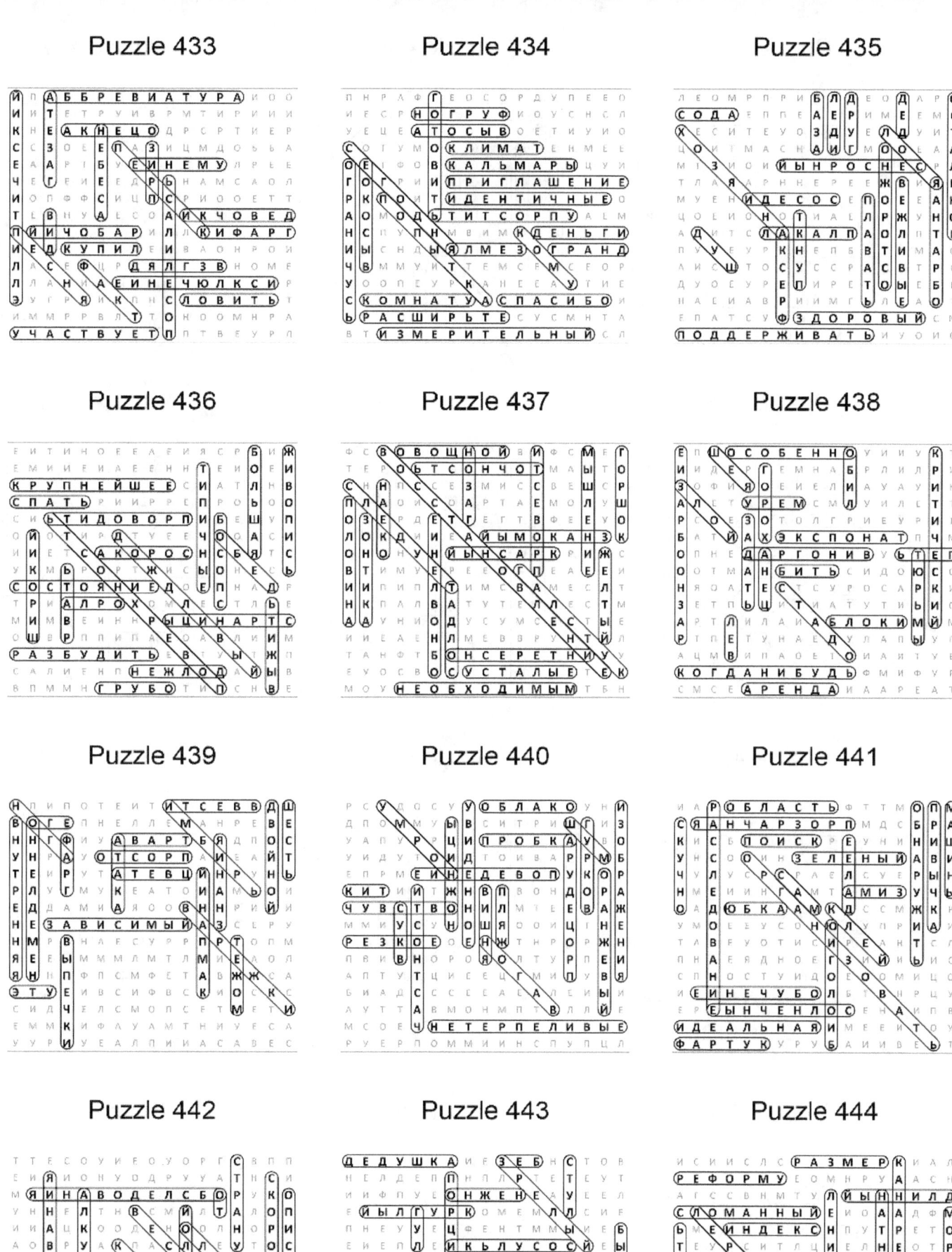

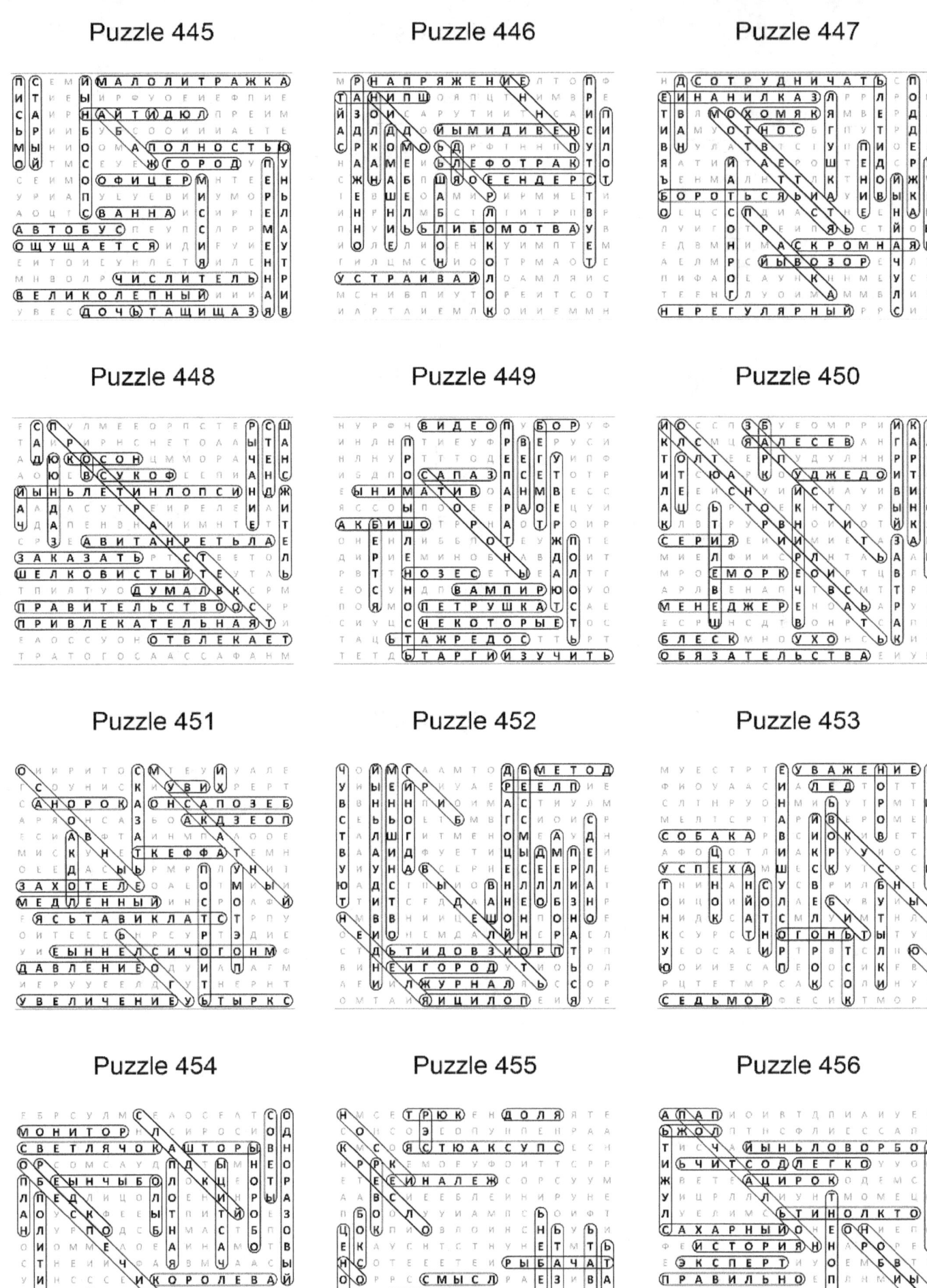

Puzzle 445

Puzzle 446

Puzzle 447

Puzzle 448

Puzzle 449

Puzzle 450

Puzzle 451

Puzzle 452

Puzzle 453

Puzzle 454

Puzzle 455

Puzzle 456

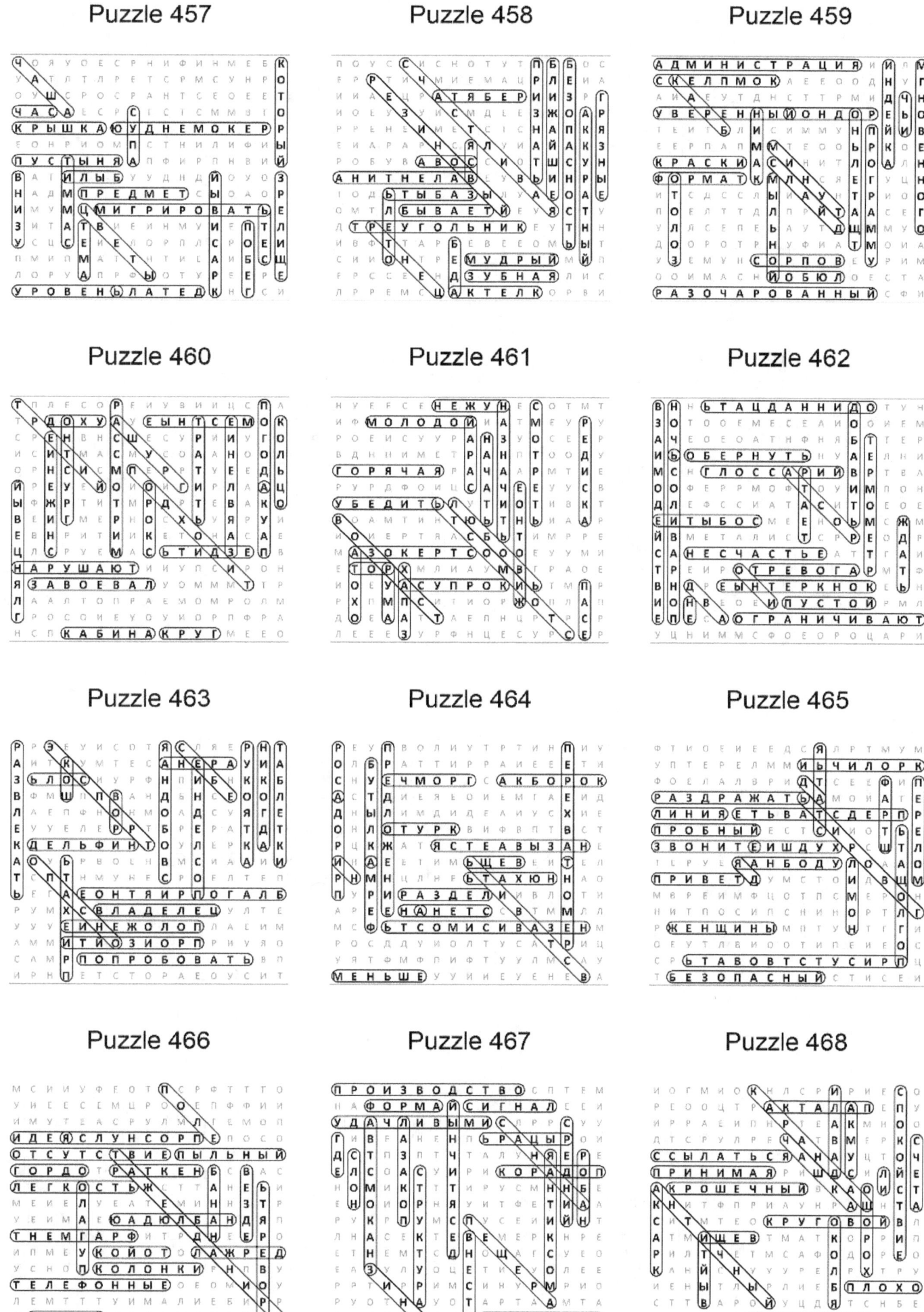

Puzzle 457

Puzzle 458

Puzzle 459

Puzzle 460

Puzzle 461

Puzzle 462

Puzzle 463

Puzzle 464

Puzzle 465

Puzzle 466

Puzzle 467

Puzzle 468

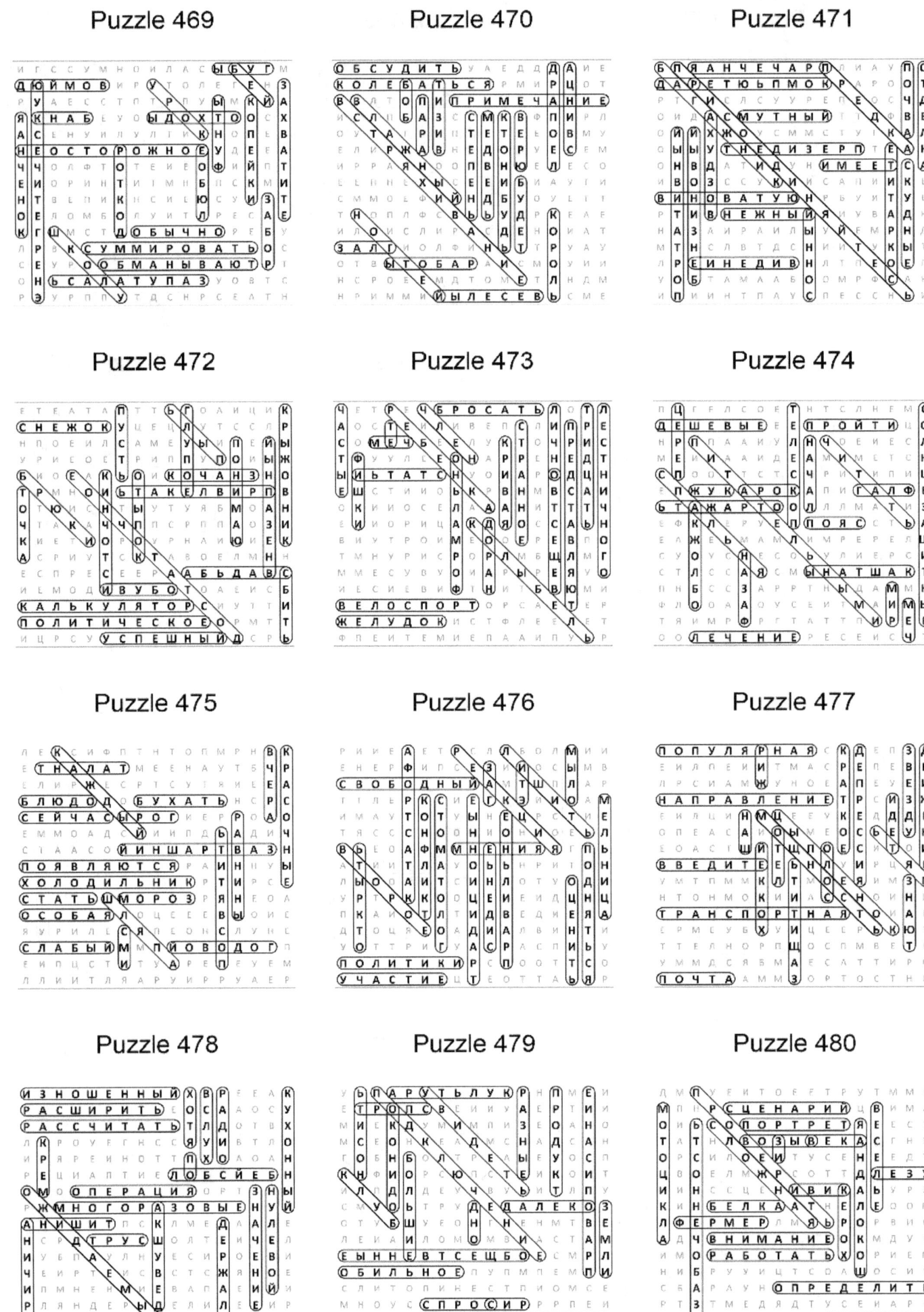

Puzzle 469

Puzzle 470

Puzzle 471

Puzzle 472

Puzzle 473

Puzzle 474

Puzzle 475

Puzzle 476

Puzzle 477

Puzzle 478

Puzzle 479

Puzzle 480

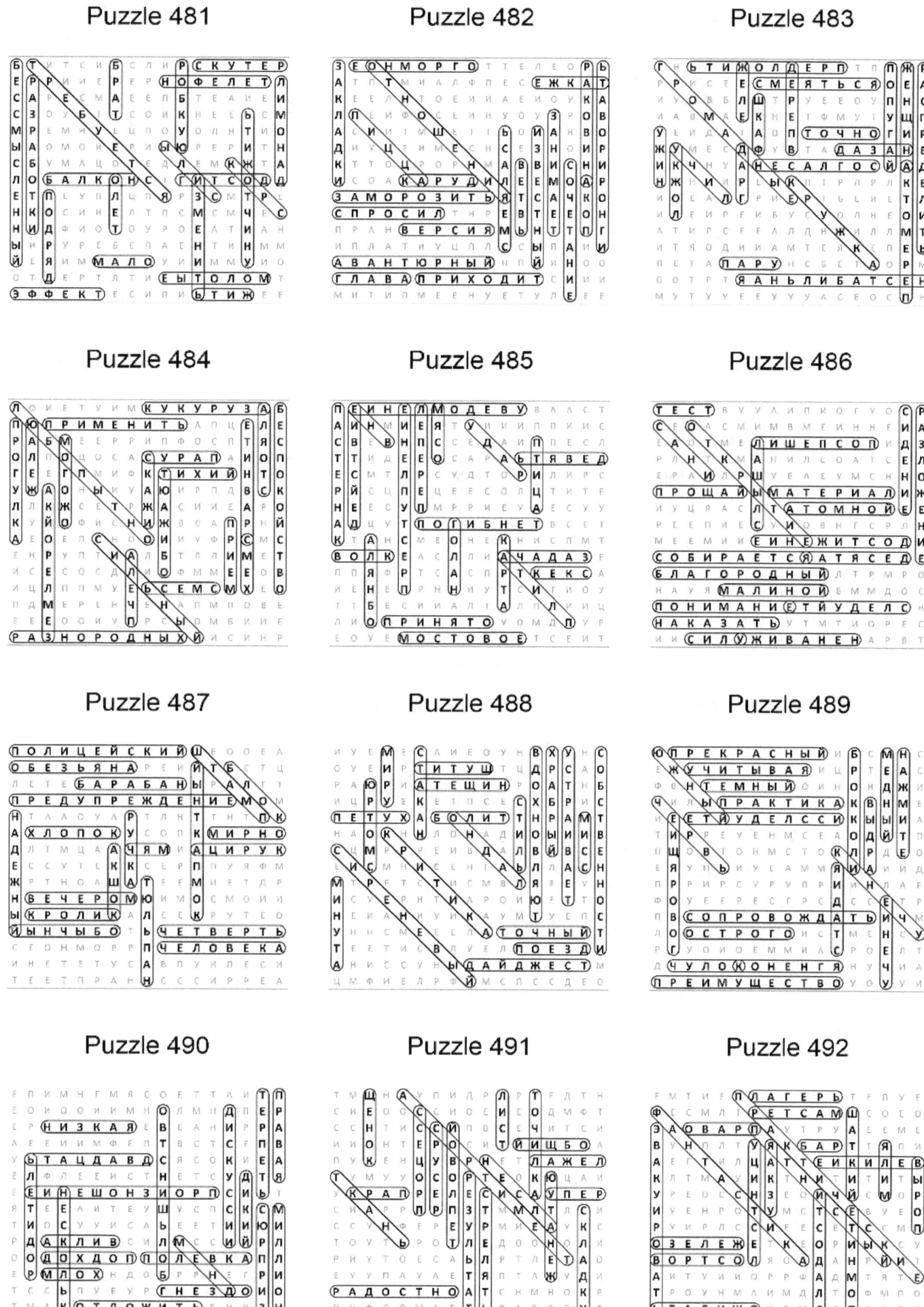

Puzzle 481

Puzzle 482

Puzzle 483

Puzzle 484

Puzzle 485

Puzzle 486

Puzzle 487

Puzzle 488

Puzzle 489

Puzzle 490

Puzzle 491

Puzzle 492

Puzzle 493

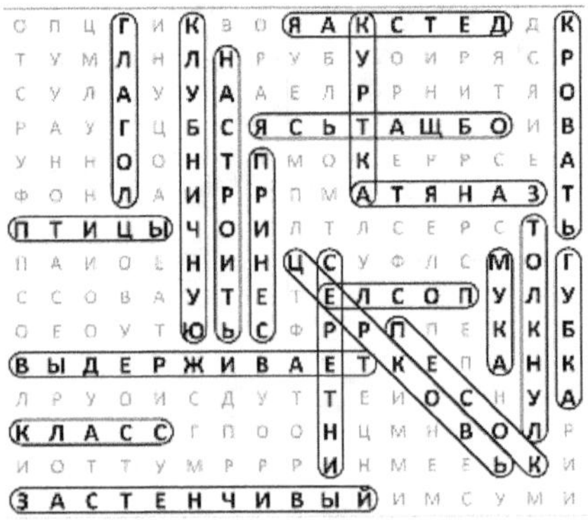

Puzzle 494

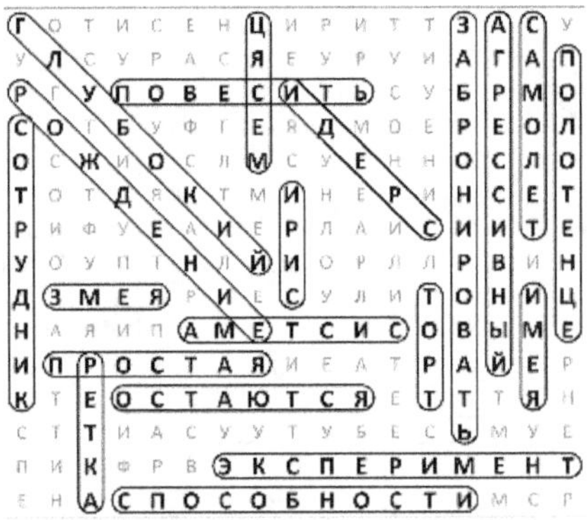

Puzzle 495

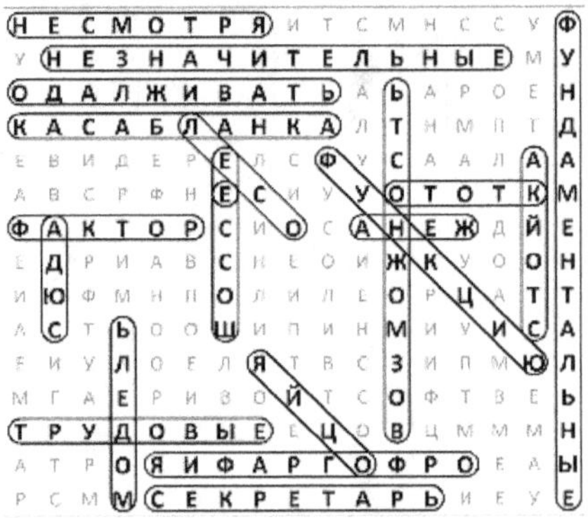

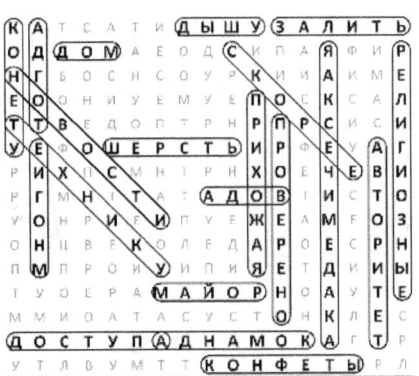

Puzzle 496

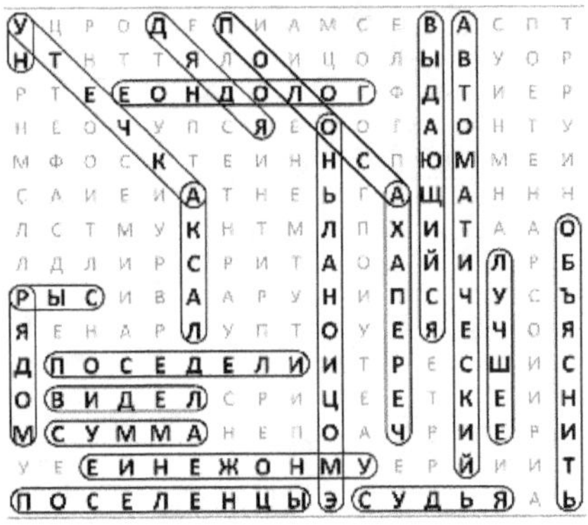

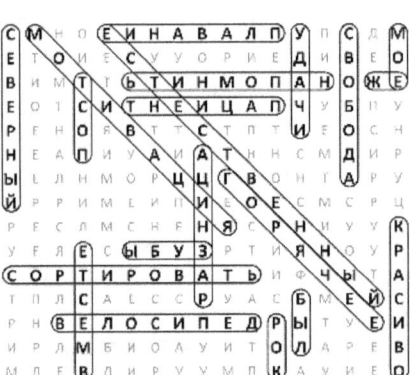

Puzzle 497

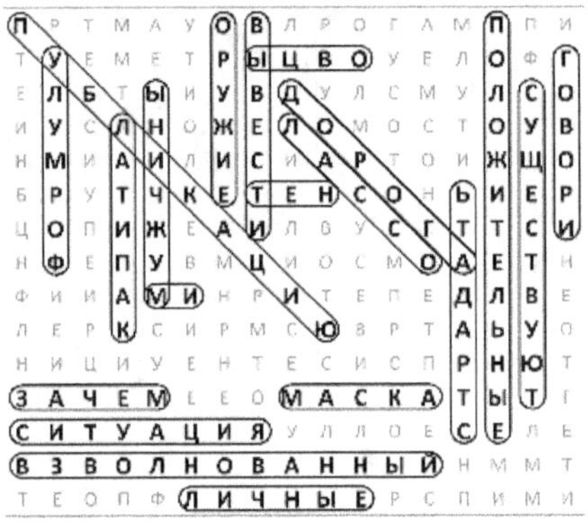

Puzzle 498

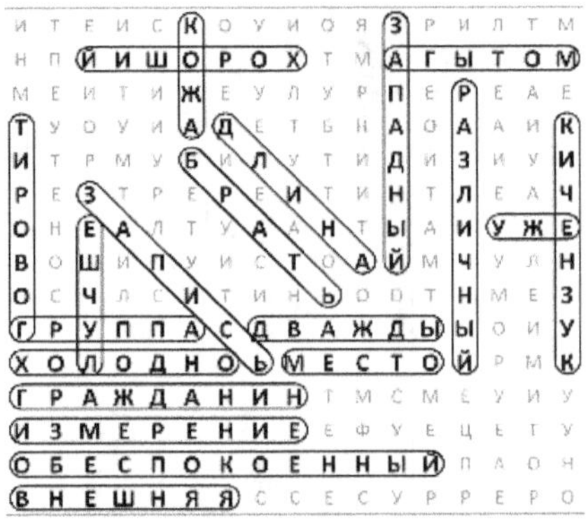

Puzzle 499

Puzzle 500

Félicitations

Vous avez réussi !

Nous espérons que vous avez apprécié ce livre autant que nous avons pris plaisir à le concevoir. Nous faisons de notre mieux pour créer des livres de la meilleure qualité possible. Ces jeux de mots mêlés sont conçus de façon intelligente pour stimuler le cerveau et le rendre plus vif et rapide ! Vous avez aimé ce livre ?

Une Simple Demande

Nos livres existent grâce aux avis que vous publiez sur Amazon.fr - Pourriez-vous nous aider en laissant un avis maintenant ?

Voici un lien rapide qui vous mènera à votre page d'évaluation de vos commandes Amazon.fr

BestBooksActivity.com/Avis50

CHALLENGE FINAL !

Défi n°1

Êtes-vous prêt pour votre jeu bonus ? Nous les utilisons tout le temps mais ils ne sont pas si faciles à trouver. Voici les **Synonymes** !

Notez 5 mots que vous avez trouvés dans les puzzles notés ci-dessous (n°21, n°36, n°76) et essayez de trouver 2 synonymes pour chaque mot.

*Notez 5 Mots du **Puzzle 21***

Mots	Synonyme 1	Synonyme 2

*Notez 5 Mots du **Puzzle 36***

Mots	Synonyme 1	Synonyme 2

*Notez 5 Mots du **Puzzle 76***

Mots	Synonyme 1	Synonyme 2

Défi n°2

Maintenant que vous vous êtes échauffé, notez 5 mots que vous avez découverts dans les Puzzles n° 9, n° 17, n° 25 et essayez de trouver 2 antonymes pour chaque mot. Combien pouvez-vous en trouver en 20 minutes ?

Notez 5 Mots du **Puzzle 9**

Mots	Antonyme 1	Antonyme 2

Notez 5 Mots du **Puzzle 17**

Mots	Antonyme 1	Antonyme 2

Notez 5 Mots du **Puzzle 25**

Mots	Antonyme 1	Antonyme 2

Défi n°3

Formidable ! Ce défi monstre  n'est rien pour vous.

Prêt pour le dernier défi ? Choisissez 10 mots que vous avez découverts parmi les différents puzzles et notez-les ci-dessous.

1.	6.
2.	7.
3.	8.
4.	9.
5.	10.

Maintenant, composez un texte en pensant à une personne, un animal ou un lieu que vous aimez !

Astuce: Vous pouvez utiliser la dernière page de ce livre comme brouillon !

Votre Composition :

_____

_____

_____

_____

_____

_____

_____

_____

CARNET DE NOTES :

À TRÈS BIENTÔT !

Toute l'équipe